金融违法案件办理丛书

证券违法案件

办理总成

侍　雯◎编著

DEALING WITH
ILLEGAL SECURITIES CASES

法律出版社
LAW PRESS · CHINA
北京

图书在版编目(CIP)数据

证券违法案件办理总成 / 侍雯编著. -- 北京 : 法律出版社, 2022
ISBN 978-7-5197-6926-0

Ⅰ. ①证… Ⅱ. ①侍… Ⅲ. ①证券法-案例-处理-中国 Ⅳ. ①D922.287.5

中国版本图书馆CIP数据核字(2022)第126556号

证券违法案件办理总成
ZHENGQUAN WEIFA ANJIAN BANLI ZONGCHENG

侍　雯　编著

责任编辑　许　睿
装帧设计　汪奇峰

出版发行 法律出版社
编辑统筹 司法实务出版分社
责任校对 朱轶佳
责任印制 胡晓雅
经　　销 新华书店

开本 710毫米×1000毫米　1/16
印张 25　**字数** 449千
版本 2022年8月第1版
印次 2022年8月第1次印刷
印刷 三河市龙大印装有限公司

地址:北京市丰台区莲花池西里7号(100073)
网址:www.lawpress.com.cn
投稿邮箱:info@lawpress.com.cn
举报盗版邮箱:jbwq@lawpress.com.cn

销售电话:010-83938349
客服电话:010-83938350
咨询电话:010-63939796

书号:ISBN 978-7-5197-6926-0　**定价**:98.00元

序

本书的定位是“证券研究者、从业者、爱好者随身携带、随手查阅的工具书”。证券违法活动横跨刑事、行政、民事三大领域，涉及的法律法规规章、司法解释、行业规范十分繁杂；在法律规范供给不足之处，典型案例、权威解读对于指导实践也发挥着至关重要的作用。办理此类案件，必须对刑行民三大领域的相关规定、典型案例、权威解读均烂熟于心、了如指掌，才有可能全面、妥当地为当事人提供法律服务。特别是近年来，随着《证券法》的修改、中共中央办公厅、国务院办公厅《关于依法从严打击证券违法活动的意见》的印发、最高人民法院《关于审理证券市场虚假陈述侵权民事赔偿案件的若干规定》等重要文件的出台，在对证券违法活动的全方位、立体式追责态势下，打通刑行民三大领域更是势在必行。因此，笔者尝试将多年积累转化为这本《证券违法案件办理总成》，以帮助读者全面、快捷地掌握证券违法案件办理的一些基本要点。

按照中共中央办公厅、国务院办公厅发布的《关于依法从严打击证券违法活动的意见》第二部分“完善资本市场违法犯罪法律责任制度体系”的精神，本书的整体结构分为刑事犯罪、行政违法、民事侵权三篇。在每一篇中，以法律条文（主要是《刑法》、《证券法》）为中心，围绕条文进行三个方面的注解：一是“相关规定”，其中既包括相关法律法规规章，也包括司法解释和规范性文件，还包括一些重要的自律监管规则等。二是“典型案例”，主要是最高人民法院、最高人民检察院、中国证监会等主管部门发布的指导性案例、典型案例，以及在实践中影响较大、广为关注、有典型意义的案例。三是“权威解读”，主要是最高立法机关、最高司法机关、中国证监会等主管部门编写的法律释义、司法解释理解与适用文章，突出重要性、权威性。至于笔者对于相关问题的观点，只在必要之处以“本书注”的形式体现在脚注之中。

需要说明的是，为了聚焦中心、突出重点、节约篇幅，本书在体例上，一是并非每个法条项下均有“相关规定”“典型案例”“权威解读”三个方面的注解，而是根据实际需要进行编录。对于实践中不常用的法条，相关内容适当简省。二是根据行文需要，少量重要的文件属于全文编录，案例以及多数文件则属于节录。

另外，因为刑事、行政、民事毕竟属于三个不同领域，需要有效衔接才能充分发挥立体追责功能，故而本书的最后提供了“附篇　刑行民衔接指引和刑行民责任条款比对表”，以便于读者理解和把握。

本书的编著虽是基于多年的积累梳理，但示之于众又是一次全新尝试。鉴于个人能力有限，难免会有错漏之处，希望学术界、实务界同仁能够不吝指正，以便于本书更好地为证券研究者、从业者、爱好者服务。

侍　雯

2022年7月

目　　录

第一篇 | 刑事犯罪篇

第二篇 | 行政违法篇

第三篇 | 民事侵权篇

附 篇

第一篇　刑事犯罪篇

《刑法》第一百六十条　【欺诈发行证券罪】[①]

第一百六十条　在招股说明书、认股书、公司、企业债券募集办法等发行文件中隐瞒重要事实或者编造重大虚假内容，发行股票或者公司、企业债券、存托凭证或者国务院依法认定的其他证券，数额巨大、后果严重或者有其他严重情节的，处五年以下有期徒刑或者拘役，并处或者单处罚金；数额特别巨大、后果特别严重或者有其他特别严重情节的，处五年以上有期徒刑，并处罚金。

控股股东、实际控制人组织、指使实施前款行为的，处五年以下有期徒刑或者拘役，并处或者单处非法募集资金金额百分之二十以上一倍以下罚金；数额特别巨大、后果特别严重或者有其他特别严重情节的，处五年以上有期徒刑，并处非法募集资金金额百分之二十以上一倍以下罚金。[②]

单位犯前两款罪的，对单位判处非法募集资金金额百分之二十以上一倍以下罚金，并对其直接负责的主管人员和其他直接责任人员，依照第一款的规定处罚。[③]

---

① 在2020年《刑法修正案(十一)》之前，本条罪名为“欺诈发行股票、债券罪”。——本书注

② 在对控股股东、实际控制人处以罚金(罚款)的基准方面，《刑法》与《证券法》采取了不同的方案。根据本条规定，对控股股东、实际控制人的罚金是“非法募集资金金额”的一定倍比，而根据《证券法》第一百八十一条的规定，对发行人的罚款是“非法募集资金金额”的一定倍比，而对控股股东、实际控制人的罚款是“违法所得”的一定倍比。——本书注

③ 在行为主体方面，《刑法》与《证券法》的条文逻辑不完全一致。本条前两款规定的是自然人犯罪，第三款是单位犯罪。同时，根据刑法规定和刑法理论，自然人为实施欺诈发行证券犯罪而设立公司、企业，或者公司、企业设立后以实施欺诈发行证券犯罪为主要活动的，以及盗用单位名义实施欺诈发行犯罪，违法所得由实施犯罪的个人私分的，按照自然人犯罪处理。而根据《证券法》第一百八十一条的规定，实施欺诈发行证券行为的主体是作为公司、企业的发行人，以及发行人的控股股东、实际控制人。控股股东、实际控制人既可能是公司、企业，也可能是自然人。——本书注

相关规定[①]

1.《公司法》

第二百一十六条 本法下列用语的含义：

……

（二）控股股东，是指其出资额占有限责任公司资本总额百分之五十以上或者其持有的股份占股份有限公司股本总额百分之五十以上的股东；出资额或者持有股份的比例虽然不足百分之五十，但依其出资额或者持有的股份所享有的表决权已足以对股东会、股东大会的决议产生重大影响的股东。

（三）实际控制人，是指虽不是公司的股东，但通过投资关系、协议或者其他安排，能够实际支配公司行为的人。

……

2.《最高人民检察院、公安部关于公安机关管辖的刑事案件立案追诉标准的规定（二）》（公通字〔2010〕23号，2022年修订）

第五条 **［欺诈发行证券案（刑法第一百六十条）］**在招股说明书、认股书、公司、企业债券募集办法等发行文件中隐瞒重要事实或者编造重大虚假内容，发行股票或者公司、企业债券、存托凭证或者国务院依法认定的其他证券，涉嫌下列情形之一的，应予立案追诉：

（一）非法募集资金金额在一千万元以上的；

（二）虚增或者虚减资产达到当期资产总额百分之三十以上的；

（三）虚增或者虚减营业收入达到当期营业收入总额百分之三十以上的；

（四）虚增或者虚减利润达到当期利润总额百分之三十以上的；

（五）隐瞒或者编造的重大诉讼、仲裁、担保、关联交易或者其他重大事项所涉及的数额或者连续十二个月的累计数额达到最近一期披露的净资产百分之五十以上的；

（六）造成投资者直接经济损失数额累计在一百万元以上的；

（七）为欺诈发行证券而伪造、变造国家机关公文、有效证明文件或者相关凭证、单据的；

（八）为欺诈发行证券向负有金融监督管理职责的单位或者人员行贿的；

（九）募集的资金全部或者主要用于违法犯罪活动的；

（十）其他后果严重或者有其他严重情节的情形。

---

① 本部分中法律法规、司法解释等均是与主法条紧密相关的条款，且为节录，余同。

典型案例

1. 云南绿大地公司欺诈发行股票案①

【案情】2004 年至 2007 年 6 月，何某某、蒋某某、庞某某共同策划让云南绿大地公司发行股票并上市，由赵某 1、赵某 2 登记注册了一批由云南绿大地公司实际控制或者掌握银行账户的关联公司，并利用相关银行账户操控资金流转，采用伪造合同、发票、工商登记资料等手段，少付多列，将款项支付给其控制的公司，虚构交易业务、虚增资产 7011.4 万元、虚增收入 29610 万余元。云南绿大地公司招股说明书中包含了上述虚假内容。2007 年 12 月 21 日云南绿大地公司在深圳证券交易所首次发行股票并上市，非法募集资金达 3.4629 亿元。

【认定】法院认定绿大地公司、何某某、蒋某某、庞某某、赵某 1、赵某 2 的上述行为构成欺诈发行股票罪。

2. 厦门圣达威欺诈发行私募债券案②

【案情】2012 年下半年，因资金紧张、经营困难，圣达威法定代表人章某与公司高管研究决定发行私募债券融资，并安排财务负责人胡某具体负责。为顺利发行债券，章某安排胡某对会计师事务所隐瞒公司及章某负债数千万元的重要事实，并提供虚假财务账表、凭证，通过虚构公司销售收入和应收款项、骗取审计询证等方式，致使会计师事务所的审计报告发生重大误差，并在募集说明书中引用审计报告。后圣达威在深圳证券交易所骗取 5000 万元中小企业私募债券发行备案，并在当年内分两期完成发行。圣达威获得募集资金后，未按约定用于公司生产经营，而是用于偿还公司及章某所欠银行贷款、民间借贷等，致使债券本金及利息无法到期偿付，造成投资者重大经济损失。

【认定】法院认定圣达威法定代表人章某、原财务总监胡某犯欺诈发行债券罪。

3. 江苏北极皓天科技有限公司、杨某某欺诈发行债券案③

【案情】杨某某系北极皓天公司法定代表人、执行董事，负责公司全面工作。2010 年左右，杨某某代表北极皓天公司与某大学光电子技术实验室开展合作，由北极皓天公司出资购买 LED 生产设备及支付实验室相关费用，该实验室帮助北极皓天公司组建生产线、培训技术骨干，并提供生产技术、芯片产品样品等。2012

---

① 载昆明市中级人民法院网站：云南绿大地公司欺诈发行股票案一审宣判－昆明市中级人民法院，2022 年 3 月 5 日访问。

② 载首例私募债券欺诈发行刑事判决落地_深圳监管局网站，2022 年 3 月 5 日访问。

③ 参见楼炯燕：《欺诈发行债券罪的构成要件》，载《人民司法》2020 年第 8 期。

年，被告人杨某某为解决融资问题，决定发行私募债券，并由中山证券承销，拟向上海证券交易所申请非公开发行中小企业私募债券。其间，杨某某的亲属杨某1（另案处理）负责公关接待、协调联络、业务谈判、联系律师出具法律意见书等事务。

2013年3月，北极皓天公司在中山证券负责的北极皓天公司2013年中小企业私募债券募集说明书中隐瞒公司尚未建成投产、尚无销售收入和利润的重大事项，提交虚假的审计报告、纳税证明等材料，骗取上海证券交易所备案，备案金额为不超过1亿元，债券期限为3年期，销售期限为6个月。2013年9月，在投资者认购意向不足，该债券面临发行失败时，由杨某1及杨某某出面借款6700万元，分别以江苏佳钇莹照明科技有限公司的名义虚假认购700万元，以深圳市华庭园投资发展有限公司的名义虚假认购6000万元，认购完成后随即归还出借人，最终实际募集到嘉实资本管理有限公司认购的2700万元资金。

【认定】法院认为，北极皓天公司在公司债券募集过程中隐瞒重要事实、编造重大虚假内容，发行公司债券，数额巨大；杨某某作为北极皓天公司直接负责的主管人员，决定并实施上述犯罪行为，其行为均构成欺诈发行债券罪。

4. 中某通机械制造有限公司、卢某某等人欺诈发行债券、出具证明文件重大失实、非国家工作人员受贿案①

【案情】卢某某、卢某2、卢某3分别系中某通机械制造有限公司（以下简称中某通公司）的董事长、法定代表人和原财务总监；杨某某、陈某某、王某某和徐某分别系利某会计师事务所某分所副所长、项目经理、主任会计师授权签字人和部门经理；边某系某证券股份有限公司（以下简称某证券公司）固定收益融资总部业务部董事。

2013年下半年，中某通公司流动资金不足，卢某某为发行私募债券融资，经与卢某2、卢某3合谋，虚增公司营业收入5.13亿余元、虚增利润总额1.31亿余元、虚增资本公积金6555万余元、虚构某银行授信额度500万元、隐瞒外债2025万余元。利某会计师事务所承接中某通公司审计项目后，未按审计准则要求对中某通公司账外收入和股东捐赠情况进行审计，在审计报告中虚增了上述营业收入、净利润和资本公积金。其中，杨某某在出具重大失实报告中实施了组织、管理等行为；陈某某实施了现场审计和初稿起草行为；王某某作为利某会计师事务所授权的签字注册会计师，在未按审计准则对中某通审计报告进行审核的情况下，草率签发审计报告；徐某作为注册会计师，在未实际参与中某通项目现场审计的情况

① 参见最高检、证监会联合发布证券违法犯罪典型案例。

下，应杨某某要求在审计报告上署名。承销券商某证券公司以此为基础出具了《中某通公司非公开发行2014年中小企业私募债券募集说明书》。经向上海证券交易所备案，中某通公司于2014年5月至7月间非公开发行两年期私募债券共计1亿元，被相关投资人认购。其中，两位投资人在边某的介绍下分别认购该私募债券，边某收受中某通公司给予的贿赂款150万元。2016年该私募债券到期后，中某通公司无力偿付债券本金和部分利息，造成投资人重大经济损失。

【认定】法院认定边某构成非国家工作人员受贿罪，杨某某、陈某某、王某某、徐某构成出具证明文件重大失实罪，中某通公司、卢某某、卢某3、卢某2构成欺诈发行债券罪。

5. 丹东欣泰电气股份有限公司、温某某等欺诈发行股票、违规披露重要信息案①

【案情】被告人温某某、刘某某合谋决定采取虚减应收账款、少计提坏账准备等手段，虚构有关财务数据，并在向证监会报送的首次公开发行股票并在创业板上市申请文件的定期财务报告中载入重大虚假内容。后证监会核准欣泰电气股份有限公司（以下简称欣泰电气公司）在创业板上市。随后，欣泰电气公司在《首次公开发行股票并在创业板上市招股说明书》中亦载入了具有重大虚假内容的财务报告。欣泰电气公司股票在深圳证券交易所创业板挂牌上市后，首次以每股发行价16.31元的价格向社会公众公开发行1577.8万股，共募集资金2.57亿元。

被告单位欣泰电气公司上市后，被告人温某某、刘某某采用虚减应收账款、少计提坏账准备等手段进行财务造假，向公众披露了具有重大虚假内容的2013年年度报告、2014年半年度报告、2014年年度报告等重要信息。2017年7月，深圳证券交易所决定欣泰电气公司退市、摘牌，主承销商兴业证券股份有限公司先行赔付1万余名投资人的损失共计2.36亿余元。

【认定】法院认定欣泰电气公司、温某某、刘某某构成欺诈发行股票罪，温某某、刘某某构成违规披露重要信息罪。

权威解读

1. 2020年修正前的《刑法》第一百六十条仅规定了“股票或者公司、企业债券”，《刑法修正案（十一）》增加规定了“存托凭证或者国务院依法认定的其他证券”。该规定扩展了本罪的规制范围，实现了与《证券法》的有序对接。具体而言，

---

① 参见最高人民法院发布7件人民法院依法惩处证券、期货犯罪典型案例之一。

本罪中欺诈发行的“证券”包括:(1)股票。(2)公司、企业债券。(3)存托凭证,是指存托人受基础证券发行人委托,以基础证券发行人发行上市的证券为基础,在本国(或地区)证券市场发行并流通转让的具有股权性质的证券。《国务院办公厅转发证监会关于开展创新企业境内发行股票或存托凭证试点若干意见的通知》(国办发〔2018〕21 号)将存托凭证纳入证券范畴。(4)国务院依法认定的其他证券。考虑到证券市场的创新发展,该项作为兜底,授权国务院依法认定其他证券品种,为将来新的证券品种适用本条预留空间。①

2. 本条第一款中的“等发行文件”包含了在发行过程中与“招股说明书、认股书、公司企业债券募集办法”重要性一样的其他发行文件,包括公司的监事会对募集说明书真实性、准确性、完整性的审核意见,募集资金使用的可行性报告,以及增发、发行可转换公司债券等涉及的发行文件等。需要注意的是,注册制施行后,需要通过交易所审核和证券监督管理部门注册两个环节完成股票、债券等注册发行。交易所审核主要通过向发行人提出问题、发行人回答问题的方式来进行。这种“问答”环节所形成的文件也属于该款所称的发行文件。②

3. 本条第一款中的“发行股票或者公司、企业债券、存托凭证或者国务院依法认定的其他证券”,是指实际已经发行了股票或者公司、企业债券、存托凭证或者国务院依法认定的其他证券,如果制作或形成了虚假的招股说明书、认股书、公司、企业债券募集办法等发行文件,但只锁在办公室抽屉里,或者还未来得及发行就被阻止、不予注册或者主动撤回注册申请,未实施向社会发行股票或公司企业债券、存托凭证或者国务院依法认定的其他证券的行为,不构成犯罪。③

《刑法》第一百六十一条　【违规披露、不披露重要信息罪】④

第一百六十一条　依法负有信息披露义务的公司、企业向股东和社会公众提供虚假的或者隐瞒重要事实的财务会计报告,或者对依法应当披露的其他重要信息不按照规定披露,严重损害股东或者其他人利益,或者有其他严重情节的,对其

① 参见杨万明主编:《〈刑法修正案(十一)〉条文及配套〈罪名补充规定(七)〉理解与适用》,人民法院出版社 2021 年版,第 98 页。

② 参见王爱立主编:《〈中华人民共和国刑法〉释解与适用》(上),人民法院出版社 2021 年版,第 376 页。

③ 参见王爱立主编:《〈中华人民共和国刑法〉释解与适用》(上),人民法院出版社 2021 年版,第 376 页。

④ 在 2006 年《刑法修正案(六)》之前,本条罪名为“提供虚假财会报告罪”。——本书注

直接负责的主管人员和其他直接责任人员，处五年以下有期徒刑或者拘役，并处或者单处罚金；情节特别严重的，处五年以上十年以下有期徒刑，并处罚金。

前款规定的公司、企业的控股股东、实际控制人实施或者组织、指使实施前款行为的，或者隐瞒相关事项导致前款规定的情形发生的，依照前款的规定处罚。

犯前款罪的控股股东、实际控制人是单位的，对单位判处罚金，并对其直接负责的主管人员和其他直接责任人员，依照第一款的规定处罚。

相关规定

《最高人民检察院、公安部关于公安机关管辖的刑事案件立案追诉标准的规定(二)》(公通字〔2010〕23号,2022年修订)

第六条　［违规披露、不披露重要信息案(刑法第一百六十一条)］依法负有信息披露义务的公司、企业向股东和社会公众提供虚假的或者隐瞒重要事实的财务会计报告，或者对依法应当披露的其他重要信息不按照规定披露，涉嫌下列情形之一的，应予立案追诉：

(一)造成股东、债权人或者其他人直接经济损失数额累计在一百万元以上的；

(二)虚增或者虚减资产达到当期披露的资产总额百分之三十以上的；

(三)虚增或者虚减营业收入达到当期披露的营业收入总额百分之三十以上的；

(四)虚增或者虚减利润达到当期披露的利润总额百分之三十以上的；

(五)未按照规定披露的重大诉讼、仲裁、担保、关联交易或者其他重大事项所涉及的数额或者连续十二个月的累计数额达到最近一期披露的净资产百分之五十以上的；

(六)致使不符合发行条件的公司、企业骗取发行核准或者注册并且上市交易的；

(七)致使公司、企业发行的股票或者公司、企业债券、存托凭证或者国务院依法认定的其他证券被终止上市交易的；

(八)在公司财务会计报告中将亏损披露为盈利，或者将盈利披露为亏损的；

(九)多次提供虚假的或者隐瞒重要事实的财务会计报告，或者多次对依法应当披露的其他重要信息不按照规定披露的；

（十）其他严重损害股东、债权人或者其他人利益，或者有其他严重情节的情形。

典型案例

1. 丹东欣泰电气股份有限公司、温某某等欺诈发行股票、违规披露重要信息案（略，见“《刑法》第一百六十条 【欺诈发行证券罪】”部分）①

2. 顾某某虚报注册资本、违规披露、不披露重要信息、挪用资金再审案②

【案情】顺德格林柯尔收购科龙电器法人股，成为科龙电器第一大股东之后，顾某某为了夸大科龙电器的业绩，在2002年至2004年间，安排姜某某、严某某、张某、晏某某、刘某等人采取年底封存库存产品、开具虚假销售出库单或者发票、第二年予以大规模退货退款等方式虚增利润，并将该利润编入科龙电器财务会计报告向社会公布。

（虚报注册资本、挪用资金方面的事实略）

【认定】再审法院认为：1. 科龙电器在2002年至2004年间实施了虚增利润并将其编入财务会计报告予以披露的行为

在案证据证实，原审被告人顾某某等人在无真实贸易背景的情况下，将产品封存于仓库，未使产品发生实际转移，却开具大量销售出库单或者发票，次年在账面上制作无正当理由的大规模退货记录，并将由此形成的不实销售收入计为当期收入，制造公司利润增长的假象。随后，在顾某某等人的安排下，科龙电器将2002年至2004年间的虚假销售记录及相关财会资料编入财务会计报告，经董事会讨论通过后在媒体上予以发布，违反了信息披露制度的真实性要求。

2. 原审认定科龙电器提供虚假财务会计报告的行为严重损害股东或者其他人利益的事实不清，证据不足

2006年6月29日，全国人民代表大会常务委员会通过《中华人民共和国刑法修正案（六）》，对《中华人民共和国刑法》第一百六十一条进行了修改，其后，相关司法解释将该条规定的“提供虚假财会报告罪”修改为“违规披露、不披露重要信息罪”。原审适用《中华人民共和国刑法修正案（六）》之前的《中华人民共和国刑法》第一百六十一条的规定对原审被告人顾某某等人定罪处罚，应当适用提供虚

① 欺诈发行证券在客观行为表现上往往也是“提供虚假的或者隐瞒重要事实的财务会计报告”，在发行阶段实施此种行为的，一般认定为欺诈发行罪，而非认定为违规披露、不披露重要信息罪；当然，如果欺诈发行证券行为已经过追诉时效，而发行环节的违规披露、不披露重要信息行为因为具有连续性或者继续性而未过追诉时效的，可以作为违规披露、不披露重要信息罪的事实进行追诉。——本书注

② 最高人民法院（2018）最高法刑再4号刑事判决书。

假财会报告罪的罪名，却适用了违规披露、不披露重要信息罪的罪名，确属不当。根据《刑法》关于提供虚假财会报告罪的规定，必须有证据证实提供虚假财务会计报告的行为造成了“严重损害股东或者其他人利益”的危害后果，才能追究相关人员的刑事责任。参照最高人民检察院、公安部2001年《关于经济犯罪案件追诉标准的规定》，“严重损害股东或者其他人利益”是指“造成股东或者其他人直接经济损失数额在五十万元以上的”，或者“致使股票被取消上市资格或者交易被迫停牌的”情形。但是，在案证据不足以证实本案已达到上述标准。原审以股价连续三天下跌为由认定已造成“严重损害股东或者其他人利益”的后果，缺乏事实和法律依据。

故此，再审法院撤销原审关于相关责任人员犯违规披露、不披露重要信息罪的定罪量刑部分。

3. 博元投资股份有限公司、余某某等人违规披露、不披露重要信息案①

【案情】广东省珠海市博元投资股份有限公司（以下简称博元公司）原系上海证券交易所上市公司，股票名称：ST博元，股票代码：600656。华信泰投资有限公司（以下简称华信泰公司）为博元公司控股股东。在博元公司并购重组过程中，有关人员作出了业绩承诺，在业绩不达标时需向博元公司支付股改业绩承诺款。2011年4月，余某某、陈某、伍某某、张某某、罗某某等人采取循环转账等方式虚构华信泰公司已代全体股改义务人支付股改业绩承诺款3.84亿余元的事实，在博元公司临时报告、半年报中进行披露。为掩盖以上虚假事实，余某某、伍某某、张某某、罗某某采取将1000万元资金循环转账等方式，虚构用股改业绩承诺款购买37张面额共计3.47亿元银行承兑汇票的事实，在博元公司2011年的年报中进行披露。2012年至2014年，余某某、张某某多次虚构银行承兑汇票贴现等交易事实，并根据虚假的交易事实进行记账，制作虚假的财务报表，虚增资产或者虚构利润均达到当期披露的资产总额或利润总额的30%以上，并在博元公司当年半年报、年报中披露。此外，博元公司还违规不披露博元公司实际控制人及其关联公司等信息。

【认定】检察机关审查认为，犯罪嫌疑单位博元公司依法负有信息披露义务，在2011年至2014年期间向股东和社会公众提供虚假的或者隐瞒主要事实的财务会计报告，对依法应当披露的其他重要信息不按照规定披露，严重损害股东以及其他人员的利益，情节严重。余某某、陈某作为博元公司直接负责的主管人员，伍

① 参见最高人民检察院第十七批指导性案例检例第66号，载https://www.spp.gov.cn/spp/jczdal/202003/t20200325_457287.shtml，2022年4月10日访问。

某某、张某某、罗某某作为其他直接责任人员，已构成违规披露、不披露重要信息罪，应当提起公诉。根据《刑法》第一百六十一条规定，不追究单位的刑事责任，对博元公司应当依法不予起诉。

4. 董某等提供虚假财会报告案①

【案情】（一）关于提供虚假财会报告部分

1999年年底至2000年年初，为达到夸大广夏（银川）实业股份有限公司（以下称银广夏公司）增资配股的目的，时任天津广夏（集团）有限公司（以下称天津广夏公司）财务总监的董某，在丁某某授意、李某某的同意下，虚构进货单位北京市瑞杰商贸有限公司、北京市京通商贸有限公司、北京市东风实用技术研究所，谎称从上述单位购入萃取产品原材料蛋黄粉、干姜、桂皮及产品包装桶，价值人民币6659.1646万元，并伪造上述单位的销售发票及天津广夏公司向上述单位汇款的银行汇款单。之后又伪造出口海关报关单4份（货值金额5610万马克），伪造德国捷高公司驻北京办事处支付的出口产品货款银行进账单3份，金额人民币5400万元。同时，董某又指使时任天津广夏萃取有限公司总经理的被告人阎某某伪造萃取产品生产记录，被告人阎某某遂让天津广夏公司职工刘某某、李某、郑某等人伪造萃取产品虚假原料入库单、班组生产记录、产品出库单等，由被告人董某编入天津广夏公司1999年度财务报表中。其中，制作虚假萃取产品出口收入人民币23,898.60万元。后该虚假的年度财务报表经深圳中天勤会计师事务所审计后，并入银广夏公司年报，导致银广夏公司向社会发布虚假净利润人民币127,786,600.85元。

2000年年底至2001年年初，时任天津广夏公司董事长的董某，在丁某某授意、李某某的认可下，虚构进货单位北京市瑞杰商贸有限公司、北京市京通商贸有限公司，谎称从上述单位购入萃取产品原材料蛋黄粉、干姜、桂皮及产品包装桶，价值人民币24,526万元；伪造虚假出口销售合同、银行汇款单（22笔共计人民币24,526万元）、销售发票、出口报关单及德国诚信贸易公司支付的货款进账单（五笔共计人民币47,625.84万元）等；指使天津广夏公司职工刘某某、郑某、卢某某等人继续采取1999年度的造假手法，制作虚假财务凭据，后由被告人董某编入天津广夏公司2000年度财务报表中。其中，虚做萃取产品出口收入人民币72,400万元，后该虚假的年度财务报表由深圳中天勤会计师事务所审计后，并入银广夏公司年报，导致银广夏公司向社会发布虚假净利润人民币417,646,431.07元。

---

① 参见中华人民共和国最高人民法院刑事审判第一、二、三、四、五庭主办：《刑事审判参考》（总第37集），法律出版社2004年版，第1-14页。

2001年年初,董某为达到虚构天津广夏公司2001年中期财会报告巨额利润的目的,采取虚报销售收入手段,从天津市北辰区国税局领购增值税专用发票500份。除向正常销售单位开具外,董某指使天津广夏公司职员付某某以天津广夏公司名义向天津禾源公司虚开增值税专用发票290份,价税合计人民币221,456,594.02元,涉及税款人民币37,647,619.98元,后以销售货款没有全部回笼为由,仅向天津市北辰区国税局交纳"税款"人民币500万元。给天津广夏公司造成直接经济损失人民币500万元。

2001年5月,为掩盖银广夏公司虚报利润的事实,李某某承诺2001年银广夏公司中期利润分红资金由天津广夏公司承担。随后,以购买设备为由,向上海金尔顿投资公司拆借人民币1.5亿元打入天津禾源公司(系天津广夏公司萃取产品总经销),又以销售萃取产品回款的形式打回天津广夏公司,制造虚假销售收入。其中,人民币1.25亿元以天津广夏公司利润形式上交银广夏公司,作为利润分红,达到增资配股的目的,剩余人民币2500万元天津广夏公司自留自支。

2001年8月2日至同年9月7日银广夏公司因涉嫌违规,被中国证监会停牌。9月10日复牌后至10月8日期间连续出现跌停版,从停牌前的8月2日收市价人民币30.79元/股,跌至10月8日收市价人民币6.35元/股。

(二)关于出具证明文件重大失实部分

深圳中天勤会计师事务所接受银广夏公司委托,在由刘某1、徐某某具体负责对该公司及其子公司1999年度和2000年度的财会报告进行审计中,未遵循中国注册会计师独立审计准则规定的程序,未实施有效的询证、认证及核查程序。该所在对天津广夏公司1999年度和2000年度财务报告审计过程中,依据天津广夏公司自制的销售发票,确认1999年和2000年出口产品收入分别为人民币23,898.60万元和人民币72,400万元,没有实施向海关询证的必要程序。该所在对天津广夏公司1999年度和2000年度财会报告审计过程中,以天津广夏公司自制和伪造的银行对账单、银行进账单、银行汇款单和购货发票为依据,确认出口产品收款金额和购买原材料付款金额和入库数,没有实施向银行询证的重要程序,没有充分关注购进原材料发票均是普通发票这一重要疑点。该所未对天津广夏公司1999年12月31日和2000年12月31日银行存款余额实施有效的检查及函证程序。特别是被告人刘某1指派的审计人员在对天津广夏公司进行审计时,严重违反审计规定,委托天津广夏公司被告人董某等人代替审计人员向银行、海关等单位进行询证,致使被告人董某得以伪造询证结果。被告人刘某1、徐某某在不辨别真伪、不履行会计师事务所三级复核有关要求的情况下,仍先后为银广夏公司出具了1999年度、2000年度"无保留意见"的审计报告,致使银广夏公司虚假的财会报告向社会公众发布，造成投资者的利益遭受重大损失。该所签发的银广夏审计报告的负责人与签字注册会计师为同一人，未遵循审计准则中规定的会计师事务所三级复核的有关要求。同时，被告人刘某1还违反注册会计师的有关规定，兼任银广夏公司财务顾问。在形式和实质上，均失去独立性。

【认定】法院认为：(1)董某、李某某、丁某某、阎某某作为银广夏公司和天津广夏公司直接负责的主管人员和其他直接责任人员，明知提供虚假财会报告会损害股东利益却故意为之，采取伪造银行进账单、汇款单，海关报关单、销售合同、购货发票单及虚开增值税专用发票等手段，伪造天津广夏公司1999年度和2000年度及2001年中期虚假收入和利润，致使银广夏公司向股东和社会公众提供虚假的财会报告，向社会披露虚假利润，银广夏公司涉嫌违规被中国证监会停牌，股票急速下跌，严重损害了股东的利益，四被告人的行为构成提供虚假财务会计报告罪。(2)刘某1、徐某某代表深圳中天勤会计师事务所在对银广夏公司及天津广夏公司1999年度和2000年度财务报告审计过程中，未遵循中国注册会计师独立审计准则，未履行必要的审计程序，为银广夏公司出具了1999年度和2000年度严重失实的审计报告，并造成了严重后果，刘某1、徐某某应当预见并可以预见其出具的1999年度、2000年度银广夏公司审计报告有可能重大失实，并可能造成严重后果，但没有预见，二被告人的行为构成出具证明文件重大失实罪。(3)公诉机关指控董某犯虚开增值税专用发票罪不能成立，董某虽然存在虚开增值税专用发票的行为，但不具备虚开增值税专用发票罪的成立要件，虚开的动机和目的是为了提供虚假财会报告，且所虚开的增值税专用发票没有流向社会，没有骗取税款，只是提供虚假财务会计报告的犯罪手段，对虚开增值税专用发票的行为应当作为提供虚假财会报告罪的犯罪情节予以考虑。指控刘某1、徐某某犯提供虚假证明文件罪不能成立，因为没有充分证据证明刘某1、徐某某明知所提供的审计报告缺乏事实和科学根据并故意提供。

5. 于某某违规不披露重要信息案①

【案情】江苏琼花高科技股份有限公司（以下简称江苏琼花）的控股股东为琼花集团，实际控制人为于某某。2006年11月至2008年11月间，时任江苏琼花法定代表人、董事长的于某某使用江苏琼花公章，以江苏琼花的名义，为明显不具有清偿能力的控股股东琼花集团等关联方提供24笔担保，担保金额共计人民币16,035万元，占江苏琼花2008年12月31日经审计的净资产的101.29%。其中，

① 参见中华人民共和国最高人民法院刑事审判第一、二、三、四、五庭主办：《刑事审判参考》（总第90集），法律出版社2013年版，第1－6页。

2007年11月1日至2008年10月31日连续12个月的担保累计金额为12,005万元，占江苏琼花2008年12月31日经审计的净资产的75.83%。江苏琼花对上述担保事项未按规定履行临时公告披露义务，也未在2006年年报、2007年年报、2008年半年报中进行披露。截至2009年12月31日，琼花集团、于某某均通过以股抵债或者用减持股票款方式向债权人清偿了全部债务，江苏琼花的担保责任已经解除。

【认定】法院认为，江苏琼花对依法应当披露的重要信息不按规定披露，情节严重，于某某作为江苏琼花的直接主管人员，其行为构成违规不披露重要信息罪。但是，公诉机关指控于某某所犯背信损害上市公司利益罪必须以"致使上市公司利益遭受重大损失"为要件，于某某虽然有向明显不具有清偿能力的关联企业提供担保行为，但其违规担保的风险在公安机关立案前已全部化解，未给江苏琼花造成实际损失，因此不构成背信损害上市公司利益罪。

权威解读

1. 关于"不按照规定披露"。根据《证券法》第一百九十七条的规定，未按照《证券法》规定报送有关报告或者履行信息披露义务，以及虽然报送了报告或者披露了信息，但是报送的报告或者披露的信息有虚假记载、误导性陈述或者重大遗漏的，均属于"不按照规定披露"。虚假记载是指对所披露内容进行不真实记载；误导性陈述是指在报告中作不完整、不准确陈述，致使投资者对投资行为发生错误判断；重大遗漏是指未按照有关重大事件或者重要事项信息披露要求披露信息，隐瞒重大事项。①

2. 违规披露、不披露重要信息犯罪不追究单位的刑事责任。上市公司依法负有信息披露义务，违反相关义务的，刑法规定了相应的处罚。由于上市公司所涉利益群体的多元性，为避免中小股东利益遭受双重损害，《刑法》规定对违规披露、不披露重要信息罪只追究直接负责的主管人员和其他直接责任人员的刑事责任，不追究单位的刑事责任。《刑法》第一百六十二条妨害清算罪、第一百六十二条之二虚假破产罪、第一百八十五条之一违法运用资金罪等也属于此种情形。对于此类犯罪案件，检察机关应当注意审查公安机关移送起诉的内容，区分刑事责任边

① 参见杨万明主编：《〈刑法修正案（十一）〉条文及配套〈罪名补充规定（七）〉理解与适用》，人民法院出版社2021年版，第111页。

界，准确把握追诉的对象和范围。①

3. 不能因为本条第一款规定了单罚制，仅对单位中直接负责的主管人员和其他直接责任人员设置了刑罚，就否认单位构成犯罪的实质。在司法实践中，应首先依法明确是单位构成了犯罪，再对有关责任人员予以处罚。②

《刑法》第一百六十九条之一 【背信损害上市公司利益罪】

第一百六十九条之一 上市公司的董事、监事、高级管理人员违背对公司的忠实义务，利用职务便利，操纵上市公司从事下列行为之一，致使上市公司利益遭受重大损失的，处三年以下有期徒刑或者拘役，并处或者单处罚金；致使上市公司利益遭受特别重大损失的，处三年以上七年以下有期徒刑，并处罚金：

（一）无偿向其他单位或者个人提供资金、商品、服务或者其他资产的；

（二）以明显不公平的条件，提供或者接受资金、商品、服务或者其他资产的；

（三）向明显不具有清偿能力的单位或者个人提供资金、商品、服务或者其他资产的；

（四）为明显不具有清偿能力的单位或者个人提供担保，或者无正当理由为其他单位或者个人提供担保的；

（五）无正当理由放弃债权、承担债务的；

（六）采用其他方式损害上市公司利益的。

上市公司的控股股东或者实际控制人，指使上市公司董事、监事、高级管理人员实施前款行为的，依照前款的规定处罚。

犯前款罪的上市公司的控股股东或者实际控制人是单位的，对单位判处罚金，并对其直接负责的主管人员和其他直接责任人员，依照第一款的规定处罚。

相关规定

1.《公司法》

第二百一十六条 本法下列用语的含义：

---

① 参见最高人民检察院第十七批指导性案例检例第66号，载：https://www.spp.gov.cn/spp/jczdal/202003/t20200325_457287.shtml，2022年4月11日访问。

② 参见王爱立主编：《〈中华人民共和国刑法〉释解与适用》（上），人民法院出版社2021年版，第384页。

（一）高级管理人员，是指公司的经理、副经理、财务负责人，上市公司董事会秘书和公司章程规定的其他人员。

……

2.《最高人民检察院、公安部关于公安机关管辖的刑事案件立案追诉标准的规定（二）》（公通字〔2010〕23号，2022年修订）

第十三条 ［背信损害上市公司利益案（刑法第一百六十九条之一）］上市公司的董事、监事、高级管理人员违背对公司的忠实义务，利用职务便利，操纵上市公司从事损害上市公司利益的行为，以及上市公司的控股股东或者实际控制人，指使上市公司董事、监事、高级管理人员实施损害上市公司利益的行为，涉嫌下列情形之一的，应予立案追诉：

（一）无偿向其他单位或者个人提供资金、商品、服务或者其他资产，致使上市公司直接经济损失数额在一百五十万元以上的；

（二）以明显不公平的条件，提供或者接受资金、商品、服务或者其他资产，致使上市公司直接经济损失数额在一百五十万元以上的；

（三）向明显不具有清偿能力的单位或者个人提供资金、商品、服务或者其他资产，致使上市公司直接经济损失数额在一百五十万元以上的；

（四）为明显不具有清偿能力的单位或者个人提供担保，或者无正当理由为其他单位或者个人提供担保，致使上市公司直接经济损失数额在一百五十万元以上的；

（五）无正当理由放弃债权、承担债务，致使上市公司直接经济损失数额在一百五十万元以上的；

（六）致使公司、企业发行的股票或者公司、企业债券、存托凭证或者国务院依法认定的其他证券被终止上市交易的；

（七）其他致使上市公司利益遭受重大损失的情形。

典型案例

于某某违规不披露重要信息案（略，见“《刑法》第一百六十一条 【违规披露、不披露重要信息罪】”部分）

权威解读

违背对公司的忠实义务，是指上市公司的董事、监事、高级管理人员，在代表上市公司从事经营活动或者履行相关职责时，违背其对公司负有的忠实于公司利益的义务,损害公司利益的行为。实践中,行为人之所以在公司经营活动中千方百计损害本公司利益,往往是因为其为交易对方所收买、控制,或者其本身就是交易对方利用大股东地位或者控制关系安排到上市公司中的,实际代表的正是上市公司的大股东或者实际控制人的利益。但认定本罪并不需要证明行为人的动机,只要行为人有利用职务便利,操纵上市公司损害自身利益的行为即可。①

《刑法》第一百七十四条 【擅自设立金融机构罪】【伪造、变造、转让金融机构经营许可证、批准文件罪】

第一百七十四条 未经国家有关主管部门批准,擅自设立商业银行、证券交易所、期货交易所、证券公司、期货经纪公司、保险公司或者其他金融机构的,处三年以下有期徒刑或者拘役,并处或者单处二万元以上二十万元以下罚金;情节严重的,处三年以上十年以下有期徒刑,并处五万元以上五十万元以下罚金。

伪造、变造、转让商业银行、证券交易所、期货交易所、证券公司、期货经纪公司、保险公司或者其他金融机构的经营许可证或者批准文件的,依照前款的规定处罚。

单位犯前两款罪的,对单位判处罚金,并对其直接负责的主管人员和其他直接责任人员,依照第一款的规定处罚。

相关规定

《最高人民检察院、公安部关于公安机关管辖的刑事案件立案追诉标准的规定(二)》(公通字〔2010〕23 号,2022 年修订)

第十九条 [擅自设立金融机构案(刑法第一百七十四条第一款)]未经国家有关主管部门批准,擅自设立金融机构,涉嫌下列情形之一的,应予立案追诉:

(一)擅自设立商业银行、证券交易所、期货交易所、证券公司、期货公司、保险公司或者其他金融机构的;

(二)擅自设立金融机构筹备组织的。

第二十条 [伪造、变造、转让金融机构经营许可证、批准文件案(刑法第一百

① 参见王爱立主编:《〈中华人民共和国刑法〉释解与适用》(上),人民法院出版社 2021 年版,第 411 页。

七十四条第二款）］伪造、变造、转让商业银行、证券交易所、期货交易所、证券公司、期货公司、保险公司或者其他金融机构的经营许可证或者批准文件的，应予立案追诉。

权威解读[①]

1. 实践中，有些证券公司、期货经纪公司或者其他金融机构为了扩展业务，不向主管机关申报而擅自扩建营业网点、增设分支机构，或者虽向主管机关申报，但在主管机关尚未批准前就擅自设立分支机构进行营业活动。虽然这些行为都是违法行为，但与那些未取得金融业务经营资格的单位或者个人违反法律、法规的规定擅自设立商业银行、证券交易所、期货交易所、证券公司、期货公司、保险公司或者其他金融机构的行为在本质上是有区别的。前者应由有关主管部门查处后予以纪律或行政处理，如责令取消未经批准设立和扩建的营业网点和分支机构，给予行政处罚等，而不应当按照犯罪处理。

2. “伪造”是指仿照经营许可证或者批准文件的形状、特征、色彩、样式，非法制造假的经营许可证或者批准文件的行为。“变造”是指通过涂改、拼改、挖补等手段，改变经营许可证或者批准文件内容的行为，如通过上述手段改变原许可证或者批准文件上的经营业务的范围、单位的名称、批准的日期、批准的单位等。“转让”是指行为人将自己的经营许可证或者批准文件通过出售、出租、出借、赠与等方式有偿或者无偿转与或者让与其他的机构或者个人使用的行为。

《刑法》第一百七十八条第二款、第三款　【伪造、变造股票、公司、企业债券罪】

《刑法》第一百七十八条第二款　伪造、变造股票或者公司、企业债券，数额较大的，处三年以下有期徒刑或者拘役，并处或者单处一万元以上十万元以下罚金；数额巨大的，处三年以上十年以下有期徒刑，并处二万元以上二十万元以下罚金。

《刑法》第一百七十八条第三款　单位犯前两款罪的，对单位判处罚金，并对其直接负责的主管人员和其他直接责任人员，依照前两款的规定处罚。

---

① 参见王爱立主编：《〈中华人民共和国刑法〉释解与适用》（上），人民法院出版社 2021 年版，第 429－431 页。

相关规定

《最高人民检察院、公安部关于公安机关管辖的刑事案件立案追诉标准的规定(二)》(公通字〔2010〕23号,2022年修订)

第二十八条 [伪造、变造股票、公司、企业债券案(刑法第一百七十八条第二款)]伪造、变造股票或者公司、企业债券,总面额在三万元以上的,应予立案追诉。

《刑法》第一百七十九条 【擅自发行股票、公司、企业债券罪】

第一百七十九条 未经国家有关主管部门批准,擅自发行股票或者公司、企业债券,数额巨大、后果严重或者有其他严重情节的,处五年以下有期徒刑或者拘役,并处或者单处非法募集资金金额百分之一以上百分之五以下罚金。

单位犯前款罪的,对单位判处罚金,并对其直接负责的主管人员和其他直接责任人员,处五年以下有期徒刑或者拘役。①

相关规定

1.《最高人民法院关于审理非法集资刑事案件具体应用法律若干问题的解释》(法释〔2010〕18号)

第六条 未经国家有关主管部门批准,向社会不特定对象发行、以转让股权等方式变相发行股票或者公司、企业债券,或者向特定对象发行、变相发行股票或者公司、企业债券累计超过200人的,应当认定为刑法第一百七十九条规定的"擅自发行股票、公司、企业债券"。构成犯罪的,以擅自发行股票、公司、企业债券罪定罪处罚。

2.《最高人民检察院、公安部关于公安机关管辖的刑事案件立案追诉标准的规定(二)》(公通字〔2010〕23号,2022年修订)

第二十九条 [擅自发行股票、公司、企业债券案(刑法第一百七十九条)]未经国家有关主管部门批准或者注册,擅自发行股票或者公司、企业债券,涉嫌下列情形之一的,应予立案追诉:

(一)非法募集资金金额在一百万元以上的;

---

① 成立本罪以"未经国家有关主管部门批准"为要件。随着注册制的推行,该要件似应作出修改完善。——本书注

（二）造成投资者直接经济损失数额累计在五十万元以上的；

（三）募集的资金全部或者主要用于违法犯罪活动的；

（四）其他后果严重或者有其他严重情节的情形。

本条规定的“擅自发行股票或者公司、企业债券”，是指向社会不特定对象发行、以转让股权等方式变相发行股票或者公司、企业债券，或者向特定对象发行、变相发行股票或者公司、企业债券累计超过二百人的行为。

3.《国务院办公厅关于严厉打击非法发行股票和非法经营证券业务有关问题的通知》（国办发〔2006〕99 号）

近年来，非法发行股票和非法经营证券业务（以下简称非法证券活动）在我国部分地区时有发生，个别地区甚至出现蔓延势头，严重危害社会稳定和金融安全。为贯彻落实公司法和证券法有关规定，维护证券市场正常秩序和广大投资者的合法权益，经国务院同意，现就严厉打击非法证券活动有关问题通知如下：

一、提高认识，统一思想，坚决遏制非法证券活动蔓延势头

非法证券活动具有手段隐蔽、欺骗性强、蔓延速度快、易反复等特点，涉及人数众多，投资者多为退休人员、下岗职工等困难群众，容易引发群体事件。当前，非法证券活动的主要形式为：一是编造公司即将在境内外上市或股票发行获得政府部门批准等虚假信息，诱骗社会公众购买所谓“原始股”；二是非法中介机构以“投资咨询机构”、“产权经纪公司”、“外国资本公司或投资公司驻华代表处”的名义，未经法定机关批准，向社会公众非法买卖或代理买卖未上市公司股票；三是不法分子以证券投资为名，以高额回报为诱饵，诈骗群众钱财。

地方各级人民政府、国务院有关部门要进一步统一思想，高度重视，充分认识非法证券活动的危害性，增强政治责任感。要完善打击非法证券活动的政策法规和联合执法机制，查处一批大案要案，依法追究有关人员的责任，建立健全防范和打击非法证券活动的长效机制，从根本上遏制非法证券活动蔓延势头。

二、明确分工，加强配合，形成打击非法证券活动的执法合力

为加强组织领导，由证监会牵头，公安部、工商总局、银监会并邀请高法院、高检院等有关单位参加，成立打击非法证券活动协调小组，负责打击非法证券活动的组织协调、政策解释、性质认定等工作。协调小组办公室设在证监会。证监会要组织专门机构和得力人员，明确职责，加强沟通，与相关部门和省级人民政府建立反应灵敏、配合密切、应对有力的工作机制。

非法证券活动查处和善后处理工作按属地原则由各省、自治区、直辖市及计划单列市人民政府负责。非法证券活动经证监会及其派出机构认定后，省级人民政府要负责做好本地区案件查处和处置善后工作。涉及多个省（区、市）的，

由公司注册地的省级人民政府牵头负责，相关省（区、市）要予以积极支持配合。发现涉嫌犯罪的，应及时移送公安机关立案查处，并依法追究刑事责任。未构成犯罪的，由证券监管部门、工商行政管理部门根据各自职责依法作出行政处罚。

地方各级人民政府要高度重视，统筹安排，周密部署，建立起群众举报、媒体监督、日常监管和及时查处相结合的非法证券活动防范和预警机制，制订风险处置预案。对近年来案件多发的地区，有关地方人民政府要迅速开展查处、取缔工作，果断处置，集中查处一批典型案件并公开报道，震慑犯罪分子，教育人民群众，维护社会稳定。

三、明确政策界限，依法进行监管

（一）严禁擅自公开发行股票。向不特定对象发行股票或向特定对象发行股票后股东累计超过200人的，为公开发行，应依法报经证监会核准。未经核准擅自发行的，属于非法发行股票。

（二）严禁变相公开发行股票。向特定对象发行股票后股东累计不超过200人的，为非公开发行。非公开发行股票及其股权转让，不得采用广告、公告、广播、电话、传真、信函、推介会、说明会、网络、短信、公开劝诱等公开方式或变相公开方式向社会公众发行。严禁任何公司股东自行或委托他人以公开方式向社会公众转让股票。向特定对象转让股票，未依法报经证监会核准的，转让后，公司股东累计不得超过200人。

（三）严禁非法经营证券业务。股票承销、经纪（代理买卖）、证券投资咨询等证券业务由证监会依法批准设立的证券机构经营，未经证监会批准，其他任何机构和个人不得经营证券业务。

违反上述三项规定的，应坚决予以取缔，并依法追究法律责任。

证监会要根据公司法和证券法有关规定，尽快研究制订有关公开发行股票但不在证券交易所上市的股份有限公司（以下简称非上市公众公司）管理规定，明确非上市公众公司设立和发行的条件、发行审核程序、登记托管及转让规则等，将非上市公众公司监管纳入法制轨道。

四、加强舆论引导和对投资者教育

证监会、公安部等有关部门要指导地方各级人民政府，广泛利用报纸、电视、广播、互联网等传媒手段，多方位、多角度地宣传非法证券活动的表现形式、特点、典型案例及其严重危害，提高广大投资者对非法证券活动的风险意识和辨别能力，预防非法证券活动的发生，防患于未然。

4.《最高人民法院、最高人民检察院、公安部、中国证券监督管理委员会关于整治非法证券活动有关问题的通知》(证监发〔2008〕1号)

国务院办公厅《关于严厉打击非法发行股票和非法经营证券业务有关问题的通知》(国办发〔2006〕99号,以下简称"国办发99号文")和国务院《关于同意建立整治非法证券活动协调小组工作制度的批复》(国函〔2007〕14号)下发后,整治非法证券活动协调小组(以下简称"协调小组")各成员单位和地方人民政府高度重视,周密部署,重点查处了一批大案要案,初步遏制了非法证券活动的蔓延势头,各类非法证券活动新发量明显减少,打击非法证券活动工作取得了明显成效,相当一部分案件已进入司法程序。但在案件办理过程中,相关单位也遇到了一些分工协作、政策法律界限不够明确等问题。为此,协调小组专门召开会议对这些问题进行了研究。根据协调小组会议精神,现就打击非法证券活动工作中的有关问题通知如下:

一、统一思想,高度重视非法证券类案件办理工作

非法证券活动是一种典型的涉众型的违法犯罪活动,严重干扰正常的经济金融秩序,破坏社会和谐与稳定。从近期办理的一些案件看,非法证券活动具有以下特征:一是按照最高人民检察院、公安部《关于经济犯罪案件追诉标准的规定》(公发〔2001〕11号),绝大多数非法证券活动都涉嫌犯罪。二是花样不断翻新,隐蔽性强,欺骗性大,仿效性高。三是案件涉及地域广,涉案金额大,涉及人员多,同时资产易被转移,证据易被销毁,人员易潜逃,案件办理难度大。四是不少案件涉及到境外资本市场,办理该类案件政策性强,专业水平要求高。五是投资者多为离退休人员、下岗职工等困难群众,承受能力差,极易引发群体事件。各有关部门要进一步统一思想,高度重视,充分认识此类违法犯罪活动的严重性、危害性,增强政治责任感,密切分工协作,提高工作效率,及时查处一批大案要案,维护法律法规权威,维护社会公平正义,维护投资者的合法权益。

二、明确法律政策界限,依法打击非法证券活动

(一)关于公司及其股东向社会公众擅自转让股票行为的性质认定。《证券法》第十条第三款规定:"非公开发行证券,不得采用广告、公开劝诱和变相公开方式。"国办发99号文规定:"严禁任何公司股东自行或委托他人以公开方式向社会公众转让股票。向特定对象转让股票,未依法报经证监会核准的,转让后,公司股东累计不得超过200人。"公司、公司股东违反上述规定,擅自向社会公众转让股票,应当追究其擅自发行股票的责任。公司与其股东合谋,实施上述行为的,公司与其股东共同承担责任。

(二)关于擅自发行证券的责任追究。未经依法核准,擅自发行证券,涉嫌犯

罪的，依照《刑法》第一百七十九条之规定，以擅自发行股票、公司、企业债券罪追究刑事责任。未经依法核准，以发行证券为幌子，实施非法证券活动，涉嫌犯罪的，依照《刑法》第一百七十六条、第一百九十二条等规定，以非法吸收公众存款罪、集资诈骗罪等罪名追究刑事责任。未构成犯罪的，依照《证券法》和有关法律的规定给予行政处罚。

（三）关于非法经营证券业务的责任追究。任何单位和个人经营证券业务，必须经证监会批准。未经批准的，属于非法经营证券业务，应予以取缔；涉嫌犯罪的，依照《刑法》第二百二十五条之规定，以非法经营罪追究刑事责任。对于中介机构非法代理买卖非上市公司股票，涉嫌犯罪的，应当依照《刑法》第二百二十五条之规定，以非法经营罪追究刑事责任；所代理的非上市公司涉嫌擅自发行股票，构成犯罪的，应当依照《刑法》第一百七十九条之规定，以擅自发行股票罪追究刑事责任。非上市公司和中介机构共谋擅自发行股票，构成犯罪的，以擅自发行股票罪的共犯论处。未构成犯罪的，依照《证券法》和有关法律的规定给予行政处罚。

（四）关于非法证券活动性质的认定。非法证券活动是否涉嫌犯罪，由公安机关、司法机关认定。公安机关、司法机关认为需要有关行政主管机关进行性质认定的，行政主管机关应当出具认定意见。对因案情复杂、意见分歧，需要进行协调的，协调小组应当根据办案部门的要求，组织有关单位进行研究解决。

（五）关于修订后的《证券法》与修订前的《证券法》中针对擅自发行股票和非法经营证券业务规定的衔接。修订后的《证券法》与修订前的《证券法》针对擅自发行股票和非法经营证券业务的规定是一致的，是相互衔接的，因此在修订后的《证券法》实施之前发生的擅自发行股票和非法经营证券业务行为，也应予以追究。

（六）关于非法证券活动受害人的救济途径。根据 1998 年 3 月 25 日《国务院办公厅转发证监会关于清理整顿场外非法股票交易方案的通知》（国办发〔1998〕10 号）的规定，最高人民法院于 1998 年 12 月 4 日发布了《关于中止审理、中止执行涉及场外非法股票交易经济纠纷案件的通知》（法〔1998〕145 号），目的是为配合国家当时解决 STAQ、NET 交易系统发生的问题，而非针对目前非法证券活动所产生的纠纷。如果非法证券活动构成犯罪，被害人应当通过公安、司法机关刑事追赃程序追偿；如果非法证券活动仅是一般违法行为而没有构成犯罪，当事人符合民事诉讼法规定的起诉条件的，可以通过民事诉讼程序请求赔偿。

三、加强协作配合，提高办案效率

涉嫌犯罪的非法证券类案件从调查取证到审理终结，主要涉及证监、公安、检察、法院四个部门。从工作实践看，大部分地区的上述四个部门能够做到既有分工,也有协作,案件办理进展顺利,但也有部分地区的一些案件久拖不决,有的甚至出现“踢皮球”的现象,案件办理周期过长。究其原因,有的是工作不扎实,有的是认识上存在差距,有的是协调沟通不畅。协调小组工作会议高度重视存在的问题,并对各相关部门的工作分工及协调配合做了总体部署。

证监系统要督促、协调、指导各地落实已出台的贯彻国办发 99 号文实施意见,将打击非法证券活动长效机制落到实处;根据司法机关需要,对非法证券类案件及时出具性质认定意见;创新办案模式,在当地政府的领导下,密切与其他行政执法机关的联合执法,提高快速反应能力;根据工作需要,可组织当地公、检、法等部门相关人员进行业务培训或案情会商;加强对境外资本市场的跟踪研究。

公安机关对涉嫌犯罪的非法证券类案件要及时进行立案侦查,并做好与证监、工商等部门的工作衔接;上级公安机关要加强案件的协调、指导、督办工作,提高办案效率;密切与检察院、法院的协调配合,及时交流信息,通报情况,加大对大要案的侦办力度。

检察机关要及时做好此类案件的批捕、起诉和诉讼监督工作;加强与相关部门的沟通联系,及时处理需要协调的事项。

人民法院要加强与相关部门的沟通协调,及时受理、审理各类涉及非法证券活动的民事、刑事案件,对性质恶劣、社会危害大的案件依法予以严惩。

各相关部门在办理非法证券类案件过程中遇到重大问题的,可提请协调小组协助解决。

典型案例

1. 安基公司、郑某擅自发行股票案①

【案情】2001 年 12 月,上海安基生物科技股份有限公司(以下简称安基公司)为筹集研发资金,由董事长、法定代表人郑某提议经股东会集体同意后,委托中介公司及个人向社会不特定公众转让自然人股东的股权。此后直到 2007 年 8 月期间,由郑某负责联系并先后委托上海新世纪投资有限公司、上海天成投资实业公司、王某某、周某某、黄某等个人,以随机拨打电话的方式,对外谎称安基公司的股票短期内将在美国纳斯达克上市并能获取高额回报,向不特定社会公众推销郑某及其他自然人股东的股权。郑某和中介人员具体商定每股转让价格为人民币 2 -4 元间不等。安基公司与受让人分别签订《股权转让协议书》和《回购承诺书》(承

① 上海市浦东新区人民法院(2009)浦刑初字第 917 号刑事判决书。

诺如果三年内公司不能上市就回购股权),并发放自然人股东缴款凭证卡和收款收据。

经审计,安基公司向社会公众260余人发行股票计322万股,筹集资金人民币1109万余元,其中有157人在股权托管中心托管,被列入公司股东名册,并在工商行政管理部门备案。上述募集资金全部用于安基公司的经营活动和支付中介代理费。

安基公司成立后主要从事艾滋病药物的研发,一直处于研发阶段,没有任何生产和销售行为。案发后不能回购股票,不能退还钱款,仅有土地及房产被查封。

【认定】法院认为:依据《中华人民共和国公司法》和《中华人民共和国证券法》的规定,股份公司的股权表现形式就是股票,也包括未上市股份公司的股权。因此,《刑法》第一百七十九条中的"发行股票"包括未上市公司转让股权。据此,判断行为人的行为是否构成擅自发行股票罪,应从以下几个方面分析:

一、发行股票行为是否经国家有关主管部门批准

我国法律、法规及相关政策对非上市股份公司的股权能否转让、如何转让,有三个阶段的限制性规定。

第一阶段,1998年到2002年为严令禁止。1998年国务院《转发证监会关于清理整顿场外非法股票交易方案的通知》、2003年证监会《关于处理非法代理买卖未上市公司股票有关问题的紧急通知》、2004年《关于进一步打击以证券期货投资为名进行违法犯罪活动的紧急通知》均明确禁止非上市公司从事股权交易,除进行股权整体转让外,严禁代理和买卖非上市公司股票。

第二阶段,2003年到2006年为托管引导。其间,一些城市相继开展股权登记托管业务。2003年年初,上海成立股权托管中心与上海联合产权交易所。2005年初,上海市发布《关于进一步规范本市发起设立股份有限公司审批、登记和备案相关事项的通知》,要求国有股权必须到上海联合产权交易所交易、到托管中心登记,对于私有股权采取自愿进场交易原则,依法禁止场外擅自交易。

第三阶段,2006年至今为明确规范。《中华人民共和国证券法》中规定,向不特定对象或向特定对象累计超过200人发行证券,属于公开发行证券。公开发行证券,必须经国务院证券监管机构或国务院授权的部门核准。2006年年底,国务院办公厅发布的《关于严厉打击非法发行股票和非法经营证券业务有关问题的通知》中规定,第一,严禁擅自公开发行股票,向不特定对象发行股票或向特定对象发行股票后股东累计超过200人的,为公开发行,应依法报经证监会核准。第二,严禁变相公开发行股票。非公开发行股票及其股权转让,不得采用广告、公告、广播、电话、传真、信函、推介会、说明会、网络、短信、公开劝诱等公开方式或变相公

开方式向社会公众发行。严禁任何公司股东自行或委托他人以公开方式向社会公众转让股票。

综上所述,国家一直禁止擅自进行非上市公司的股权交易。本案中,安基公司与被告人郑某在2001年至2007年8月期间,连续不间断地擅自向社会公众转让股权,其行为违反上述规定,系在未经有关主管部门批准的情况下实施发行股票行为。

二、有无实施发行股票的行为

根据本案事实,安基公司与郑某擅自向社会公众转让股权的行为,属于国务院办公厅《关于严厉打击非法发行股票和非法经营证券业务有关问题的通知》所严禁的行为,应当认定为《刑法》第一百七十九条规定的"擅自发行股票、公司、企业债券"的行为。

1. 受让人属于不特定对象。区分特定对象与不特定对象,应当结合投资者的选择程序、承担风险能力与人数等因素综合分析。通常情况下,出让方委托中介机构面向社会公众采用推广会等方式进行宣传,随后筛选出合适的投资人,审查投资人的资产价值与申报财产内容的真实性、是否具备识别并承担风险能力等内容,明确提示投资风险,有明确的人数和资金总量的限制。对于符合上述条件的,应当认定为属于特定对象。相反,对于不设定任何标准和人数条件,不考察投资人的具体情况,只要出资即予以接纳的情况,应当认为属于不特定对象。本案中,被告单位安基公司委托中介公司与个人,随机向上海及浙江宁波等地的居民进行推销,不审查财产状况且没有人数限制,应当认定为向不特定对象转让股权。

2. 转让股权的价格具有不确定性。合法的转让股权应由第三方对公司财务状况进行审计,结合审计结论、运营情况、公司拟上市后的预增利润等综合因素,由出让方确定统一合理的出让价格,报证券监管部门批准备案后向全社会公布。本案中,转让股权价格未经过任何审计、批准备案、公开的程序,仅由被告人郑某与中介公司商定,按照注册资本3400万元确定为3400万股,据审计报告显示,每股转让价格从1.5元到4.2元不等,包括12种不同价格。这充分说明涉案股权转让价格具有极大的随意性和不确定性。

3. 采用公开的形式转让股权。判断公开与非公开方式的标准,是信息沟通渠道是否畅通。非公开发行是指基于相互信任与意思自治原则,双方能够交流获取真实有效的信息,无需借助第三方力量来传递信息达到沟通目的。而公开发行由于面向社会公众且信息不对称,出让方需要借助中介力量,利用广告、公告、广播、电话、推介会、说明会、网络等方式传递信息,以达到吸引投资人获取资金的目的。本案中,安基公司与郑某委托多家中介公司与个人,先采用随机拨打电话的方式,以提供理财帮助为名邀请不特定对象到中介公司，后由业务员介绍并推销股权，对于犹豫不决的客户，业务员反复打电话以动员劝诱。故可以认定涉案股权转让形式属于公开发行。

4. 转让股权的运作模式不合规。由于涉及社会公众权益，转让股权必须接受多方面的监管，要求运作模式必须合法规范，包括中介机构的主体资格、签订合同的内容、披露信息的要求、财务情况公开、区分收费账户与公司账户、按约履行权利义务等等。本案中，安基公司与郑某转让股权没有详细工作计划，没有披露公司的详细财务状况，没有委托固定有资质的中介机构，没有签订规范的服务合同，在 2002 年到 2007 年 8 月间，被告方频繁地更换中介公司与个人，这种运作模式完全不符合规范。

5. 募集资金全部用于经营活动和支付中介费用。实践中，存在利用擅自发行股票的方法取得资金以实施集资诈骗的情况发生，这种集资诈骗罪与擅自发行股票罪的主要区别在于主观上是否具有非法占有的目的。集资诈骗罪是以非法占有为目的，行为人发行股票只是诈骗财产的一种手段，在取得钱款后往往出现携款逃跑、挥霍滥用、抽逃转移资金、隐匿销毁账目等情况。擅自发行股票罪的主观方面则是为了非法募集生产经营资金，不具备非法占有的目的。本案中，安基公司募集资金 1109 万元均存入公司账户，有 400 万元支付中介代理费，另有 600 余万元用于公司的生产经营活动，包括租用厂房、购买设备、支付工资、研发费用等等，且公司财务账册中未反映有挪用抽逃等不正常现象发生，仅仅由于客观上经营不善导致钱款不能返还，不能认定主观上具有非法占有目的。

根据《最高人民法院、最高人民检察院、公安部、证监会关于整治非法证券活动有关问题的通知》的规定，公司、公司股东违反规定擅自向社会公众转让股票，应当追究擅自发行股票罪的责任。根据《最高人民检察院、公安部关于经济犯罪案件追诉标准的规定》的规定，未经国家有关主管部门批准，擅自发行股票涉嫌下列情形之一的，应予追诉：数额在 50 万元以上的、不能及时清偿或者清退的、造成恶劣影响的。这是对于擅自发行股票罪的情节要件规定，本案符合此项规定。

此外，本案中部分受让人到股权托管中心托管并到工商部门备案的情节不影响犯罪的认定。根据证监会〔2001〕5 号文《关于未上市股份公司股权托管问题的意见》的规定，未上市股份公司股权托管问题，成因复杂，涉及面广，清理规范工作主要由地方政府负责。在这一政策指引下，许多地方政府都以行政规章的形式要求对非上市公司的股权进行集中托管，据此，上海市发布《关于进一步规范本市发起设立股份有限公司审批、登记和备案相关事项的通知》，在此背景之下，上海股权托管中心应运而生。依据股权托管中心提供的资料显示，其是专业从事非上市股份公司股权集中托管、过户、查询、分红等业务的股权托管登记服务机构，为非上市股份公司股权规范有序流动提供服务平台，其主要职能分三类，股权托管、登记与服务功能。托管中心仅负责为股权转让双方办理过户登记手续，并向受让人发放托管卡，记载有股权名称、双方姓名、证件信息、转让份额、托管账号等信息，受让人凭托管卡号和账户密码，可以查询到个人持股情况及托管中心提供的公司相关信息。本案中，有157名受让人在购买股权后曾到股权托管中心进行登记领取托管卡，并被列入被告单位安基公司的股东名册且在工商部门备案。安基公司确认这157人具有公司股东的身份，但是，由于安基公司一直处于药物研发阶段，没有经营和销售行为，没有盈利分红，没有因重大事项召开过股东大会，因此这部分人没有参与公司经营管理和决策，实质上他们未能享受股东权利和履行股东义务。从全案情况分析，到托管中心登记的157人和未登记的106人，他们购买股权的动机和目的是完全一致的，由于安基公司谎称将在美国纳斯达克上市股票能获得巨大利润，并承诺如果不能上市将原价回购股票，使得全部受让人轻信这些言语且相信投资能够保本，他们投资购买股权的主观目的是希望通过投资换取未来的利润。托管中心作为第三方组织，对于股权转让行为只负责登记备案，并没有审核及监督义务，托管登记的形式，仅证实双方确有股权转让行为，但不能证明股权转让行为本身的合法与否。因此这一情节不影响本案的定性。

综上，安基公司违反国家政策及相关法律规定，未经证券监管部门的批准，委托他人以公开方式向不特定社会公众发行股票，情节严重；郑某系安基公司直接负责的主管人员，其行为均已构成擅自发行股票罪。

2. 张某某等擅自发行股票案①

【案情】深圳九州源矿业投资股份有限公司（以下简称九州源公司）未经证监部门批准，以公司计划在加拿大多伦多证券交易所创业板上市，购买公司原始股上市后可以获得高额回报为名，由公司工作人员或公司股东通过电话联系投资者、以“口口相传”等公开、变相公开方式向社会不特定对象出售公司股票，股价为3.8元每股（后变更为1元每股）。投资者有意向购买公司股票后，公司组织投资者召开上市业务说明会或邀请投资者到公司结合幻灯片演示详细介绍公司情况及增发股票业务。投资者通过银行转账、POS机刷卡、缴纳现金等方式支付购股款项后，与九州源公司签订《股份认购协议书》《股权确认书》，作为投资者认购、持有公司股票的证明。九州源公司收取投资者的股份认购款后主要用于支付公

① 广东省深圳市中级人民法院（2015）深中法刑二初字第84号刑事判决书、广东省高级人民法院（2015）粤高法刑二终字第238号刑事判决书。

司员工工资、介绍他人购买股票提成、租用办公场地、员工出差、公司日常运作等。经统计，截止到2014年6月12日，九州源公司向50余名投资者收取股本金人民币462.3万元。

张某某作为九州源公司的法定代表人、董事长、总经理，负责公司运作成立、总体经营管理、增发股票及借款业务的提议及决策等。池某某作为九州源公司的股东、监事、副总经理，负责协助张某某经营管理、制作公司增发股票业务有关宣传资料、参与组织面向投资者的上市说明会、向投资者介绍洽谈增发股票业务、公司员工内部培训等。关某某作为九州源公司的股东、行政前台、行政经理，负责公司行政事务、参与组织面向投资者的上市说明会、向投资者介绍增发股票业务、公司员工内部培训等。黄某某作为九州源公司的行政前台，负责联系客户购买公司股票、参与向投资者介绍增发股票业务、公司员工内部培训等。另查明，九州源公司现已停止营业，人去楼空。

【认定】一审法院认定，深圳九州源矿业投资股份有限公司未经国家有关主管部门批准，擅自发行股票，数额巨大。被告人张某某作为该公司直接负责的主管人员，被告人池某某、关某某、黄某某作为直接责任人员，其行为已构成擅自发行股票罪。二审法院维持一审认定。

《刑法》第一百八十条　【内幕交易、泄露内幕信息罪】【利用未公开信息交易罪】

第一百八十条　证券、期货交易内幕信息的知情人员或者非法获取证券、期货交易内幕信息的人员，在涉及证券的发行，证券、期货交易或者其他对证券、期货交易价格有重大影响的信息尚未公开前，买入或者卖出该证券，或者从事与该内幕信息有关的期货交易，或者泄露该信息，或者明示、暗示他人从事上述交易活动，情节严重的，处五年以下有期徒刑或者拘役，并处或者单处违法所得一倍以上五倍以下罚金；情节特别严重的，处五年以上十年以下有期徒刑，并处违法所得一倍以上五倍以下罚金。

单位犯前款罪的，对单位判处罚金，并对其直接负责的主管人员和其他直接责任人员，处五年以下有期徒刑或者拘役。

内幕信息、知情人员的范围，依照法律、行政法规的规定确定。

证券交易所、期货交易所、证券公司、期货经纪公司、基金管理公司、商业银行、保险公司等金融机构的从业人员以及有关监管部门或者行业协会的工作人员，利用因职务便利获取的内幕信息以外的其他未公开的信息，违反规定，从事与

该信息相关的证券、期货交易活动，或者明示、暗示他人从事相关交易活动，情节严重的，依照第一款的规定处罚。

相关规定

1.《最高人民法院、最高人民检察院关于办理内幕交易、泄露内幕信息刑事案件具体应用法律若干问题的解释》（法释〔2012〕6号）

为维护证券、期货市场管理秩序，依法惩治证券、期货犯罪，根据刑法有关规定，现就办理内幕交易、泄露内幕信息刑事案件具体应用法律的若干问题解释如下：

第一条　下列人员应当认定为刑法第一百八十条第一款规定的“证券、期货交易内幕信息的知情人员”：

（一）证券法第七十四条①规定的人员；

（二）期货交易管理条例第八十五条第十二项②规定的人员。

第二条　具有下列行为的人员应当认定为刑法第一百八十条第一款规定的“非法获取证券、期货交易内幕信息的人员”：

（一）利用窃取、骗取、套取、窃听、利诱、刺探或者私下交易等手段获取内幕信息的；

（二）内幕信息知情人员的近亲属或者其他与内幕信息知情人员关系密切的人员，在内幕信息敏感期内，从事或者明示、暗示他人从事，或者泄露内幕信息导致他人从事与该内幕信息有关的证券、期货交易，相关交易行为明显异常，且无正当理由或者正当信息来源的；

（三）在内幕信息敏感期内，与内幕信息知情人员联络、接触，从事或者明示、暗示他人从事，或者泄露内幕信息导致他人从事与该内幕信息有关的证券、期货交易，相关交易行为明显异常，且无正当理由或者正当信息来源的。

第三条　本解释第二条第二项、第三项规定的“相关交易行为明显异常”，要综合以下情形，从时间吻合程度、交易背离程度和利益关联程度等方面予以认定：

（一）开户、销户、激活资金账户或者指定交易（托管）、撤销指定交易（转托管）的时间与该内幕信息形成、变化、公开时间基本一致的；

---

① 对应2005年《证券法》第七十四条即2019年《证券法》第五十一条规定。——本书注

② 对应2007年《期货交易管理条例》第八十五条第十二项即2017年《期货交易管理条例》第八十一条第十二项规定。——本书注

（二）资金变化与该内幕信息形成、变化、公开时间基本一致的；

（三）买入或者卖出与内幕信息有关的证券、期货合约时间与内幕信息的形成、变化和公开时间基本一致的；

（四）买入或者卖出与内幕信息有关的证券、期货合约时间与获悉内幕信息的时间基本一致的；

（五）买入或者卖出证券、期货合约行为明显与平时交易习惯不同的；

（六）买入或者卖出证券、期货合约行为，或者集中持有证券、期货合约行为与该证券、期货公开信息反映的基本面明显背离的；

（七）账户交易资金进出与该内幕信息知情人员或者非法获取人员有关联或者利害关系的；

（八）其他交易行为明显异常情形。

第四条 具有下列情形之一的，不属于刑法第一百八十条第一款规定的从事与内幕信息有关的证券、期货交易：

（一）持有或者通过协议、其他安排与他人共同持有上市公司百分之五以上股份的自然人、法人或者其他组织收购该上市公司股份的；

（二）按照事先订立的书面合同、指令、计划从事相关证券、期货交易的；

（三）依据已被他人披露的信息而交易的；

（四）交易具有其他正当理由或者正当信息来源的。

第五条 本解释所称"内幕信息敏感期"是指内幕信息自形成至公开的期间。

证券法第六十七条第二款[①]所列"重大事件"的发生时间，第七十五条[②]规定的"计划"、"方案"以及期货交易管理条例第八十五条第十一项[③]规定的"政策"、"决定"等的形成时间，应当认定为内幕信息的形成之时。

影响内幕信息形成的动议、筹划、决策或者执行人员，其动议、筹划、决策或者执行初始时间，应当认定为内幕信息的形成之时。

内幕信息的公开，是指内幕信息在国务院证券、期货监督管理机构指定的报刊、网站等媒体披露。

第六条 在内幕信息敏感期内从事或者明示、暗示他人从事或者泄露内幕信息导致他人从事与该内幕信息有关的证券、期货交易，具有下列情形之一的，应当

---

① 对应2005年《证券法》第六十七条第二款即2019年《证券法》第八十条第二款规定。——本书注

② 2019年《证券法》已删除该条中的相关内容。——本书注

③ 对应2007年《期货交易管理条例》第八十五条第十一项即2017年《期货交易管理条例》第八十一条第十一项规定。——本书注

认定为刑法第一百八十条第一款规定的“情节严重”：

（一）证券交易成交额在五十万元以上的；

（二）期货交易占用保证金数额在三十万元以上的；

（三）获利或者避免损失数额在十五万元以上的；

（四）三次以上的；

（五）具有其他严重情节的。

第七条 在内幕信息敏感期内从事或者明示、暗示他人从事或者泄露内幕信息导致他人从事与该内幕信息有关的证券、期货交易，具有下列情形之一的，应当认定为刑法第一百八十条第一款规定的“情节特别严重”：

（一）证券交易成交额在二百五十万元以上的；

（二）期货交易占用保证金数额在一百五十万元以上的；

（三）获利或者避免损失数额在七十五万元以上的；

（四）具有其他特别严重情节的。

第八条 二次以上实施内幕交易或者泄露内幕信息行为，未经行政处理或者刑事处理的，应当对相关交易数额依法累计计算。

第九条 同一案件中，成交额、占用保证金额、获利或者避免损失额分别构成情节严重、情节特别严重的，按照处罚较重的数额定罪处罚。

构成共同犯罪的，按照共同犯罪行为人的成交总额、占用保证金总额、获利或者避免损失总额定罪处罚，但判处各被告人罚金的总额应掌握在获利或者避免损失总额的一倍以上五倍以下。

第十条 刑法第一百八十条第一款规定的“违法所得”，是指通过内幕交易行为所获利益或者避免的损失。

内幕信息的泄露人员或者内幕交易的明示、暗示人员未实际从事内幕交易的，其罚金数额按照因泄露而获悉内幕信息人员或者被明示、暗示人员从事内幕交易的违法所得计算。

第十一条 单位实施刑法第一百八十条第一款规定的行为，具有本解释第六条规定情形之一的，按照刑法第一百八十条第二款的规定定罪处罚。

2.《最高人民法院、最高人民检察院关于办理利用未公开信息交易刑事案件适用法律若干问题的解释》（法释〔2019〕10号）

为依法惩治证券、期货犯罪，维护证券、期货市场管理秩序，促进证券、期货市场稳定健康发展，保护投资者合法权益，根据《中华人民共和国刑法》《中华人民共和国刑事诉讼法》的规定，现就办理利用未公开信息交易刑事案件适用法律的若干问题解释如下：

第一条 刑法第一百八十条第四款规定的"内幕信息以外的其他未公开的信息",包括下列信息:

(一)证券、期货的投资决策、交易执行信息;

(二)证券持仓数量及变化、资金数量及变化、交易动向信息;

(三)其他可能影响证券、期货交易活动的信息。

第二条 内幕信息以外的其他未公开的信息难以认定的,司法机关可以在有关行政主(监)管部门的认定意见的基础上,根据案件事实和法律规定作出认定。

第三条 刑法第一百八十条第四款规定的"违反规定",是指违反法律、行政法规、部门规章、全国性行业规范有关证券、期货未公开信息保护的规定,以及行为人所在的金融机构有关信息保密、禁止交易、禁止利益输送等规定。

第四条 刑法第一百八十条第四款规定的行为人"明示、暗示他人从事相关交易活动",应当综合以下方面进行认定:

(一)行为人具有获取未公开信息的职务便利;

(二)行为人获取未公开信息的初始时间与他人从事相关交易活动的初始时间具有关联性;

(三)行为人与他人之间具有亲友关系、利益关联、交易终端关联等关联关系;

(四)他人从事相关交易的证券、期货品种、交易时间与未公开信息所涉证券、期货品种、交易时间等方面基本一致;

(五)他人从事的相关交易活动明显不具有符合交易习惯、专业判断等正当理由;

(六)行为人对明示、暗示他人从事相关交易活动没有合理解释。

第五条 利用未公开信息交易,具有下列情形之一的,应当认定为刑法第一百八十条第四款规定的"情节严重":

(一)违法所得数额在一百万元以上的;

(二)二年内三次以上利用未公开信息交易的;

(三)明示、暗示三人以上从事相关交易活动的。

第六条 利用未公开信息交易,违法所得数额在五十万元以上,或者证券交易成交额在五百万元以上,或者期货交易占用保证金数额在一百万元以上,具有下列情形之一的,应当认定为刑法第一百八十条第四款规定的"情节严重":

(一)以出售或者变相出售未公开信息等方式,明示、暗示他人从事相关交易活动的;

(二)因证券、期货犯罪行为受过刑事追究的;

(三)二年内因证券、期货违法行为受过行政处罚的;

（四）造成恶劣社会影响或者其他严重后果的。

第七条　刑法第一百八十条第四款规定的“依照第一款的规定处罚”，包括该条第一款关于“情节特别严重”的规定。

利用未公开信息交易，违法所得数额在一千万元以上的，应当认定为“情节特别严重”。

违法所得数额在五百万元以上，或者证券交易成交额在五千万元以上，或者期货交易占用保证金数额在一千万元以上，具有本解释第六条规定的四种情形之一的，应当认定为“情节特别严重”。

第八条　二次以上利用未公开信息交易，依法应予行政处理或者刑事处理而未经处理的，相关交易数额或者违法所得数额累计计算。

第九条　本解释所称“违法所得”，是指行为人利用未公开信息从事与该信息相关的证券、期货交易活动所获利益或者避免的损失。

行为人明示、暗示他人利用未公开信息从事相关交易活动，被明示、暗示人员从事相关交易活动所获利益或者避免的损失，应当认定为“违法所得”。

第十条　行为人未实际从事与未公开信息相关的证券、期货交易活动的，其罚金数额按照被明示、暗示人员从事相关交易活动的违法所得计算。

第十一条　符合本解释第五条、第六条规定的标准，行为人如实供述犯罪事实，认罪悔罪，并积极配合调查，退缴违法所得的，可以从轻处罚；其中犯罪情节轻微的，可以依法不起诉或者免予刑事处罚。

符合刑事诉讼法规定的认罪认罚从宽适用范围和条件的，依照刑事诉讼法的规定处理。

第十二条　本解释自2019年7月1日起施行。

3.《最高人民检察院、公安部关于公安机关管辖的刑事案件立案追诉标准的规定（二）》（公通字〔2010〕23号，2022年修订）

第三十条　［**内幕交易、泄露内幕信息案（刑法第一百八十条第一款）**］证券、期货交易内幕信息的知情人员、单位或者非法获取证券、期货交易内幕信息的人员、单位，在涉及证券的发行，证券、期货交易或者其他对证券、期货交易价格有重大影响的信息尚未公开前，买入或者卖出该证券，或者从事与该内幕信息有关的期货交易，或者泄露该信息，或者明示、暗示他人从事上述交易活动，涉嫌下列情形之一的，应予立案追诉：

（一）获利或者避免损失数额在五十万元以上的；

（二）证券交易成交额在二百万元以上的；

（三）期货交易占用保证金数额在一百万元以上的；

（四）二年内三次以上实施内幕交易、泄露内幕信息行为的；

（五）明示、暗示三人以上从事与内幕信息相关的证券、期货交易活动的；

（六）具有其他严重情节的。

内幕交易获利或者避免损失数额在二十五万元以上，或者证券交易成交额在一百万元以上，或者期货交易占用保证金数额在五十万元以上，同时涉嫌下列情形之一的，应予立案追诉：

（一）证券法规定的证券交易内幕信息的知情人实施或者与他人共同实施内幕交易行为的；

（二）以出售或者变相出售内幕信息等方式，明示、暗示他人从事与该内幕信息相关的交易活动的；

（三）因证券、期货犯罪行为受过刑事追究的；

（四）二年内因证券、期货违法行为受过行政处罚的；

（五）造成其他严重后果的。

第三十一条　［利用未公开信息交易案（刑法第一百八十条第四款）］证券交易所、期货交易所、证券公司、期货公司、基金管理公司、商业银行、保险公司等金融机构的从业人员以及有关监管部门或者行业协会的工作人员，利用因职务便利获取的内幕信息以外的其他未公开的信息，违反规定，从事与该信息相关的证券、期货交易活动，或者明示、暗示他人从事相关交易活动，涉嫌下列情形之一的，应予立案追诉：

（一）获利或者避免损失数额在一百万元以上的；

（二）二年内三次以上利用未公开信息交易的；

（三）明示、暗示三人以上从事相关交易活动的；

（四）具有其他严重情节的。

利用未公开信息交易，获利或者避免损失数额在五十万元以上，或者证券交易成交额在五百万元以上，或者期货交易占用保证金数额在一百万元以上，同时涉嫌下列情形之一的，应予立案追诉：

（一）以出售或者变相出售未公开信息等方式，明示、暗示他人从事相关交易活动的；

（二）因证券、期货犯罪行为受过刑事追究的；

（三）二年内因证券、期货违法行为受过行政处罚的；

（四）造成其他严重后果的。

4.《公安部经济犯罪侦查局关于转证监会〈关于韩×等人涉嫌利用未公开信息交易案有关问题的认定函〉的通知》（公证券〔2010〕86号）①

一、本案涉及的“未公开信息”是指韩×担任××基金管理公司××证券投资基金（以下简称××基金）经理期间，因管理该基金而掌握的有关投资决策、交易等方面的重要信息，包括××基金投资股票的名称、数量、价格、盈利预期以及投资（买卖）时点等。

二、本案有关证券交易账户利用“未公开信息”所进行的股票交易与××基金投资的关联性是指涉案账户和××基金在股票交易品种及交易时机上的关联，即涉嫌账户先于或同步于××基金买入或卖出同一只股票。

典型案例

1.周某某内幕交易案②

【案情】2012年12月至2013年7月，周某某利用其担任上海证券交易所上市公司监管一部总监助理的职务便利，使用自己的工作账号和密码进入上海证券交易所《上市公司信息披露电子化系统》，浏览并获取上市公司提交审核的有关业绩增长、分红、重大合同等利好信息后，用办公室外网电脑，登录其实际控制的证券账户并买入相关股票15只，买入总金额共计852万余元，卖出总金额871万余元，非法获利17万余元。

【认定】法院认为，周某某利用其职务便利，作为证券交易内幕信息知情人，在涉及对证券交易价格有重大影响的信息尚未公开前买入该证券，于次日信息公告披露后卖出该证券，其行为构成内幕交易罪。

2.顾某某内幕交易案③

【案情】2015年12月28日至29日，北京慧聪国际资讯有限公司（以下简称慧聪网）的法定代表人郭某（另案处理）与上海钢联电子商务股份有限公司（以下简称上海钢联）董事长朱某某就上海钢联收购北京知行锐景科技有限公司（以下简称知行锐景）有关“中关村在线”网站优质资产进行商议并达成初步意向，后又进行了多次磋商。2016年2月25日，上海钢联发布重大事项停牌公告。同年4月27日，上海钢联发布公告，拟通过发行股份及支付现金方式购买知行锐景100%股权。郭某作为上述内幕信息的知情人员，于2015年年底至2016年1月初，将

---

① 参见何帆：《刑法注释书》（第二版），中国民主法制出版社2021年版，第411页。

② 参见最高人民法院发布7件人民法院依法惩处证券、期货犯罪典型案例之四。

③ 参见最高人民法院发布7件人民法院依法惩处证券、期货犯罪典型案例之五。

“上海钢联拟收购慧聪网优质资产”等内幕信息泄露给顾某某。2016年1月至2月，顾某某通过潘某某证券账户买入上海钢联股票18余万股，成交金额766万余元，股票卖出后非法获利126万余元。

【认定】法院认为，顾某某作为非法获取证券交易内幕信息的人员，其行为构成内幕交易罪。

3. 陈某某内幕交易、泄露内幕信息案①

【案情】2013年11月至2014年9月，江苏东源电器集团股份有限公司（以下简称东源电器）进行重组事宜。2014年4月1日东源电器股票停牌，同年9月10日东源电器公告重大资产重组信息并复牌。薛某某（时任金通智汇投资管理有限责任公司负责人，另案处理）系东源电器重组内幕信息的知情人员。2013年11月中旬至2014年3月31日，陈某某多次联络、接触薛某某，并使用本人证券账户共买入东源电器股票1022万余股，成交金额6919万余元。2014年9月19日和24日，陈某某将东源电器股票全部抛售，非法获利1.03亿余元。在前述东源电器重组内幕信息敏感期内，陈某某还将该信息泄露给同事明某、石某，明某买入东源电器股票2900股，在股票停牌之前卖出，亏损2983.26元；石某买入东源电器247,100股，成交金额167万余元，在股票复牌后卖出，非法获利276万余元。

2014年7月至2015年2月，安徽巢东水泥股份有限公司（以下简称巢东股份）进行重组事宜。薛某某为巢东股份重组内幕信息的知情人员。2014年9月20日，被告人陈某某在合肥徐同泰酒店宴请薛某某等人时，获知巢东股份和浙江顾家家居合作的内幕信息，并于2014年9月22日、25日、26日买入巢东股份239万余股，成交金额2673万余元。2014年9月29日，巢东股份股票停牌。2015年2月6日巢东股份复牌，陈某某于复牌当日通过大宗交易方式将巢东股份股票全部卖出，亏损4万余元。在巢东股份重组的内幕信息敏感期内，陈某某将该信息泄露给明某、石某，明某买入巢东股份8万余股，成交金额99万余元，在股票复牌后卖出，非法获利208万余元；石某买入巢东股份11万股，成交金额121万余元，在股票复牌后卖出，非法获利214万余元。

【认定】法院认为，被告人陈某某系非法获取证券交易内幕信息的人员，其在内幕信息尚未公开前，从事与内幕信息有关的股票交易；陈某某还将内幕信息泄露给他人，导致他人从事与该内幕信息有关的股票交易，其行为构成内幕交易、泄露内幕信息罪。

---

① 参见最高人民法院发布7件人民法院依法惩处证券、期货犯罪典型案例之六。

4. 肖某某受贿、内幕交易案[①]

【案情】(一)受贿事实(略)

(二)内幕交易事实

2004年,肖某某担任中国证监会上市公司监管部副主任期间,得知中国石油化工股份有限公司(以下简称中石化)拟对下属上市子公司进行整合试点,探索整体上市。2006年,肖某某通过担任中石化下属上市公司财务顾问的机会,获悉中石化即将启动第二批下属上市公司的股改和重组工作的信息。2006年9月,原中国证监会工作人员申某让肖某某刺探光大证券股份有限公司(以下简称光大证券)拟借壳中石化下属上市公司北京化二股份有限公司(以下简称北京化二)上市信息的准确性。肖某某从光大证券财务总监胡某某处获取光大证券正在与中石化就借壳事宜进行谈判的信息后,于9月21日至29日指使肖某2、邹某某利用其控制的马某某、欧阳某某、苏某某、肖某某、刘某等多个账户买入北京化二股票4,306,002股,交易成本35,290,545.12元。后来,中石化与国元证券股份有限公司(以下简称国元证券)就让壳重组达成协议,北京化二股票由此更名为"国元证券"。2007年10月国元证券股票复牌后,肖某某指使邹某某将所控制的刘某股票账户上的国元证券股票售出,指使肖某2将所控制的其他股票账户上的国元证券股票于2008年5月16日全部清仓。经司法会计鉴定,肖某某等人从中获利共计103,901,338.92元。案发后,肖某某亲属退回赃款72,513,058.9元。

【认定】法院认为,肖某某利用非法获取的内幕信息买卖股票,获利103,901,338.92元,情节特别严重,其行为构成内幕交易罪。

5. 齐某、乔某某利用未公开信息交易案[②]

【案情】齐某原系东方证券股份有限公司首席投资官兼证券投资业务总部总经理。乔某某(齐某的丈夫)原系申万宏源证券有限公司上海瞿溪路证券营业部督导。2009年2月至2015年4月,齐某在东方证券股份有限公司(以下简称东方证券)利用其负责东方证券自营的11001和11002资金账户管理和股票投资决策的职务便利,掌握了上述账户股票投资决策、股票名称、交易时点、交易价格、交易数量等未公开信息,伙同乔某某利用控制的证券账户,先于、同期于或稍晚于齐某管理的东方证券上述自营资金账户买卖"永新股份""三爱富""金地集团"等相同股票197只,成交金额累计达6.35亿余元,非法获利累计1657万余元。

---

① 参见中华人民共和国最高人民法院刑事审判第一、二、三、四、五庭主办:《刑事审判参考》(总第85集),法律出版社2018年版,第1-8页。

② 参见最高人民法院发布7件人民法院依法惩处证券、期货犯罪典型案例之七。

【认定】法院认为，被告人齐某、乔某某的行为均构成利用未公开信息交易罪。

6. 王某等人利用未公开信息交易案①

【案情】被告人王某系某基金公司交易管理部债券交易员。2009 年 3 月 2 日至 2011 年 8 月 8 日期间，被告人王某多次登录账号获取某基金公司股票交易指令等未公开信息，王某的父亲王某某、母亲宋某某操作牛某、宋某 2、宋某 3 的证券账户，同期或稍晚于某基金公司进行证券交易，与某基金公司交易指令高度趋同，证券交易金额共计 8.78 亿余元，非法获利共计 1773 万余元。

【认定】公诉机关认为，虽然三名被告人均拒不供认犯罪事实，但在案其他证据能够相互印证，形成完整的证据链条，足以证明：王某具有获取某基金公司未公开信息的条件，王某某、宋某某操作的证券账户在王某具有获取未公开信息条件期间的交易行为与某基金公司的股票交易指令高度趋同，且二人的交易行为与其在其他时间段的交易习惯存在重大差异，明显异常。对上述异常交易行为，二人均不能作出合理解释。王某作为基金公司的从业人员，在利用职务便利获取未公开信息后，由王某某、宋某某操作他人账户从事与该信息相关的证券交易活动，情节特别严重，均应当以利用未公开信息交易罪追究刑事责任。

法院经审理认为，本案现有证据已形成完整锁链，能够排除合理怀疑，足以认定王某、王某某、宋某某构成利用未公开信息交易罪。

7. 马某利用未公开信息交易案②

【案情】2011 年 3 月 9 日至 2013 年 5 月 30 日期间，被告人马某担任博时基金管理有限公司旗下的博时精选股票证券投资经理，全权负责投资基金投资股票市场，掌握了博时精选股票证券投资基金交易的标的股票、交易时间和交易数量等未公开信息。马某在任职期间利用其掌控的上述未公开信息，从事与该信息相关的证券交易活动，操作自己控制的“金某”“严某甲”“严某乙”三个股票账户，通过临时购买的不记名神州行电话卡下单，先于(1－5 个交易日)、同期于或稍晚于(1－2 个交易日)其管理的“博时精选”基金账户买卖相同股票 76 只，累计成交金额 10.5 亿余元，非法获利 18,833,374.74 元。2013 年 7 月 17 日，马某主动到深圳市公安局投案，且到案之后能如实供述其所犯罪行，属自首；马某认罪态度良好，违法所得能从扣押、冻结的财产中全额返还，判处的罚金亦能全额缴纳。

【认定】广东省深圳市中级人民法院(2014)深中法刑二初字第 27 号刑事判决

---

① 参见最高人民检察院第十七批指导性案例检例第 65 号，载 https://www.spp.gov.cn/spp/jczdal/202003/t20200325_457287.shtml，2022 年 4 月 10 日访问。

② 参见最高人民法院指导案例 61 号，载中国法院网，2022 年 4 月 10 日访问。

认为,被告人马某的行为已构成利用未公开信息交易罪。但《刑法》中并未对利用未公开信息交易罪规定"情节特别严重"的情形,因此只能认定马某的行为属于"情节严重"。马某自首,依法可以从轻处罚;马某认罪态度良好,违法所得能全额返还,罚金亦能全额缴纳,确有悔罪表现;另经深圳市福田区司法局社区矫正和安置帮教科调查评估,对马某宣告缓刑对其所居住的社区没有重大不良影响,符合适用缓刑的条件。遂以利用未公开信息交易罪判处马某有期徒刑三年,缓刑五年,并处罚金人民币1884万元;违法所得人民币18,833,374.74元依法予以追缴,上缴国库。

宣判后,深圳市人民检察院提出抗诉认为,被告人马某的行为应认定为犯罪情节特别严重,依照"情节特别严重"的量刑档次处罚。一审判决适用法律错误,量刑明显不当,应当依法改判。

广东省高级人民法院(2014)粤高法刑二终字第137号刑事裁定认为,《刑法》第一百八十条第四款规定,利用未公开信息交易,情节严重的,依照第一款的规定处罚,该条款并未对利用未公开信息交易罪规定有"情节特别严重"情形;而根据第一百八十条第一款的规定,情节严重的,处五年以下有期徒刑或者拘役,并处或者单处违法所得一倍以上五倍以下罚金,故马某利用未公开信息交易,属于犯罪情节严重,应在该量刑幅度内判处刑罚。原审判决量刑适当,抗诉机关的抗诉理由不成立,不予采纳。遂裁定驳回抗诉,维持原判。

二审裁定生效后,广东省人民检察院提请最高人民检察院按照审判监督程序向最高人民法院提出抗诉。最高人民检察院抗诉提出,《刑法》第一百八十条第四款属于援引法定刑的情形,应当引用第一款处罚的全部规定;利用未公开信息交易罪与内幕交易、泄露内幕信息罪的违法与责任程度相当,法定刑亦应相当;马某的行为应当认定为犯罪情节特别严重,对其适用缓刑明显不当。本案终审裁定以《刑法》第一百八十条第四款未对利用未公开信息交易罪规定有"情节特别严重"为由,降格评价马某的犯罪行为,属于适用法律确有错误,导致量刑不当,应当依法纠正。

最高人民法院依法组成合议庭对该案直接进行再审,并公开开庭审理了本案。再审查明的事实与原审基本相同,原审认定被告人马某非法获利数额为18,833,374.74元存在计算错误,实际为19,120,246.98元,依法应当予以更正。最高人民法院(2015)刑抗字第1号刑事判决认为,原审被告人马某的行为已构成利用未公开信息交易罪。马某利用未公开信息交易股票76只,累计成交额10.5亿余元,非法获利1912万余元,属于情节特别严重。鉴于马某具有主动从境外回国投案自首法定从轻、减刑处罚情节;在未受控制的情况下,将股票兑成现金存在涉案三个账户中并主动向中国证券监督管理委员会说明情况,退还了全部违法所得,认罪悔罪态度好,赃款未挥霍,原判罚金刑得以全部履行等酌定从轻处罚情节,对马某可予减轻处罚。第一审判决、第二审裁定认定事实清楚,证据确实、充分,定罪准确,但因对法律条文理解错误,导致量刑不当,应予纠正。依照《中华人民共和国刑法》第一百八十条第四款、第一款、第六十七条第一款、第五十二条、第五十三条、第六十四条及《最高人民法院关于适用〈中华人民共和国刑事诉讼法〉的解释》第三百八十九条第(三)项的规定,判决如下:

一、维持广东省高级人民法院(2014)粤高法刑二终字第137号刑事裁定和深圳市中级人民法院(2014)深中法刑二初字第27号刑事判决中对原审被告人马某的定罪部分;

二、撤销广东省高级人民法院(2014)粤高法刑二终字第137号刑事裁定和深圳市中级人民法院(2014)深中法刑二初字第27号刑事判决中对原审被告人马某的量刑及追缴违法所得部分;

三、原审被告人马某犯利用未公开信息交易罪,判处有期徒刑三年,并处罚金人民币1913万元;

四、违法所得人民币19,120,246.98元依法予以追缴,上缴国库。

权威解读

1.关于内幕交易、泄露内幕信息罪①

(1)人员指的仅是自然人,而不包括单位。因此内幕信息的知情人员不包括单位。但是,如果自然人是根据单位集体决议,为了单位利益而从事内幕交易,则应当追究单位犯内幕交易罪的责任。

(2)内幕信息知情人员的近亲属或者与其关系密切的人之外的人,被动获取内幕信息的,考虑到我国证券、期货市场尚处于起步发展阶段,被动型获取内幕信息的人员从事内幕交易或者泄露内幕信息的情形又十分复杂,实践中难以准确把握,出于审慎起见,不认定为非法获取内幕信息的人员。但是共犯情形的除外。

(3)关于获利或者避免损失数额的认定,实践中比较倾向的观点是,对已抛售的股票按照实际所得计算,对未抛售的股票按照账面所得计算,但对为逃避处罚而卖亏的股票,应当按照账面所得计算。对于涉案股票暂不宜抛售的,在认定获利或者避免损失数额时,应当按照查封股票账户时的账面所得计算,但在具体追

① 参见刘晓虎等:《〈最高人民法院、最高人民检察院关于办理内幕交易、泄露内幕信息刑事案件具体应用法律若干问题的解释〉的理解与适用》,载《人民司法》2012年第15期。

缴财产或退赔财产时，可按最终实际所得认定获利或者避免损失数额。

(4)关于共犯情形罚金刑的适用共同犯罪情形，是按照共同犯罪数额计算罚金，还是按照各自的犯罪数额计算罚金，在司法实践中不好把握。一般情况下，定罪与量刑应坚持同一数额标准，但在共同犯罪案件中，特别是人数众多的共同犯罪案件中，这一原则应有所修正，否则必然导致罚金数额过大，而出现根本无法执行的情况。因此，司法解释对共同犯罪的罚金刑适用在总额上作了如下限制：构成共同犯罪的，按照共同犯罪行为人的成交总额、占用保证金总额、获利或者避免损失总额定罪处罚，但判处各被告人罚金的总额应掌握在各被告人获利或者避免损失总额的一倍以上五倍以下。

(5)对二手以上的内幕信息传递行为是否追究刑事责任，经研究认为，并非所有存在二传、三传的案件都难以认定泄露内幕信息人员的责任，即便难以认定，在能够认定的限度内也应追究泄露内幕信息人员的责任。对于泄露内幕信息行为，即如二传、三传不是从内幕信息知情人员那里获悉信息，但如果泄露内幕信息人员知晓有二传、三传乃至之后的人在利用其泄露的内幕信息进行交易而不加制止或未有效制止，那么其就应当对这些从事内幕交易的行为承担责任。

2. 关于利用未公开信息交易罪①

(1)《刑法》第一百八十条第四款规定的“违反规定”，包括违反法律、行政法规、部门规章、全国性行业规范有关证券、期货未公开信息保护的规定，以及行为人所在的金融机构有关信息保密、禁止交易、禁止利益输送等规定。之所以将“行为人所在金融机构有关信息保密、禁止交易、禁止利益输送等规定”纳入“违反规定”，主要考虑是：法律、行政法规、部门规章、全国性行业规范有关未公开信息保护的规定比较原则，实践中需要结合行为人所在的金融机构有关信息保密、禁止交易、禁止利益输送等规定予以认定。

(2)关于“明示、暗示他人从事相关交易活动”的认定问题。实践部门反映，由于资本市场关系复杂，技术手段先进，涉及证券、期货、法律、会计、计算机、网络通信等诸多领域，犯罪分子往往具有较深的专业背景，熟悉资本市场运行规则和信息技术，惯于利用规则和制度的漏洞逃避法律追究，又加上证券、期货具有无纸化、信息化交易等特点，查处难度大。实践中，稽查部门查明某投资者账户与某金融机构账户的交易高度趋同，该金融机构某工作人员涉嫌对交易人“明示、暗示”相关交易活动，但双方均否认“明示、暗示”，这类案件能否移送侦查、起诉或者审

---

① 参见姜永义、陈学勇、王尚明：《〈最高人民法院、最高人民检察院关于办理利用未公开信息交易刑事案件适用法律若干问题的解释〉的理解与适用》，载《人民法院报》2020年4月30日，第5版。

判，存在不同认识，甚至发生相互扯皮、“踢皮球”的不良现象。司法解释认为，综合全案证据，足以认定行为人明示、暗示他人从事相关交易活动的，即使行为人和被明示、暗示人拒不交代，也应当定罪处罚。结合审判实践，《最高人民法院、最高人民检察院关于办理利用未公开信息交易刑事案件适用法律若干问题的解释》（以下简称《利用未公开信息交易司法解释》）第四条从六个方面明确了“明示、暗示他人从事相关交易活动”的综合认定标准。

第一项，行为人具有获取未公开信息的职务便利。即从主体方面判断行为人是否具有获取未公开信息的职务便利。本罪是特殊主体，行为人必须具备获取未公开信息的职务便利。行为人的职务不是金融机构的一般职务，而是涉密岗位的相关职务。对于非涉密岗位人员（如银行中与证券、期货投资无关的工作人员）偶然听到未公开信息而从事相关交易的，则不属于利用职务之便获取未公开信息。此外，还要结合《利用未公开信息交易司法解释》第三条，看行为人是否违反所在金融机构对涉案信息的保密规定或者禁止交易的相关规定。

第二项，行为人获取未公开信息的初始时间与他人从事相关交易活动的初始时间具有关联性。即从时间关联性来判断他人从事相关交易活动是否受到行为人的明示或者暗示。如行为人系股票投资基金的决策者，他人在行为人投资决策期间买入了相关股票，行为人明示、暗示他人交易的关联性较强；如果他人系行为人投资决策之后买入相关股票，亦具有关联性，但关联性相对较弱，须结合其他项的规定进行综合判断；如果他人在行为人投资决策前或该信息失效后买入相关股票，则不具有关联性，应排除行为人明示、暗示他人从事相关交易活动的嫌疑。因此，要根据他人从事相关交易的初始时间，与未公开信息的生成时间、行为人获取信息的初始时间进行关联判断，是案件证据审查的重点内容之一。

第三项，行为人与他人之间具有亲友关系、利益关联、交易终端关联等关联关系。即从行为人与他人之间的关联关系判断他人从事相关交易活动是否受到行为人的明示或者暗示。实践中，通常是从交易者与未公开信息知情人之间是否存在亲友关系、交易终端关联以及利益关联等方面进行排查，并据此发现明示、暗示他人交易的犯罪嫌疑人。如果交易者与行为人之间存在夫妻、父母、子女等密切关系，或者交易终端关联（共同使用交易的电脑、手机）等，一般可以锁定嫌疑人。如果交易者与某未公开信息知情人仅具有一般朋友关系，该知情人是否为明示、暗示人，则要结合其他证据进行综合判断。

第四项，他人从事相关交易的证券、期货品种、交易时间与未公开信息所涉证券、期货品种、交易时间等方面基本一致。即从他人从事相关交易的证券、期货品种、交易时间与未公开信息所涉证券、期货品种、交易时间等方面是否基本一致，判断他人从事相关交易活动是否受到行为人的明示或者暗示。如某个人账户与机构账户交易的多只股票重合度高，且在相近时间同买、同卖，即两个账户交易的股票品种及交易时间基本一致，实践中又称为“高度趋同交易”，这种情况下，明示、暗示他人从事相关交易活动的可能性就很大。趋同度的高低，通常是由证券交易所等监管机构以两个账户相近时间、交易方向相同的品种重合度等客观方面，再结合概率统计等科学方法，以百分比的方式计算趋同度。司法实践中，“高度趋同”一般是以趋同度达到60%以上为标准。这是认定他人利用未公开信息从事相关交易活动的重要客观依据。

第五项，他人从事的相关交易活动明显不具有符合交易习惯、专业判断等正当理由。

第六项，行为人对明示、暗示他人从事相关交易活动没有合理解释。即对明示、暗示他人从事相关交易活动的行为人和被明示、暗示人给予合理辩解的机会，并着重提示监管稽查人员及司法人员应当充分听取有关辩解，并查证辩解的合理性。

需要注意的是，行为人明示、暗示他人从事相关交易活动，如果“他人”是行为人的配偶、父母等特殊亲属，行为人与“他人”系不可分割的利益共同体，则可认定为共同犯罪。

(3)《利用未公开信息交易司法解释》第九条第二款规定，行为人明示、暗示他人利用未公开信息从事相关交易活动，被明示、暗示人员从事相关交易活动所获利益或者避免的损失，应当认定为“违法所得”。之所以作这样的规定，主要考虑：一是通常情况下，被明示、暗示人与行为人之间并不构成共同犯罪，但他们从事相关交易活动属于利用未公开信息交易的重要组成部分，与行为人的明示、暗示具有直接因果关系，具有行政违法性，故他们所获利益或者避免的损失，也应当认定为“违法所得”。二是如果将被明示、暗示人从事相关交易活动所获利益或避免的损失，不认定为违法所得，不利于打击“老鼠仓”违法犯罪活动。三是内幕交易罪的司法解释已将内幕交易犯罪活中被明示、暗示人从事相关交易活动所获利益或避免的损失认定为“违法所得”，为保持司法解释的一致性，故加以明确。

《刑法》第一百八十一条　【编造并传播证券、期货交易虚假信息罪】【诱骗投资者买卖证券、期货合约罪】

第一百八十一条　编造并且传播影响证券、期货交易的虚假信息，扰乱证券、期货交易市场，造成严重后果的，处五年以下有期徒刑或者拘役，并处或者单处一

万元以上十万元以下罚金。

证券交易所、期货交易所、证券公司、期货经纪公司的从业人员，证券业协会、期货业协会或者证券期货监督管理部门的工作人员，故意提供虚假信息或者伪造、变造、销毁交易记录，诱骗投资者买卖证券、期货合约，造成严重后果的，处五年以下有期徒刑或者拘役，并处或者单处一万元以上十万元以下罚金；情节特别恶劣的，处五年以上十年以下有期徒刑，并处二万元以上二十万元以下罚金。

单位犯前两款罪的，对单位判处罚金，并对其直接负责的主管人员和其他直接责任人员，处五年以下有期徒刑或者拘役。

相关规定

《最高人民检察院、公安部关于公安机关管辖的刑事案件立案追诉标准的规定（二）》（公通字〔2010〕23号，2022年修订）

第三十二条 ［编造并传播证券、期货交易虚假信息案（刑法第一百八十一条第一款）］编造并且传播影响证券、期货交易的虚假信息，扰乱证券、期货交易市场，涉嫌下列情形之一的，应予立案追诉：

（一）获利或者避免损失数额在五万元以上的；

（二）造成投资者直接经济损失数额在五十万元以上的；

（三）虽未达到上述数额标准，但多次编造并且传播影响证券、期货交易的虚假信息的；

（四）致使交易价格或者交易量异常波动的；

（五）造成其他严重后果的。

第三十三条 ［诱骗投资者买卖证券、期货合约案（刑法第一百八十一条第二款）］证券交易所、期货交易所、证券公司、期货公司的从业人员，证券业协会、期货业协会或者证券期货监督管理部门的工作人员，故意提供虚假信息或者伪造、变造、销毁交易记录，诱骗投资者买卖证券、期货合约，涉嫌下列情形之一的，应予立案追诉：

（一）获利或者避免损失数额在五万元以上的；

（二）造成投资者直接经济损失数额在五十万元以上的；

（三）虽未达到上述数额标准，但多次诱骗投资者买卖证券、期货合约的；

（四）致使交易价格或者交易量异常波动的；

（五）造成其他严重后果的。

典型案例

滕某雄、林某山编造并传播证券交易虚假信息案[①]

【案情】2015年5月8日，深圳交易所中小板上市公司海某股份有限公司（以下简称海某公司）董事长滕某雄未经过股东大会授权，明知未经股东大会同意无法履行协议条款，仍代表海某公司签订了以自有资金2.25亿元认购某银行定增股的认购协议，同时授意时任董事会秘书林某山发布公告。次日，林某山在明知该协议不可能履行的情况下，仍按照滕某雄的指示发布该虚假消息。随后，在原定股东大会召开之日（5月26日）前三日，又发布"中止投资某银行"的公告。

2015年5月11日至2015年5月22日，即认购公告发布后的首个交易日至放弃认购公告发布前的最后一个交易日，海某公司股价（收盘价）由18.91元上涨至30.52元，盘中最高价32.05元。按收盘价计算，上涨幅度61.40%，同期深综指上涨幅度20.68%，正偏离40.71%。从成交量上看，上述认购公告发布前10个交易日海某公司二级市场累计成交4020万余股，日均成交402万余股；认购公告发布后的首个交易日至放弃认购公告发布前的最后一个个交易日的10个交易日中，海某公司二级市场累计成交8220万余股，日均成交量822万余股；放弃公告发布后10个交易日海某公司二级市场累计成交6221万余股，日均成交622万余股。虚假信息的传播，导致海某公司股票价格异常波动，交易量异常放大，严重扰乱了证券市场秩序。

【认定】检察机关审查认为，在案证据不能证明滕某雄、林某山在发布信息的同时在二级市场进行关联交易，从中谋取相关利益，认定滕某雄、林某山操纵证券市场的证据不足，遂退回公安机关补充侦查。公安机关补充侦查后，检察机关仍然认为在案证据不能证明二被告人构成操纵证券市场罪，但是足以认定二被告人不以实际履行为目的控制海某公司发布虚假公告，且该发布虚假公告行为造成了股票价格和成交量剧烈波动的严重后果，构成编造并传播证券交易虚假信息罪。提起公诉后，法院认定滕某雄构成编造并传播证券交易虚假信息罪。

权威解读

1. 影响证券交易的虚假信息，主要是指可能对上市公司股票交易价格产生较大影响的虚假信息，如涉及公司分配股利或者增资的计划；公司债务担保的重大变更；公司发生重要亏损或者遭受重大损失；公司减资、合并、分立、解散等虚假信

---

① 参见最高检、证监会联合发布证券违法犯罪典型案例。

息。影响期货交易的虚假信息,主要是指可能对期货合约的交易产生较大影响的虚假信息,如金融银根政策、有关会议内容、市场整顿措施、新品种上市、税率调整、大户入市、保证金比例的提高、交易头寸变化、仓量调整、新法规新措施的出台等。值得注意的是,这里的“虚假信息”,是指凭空捏造的、歪曲事实的或者有误导性的,能引起市场行情变化的信息,如引起价格上涨或者下跌,大量抛售或者吸纳等。行为人必须既具有编造,又具有传播影响证券、期货交易的虚假信息的行为。至于行为人是否从中牟利,不影响本罪的构成。如果行为人只编造而没有传播,或者道听途说又散布给他人,不能以犯罪论处。行为人编造并传播的必须是能够影响证券、期货交易的虚假信息,如该虚假信息对证券、期货交易无影响,也不构成本罪。①

2. 严格区分编造传播虚假信息和利用虚假信息操纵证券市场行为的法律边界。刑法规定的多个证券期货犯罪罪名与证券交易信息有关,但具体构成要件有所不同。编造并传播证券交易虚假信息和利用虚假信息操纵证券市场(又称“蛊惑交易操纵”)客观上均实施了编造、传播虚假信息的行为,且足以造成证券价格的异常波动,但构成操纵证券市场犯罪还要求行为人利用证券交易价格波动进行相关交易或谋取相关利益,且刑罚更重。利用虚假信息操纵证券市场是犯罪,编造并传播证券交易虚假信息同样应受刑罚处罚。对于不能证明行为人有操纵证券市场故意及从中谋取相关利益,但其编造并传播证券交易虚假信息行为扰乱证券市场秩序,造成严重后果的,可以以编造并传播证券交易虚假信息罪追究刑事责任,做到不枉不纵。②

《刑法》第一百八十二条 【操纵证券、期货市场罪】

第一百八十二条　有下列情形之一,操纵证券、期货市场,影响证券、期货交易价格或者证券、期货交易量,情节严重的,处五年以下有期徒刑或者拘役,并处或者单处罚金;情节特别严重的,处五年以上十年以下有期徒刑,并处罚金:

(一)单独或者合谋,集中资金优势、持股或者持仓优势或者利用信息优势联合或者连续买卖的;

(二)与他人串通,以事先约定的时间、价格和方式相互进行证券、期货交

① 参见王爱立主编:《〈中华人民共和国刑法〉释解与适用》(上),人民法院出版社 2021 年版,第 464 页。

② 参见最高检、证监会联合发布证券违法犯罪典型案例。

易的；

（三）在自己实际控制的帐户之间进行证券交易，或者以自己为交易对象，自买自卖期货合约的；

（四）不以成交为目的，频繁或者大量申报买入、卖出证券、期货合约并撤销申报的；

（五）利用虚假或者不确定的重大信息，诱导投资者进行证券、期货交易的；

（六）对证券、证券发行人、期货交易标的公开作出评价、预测或者投资建议，同时进行反向证券交易或者相关期货交易的；

（七）以其他方法操纵证券、期货市场的。

单位犯前款罪的，对单位判处罚金，并对其直接负责的主管人员和其他直接责任人员，依照前款的规定处罚。

相关规定

1.《最高人民法院、最高人民检察院关于办理操纵证券、期货市场刑事案件适用法律若干问题的解释》（法释〔2019〕9号）

为依法惩治证券、期货犯罪，维护证券、期货市场管理秩序，促进证券、期货市场稳定健康发展，保护投资者合法权益，根据《中华人民共和国刑法》《中华人民共和国刑事诉讼法》的规定，现就办理操纵证券、期货市场刑事案件适用法律的若干问题解释如下：

第一条　行为人具有下列情形之一的，可以认定为刑法第一百八十二条第一款第四项规定的"以其他方法操纵证券、期货市场"：

（一）利用虚假或者不确定的重大信息，诱导投资者作出投资决策，影响证券、期货交易价格或者证券、期货交易量，并进行相关交易或者谋取相关利益的；

（二）通过对证券及其发行人、上市公司、期货交易标的公开作出评价、预测或者投资建议，误导投资者作出投资决策，影响证券、期货交易价格或者证券、期货交易量，并进行与其评价、预测、投资建议方向相反的证券交易或者相关期货交易的；

（三）通过策划、实施资产收购或者重组、投资新业务、股权转让、上市公司收购等虚假重大事项，误导投资者作出投资决策，影响证券交易价格或者证券交易量，并进行相关交易或者谋取相关利益的；

（四）通过控制发行人、上市公司信息的生成或者控制信息披露的内容、时点、节奏，误导投资者作出投资决策，影响证券交易价格或者证券交易量，并进行相关交易或者谋取相关利益的；

（五）不以成交为目的，频繁申报、撤单或者大额申报、撤单，误导投资者作出投资决策，影响证券、期货交易价格或者证券、期货交易量，并进行与申报相反的交易或者谋取相关利益的；

（六）通过囤积现货，影响特定期货品种市场行情，并进行相关期货交易的；

（七）以其他方法操纵证券、期货市场的。

第二条 操纵证券、期货市场，具有下列情形之一的，应当认定为刑法第一百八十二条第一款规定的“情节严重”：

（一）持有或者实际控制证券的流通股份数量达到该证券的实际流通股份总量百分之十以上，实施刑法第一百八十二条第一款第一项操纵证券市场行为，连续十个交易日的累计成交量达到同期该证券总成交量百分之二十以上的；

（二）实施刑法第一百八十二条第一款第二项、第三项操纵证券市场行为，连续十个交易日的累计成交量达到同期该证券总成交量百分之二十以上的；

（三）实施本解释第一条第一项至第四项操纵证券市场行为，证券交易成交额在一千万元以上的；

（四）实施刑法第一百八十二条第一款第一项及本解释第一条第六项操纵期货市场行为，实际控制的账户合并持仓连续十个交易日的最高值超过期货交易所限仓标准的二倍，累计成交量达到同期该期货合约总成交量百分之二十以上，且期货交易占用保证金数额在五百万元以上的；

（五）实施刑法第一百八十二条第一款第二项、第三项及本解释第一条第一项、第二项操纵期货市场行为，实际控制的账户连续十个交易日的累计成交量达到同期该期货合约总成交量百分之二十以上，且期货交易占用保证金数额在五百万元以上的；

（六）实施本解释第一条第五项操纵证券、期货市场行为，当日累计撤回申报量达到同期该证券、期货合约总申报量百分之五十以上，且证券撤回申报额在一千万元以上、撤回申报的期货合约占用保证金数额在五百万元以上的；

（七）实施操纵证券、期货市场行为，违法所得数额在一百万元以上的。

第三条 操纵证券、期货市场，违法所得数额在五十万元以上，具有下列情形之一的，应当认定为刑法第一百八十二条第一款规定的“情节严重”：

（一）发行人、上市公司及其董事、监事、高级管理人员、控股股东或者实际控制人实施操纵证券、期货市场行为的；

（二）收购人、重大资产重组的交易对方及其董事、监事、高级管理人员、控股股东或者实际控制人实施操纵证券、期货市场行为的；

（三）行为人明知操纵证券、期货市场行为被有关部门调查，仍继续实施的；

（四）因操纵证券、期货市场行为受过刑事追究的；

（五）二年内因操纵证券、期货市场行为受过行政处罚的；

（六）在市场出现重大异常波动等特定时段操纵证券、期货市场的；

（七）造成恶劣社会影响或者其他严重后果的。

第四条　具有下列情形之一的，应当认定为刑法第一百八十二条第一款规定的"情节特别严重"：

（一）持有或者实际控制证券的流通股份数量达到该证券的实际流通股份总量百分之十以上，实施刑法第一百八十二条第一款第一项操纵证券市场行为，连续十个交易日的累计成交量达到同期该证券总成交量百分之五十以上的；

（二）实施刑法第一百八十二条第一款第二项、第三项操纵证券市场行为，连续十个交易日的累计成交量达到同期该证券总成交量百分之五十以上的；

（三）实施本解释第一条第一项至第四项操纵证券市场行为，证券交易成交额在五千万元以上的；

（四）实施刑法第一百八十二条第一款第一项及本解释第一条第六项操纵期货市场行为，实际控制的账户合并持仓连续十个交易日的最高值超过期货交易所限仓标准的五倍，累计成交量达到同期该期货合约总成交量百分之五十以上，且期货交易占用保证金数额在二千五百万元以上的；

（五）实施刑法第一百八十二条第一款第二项、第三项及本解释第一条第一项、第二项操纵期货市场行为，实际控制的账户连续十个交易日的累计成交量达到同期该期货合约总成交量百分之五十以上，且期货交易占用保证金数额在二千五百万元以上的；

（六）实施操纵证券、期货市场行为，违法所得数额在一千万元以上的。

实施操纵证券、期货市场行为，违法所得数额在五百万元以上，并具有本解释第三条规定的七种情形之一的，应当认定为"情节特别严重"。

第五条　下列账户应当认定为刑法第一百八十二条中规定的"自己实际控制的账户"：

（一）行为人以自己名义开户并使用的实名账户；

（二）行为人向账户转入或者从账户转出资金，并承担实际损益的他人账户；

（三）行为人通过第一项、第二项以外的方式管理、支配或者使用的他人账户；

（四）行为人通过投资关系、协议等方式对账户内资产行使交易决策权的他人账户；

（五）其他有证据证明行为人具有交易决策权的账户。

有证据证明行为人对前款第一项至第三项账户内资产没有交易决策权的除外。

第六条 二次以上实施操纵证券、期货市场行为，依法应予行政处理或者刑事处理而未经处理的，相关交易数额或者违法所得数额累计计算。

第七条 符合本解释第二条、第三条规定的标准，行为人如实供述犯罪事实，认罪悔罪，并积极配合调查，退缴违法所得的，可以从轻处罚；其中犯罪情节轻微的，可以依法不起诉或者免予刑事处罚。

符合刑事诉讼法规定的认罪认罚从宽适用范围和条件的，依照刑事诉讼法的规定处理。

第八条 单位实施刑法第一百八十二条第一款行为的，依照本解释规定的定罪量刑标准，对其直接负责的主管人员和其他直接责任人员定罪处罚，并对单位判处罚金。

第九条 本解释所称“违法所得”，是指通过操纵证券、期货市场所获利益或者避免的损失。

本解释所称“连续十个交易日”，是指证券、期货市场开市交易的连续十个交易日，并非指行为人连续交易的十个交易日。

第十条 对于在全国中小企业股份转让系统中实施操纵证券市场行为，社会危害性大，严重破坏公平公正的市场秩序的，比照本解释的规定执行，但本解释第二条第一项、第二项和第四条第一项、第二项除外。

第十一条 本解释自2019年7月1日起施行。

2.《最高人民检察院、公安部关于公安机关管辖的刑事案件立案追诉标准的规定（二）》（公通字〔2010〕23号，2022年修订）

第三十四条 ［操纵证券、期货市场案（刑法第一百八十二条）］操纵证券、期货市场，影响证券、期货交易价格或者证券、期货交易量，涉嫌下列情形之一的，应予立案追诉：

（一）持有或者实际控制证券的流通股份数量达到该证券的实际流通股份总量百分之十以上，实施刑法第一百八十二条第一款第一项操纵证券市场行为，连续十个交易日的累计成交量达到同期该证券总成交量百分之二十以上的；

（二）实施刑法第一百八十二条第一款第二项、第三项操纵证券市场行为，连续十个交易日的累计成交量达到同期该证券总成交量百分之二十以上的；

（三）利用虚假或者不确定的重大信息，诱导投资者进行证券交易，行为人进行相关证券交易的成交额在一千万元以上的；

（四）对证券、证券发行人公开作出评价、预测或者投资建议，同时进行反向证券交易，证券交易成交额在一千万元以上的；

（五）通过策划、实施资产收购或者重组、投资新业务、股权转让、上市公司收购等虚假重大事项，误导投资者作出投资决策，并进行相关交易或者谋取相关利益，证券交易成交额在一千万元以上的；

（六）通过控制发行人、上市公司信息的生成或者控制信息披露的内容、时点、节奏，误导投资者作出投资决策，并进行相关交易或者谋取相关利益，证券交易成交额在一千万元以上的；

（七）实施刑法第一百八十二条第一款第一项操纵期货市场行为，实际控制的账户合并持仓连续十个交易日的最高值超过期货交易所限仓标准的二倍，累计成交量达到同期该期货合约总成交量百分之二十以上，且期货交易占用保证金数额在五百万元以上的；

（八）通过囤积现货，影响特定期货品种市场行情，并进行相关期货交易，实际控制的账户合并持仓连续十个交易日的最高值超过期货交易所限仓标准的二倍，累计成交量达到同期该期货合约总成交量百分之二十以上，且期货交易占用保证金数额在五百万元以上的；

（九）实施刑法第一百八十二条第一款第二项、第三项操纵期货市场行为，实际控制的账户连续十个交易日的累计成交量达到同期该期货合约总成交量百分之二十以上，且期货交易占用保证金数额在五百万元以上的；

（十）利用虚假或者不确定的重大信息，诱导投资者进行期货交易，行为人进行相关期货交易，实际控制的账户连续十个交易日的累计成交量达到同期该期货合约总成交量百分之二十以上，且期货交易占用保证金数额在五百万元以上的；

（十一）对期货交易标的公开作出评价、预测或者投资建议，同时进行相关期货交易，实际控制的账户连续十个交易日的累计成交量达到同期该期货合约总成交量的百分之二十以上，且期货交易占用保证金数额在五百万元以上的；

（十二）不以成交为目的，频繁或者大量申报买入、卖出证券、期货合约并撤销申报，当日累计撤回申报量达到同期该证券、期货合约总申报量百分之五十以上，且证券撤回申报额在一千万元以上、撤回申报的期货合约占用保证金数额在五百万元以上的；

（十三）实施操纵证券、期货市场行为，获利或者避免损失数额在一百万元以上的。

操纵证券、期货市场，影响证券、期货交易价格或者证券、期货交易量，获利或者避免损失数额在五十万元以上，同时涉嫌下列情形之一的，应予立案追诉：

（一）发行人、上市公司及其董事、监事、高级管理人员、控股股东或者实际控制人实施操纵证券、期货市场行为的；

（二）收购人、重大资产重组的交易对方及其董事、监事、高级管理人员、控股股东或者实际控制人实施操纵证券、期货市场行为的；

（三）行为人明知操纵证券、期货市场行为被有关部门调查，仍继续实施的；

（四）因操纵证券、期货市场行为受过刑事追究的；

（五）二年内因操纵证券、期货市场行为受过行政处罚的；

（六）在市场出现重大异常波动等特定时段操纵证券、期货市场的；

（七）造成其他严重后果的。

对于在全国中小企业股份转让系统中实施操纵证券市场行为，社会危害性大，严重破坏公平公正的市场秩序的，比照本条的规定执行，但本条第一款第一项和第二项除外。

典型案例

1. 唐某某等操纵证券市场案①

【案情】2012年5月至2013年1月，唐某某等利用实际控制的账户组，不以成交为目的，频繁申报、撤单或大额申报、撤单，影响股票交易价格与交易量，并进行与申报相反的交易。其间，先后利用控制账户组大额撤回申报买入"华资实业""京投银泰"股票，撤回买入量分别占各股票当日总申报买入量的50%以上，撤回申报额为0.9亿余元至3.5亿余元；撤回申报卖出"银基发展"股票，撤回卖出量占该股票当日总申报卖出量的50%以上，撤回申报额1.1亿余元，并通过实施与虚假申报相反的交易行为，违法所得共计2581.21万余元。

【认定】法院认定唐某某等的上述行为构成操纵证券市场罪。

2. 汪某某操纵证券市场案②

【案情】汪某某系北京首放投资顾问有限公司法定代表人，其先买入工商银行、中国联通等38只股票，后利用首放公司名义通过新浪网、搜狐网、上海证券报、证券时报等媒介对外推荐其先期买入的股票，并在股票交易时抢先卖出相关股票，人为影响上述股票的交易价格，获取个人非法利益。据统计，在首放公司推荐股票的内容发布后，相关38只股票交易量在整体上出现了较为明显的上涨：个

---

① 参见最高人民法院发布7件人民法院依法惩处证券、期货犯罪典型案例之二。

② "股市黑嘴"汪建中操纵证券市场一审被判，载中国法院网。

股开盘价、当日均价明显提高;集合竞价成交量、开盘后1小时成交量成倍放大;全天成交量大幅增长;当日换手率明显上升;参与买入账户明显增多;新增买入账户成倍增加。汪某某采取上述方式操纵证券市场55次,累计买入成交额人民币52.6亿余元,累计卖出成交额人民币53.8亿余元,非法获利共计人民币1.25亿余元归个人所有。

【认定】法院认定汪某某的上述行为构成操纵证券市场罪。

3. 朱某某操纵证券市场案①

【案情】2013年2月1日至2014年8月26日,被告人朱某某在任国开证券营业部证券经纪人期间,先后多次在其担任特邀嘉宾的上海电视台第一财经频道《谈股论金》节目播出前,使用实际控制的三个证券账户买入多只股票,于当日或次日在《谈股论金》节目播出中,以特邀嘉宾身份对其先期买入的股票进行公开评价、预测及推介,并于节目首播后一至二个交易日内抛售相关股票,人为地影响前述股票的交易量和交易价格,获取利益。经查,其买入股票交易金额共计人民币2094.22万余元,卖出股票交易金额共计人民币2169.70万余元,非法获利75.48万余元。

【认定】法院认定朱某某的上述行为构成操纵证券市场罪。

4. 赵某操纵证券交易价格案②

【案情】赵某原系石家庄信托投资股份公司上海零陵路证券交易营业部电脑部交易清算员,具有多年从事证券交易的经历,谙熟证券交易的电脑操作程序。1999年3月31日下午,赵某在三亚上证营业厅,通过小厅内电脑终端非法侵入三亚上证计算机信息系统,当发现该系统的委托报盘数据库未设置密码后,即萌生修改计算机中委托报盘的数据,拉高"兴业房产"股票价格以使自己所持有的7800股该股票得以抛售获利的念头。同时,赵某又决意采用相同手法提高"莲花味精"股票价格,并示意股民高某某购进该股票。4月15日,赵某在三亚上证再次侵入该计算机信息系统,复制委托报盘数据库进行了修改试验并获得成功。4月16日中午股市午间休市时,赵某在三亚上证营业厅将三亚上证尚未向证券交易所发送的周某等五位股民委托买卖其他股票的报盘数据内容全部修改成委托买入"兴业房产"和"莲花味精"两种股票共计497.93万股,两种股票的价格也分别改为比前日收盘价格各上升10%的涨停价位,即10.93元和12.98元当日下午股市

① 参见最高人民检察院第十批指导性案例检例第39号。

② 参见中华人民共和国最高人民法院刑事审判第一、二、三、四、五庭主办:《刑事审判参考》(总第7集),法律出版社2000年版,第8-14页。

开盘时，当上述被修改的委托数据被发送到证券交易所后，引起了“兴业房产”和“莲花味精”两种股票的交易量和交易价格出现非正常波动，造成三亚上证需支付6000余万元资金，以涨停价或接近涨停价的价格如数买入了该两种股票，致使三亚上证因一时无法支付巨额资金而被迫平仓，经济损失达295万余元。被告人赵某却乘机以涨停价抛售了其在天津市国际投资公司上海证券业务部账户上的7800股“兴业房产”股票，获利7277.01元。股民高某某及其代理人王某某也将受赵某示意买入的8.9万股“莲花味精”股票抛出，获利8.4万余元。

【认定】法院认定赵某的上述行为构成操纵证券交易价格罪。①

权威解读

1.“抢帽子交易操纵”，也就是利用“黑嘴”荐股操纵，即通过对证券及其发行人、上市公司、期货交易标的公开作出评价、预测或者投资建议，误导投资者作出投资决策，影响证券、期货交易价格或者证券、期货交易量，并进行与其评价、预测、投资建议方向相反的证券交易或者相关期货交易。2022年修订前的《最高人民检察院、公安部关于公安机关管辖的刑事案件立案追诉标准的规定（二）》规定该类操纵的主体为“证券公司、证券投资咨询机构、专业中介机构或者从业人员”。随着自媒体等现代通讯传播技术的快速发展，涉案主体既有持牌机构和分析师，也有网络工作室、网络大V、博主等非持牌机构以及一般公民，“黑嘴”荐股的方式多种多样，如微博、股吧、视频直播、微信以及QQ私聊建群等，最终目的是误导投资者作出投资决策而从中获利，有的是自己反向交易从中获利，有的诱导散户买入，帮助“庄家出货”获取报酬等。②

2.“幌骗交易操纵”（也称虚假申报操纵），即不以成交为目的，频繁申报、撤单或者大额申报、撤单，误导投资者作出投资决策，影响证券、期货交易价格或者证券、期货交易量，并进行与申报相反的交易或者谋取相关利益。在证券、期货交易市场中，报撤单是正常交易行为。该类操纵与正常报撤单的区分，要根据报撤单是否频繁，或者报撤单的金额是否巨大；是否进行与申报相反的交易；是否使用

---

① 在2006年《刑法修正案（六）》之前，本罪罪名为“操纵证券、期货交易价格罪”。——本书注

② 参见姜永义、陈学勇、朱宏伟：《〈最高人民法院、最高人民检察院关于办理操纵证券、期货市场刑事案件适用法律若干问题的解释〉的理解与适用》，载《人民法院报》2020年3月12日，第5版。该司法解释已删除2022年修订前的《最高人民检察院、公安部关于公安机关管辖的刑事案件立案追诉标准的规定（二）》对“抢帽子交易操纵”犯罪主体的限定；后者在2022年修订时也相应地删除该限定。——本书注

多个不同账户掩盖操作等客观方面进行综合判断。[1]

3. 关于“自己实际控制的账户”的认定问题。实践中，行为人操纵证券、期货市场时，为规避监管，绝大多数不用自己名下的账户，而利用他人账户实施操纵行为，但行为人在被调查时往往拒不承认对他人账户的实际控制权。由于证券交易方式的网络化、电子化程度越来越高，技术定位越来越困难，对账户究竟由谁控制越来越难认定。结合实际，《关于办理操纵证券、期货市场刑事案件适用法律若干问题的解释》第五条规定了四种应当认定为行为人“自己实际控制的账户”的情形：第一项是行为人以自己名义开户并使用的实名账户，第二项是行为人向账户转入或者从账户转出资金，并承担实际损益的他人账户，第三项是行为人通过第一项、第二项以外的方式管理、支配或者使用的他人账户，第四项是行为人通过投资关系、协议等方式对账户内资产行使交易决策权的他人账户。同时还规定了“自己实际控制的账户”的例外情形，即有证据证明行为人对第一至三项账户内资产没有交易决策权的除外。

在操纵案中，“对他人账户的控制”的核心是对他人账户交易行为具有决策权，即有了对他人账户交易行为的决策权，才能利用该账户对证券、期货实施操纵。由于现实中很难证明交易决策权的存在，故一般根据行为人对账户存在实际使用情形，认定行为人对该账户具有交易决策权。但实践中也存在少数情况，虽然行为人对一个账户存在实际使用，但其对该账户的交易确实没有决策权，而是根据其他人的意志进行交易，故将有证据证明行为人对该条第一至三项账户内资产没有交易决策权的排除在外。[2]

4. 关于操纵“新三板”市场的认定问题。目前我国证券市场包括主板、中小板、创业板和“新三板”（全国中小企业股份转让系统），以及新设立的科创板。“新三板”市场与主板市场的主要区别是公司入市的程序和资质不同，但对证券交易的诚实信用原则、公开公正公平交易原则、稳定有序的市场秩序的要求都是相同的，故对于新三板市场中的违法犯罪行为理应坚持相同的惩罚原则。操纵主板、中小板、创业板、“新三板”、科创板证券，构成操纵证券市场犯罪的，依照《关于办理操纵证券、期货市场刑事案件适用法律若干问题的解释》的规定定罪处罚。但对操纵“新三板”证券市场行为，考虑到目前“新三板”证券市场对合格投资者适当性有较高要求，市场流动性不高，特别是在一些交易稀少的证券中，一些轻微

---

① 参见姜永义、陈学勇、朱宏伟：《〈最高人民法院、最高人民检察院关于办理操纵证券、期货市场刑事案件适用法律若干问题的解释〉的理解与适用》，载《人民法院报》2020年3月12日，第5版。

② 参见姜永义、陈学勇、朱宏伟：《〈最高人民法院、最高人民检察院关于办理操纵证券、期货市场刑事案件适用法律若干问题的解释〉的理解与适用》，载《人民法院报》2020年3月12日，第5版。

的操纵行为就可能达到本解释所规定的相关交易行为所占比例的入罪标准。据此,《关于办理操纵证券、期货市场刑事案件适用法律若干问题的解释》第十条规定对操纵"新三板"证券市场行为,比照本解释的规定执行,不适用本解释第二条第一、二项和第四条第一、二项有关比例标准,所参考的主要是行为类型、违法所得、交易金额等,相关交易行为所占比例的标准在适用时应当排除适用,确保准确惩治操纵"新三板"证券市场犯罪。①

5.《关于办理操纵证券、期货市场刑事案件适用法律若干问题的解释》第九条第一款规定:"本解释所称'违法所得',是指通过操纵证券、期货市场所获利益或者避免的损失。"违法所得的认定一般应当遵循以下几个基本规则:一是获利或者避损可以归因于操纵犯罪行为,也即违法所得应当与操纵行为有因果关系。二是计算违法所得一般要扣除买入成本和合理税费,包括印花税、交易佣金、过户费、股息红利税等因交易涉案证券直接实际产生的费用。但是行为人为实施违法行为而支付的融资费用、组织交易活动的开支等非因交易直接产生的费用不予扣除。三是违法所得是指操纵犯罪的获利或者避损,至于所获利益或者避免的损失是否最终归行为人所有或者支配,在所不问。②

《刑法》第一百八十五条之一 【背信运用受托财产罪】【违法运用资金罪】

第一百八十五条之一 商业银行、证券交易所、期货交易所、证券公司、期货经纪公司、保险公司或者其他金融机构,违背受托义务,擅自运用客户资金或者其他委托、信托的财产,情节严重的,对单位判处罚金,并对其直接负责的主管人员和其他直接责任人员,处三年以下有期徒刑或者拘役,并处三万元以上三十万元以下罚金;情节特别严重的,处三年以上十年以下有期徒刑,并处五万元以上五十万元以下罚金。

社会保障基金管理机构、住房公积金管理机构等公众资金管理机构,以及保险公司、保险资产管理公司、证券投资基金管理公司,违反国家规定运用资金的,对其直接负责的主管人员和其他直接责任人员,依照前款的规定处罚。

---

① 参见姜永义、陈学勇、朱宏伟:《〈最高人民法院、最高人民检察院关于办理操纵证券、期货市场刑事案件适用法律若干问题的解释〉的理解与适用》,载《人民法院报》2020年3月12日,第5版。

② 参见杨万明主编:《〈刑法修正案(十一)〉条文及配套〈罪名补充规定(七)〉理解与适用》,人民法院出版社2021年版,第150-151页。

相关规定

《最高人民检察院、公安部关于公安机关管辖的刑事案件立案追诉标准的规定(二)》(公通字〔2010〕23号,2022年修订)

第三十五条　[背信运用受托财产案(刑法第一百八十五条之一第一款)]商业银行、证券交易所、期货交易所、证券公司、期货公司、保险公司或者其他金融机构,违背受托义务,擅自运用客户资金或者其他委托、信托的财产,涉嫌下列情形之一的,应予立案追诉:

(一)擅自运用客户资金或者其他委托、信托的财产数额在三十万元以上的;

(二)虽未达到上述数额标准,但多次擅自运用客户资金或者其他委托、信托的财产,或者擅自运用多个客户资金或者其他委托、信托的财产的;

(三)其他情节严重的情形。

第三十六条　[违法运用资金案(刑法第一百八十五条之一第二款)]社会保障基金管理机构、住房公积金管理机构等公众资金管理机构,以及保险公司、保险资产管理公司、证券投资基金管理公司,违反国家规定运用资金,涉嫌下列情形之一的,应予立案追诉:

(一)违反国家规定运用资金数额在三十万元以上的;

(二)虽未达到上述数额标准,但多次违反国家规定运用资金的;

(三)其他情节严重的情形。

权威解读①

1. 本条第二款与第一款的不同在于,第二款对于公众资金等的运用违背的并不是受托义务,而是违反了国家对资金运用的条件、程序等的规定。

2. 实践中有一些单位实质上不具备接受委托资金的资质,也未按规定接受金融监管并违规从事金融业务。这些单位通过各种变相公开宣传、承诺保本保收益、向社会不特定对象集资等形式与委托人订立合同、募集资金,同时实施相关违法行为,完全违背了与委托人订立合同中规定的权利义务。这些行为,表面上是该类单位的责任人员违背受托义务,擅自运用客户资金和受托财产的行为,实质上属于非法集资类犯罪,应根据案件的具体情况,依照《刑法》第一百七十六条非法吸收公众存款罪、第一百九十二条集资诈骗罪等,依法定罪处罚。

---

① 参见王爱立主编:《〈中华人民共和国刑法〉释解与适用》(上),人民法院出版社2021年版,第482－484页。

《刑法》第二百二十五条 【非法经营罪】

第二百二十五条 违反国家规定，有下列非法经营行为之一，扰乱市场秩序，情节严重的，处五年以下有期徒刑或者拘役，并处或者单处违法所得一倍以上五倍以下罚金；情节特别严重的，处五年以上有期徒刑，并处违法所得一倍以上五倍以下罚金或者没收财产：

（一）未经许可经营法律、行政法规规定的专营、专卖物品或者其他限制买卖的物品的；

（二）买卖进出口许可证、进出口原产地证明以及其他法律、行政法规规定的经营许可证或者批准文件的；

（三）未经国家有关主管部门批准非法经营证券、期货、保险业务的，或者非法从事资金支付结算业务的；

（四）其他严重扰乱市场秩序的非法经营行为。

相关规定

1.《国务院办公厅关于严厉打击非法发行股票和非法经营证券业务有关问题的通知》（国办发〔2006〕99号）（略，见“《刑法》第一百七十九条 【擅自发行股票、公司、企业债券罪】”部分）

2.《最高人民法院、最高人民检察院、公安部、中国证券监督管理委员会关于整治非法证券活动有关问题的通知》（证监发〔2008〕1号）（略，见“《刑法》第一百七十九条 【擅自发行股票、公司、企业债券罪】”部分）

3.《最高人民法院关于准确理解和适用刑法中“国家规定”的有关问题的通知》（法发〔2011〕155号）

日前，国务院法制办就国务院办公厅文件的有关规定是否可以认定为刑法中的“国家规定”予以统一、规范。为切实做好相关刑事案件审判工作，准确把握刑法有关条文规定的“违反国家规定”的认定标准，依法惩治犯罪，统一法律适用，现就有关问题通知如下：

一、根据刑法第九十六的规定，刑法中的“国家规定”是指，全国人民代表大会及其常务委员会制定的法律和决定，国务院制定的行政法规、规定的行政措施、发布的决定和命令。其中，“国务院规定的行政措施”应当由国务院决定，通常以行政法规或者国务院制发文件的形式加以规定。以国务院办公厅名义制发的文件，符合以下条件的，亦应视为刑法中的“国家规定”：(1)有明确的法律依据或者同相关行政法规不相抵触；(2)经国务院常务会议讨论通过或者经国务院批准；(3)在国务院公报上公开发布。

二、各级人民法院在刑事审判工作中，对有关案件所涉及的“违反国家规定”的认定，要依照相关法律、行政法规及司法解释的规定准确把握。对于规定不明确的，要按照本通知的要求审慎认定。对于违反地方性法规、部门规章的行为，不得认定为“违反国家规定”。对被告人的行为是否“违反国家规定”存在争议的，应当作为法律适用问题，逐级向最高人民法院请示。

三、各级人民法院审理非法经营犯罪案件，要依法严格把握刑法第二百二十五条第(四)的适用范围。对被告人的行为是否属于刑法第二百二十五条第(四)规定的“其它严重扰乱市场秩序的非法经营行为”，有关司法解释未作明确规定的，应当作为法律适用问题，逐级向最高人民法院请示。

4.《最高人民法院关于审理非法集资刑事案件具体应用法律若干问题的解释》(法释〔2010〕18 号)

第七条　违反国家规定，未经依法核准擅自发行基金份额募集基金，情节严重的，依照刑法第二百二十五条的规定，以非法经营罪定罪处罚。

5.《最高人民法院研究室关于非法经营罪中“违法所得”认定问题的研究意见》

非法经营罪中的“违法所得”，应是指获利数额，即以行为人违法生产、销售商品或者提供服务所获得的全部收入(即非法经营数额)，扣除其直接用于经营活动的合理支出部分后剩余的数额。

6.《最高人民检察院、公安部关于公安机关管辖的刑事案件立案追诉标准的规定(二)》(公通字〔2010〕23 号，2022 年修订)

第七十一条　[非法经营案(刑法第二百二十五条)]违反国家规定，进行非法经营活动，扰乱市场秩序，涉嫌下列情形之一的，应予立案追诉：

(二)未经国家有关主管部门批准，非法经营证券、期货、保险业务，或者非法从事资金支付结算业务，具有下列情形之一的：

1. 非法经营证券、期货、保险业务，数额在一百万元以上，或者违法所得数额在十万元以上的；

2. 非法从事资金支付结算业务，数额在五百万元以上，或者违法所得数额在十万元以上的；

3. 非法从事资金支付结算业务，数额在二百五十万元以上不满五百万元，或者违法所得数额在五万元以上不满十万元，且具有下列情形之一的：

(1)因非法从事资金支付结算业务犯罪行为受过刑事追究的；

（2）二年内因非法从事资金支付结算业务违法行为受过行政处罚的；

（3）拒不交代涉案资金去向或者拒不配合追缴工作，致使赃款无法追缴的；

（4）造成其他严重后果的。

4. 使用销售点终端机具（POS 机）等方法，以虚构交易、虚开价格、现金退货等方式向信用卡持卡人直接支付现金，数额在一百万元以上的，或者造成金融机构资金二十万元以上逾期未还的，或者造成金融机构经济损失十万元以上的。

7.《公安部经济犯罪侦查局关于对四川××、陕西××等公司代理转让未上市公司股权行为定性的批复》（公经〔2006〕1789 号）[①]

四川××公司南充分公司、陕西××公司及南充、德阳分公司代理未上市公司股票向不特定社会公众转让的行为，属于证券法规定的证券业务。根据证券法第一百七十九条的规定，未经中国证监会批准，其行为构成非法经营证券业务。如其非法经营数额达到刑事追诉标准，则涉嫌构成刑法第二百二十五条规定的非法经营罪。

8.《中国证监会关于加强对利用“荐股软件”从事证券投资咨询业务监管的暂行规定（2020）》（中国证券监督管理委员会公告〔2012〕40 号，根据《关于修改部分证券期货规范性文件的决定（中国证券监督管理委员会公告〔2020〕20 号）》修改）

一、本规定所称“荐股软件”，是指具备下列一项或多项证券投资咨询服务功能的软件产品、软件工具或者终端设备：

（一）提供涉及具体证券投资品种的投资分析意见，或者预测具体证券投资品种的价格走势；

（二）提供具体证券投资品种选择建议；

（三）提供具体证券投资品种的买卖时机建议；

（四）提供其他证券投资分析、预测或者建议。

具备证券信息汇总或者证券投资品种历史数据统计功能，但不具备上述第（一）项至第（四）项所列功能的软件产品、软件工具或者终端设备，不属于“荐股软件”。

二、向投资者销售或者提供“荐股软件”，并直接或者间接获取经济利益的，属于从事证券投资咨询业务，应当经中国证监会许可，取得证券投资咨询业务资格。

未取得证券投资咨询业务资格，任何机构和个人不得利用“荐股软件”从事证券投资咨询业务。

七、未取得证券投资咨询业务资格的机构和个人利用“荐股软件”从事非法证

---

① 参见何帆：《刑法注释书》（第二版），中国民主法制出版社 2021 年版，第 545 页。

券投资咨询活动的,中国证监会及其派出机构按照法律法规和《国务院办公厅关于严厉打击非法发行股票和非法经营证券业务有关问题的通知》(国办发〔2006〕99号)的规定,配合地方政府、工商行政管理部门、公安机关、司法机关等,依法予以查处;涉嫌犯罪的,依法追究刑事责任。

典型案例

王某、沈某某非法经营、虚报注册资本案①

【案情】2005年11月,王某、沈某某在广东省深圳市成立了金海岸公司,主要从事电视广告节目制作及电视台广告时段买卖业务。王某在经营管理金海岸公司过程中,发现销售炒股软件并为股民提供有偿股票投资咨询可牟取暴利,便产生了开展相关业务的念头。2007年10月,王某以金海岸公司名义开发了一套"金牛王智能决策选股软件"(以下简称金牛王选股软件),并办理了著作权登记,权属归公司。2008年4月15日,王某、沈某某出资50万元在深圳注册成立了金牛王公司,王某担任法定代表人、总经理。金牛王公司成立后,在未获得中国证监会批准,不具备经营证券业务资质的情况下,王某、沈某某等人以销售金牛王炒股软件为名,非法从事证券咨询业务,非法经营额共计4,526,546.20元。

因金牛王公司管理混乱,盈利不多,被告人王某决定逐步停止该公司营业并到湖南省另立公司继续开展相关业务。2008年10月,王某找人垫资200万元,注册成立了智盈公司;2009年3月,王某又找人垫资200万元以陈某某(沈某某同母异父之兄)、沈慧某(沈某某之兄)的名义注册成立了金诚公司。2008年8月至2009年6月,王某聘请若干人员为证券分析师进行股票分析,并以销售金牛王选股软件为名,在未获得中国证监会批准,不具备经营证券业务资质的情况下,开展非法证券咨询活动,其中智盈公司非法经营额计12,898,691.55元;金诚公司非法经营额计15,594,887.47元。为顺利通过电视台的资格审查,并掩盖自己不具备证券投资咨询资格的真相,王某等人与有证券投资咨询资格的湖南金证投资咨询顾问有限公司、北京禧达丰公司签订了所谓的"战略合作协议",以每年支付数十万元的高额投资顾问费为条件,将公司选聘的多名股评分析师的从业资格证书挂靠到这些公司,并借用这些公司的证券咨询资格证明用于自己股评节目的资格审查。

(虚报注册资本的犯罪事实略)

【认定】法院认为,王某、沈某某等人违反《中华人民共和国证券法》等有关法

① 参见中华人民共和国最高人民法院刑事审判第一、二、三、四、五庭主办:《刑事审判参考》(总第101集),法律出版社2014年版,第67-71页。

律规定，未经国家有关主管部门批准，非法经营证券业务，严重扰乱市场秩序，情节特别严重，构成非法经营罪。

《刑法》第二百二十九条 【提供虚假证明文件罪】【出具证明文件重大失实罪】

第二百二十九条 承担资产评估、验资、验证、会计、审计、法律服务、保荐、安全评价、环境影响评价、环境监测等职责的中介组织的人员故意提供虚假证明文件，情节严重的，处五年以下有期徒刑或者拘役，并处罚金；有下列情形之一的，处五年以上十年以下有期徒刑，并处罚金：

（一）提供与证券发行相关的虚假的资产评估、会计、审计、法律服务、保荐等证明文件，情节特别严重的；

（二）提供与重大资产交易相关的虚假的资产评估、会计、审计等证明文件，情节特别严重的；

（三）在涉及公共安全的重大工程、项目中提供虚假的安全评价、环境影响评价等证明文件，致使公共财产、国家和人民利益遭受特别重大损失的。

有前款行为，同时索取他人财物或者非法收受他人财物构成犯罪的，依照处罚较重的规定定罪处罚。

第一款规定的人员，严重不负责任，出具的证明文件有重大失实，造成严重后果的，处三年以下有期徒刑或者拘役，并处或者单处罚金。[①]

相关规定

《最高人民检察院、公安部关于公安机关管辖的刑事案件立案追诉标准的规定(二)》(公通字〔2010〕23号，2022年修订)

第七十三条 [提供虚假证明文件案(刑法第二百二十九条第一款)]承担资

---

① 提供虚假证明文件罪和出具证明文件重大失实罪的主体是特殊主体，仅限于承担资产评估、验资、验证、会计、审计、法律服务、保荐、安全评价、环境影响评价、环境监测等职责的中介组织的人员。事实上，因为《刑法》第二百二十九条采取“多项列举＋等字兜底”的表述方式，此二罪的主体已经相当宽泛，基本可以涵盖在市场经济中承担中介职能的各种组织的人员。同时，按照《刑法》第二百三十一条的规定，单位也可以构成本罪。需要注意的是，此二罪的主体与证券法上对同类行为的处罚主体略有差异。根据《证券法》第二百一十三条第三款的规定，未勤勉尽责，所制作、出具的文件有虚假记载、误导性陈述或者重大遗漏的，受罚的主体是证券服务机构，即单位；自然人只会作为单位的直接负责的主管人员和其他直接责任人员而受罚。——本书注

产评估、验资、验证、会计、审计、法律服务、保荐、安全评价、环境影响评价、环境监测等职责的中介组织的人员故意提供虚假证明文件，涉嫌下列情形之一的，应予立案追诉：

（一）给国家、公众或者其他投资者造成直接经济损失数额在五十万元以上的；

（二）违法所得数额在十万元以上的；

（三）虚假证明文件虚构数额在一百万元以上且占实际数额百分之三十以上的；

（四）虽未达到上述数额标准，但二年内因提供虚假证明文件受过二次以上行政处罚，又提供虚假证明文件的；

（五）其他情节严重的情形。

第七十四条 ［出具证明文件重大失实案（刑法第二百二十九条第三款）］承担资产评估、验资、验证、会计、审计、法律服务、保荐、安全评价、环境影响评价、环境监测等职责的中介组织的人员严重不负责任，出具的证明文件有重大失实，涉嫌下列情形之一的，应予立案追诉：

（一）给国家、公众或者其他投资者造成直接经济损失数额在一百万元以上的；

（二）其他造成严重后果的情形。

典型案例

1. 董某等提供虚假财会报告案（略，见“《刑法》第一百六十一条 【违规披露、不披露重要信息罪】”部分）①

2. 中某通机械制造有限公司、卢某旺等人欺诈发行债券、出具证明文件重大失实、非国家工作人员受贿案（略，见“《刑法》第一百六十条 【欺诈发行证券罪】”部分）

权威解读

1. “虚假证明文件”既包括伪造的证明文件，也包括内容虚假、有重大遗漏、误

---

① 一般认为，中介组织人员为欺诈发行、虚假陈述提供虚假证明文件的，因为《刑法》已经单独设定罪名，因此不再认定为欺诈发行罪或者违规披露、不披露重要信息罪的共犯。也有观点认为，确实构成共同犯罪的，应当在提供虚假证明文件罪和欺诈发行罪或者违规披露、不披露重要信息罪之间择一重处。——本书注

导性内容的文件。①

2. 出具证明文件重大失实罪的要件之一是中介组织人员“严重不负责任”。“不负责任”是与“勤勉尽责”相对而言的。例如,根据《证券法》第一百六十三条的规定,证券服务机构为证券的发行、上市、交易等证券业务活动制作、出具审计报告及其他鉴证报告、资产评估报告、财务顾问报告、资信评级报告或者法律意见书等文件,应当勤勉尽责,对所依据的文件资料内容的真实性、准确性、完整性进行核查和验证。至于如何判断“没有勤勉尽责”乃至达到“严重不负责任”的程度,需要结合中介组织的性质和承担的具体责任来判断。以从事证券服务业务的会计师事务所和注册会计师为例,下列情形可以认定为未勤勉尽责:(1)未按规定编制审计工作底稿;(2)未充分了解被审计单位及其环境,风险识别与评估程序明显不到位,识别的重大错报风险领域明显不恰当,或者重要性水平确定明显不合理;(3)风险应对措施涉及明显不合理;(4)风险应对的必要审计程序执行明显不到位;等等。未勤勉尽责达到一定严重程度的,应当认定为“严重不负责任”。②

---

① 参见王爱立主编:《〈中华人民共和国刑法〉释解与适用》(上),人民法院出版社2021年版,第644页。

② 参见杨万明主编:《〈刑法修正案(十一)〉条文及配套〈罪名补充规定(七)〉理解与适用》,人民法院出版社2021年版,第231页。

第二篇　行政违法篇

《证券法》第一百七十一条　【当事人承诺制度】

第一百七十一条　国务院证券监督管理机构对涉嫌证券违法的单位或者个人进行调查期间，被调查的当事人书面申请，承诺在国务院证券监督管理机构认可的期限内纠正涉嫌违法行为，赔偿有关投资者损失，消除损害或者不良影响的，国务院证券监督管理机构可以决定中止调查。被调查的当事人履行承诺的，国务院证券监督管理机构可以决定终止调查；被调查的当事人未履行承诺或者有国务院规定的其他情形的，应当恢复调查。具体办法由国务院规定。

国务院证券监督管理机构决定中止或者终止调查的，应当按照规定公开相关信息。

相关规定

1.《证券期货行政执法当事人承诺制度实施办法》(国务院令第749号)

第一条　为了规范证券期货领域行政执法当事人承诺制度的实施，保护投资者合法权益，维护市场秩序，提高行政执法效能，根据《中华人民共和国证券法》(以下简称《证券法》)等法律，制定本办法。

第二条　本办法所称行政执法当事人承诺，是指国务院证券监督管理机构对涉嫌证券期货违法的单位或者个人进行调查期间，被调查的当事人承诺纠正涉嫌违法行为、赔偿有关投资者损失、消除损害或者不良影响并经国务院证券监督管理机构认可，当事人履行承诺后国务院证券监督管理机构终止案件调查的行政执法方式。

第三条　行政执法当事人承诺制度的实施应当遵循公平、自愿、诚信原则，不得损害国家利益、社会公共利益和他人合法权益。

第四条　国务院证券监督管理机构应当确定专门的内设部门负责行政执法

当事人承诺工作,并将该内设部门与负责案件调查的内设部门分别设置。

国务院证券监督管理机构应当建立健全内部监督和社会监督制度,加强对负责行政执法当事人承诺工作的内设部门以及相关人员执行法律、行政法规和遵守纪律情况的监督。

第五条 当事人自收到国务院证券监督管理机构案件调查法律文书之日至国务院证券监督管理机构作出行政处罚决定前,可以依照《证券法》等法律和本办法的规定,申请适用行政执法当事人承诺。国务院证券监督管理机构应当在送达当事人的案件调查法律文书中告知其有权依法申请适用行政执法当事人承诺。

第六条 当事人申请适用行政执法当事人承诺,应当提交申请书以及相关申请材料。申请书应当载明下列事项:

(一)当事人的基本情况;

(二)提出申请的主要事实和理由;

(三)当事人已采取或者承诺采取的纠正涉嫌违法行为、赔偿有关投资者损失、消除损害或者不良影响的措施;

(四)国务院证券监督管理机构规定的其他事项。

当事人应当对其所提交材料的真实性、准确性、完整性负责。

第七条 有下列情形之一的,国务院证券监督管理机构对适用行政执法当事人承诺的申请不予受理:

(一)当事人因证券期货犯罪被判处刑罚,自刑罚执行完毕之日起未逾3年,或者因证券期货违法行为受到行政处罚,自行政处罚执行完毕之日起未逾1年;

(二)当事人涉嫌证券期货犯罪,依法应当移送司法机关处理;

(三)当事人涉嫌证券期货违法行为情节严重、社会影响恶劣;

(四)当事人已提出适用行政执法当事人承诺的申请但未被受理,或者其申请已被受理但其作出的承诺未获得国务院证券监督管理机构认可,没有新事实、新理由,就同一案件再次提出申请;

(五)当事人因自身原因未履行或者未完全履行经国务院证券监督管理机构认可的承诺,就同一案件再次提出申请;

(六)国务院证券监督管理机构基于审慎监管原则认为不适用行政执法当事人承诺的其他情形。

第八条 国务院证券监督管理机构应当自收到当事人完整的申请材料之日起20个工作日内,作出受理或者不予受理的决定。决定受理的,发给受理通知书;决定不予受理的,应当书面通知当事人并说明理由。

第九条 国务院证券监督管理机构受理申请后,在与当事人签署承诺认可协议前，不停止对案件事实的调查。

第十条　国务院证券监督管理机构自受理申请之日起，可以根据当事人涉嫌违法行为造成的损失、损害或者不良影响等情况，就适用行政执法当事人承诺相关事项与当事人进行沟通协商。

当事人提交的材料以及在沟通协商时所作的陈述，只能用于实施行政执法当事人承诺。

第十一条　国务院证券监督管理机构与当事人进行沟通协商的期限为 6 个月。经国务院证券监督管理机构主要负责人或者其授权的其他负责人批准，可以延长沟通协商的期限，但延长的期限最长不超过 6 个月。

国务院证券监督管理机构与当事人沟通协商应当当面进行，并制作笔录。国务院证券监督管理机构与当事人进行沟通协商的工作人员不得少于 2 人，并应当向当事人出示执法证件。

国务院证券监督管理机构与当事人进行沟通协商的工作人员不得违反规定会见当事人及其委托的人。

第十二条　国务院证券监督管理机构相关工作人员与案件有直接利害关系或者有其他关系，可能影响公正执法的，应当回避。

当事人认为国务院证券监督管理机构相关工作人员有前款规定情形的，有权申请其回避。当事人提出回避申请，应当说明理由。国务院证券监督管理机构应当自当事人提出回避申请之日起 3 日内作出决定，并书面告知当事人。决定作出之前，被申请回避的人员不停止相关工作。

第十三条　国务院证券监督管理机构经与当事人沟通协商，认可当事人作出的承诺的，应当与当事人签署承诺认可协议。承诺认可协议应当载明下列事项：

（一）申请适用行政执法当事人承诺的事由；

（二）当事人涉嫌违法行为的主要事实；

（三）当事人承诺采取的纠正涉嫌违法行为、赔偿有关投资者损失、消除损害或者不良影响的具体措施；

（四）承诺金数额及交纳方式；

（五）当事人履行承诺的期限；

（六）保障当事人商业秘密、个人隐私等权利的措施；

（七）需要载明的其他事项。

本办法所称承诺金，是指当事人为适用行政执法当事人承诺而交纳的资金。

第十四条　国务院证券监督管理机构确定承诺金数额应当综合考虑下列因素：

（一）当事人因涉嫌违法行为可能获得的收益或者避免的损失；

（二）当事人涉嫌违法行为依法可能被处以罚款、没收违法所得的金额；

（三）投资者因当事人涉嫌违法行为所遭受的损失；

（四）签署承诺认可协议时案件所处的执法阶段；

（五）需要考虑的其他因素。

国务院证券监督管理机构可以就适用行政执法当事人承诺涉及的专业问题征求证券期货交易场所、证券登记结算机构、投资者保护机构等相关机构或者专家学者的意见。

第十五条 国务院证券监督管理机构与当事人签署承诺认可协议后，应当中止案件调查，向当事人出具中止调查决定书，并予以公告。

当事人完全履行承诺认可协议后，国务院证券监督管理机构应当终止案件调查，向当事人出具终止调查决定书，并予以公告。国务院证券监督管理机构出具终止调查决定书后，对当事人涉嫌实施的同一个违法行为不再重新调查。

申请适用行政执法当事人承诺的当事人为《证券法》等法律、行政法规和国务院证券监督管理机构规定的信息披露义务人的，应当依法履行信息披露义务。

第十六条 有下列情形之一的，国务院证券监督管理机构应当终止适用行政执法当事人承诺：

（一）当事人在签署承诺认可协议前撤回适用行政执法当事人承诺的申请；

（二）未能在本办法第十一条规定的期限内签署承诺认可协议；

（三）承诺认可协议签署后，当事人因自身原因未履行或者未完全履行承诺；

（四）承诺认可协议履行完毕前，发现当事人提交的材料存在虚假记载或者重大遗漏；

（五）承诺认可协议履行完毕前，当事人因涉嫌证券期货犯罪被依法立案。

发生前款规定情形的，国务院证券监督管理机构应当向当事人出具终止适用行政执法当事人承诺通知书；发生前款第一项至第四项情形的，还应当及时恢复案件调查。国务院证券监督管理机构在决定终止适用行政执法当事人承诺前，应当听取当事人的意见。

第十七条 国务院证券监督管理机构应当建立集体决策制度，讨论决定行政执法当事人承诺实施过程中的申请受理、签署承诺认可协议、中止或者终止案件调查等重大事项，并经国务院证券监督管理机构主要负责人或者其授权的其他负责人批准后执行。

第十八条 投资者因当事人涉嫌违法行为遭受损失的，可以向承诺金管理机构申请合理赔偿，也可以通过依法对当事人提起民事赔偿诉讼等其他途径获得赔偿。承诺金管理机构向投资者支付的赔偿总额不得超过涉及案件当事人实际交纳并用于赔偿的承诺金总额。投资者已通过其他途径获得赔偿的,不得就已获得赔偿的部分向承诺金管理机构申请赔偿。

承诺金管理和使用的具体办法由国务院证券监督管理机构会同国务院财政部门另行制定。

第十九条 当事人有下列情形之一的,由国务院证券监督管理机构记入证券期货市场诚信档案数据库,纳入全国信用信息共享平台,按照国家规定实施联合惩戒:

(一)因自身原因未履行或者未完全履行承诺;

(二)提交的材料存在虚假记载或者重大遗漏;

(三)违背诚信原则的其他情形。

第二十条 国务院证券监督管理机构工作人员违反规定适用行政执法当事人承诺,或者泄露履行职责中知悉的商业秘密、个人隐私的,依法给予处分;构成犯罪的,依法追究刑事责任。

第二十一条 本办法自2022年1月1日起施行。

2.《证券期货行政执法当事人承诺制度实施规定》(证监会令第194号)

第一条 为了规范开展证券期货领域行政执法当事人承诺工作,充分发挥行政执法当事人承诺制度在保护投资者合法权益,提高执法效率,维护市场秩序等方面的积极作用,根据《证券法》《证券期货行政执法当事人承诺制度实施办法》(以下简称《办法》)等法律法规,制定本规定。

第二条 中国证监会设立行政执法当事人承诺审核委员会(以下简称委员会),负责组织开展行政执法当事人承诺工作,并就受理行政执法当事人承诺申请、签署承诺认可协议、中止或者终止案件调查等重大事项进行集体决策。

委员会下设行政执法当事人承诺审核办公室(以下简称办公室),负责办理行政执法当事人承诺具体工作。

办公室与中国证监会案件调查部门(以下简称调查部门)、中国证监会案件审理部门(以下简称审理部门)相互独立。

第三条 当事人申请适用行政执法当事人承诺,存在《办法》第七条规定的不得适用情形的,不予受理。

对于未经过必要的调查的案件,当事人提交行政执法当事人承诺申请材料的,不予接收。

第四条 当事人申请适用行政执法当事人承诺的,应当以纸质和电子两种形式向中国证监会提交以下申请材料:

（一）申请书；

（二）营业执照复印件或者身份证明文件复印件；

（三）调查通知书复印件；

（四）立案告知书复印件（如有）；

（五）行政处罚事先告知书复印件（如有）；

（六）提出申请的内部决议（如当事人为单位）；

（七）委托书及受托人身份证明文件复印件（如有）；

（八）当事人或者受托人的联系方式、通讯地址；

（九）中国证监会要求提供的其他材料。

第五条 申请书应当载明以下事项：

（一）当事人的基本信息；

（二）当事人接受调查的情况；

（三）当事人涉嫌违法的主要事实；

（四）案件不存在不得适用行政执法当事人承诺情形的详细说明；

（五）当事人已采取或者承诺采取的纠正涉嫌违法行为、赔偿有关投资者损失、消除损害或者不良影响的措施；

（六）中国证监会要求载明的其他事项。

第六条 办公室在收到当事人提交的行政执法当事人承诺申请材料后，应当抄送调查部门；如果案件已进入审理阶段，还应当抄送审理部门。

办公室经审核认为申请材料完整的，应当向当事人出具申请材料接收凭证；认为申请材料不完整的，应当告知当事人补正的内容。

办公室可以就申请材料的完整性与当事人进行沟通。

第七条 办公室在向当事人出具申请材料接收凭证后，应当就案件适用行政执法当事人承诺相关事项征求调查部门的意见；如果案件已进入审理阶段，还应当征求审理部门的意见。

调查部门、审理部门应当自收到办公室征求意见书面材料之日起5个工作日内反馈意见。反馈意见应当包括以下内容：

（一）调查过程或者审理过程；

（二）现阶段掌握的案件事实、证据以及相关报告；

（三）当事人可能涉嫌的违法行为以及可能给予的处理；

（四）是否发现当事人存在不得适用行政执法当事人承诺的情形；

（五）办公室请求提供的其他材料。

第八条 决定受理行政执法当事人承诺申请的，应当经委员会集体决策同意并报中国证监会主要负责人或者其授权的其他负责人批准。

决定不予受理行政执法当事人承诺申请的,应当经中国证监会主要负责人或者其授权的其他负责人批准。

办公室应当自向当事人出具申请材料接收凭证之日起20个工作日内向当事人出具受理通知书或者不予受理通知书。不予受理的,应当说明理由。

第九条 向当事人出具受理通知书的,办公室应当抄送调查部门、审理部门、中国证监会投资者保护部门(以下简称投资者保护部门)、承诺金管理机构;向当事人出具不予受理通知书的,办公室应当抄送调查部门、审理部门。

第十条 调查部门在收到办公室抄送的受理通知书后不中止调查。调查部门经调查发现新事实、新证据,认为案件不应继续适用行政执法当事人承诺或者对当事人承诺内容的沟通有重大影响的,应当及时告知办公室。

审理部门在收到办公室抄送的受理通知书后,应当中止审理。

承诺金管理机构在收到办公室抄送的受理通知书后,应当及时按照规定开展投资者损失测算工作,并将有关结果函告办公室、投资者保护部门。调查部门、审理部门、证券期货交易场所、证券登记结算机构、投资者保护机构等部门单位应当为投资者损失测算工作提供必要的支持。

第十一条 办公室自向当事人出具受理通知书之日起,可以就案件适用行政执法当事人承诺相关事项与当事人进行沟通协商。

当事人申请延长沟通协商期限的,应当在期限届满15日前向中国证监会提交书面申请。

第十二条 承诺金数额的确定应当符合《办法》第十四条规定;当事人自行赔偿投资者的,承诺金数额可以不包括已向投资者赔偿损失的金额,但是应当向中国证监会提交以下赔偿证明材料:

(一)受偿投资者的姓名、身份证明文件号码(或名称、统一社会信用代码)及联系方式、通讯地址;

(二)赔偿金额明细及凭证;

(三)受偿投资者本人签署的谅解书;

(四)中国证监会要求提交的其他材料。

第十三条 办公室经与当事人沟通协商,认可当事人作出的承诺的,应当按照规定与当事人签署承诺认可协议。

当事人为单位的,应当提交同意签署承诺认可协议的内部决议。

决定签署承诺认可协议的,应当经委员会集体决策同意并报中国证监会主要负责人或者其授权的其他负责人批准。

第十四条 在签署承诺认可协议后，中国证监会向当事人出具中止调查决定书，在中国证监会网站予以公告。

办公室应当将中止调查决定书抄送调查部门、审理部门、投资者保护部门、承诺金管理机构和相应的中国证监会派出机构。调查部门在收到抄送的中止调查决定书后，应当中止调查。

第十五条 办公室负责组织监督当事人履行承诺认可协议约定的义务。

承诺金管理机构应当做好承诺金的收取工作，并及时将承诺金的收取情况函告办公室。承诺金管理机构在收到承诺金后，应当及时制定承诺金管理使用方案，并报中国证监会备案，投资者保护部门负责具体备案工作。

当事人所在地的中国证监会派出机构应当对当事人履行承诺认可协议的情况进行核查验收，并及时将核查验收结果函告办公室。办公室可以根据情况派员参与核查验收工作。

第十六条 当事人完全履行承诺认可协议后，中国证监会向当事人出具终止调查决定书，在中国证监会网站予以公告。

办公室应当将终止调查决定书抄送调查部门、审理部门、投资者保护部门、承诺金管理机构和相应的中国证监会派出机构。调查部门、审理部门在收到抄送的终止调查决定书后，应当终止调查、审理，并且对当事人涉嫌实施的同一违法行为不再重新调查、审理。

第十七条 在向当事人出具终止调查决定书前，发现案件存在《办法》第十六条规定的应当终止适用行政执法当事人承诺情形的，经中国证监会主要负责人或者其授权的其他负责人批准，办公室应当向当事人出具终止适用行政执法当事人承诺通知书。在决定终止适用行政执法当事人承诺前，办公室应当听取当事人的意见。

第十八条 办公室应当将终止适用行政执法当事人承诺通知书抄送调查部门、审理部门、投资者保护部门、承诺金管理机构和相应的中国证监会派出机构。已中止调查、审理的案件，调查部门、审理部门应当及时按照规定恢复调查、审理。

第十九条 当事人因自身原因未完全履行承诺或者提交的材料存在虚假记载或者重大遗漏，导致行政执法当事人承诺终止的，已交纳的承诺金不予返还，但在中国证监会恢复对该案件的调查、审理并作出行政处罚时可以抵扣行政罚没款。

第二十条 当事人为《证券法》等法律、行政法规和中国证监会规定的信息披露义务人的，应当及时按照中国证监会、证券交易场所等的规定履行信息披露义务。

第二十一条　中国证监会工作人员在办理行政执法当事人承诺工作中存在下列情形之一的，根据情节轻重，依法给予处分；构成犯罪的，依法追究刑事责任：

（一）违反规定适用行政执法当事人承诺；

（二）违反规定泄露国家秘密、工作秘密或者履行职责中知悉的商业秘密、个人隐私；

（三）违反规定会见当事人及其委托的人；

（四）滥用职权、玩忽职守或者利用职务便利牟取不正当利益。

第二十二条　中国证监会派出机构查处的案件适用行政执法当事人承诺的，由办公室统一办理。

中国证监会可以开展派出机构自行办理行政执法当事人承诺工作的试点，具体办法另行规定。

第二十三条　本规定自公布之日起施行。在本规定施行前启动调查且尚未作出行政处罚的案件，当事人可以依照本规定申请适用行政执法当事人承诺。2015 年 2 月 17 日中国证监会公布的《行政和解试点实施办法》（证监会令第 114 号）同时废止。

3.《证券期货行政执法当事人承诺金管理办法》（中国证监会、财政部公告〔2022〕1 号）

第一条　为了规范证券期货行政执法当事人承诺金（以下简称承诺金）的管理和使用，保护投资者合法权益，根据《证券法》《证券期货行政执法当事人承诺制度实施办法》的规定，制定本办法。

第二条　当事人因其涉嫌违法行为对投资者造成损失，受损失的投资者申请使用该当事人根据承诺认可协议所交纳承诺金赔偿损失的，适用本办法。

第三条　中国证券投资者保护基金有限责任公司（以下简称投保基金公司）履行承诺金的管理职责。

第四条　中国证监会、财政部依照法律、行政法规及本办法的规定，对投保基金公司管理承诺金实施监督管理。

第五条　承诺金的管理应当遵循专户管理的原则，专门用于赔偿投资者因当事人行为所受的损失。

第六条　投保基金公司不得混同不同案件的承诺金，不得使用特定案件中当事人交纳的承诺金对因其他案件受到损失的投资者作出赔偿。

当事人涉嫌违法行为未造成投资者损失，或者造成的投资者损失无法认定，或者承诺金在规定期限内赔偿投资者后仍有剩余的，投保基金公司应按照非税收入管理办法及非税收入国库集中收缴制度相关规定，及时将承诺金上缴国库。

第七条 中国证监会与当事人达成承诺认可协议的,应当书面告知投保基金公司。当事人按照承诺认可协议约定交纳承诺金的,应当向投保基金公司为其开立的专门账户支付相应款项。

第八条 投保基金公司收到承诺金后,应当尽快制定承诺金管理使用方案,并报中国证监会备案。

第九条 投保基金公司使用承诺金赔偿投资者损失的,应当在承诺金管理使用方案中载明以下内容:

(一)有资格获得承诺金赔偿的投资者范围;

(二)向适格投资者发出赔偿通知的程序;

(三)投资者申请承诺金赔偿及其资格审查的程序;

(四)承诺金的具体分配方案;

(五)向投资者支付赔偿款的程序;

(六)执行承诺金管理使用方案涉及的各项支出;

(七)中国证监会规定或要求的其他事项。

投保基金公司可以就承诺金管理使用方案内容以适当形式征求投资者的意见。

第十条 投保基金公司使用承诺金赔偿投资者的,赔偿数额原则上以投资者受到的损失为限,赔偿总额不得超过涉及案件当事人实际交纳并用于赔偿的承诺金。

对于当事人已经按照《证券期货行政执法当事人承诺制度实施规定》规定自行赔偿投资者的部分,投保基金公司不再使用承诺金予以赔偿。

第十一条 投保基金公司在制定承诺金管理使用方案、分配赔偿金时,需要证券期货交易场所、证券登记结算机构支持和配合的,证券期货交易场所、证券登记结算机构应当予以支持和配合。

第十二条 投保基金公司使用承诺金赔偿投资者损失的,应当在其网站上公告承诺金管理使用方案。

因执行承诺金管理使用方案而产生的有关费用,从承诺金中列支。

第十三条 投保基金公司应当按照安全、稳健的原则履行对承诺金的管理职责,保证承诺金的安全。

承诺金的管理方式应当限于银行存款。

第十四条 投保基金公司使用承诺金赔偿投资者损失的,应当在承诺金管理使用方案执行完毕后30日内,在其网站上公告方案的执行情况和执行费用支出情况。

第十五条　投保基金公司应当在承诺金管理使用方案执行完毕后90日内，就方案的执行情况编制专门报告，报送中国证监会和财政部。

第十六条　投保基金公司应当制定承诺金管理、使用的财务管理和会计核算办法，报中国证监会和财政部备案。

第十七条　投保基金公司应当妥善保管承诺金赔偿的收划款凭证、投资者申请材料及相关原始凭证。

第十八条　投保基金公司每年应当向中国证监会和财政部专题报告承诺金管理、使用的具体情况。

第十九条　对挪用、侵占或者骗取承诺金的违法行为，依法追究法律责任。

第二十条　投保基金公司应当制定承诺金管理、使用的具体操作规程。

第二十一条　本办法由中国证监会会同财政部负责解释。

第二十二条　本办法自公布之日起施行，《行政和解金管理暂行办法》（证监会公告〔2015〕4号）同时废止。

典型案例

1. 中国证监会与高盛亚洲等行政和解案（中国证券监督管理委员会公告〔2019〕11号）

根据《行政和解试点实施办法》（证监会令第114号），中国证券监督管理委员会（以下简称中国证监会）与高盛（亚洲）有限责任公司（以下简称高盛亚洲）、北京高华证券有限责任公司（以下简称高华证券）以及高盛亚洲和高华证券的相关工作人员等9名行政和解申请人（以下简称申请人）于2019年4月23日就下列事项的处理达成行政和解协议：

2013年10月8日至2015年7月3日期间，高盛亚洲自营交易员通过在高华证券开立的高盛经纪业务账户进行交易，同时向高华证券自营交易员提供业务指导。双方于2015年5月至7月期间的4个交易日的部分交易时段，从事了其他相关股票及股指期货合约交易。中国证监会于2016年7月对申请人的上述行为进行立案调查。

根据行政和解协议：

一、申请人已交纳行政和解金共计人民币150,000,000元。

二、申请人已采取必要措施加强公司的内控管理，并在完成后向中国证监会提交书面整改报告。

三、根据《行政和解试点实施办法》第二十九条规定，中国证监会终止对申请人有关行为的调查、审理程序。

2. 中国证监会与上海司度等行政和解案(中国证券监督管理委员会公告〔2020〕1号)

2015年1月1日至2015年7月31日期间,司度(上海)贸易有限公司(以下简称上海司度)委托资产管理机构设立多个资产管理计划,并控制、使用资产管理计划开立的账户进行了交易,其行为涉嫌违反账户管理使用的有关规定。富安达基金管理有限公司(以下简称富安达基金)、中信期货有限公司(以下简称中信期货)、北京千石创富资本管理有限公司(以下简称千石资本)、国信期货有限责任公司(以下简称国信期货)为满足上海司度交易需求,为其设立资产管理计划,供委托人控制、使用,其行为涉嫌违反资产管理业务的有关规定。上述五家机构及其相关工作人员(以下简称申请人)就其涉嫌违法行为向中国证监会申请行政和解。

根据《行政和解试点实施办法》(证监会令第114号),中国证监会与上述申请人于2019年12月31日达成行政和解。根据行政和解协议:

一、上海司度及其相关工作人员已交纳行政和解金人民币6.7亿元,富安达基金及其相关工作人员已交纳行政和解金人民币180万元,中信期货及其相关工作人员已交纳行政和解金人民币1000万元,千石资本及其相关工作人员已交纳行政和解金人民币235万元,国信期货及其相关工作人员已交纳行政和解金人民币100万元。

二、申请人已采取必要措施加强公司的内控管理,并在完成后向中国证监会提交书面整改报告。

三、根据《行政和解试点实施办法》第二十九条规定,中国证监会终止对申请人有关行为的调查、审理程序。

权威解读

为完善资本市场基础制度建设提供法治保障——司法部、中国证监会负责人就《证券期货行政执法当事人承诺制度实施办法》有关问题答记者问①

问:什么是证券期货行政执法当事人承诺制度?《办法》出台的背景是什么?

答:证券期货行政执法当事人承诺制度是指国务院证券监督管理机构对涉嫌证券期货违法的单位或者个人进行调查期间,被调查的当事人承诺纠正涉嫌违法行为、赔偿有关投资者损失、消除损害或者不良影响并经国务院证券监督管理机

---

① 《为完善资本市场基础制度建设提供法治保障——司法部、中国证监会负责人就〈证券期货行政执法当事人承诺制度实施办法〉有关问题答记者问》,载中国政府网,2022年3月20日访问。

构认可,当事人履行承诺后国务院证券监督管理机构终止案件调查的行政执法方式。

党中央、国务院高度重视资本市场基础制度建设。经国务院批准,2015年中国证监会开始在证券期货领域开展行政和解试点,并印发了《行政和解试点实施办法》。此后,中国证监会采用行政和解方式处理了一些疑难复杂案件,对及时赔偿投资者损失、提高行政执法效能、尽快恢复市场秩序发挥了积极作用,市场总体认可。2019年修订的《证券法》第一百七十一条对证券领域行政执法当事人承诺制度作了原则规定,并要求国务院制定具体办法。2021年中共中央办公厅、国务院办公厅印发的《关于依法从严打击证券违法活动的意见》明确要求加快制定证券期货行政执法当事人承诺制度实施办法。

《证券期货行政执法当事人承诺制度实施办法》(以下简称《办法》)贯彻落实党中央、国务院决策部署和《证券法》要求,在总结试点经验基础上,以行政法规形式对行政执法当事人承诺制度作了规定。《办法》通过明确基本流程、严格限定适用范围、健全监督制约机制来规范行政执法当事人承诺制度的实施,确保制度公开公平公正实施,切实保护投资者合法权益、提高执法效能、防范道德风险。

问:建立证券期货行政执法当事人承诺制度有何意义?

答:证券期货行政执法当事人承诺制度在提高执法效率、及时赔偿投资者损失、尽快恢复市场秩序等方面具有重要意义。一是有效提高执法效能,化解资本市场执法面临的“查处难”与市场要求“查处快”之间的矛盾。二是及时赔偿投资者损失,增强其获得感和满意度。通常情况下,证券期货行政处罚案件的罚没款直接上缴国库,而受到损失的投资者通过民事诉讼求偿可能面临举证难、成本高、时间长等问题。适用行政执法当事人承诺,当事人交纳的承诺金可用于赔偿投资者损失,投资者获得及时有效救济的新途径,更加有利于保护投资者尤其是中小投资者的合法权益。三是切实提高违法成本,增强监管实效。行政执法当事人承诺具有涉嫌违法当事人履行意愿强、履行速度快等优势,且国务院证券监督管理机构认可的承诺金数额通常高于罚没款数额,使涉嫌违法当事人付出较高的经济代价。四是行政执法当事人承诺制度能够尽快实现案结事了、定纷止争,从而妥善化解社会矛盾,及时恢复市场秩序,稳定预期。

问:证券期货行政执法当事人承诺的适用条件是什么?

答:首先,《办法》明确规定行政执法当事人承诺制度的实施应当遵循公平、自愿、诚信原则,不得损害国家利益、社会公共利益和他人合法权益。其次,《办法》明确当事人可以申请适用行政执法当事人承诺的时间环节,为当事人自收到国务院证券监督管理机构案件调查法律文书后至国务院证券监督管理机构作出行政处罚决定之前。国务院证券监督管理机构应当在送达当事人的案件调查法律文书中告知其有权依法申请适用行政执法当事人承诺。再次,《办法》明确了不适用行政执法当事人承诺的情形,包括:当事人因证券期货犯罪被判处刑罚或者被行政处罚未逾一定年限;涉嫌证券期货犯罪依法应当移送司法机关处理;涉嫌证券期货违法行为情节严重、社会影响恶劣;没有新事实、新理由就同一案件再次提出申请,或者因自身原因未履行或者未完全履行承诺,就同一案件再次提出申请,以及国务院证券监督管理机构基于审慎监管原则认为不适用行政执法当事人承诺的其他情形。下一步,中国证监会将根据《证券法》和《办法》有关规定,进一步细化适用行政执法当事人承诺的情形。

问:适用证券期货行政执法当事人承诺的基本流程是什么?

答:一是申请及受理。当事人自收到国务院证券监督管理机构案件调查法律文书后至国务院证券监督管理机构作出行政处罚决定前,可以申请适用行政执法当事人承诺。对于不存在《办法》规定或者国务院证券监督管理机构规定的负面情形的当事人,国务院证券监督管理机构应当自收到当事人完整申请材料之日起20个工作日内,作出是否受理的决定。二是沟通协商。国务院证券监督管理机构可以在规定期限内根据当事人涉嫌违法行为造成的损失、损害或者不良影响等,就适用行政执法当事人承诺相关事项与当事人进行沟通协商。三是签署协议。国务院证券监督管理机构经与当事人沟通协商,认可其所作承诺的,应当与当事人签署承诺认可协议,并载明相关事项。四是中止调查。承诺认可协议签署后,国务院证券监督管理机构向当事人出具中止调查决定书并予以公告。五是履行协议。当事人应当严格履行承诺认可协议。当事人因自身原因未履行或者未完全履行承诺的,国务院证券监督管理机构应当终止适用行政执法当事人承诺。六是终止调查。当事人完全履行承诺认可协议后,国务院证券监督管理机构向当事人出具终止调查决定书并予以公告。对当事人涉嫌实施的同一个违法行为不再重新调查。

问:为什么说证券期货行政执法当事人承诺制度在最大限度保护投资者合法权益的同时,也保护了当事人自身合法权益?

答:一方面,行政执法当事人承诺制度能够及时赔偿投资者损失,且不影响其行使民事诉讼权利,充分尊重投资者对救济渠道的选择权。《办法》规定,投资者因当事人涉嫌违法行为遭受损失的,可以向承诺金管理机构申请赔偿,也可以通过依法对当事人提起民事赔偿诉讼等其他途径获得赔偿;投资者已通过其他途径获得赔偿的,不得就已获得赔偿的部分向承诺金管理机构申请赔偿。与民事诉讼需要投资者依法在胜诉后才能获得赔偿不同,适用当事人承诺案件的投资者可以按照《办法》规定向承诺金管理机构提出赔偿申请,经承诺金管理机构审核,符合条件的投资者可快速获得赔偿。

另一方面,《办法》通过严格规定国务院证券监督管理机构实施行政执法当事人承诺的行为规范,保障当事人权益。一是明确国务院证券监督管理机构应当在案件调查法律文书中告知当事人有权申请适用行政执法当事人承诺。二是提高行政执法效率,压缩国务院证券监督管理机构办理相关工作时限,规定其在20个工作日内作出是否受理行政执法当事人承诺决定,与当事人进行沟通协商的期限为6个月,经批准延长的期限最长不得超过6个月。三是对于不予受理的案件,要求国务院证券监督管理机构书面通知当事人并说明理由;要求国务院证券监督管理机构在决定终止适用行政执法当事人承诺前听取当事人的意见。四是加强对国务院证券监督管理机构的内部制约、外部制衡和社会监督,细化回避等程序规定,明确相关工作人员的保密义务。五是规定当事人在沟通协商时所作的陈述只能用于实施行政执法当事人承诺,以解除当事人后顾之忧。

问:为什么说证券期货行政执法当事人承诺制度是贯彻落实资本市场违法活动“零容忍”要求的具体举措,而非当事人“花钱买平安”?

答:国务院明确资本市场建设坚持“建制度、不干预、零容忍”的方针。《办法》贯彻落实上述精神,作了如下规定:一是当事人承诺具有严格适用条件,国务院证券监督管理机构经审查并集体决策后才能决定案件能否适用该制度。二是承诺金兼具惩戒和赔偿功能,承诺金数额的确定应当综合考虑当事人因涉嫌违法行为可能获得的收益或者避免的损失、当事人涉嫌违法行为依法可能被处以罚款和没收违法所得的金额,以及投资者因当事人涉嫌违法行为所遭受的损失等诸多因素,通常情况下数额要高于行政处罚的罚没款数额。三是除要求当事人交纳承诺金外,国务院证券监督管理机构还可以要求当事人采取自我核查整改、完善内部控制制度、增加合规检查频次、主动调整相关业务等措施,以纠正涉嫌违法行为、赔偿投资者损失、消除损害或者不良影响。因此,适用行政执法当事人承诺,是坚持“零容忍”要求的具体体现,不意味着当事人可以“花钱买平安”。

问:如何确保公平公正适用证券期货行政执法当事人承诺,《办法》建立了哪些监督制约机制?

答:为确保公平公正适用行政执法当事人承诺,防范道德风险、利益冲突和执法不公,《办法》作了如下规定:一是建立内部制约机制。国务院证券监督管理机构应当加强内部制衡与监督,由专门的内设部门负责实施行政执法当事人承诺具体工作,与案件调查部门(包括案件稽查、处罚部门)相互独立、相互制约,并建立健全内部监督制度；建立集体决策制度，讨论决定行政执法当事人承诺制度实施过程中的重大事项，经相关负责人批准后执行；国务院证券监督管理机构相关工作人员不得违反规定会见当事人及其委托的人，并对可能影响公正执法的情形明确提出了回避要求。二是加强外部制衡和社会监督。国务院证券监督管理机构在与当事人签署承诺认可协议后中止案件调查，以及在当事人履行承诺认可协议后终止案件调查，均应进行公告；当事人为法定信息披露义务人的，应当依法披露信息。三是限制适用范围，防止制度滥用。《办法》对当事人不适用行政执法当事人承诺的情形作了列举规定，并授权证监会基于审慎监管原则补充其他情形。对于证监会工作人员违反规定适用行政执法当事人承诺，或者侵犯当事人商业秘密、个人隐私的行为，还规定了相应的法律责任。

问：为什么说证券期货行政执法当事人承诺制度既总结已有经验，又满足实践需要？

答：与2015年证监会制定的《行政和解试点实施办法》相比，《办法》在总结试点经验基础上，进一步完善了相关制度：一是扩展了申请时间。考虑到试点时关于正式立案之后才可申请的规定过于严格，导致实践中大量案件无法进入承诺程序，《办法》删去了该项规定，有利于推动行政执法当事人承诺的合理适用。二是调整了适用范围和条件。《办法》删去了试点时关于行政执法当事人承诺仅适用于"涉嫌实施虚假陈述、内幕交易、操纵市场或者欺诈客户等违反证券期货法律、行政法规和相关监管规定的行为"，以及国务院证券监督管理机构派出机构查处的案件不适用承诺程序等规定；同时，《办法》以负面清单形式明确了不予受理的情形，以防止制度滥用。三是优化了启动程序。为保障当事人知情权，《办法》删去了试点时关于国务院证券监督管理机构不得主动或者变相主动提出和解建议的规定，要求国务院证券监督管理机构在案件调查法律文书中告知当事人有权申请适用行政执法当事人承诺。四是完善承诺金数额的确定因素。考虑到承诺金数额的确定是投资者获得合理赔偿的一项重要保障，《办法》新增"签署承诺认可协议时案件所处的执法阶段"作为考虑因素，鼓励尽早结案。五是明确集体决策制度。试点期间，证监会已经设立了行政和解委员会，由证监会相关负责人担任主任委员，对重大事项进行集体决策。《办法》将试点实践经验上升为行政法规，进一步加强监督制约，防范道德风险。

问：为贯彻落实《办法》，下一步有哪些工作安排？

答：下一步，证监会将加快推进《证券期货行政执法当事人承诺制度实施规定》等相关配套制度的制定工作，会同财政部将2015年2月发布的《行政和解金管理暂行办法》修改为《证券期货行政执法当事人承诺金管理办法》，进一步细化具体操作实施要求，更好落实《证券法》要求和确保《办法》落地实施。

证监会将严格落实“零容忍”要求，加大对资本市场违法行为执法力度，严厉打击各类违法违规行为，持续净化资本市场环境。同时，贯彻落实《办法》规定，及时回应解决证券期货行政执法当事人承诺制度执行中出现的新情况、新问题，依法保护投资者合法权益，维护公开、公平、公正的资本市场秩序，促进资本市场平稳健康发展。

《证券法》第一百八十条　【擅自或者变相公开发行证券】

第一百八十条　违反本法第九条的规定，擅自公开或者变相公开发行证券的，责令停止发行，退还所募资金并加算银行同期存款利息，处以非法所募资金金额百分之五以上百分之五十以下的罚款；对擅自公开或者变相公开发行证券设立的公司，由依法履行监督管理职责的机构或者部门会同县级以上地方人民政府予以取缔。对直接负责的主管人员和其他直接责任人员给予警告，并处以五十万元以上五百万元以下的罚款。

相关规定

1.《证券法》

第九条　公开发行证券，必须符合法律、行政法规规定的条件，并依法报经国务院证券监督管理机构或者国务院授权的部门注册。未经依法注册，任何单位和个人不得公开发行证券。证券发行注册制的具体范围、实施步骤，由国务院规定。

有下列情形之一的，为公开发行：

（一）向不特定对象发行证券；

（二）向特定对象发行证券累计超过二百人，但依法实施员工持股计划的员工人数不计算在内；

（三）法律、行政法规规定的其他发行行为。

非公开发行证券，不得采用广告、公开劝诱和变相公开方式。

2.《最高人民法院、最高人民检察院、公安部、中国证券监督管理委员会关于整治非法证券活动有关问题的通知》（略，见“《刑法》第一百七十九条　【擅自发行股票、公司、企业债券罪】”部分）

《证券法》第一百八十一条 【欺诈发行证券】

第一百八十一条 发行人在其公告的证券发行文件中隐瞒重要事实或者编造重大虚假内容，尚未发行证券的，处以二百万元以上二千万元以下的罚款；已经发行证券的，处以非法所募资金金额百分之十以上一倍以下的罚款。对直接负责的主管人员和其他直接责任人员，处以一百万元以上一千万元以下的罚款。

发行人的控股股东、实际控制人组织、指使从事前款违法行为的，没收违法所得，并处以违法所得百分之十以上一倍以下的罚款；没有违法所得或者违法所得不足二千万元的，处以二百万元以上二千万元以下的罚款。对直接负责的主管人员和其他直接责任人员，处以一百万元以上一千万元以下的罚款。①

相关规定

《证券法》

第十二条 公司首次公开发行新股，应当符合下列条件：

（一）具备健全且运行良好的组织机构；

（二）具有持续经营能力；

（三）最近三年财务会计报告被出具无保留意见审计报告；

（四）发行人及其控股股东、实际控制人最近三年不存在贪污、贿赂、侵占财产、挪用财产或者破坏社会主义市场经济秩序的刑事犯罪；

（五）经国务院批准的国务院证券监督管理机构规定的其他条件。

上市公司发行新股，应当符合经国务院批准的国务院证券监督管理机构规定的条件，具体管理办法由国务院证券监督管理机构规定。

公开发行存托凭证的，应当符合首次公开发行新股的条件以及国务院证券监督管理机构规定的其他条件。

第十五条 公开发行公司债券，应当符合下列条件：

（一）具备健全且运行良好的组织机构；

（二）最近三年平均可分配利润足以支付公司债券一年的利息；

（三）国务院规定的其他条件。

---

① 与《证券法》第一百八十条不同，本条针对的是发行人的发行虽然经过核准或者注册，但其公告的发行文件隐瞒重要事实或者编造重大虚假内容的情形。——本书注

公开发行公司债券筹集的资金，必须按照公司债券募集办法所列资金用途使用；改变资金用途，必须经债券持有人会议作出决议。公开发行公司债券筹集的资金，不得用于弥补亏损和非生产性支出。

上市公司发行可转换为股票的公司债券，除应当符合第一款规定的条件外，还应当遵守本法第十二条第二款的规定。但是，按照公司债券募集办法，上市公司通过收购本公司股份的方式进行公司债券转换的除外。

典型案例

1. 五洋建设欺诈发行、信披违法案（中国证监会行政处罚决定书〔2018〕54号）

【案情】一、五洋建设以虚假申报文件骗取公开发行公司债券核准①

五洋建设在编制用于公开发行公司债券的2012年至2014年年度财务报表时，违反会计准则，通过将所承建工程项目应收账款和应付款项"对抵"的方式，同时虚减企业应收账款和应付账款，导致上述年度少计提坏账准备、多计利润。通过以上方式，五洋建设2012年至2014年年度虚增净利润分别不少于3,052.27万元、6,492.71万元和15,505.47万元。2015年7月，五洋建设在自身最近三年平均可分配利润不多于9,359.68万元，不足以支付公司债券一年的利息（10,352万元），不具备公司债券公开发行条件的情况下，以通过上述财务处理方式编制的2012年至2014年年度虚假财务报表申请公开发行公司债券，于2015年7月骗取中国证监会的公司债券公开发行审核许可，并最终于2015年8月和2015年9月分两期向合格投资者公开发行公司债券8亿元和5.6亿元，合计13.6亿元。以上事实，有相关债券募集说明书、债券发行上市相关公告、发行人的财务账套、累计工程情况表、部分工程甲方提供的证明材料、当事人提供的说明材料和相关询问笔录等证据证明，足以认定。

二、五洋建设非公开发行公司债券披露的文件存在虚假记载

2015年11月，五洋建设以前述2013年、2014年年度虚假财务文件分别向上海证券交易所（以下简称上交所）和深圳证券交易所（以下简称深交所）申请非公

① 2005年《证券法》第一百八十九条对欺诈发行违法行为的构成要件规定为"发行人不符合发行条件，以欺骗手段骗取发行核准"，即仅限于需要核准的发行。对于私募债等不需核准的发行类型，无法纳入其中。但是在刑法上的欺诈发行罪则不以"骗取发行核准"为要件，因此对于欺诈发行私募债，数额巨大、后果严重或者有其他严重情节的，也认定为欺诈发行罪（见前文所列"厦门圣达威欺诈发行私募债券案"）。不构成行政违法但是构成刑事犯罪，这在逻辑上存在一定矛盾。2019年《证券法》修改后，第一百八十一条已不再限于需要核准的发行，刑事处罚与行政处罚得以更好地衔接。——本书注

开发行公司债券，并向合格投资者披露了相应的债券募集说明书，且最终于2015年12月和2016年4月分别在上交所和深交所非公开发行1.3亿元和2.5亿元公司债券。上述发行文件中记载的两年财务报表与五洋建设公开发行公司债券申请文件中的2013年、2014年财务报表数据一致，即2013年和2014年分别虚增利润6,492.71万元和15,505.47万元，分别占当年审定的归属母公司所有者净利润的35.77%和80.40%。以上事实，有相关债券募集说明书、债券发行结果公告、发行人的财务账套、累计工程情况表、部分工程甲方提供的证明材料、当事人提供的说明材料和相关询问笔录等证据证明，足以认定。

三、五洋建设未按规定及时披露相关信息

（一）未按规定披露年报审计机构变更事项

2017年1月15日，五洋建设与中兴财光华会计师事务所签订审计业务约定书，年报审计机构由北京兴华会计师事务所变更为中兴财光华会计师事务所上海分所。但五洋建设未及时披露相关信息，直到2017年4月26日才披露中介机构已变更的信息。以上事实，有审计业务约定书、当事人询问笔录、五洋建设发布的公告清单等证据证明，足以认定。

（二）未在规定时间内披露年度报告

截至2017年8月，五洋建设无正当理由仍未披露2016年年度报告。以上事实，有五洋建设发布的公告清单等证据证明，足以认定。

【认定】中国证监会认定：一、五洋建设在不具备公司债券发行条件的情况下，将包含虚假财务数据的公开发行公司债券申请文件报送中国证监会并获得发行核准的行为，违反了2005年《证券法》第十六条第一款第三项关于公开发行债券应当符合的条件中“最近三年平均可分配利润足以支付公司债券一年的利息”和第二十条第一款“发行人向国务院证券监督管理机构或者国务院授权的部门报送的证券发行申请文件，必须真实、准确、完整”的规定，构成2005年《证券法》第一百八十九条第一款所述“发行人不符合发行条件，以欺骗手段骗取发行核准”的行为。对五洋建设该项违法行为，直接负责的主管人员为公司董事长陈某樟，其他直接责任人员为在相关债券发行文件上签字的王某敏、姚某伟、刘某军、徐某英、陈某龙、李某、陈某、陈1、袁某、沈某锋、宣某萍、夏某锋、谯某平、周某贵、俞某灿、张某生、黎某明、姚某新和章某涛。

五洋建设向合格投资者披露含有虚假财务信息的非公开发行公司债券募集说明书的行为，违反了2005年《证券法》第六十三条关于“发行人、上市公司依法披露的信息，必须真实、准确、完整，不得有虚假记载、误导性陈述或者重大遗漏”的规定，构成2005年《证券法》第一百九十三条第一款规定的“发行人、上市公司或者其他信息披露义务人未按照规定披露信息，或者披露的信息有虚假记载、误导性陈述或者重大遗漏”的行为。对五洋建设该项违法行为，直接负责的主管人员为公司董事长陈某樟，其他直接责任人员为在相关债券发行文件上签字的王某敏、姚某伟、刘某军、徐某英、陈某龙、李某、陈某、陈1、袁某、沈某锋、宣某萍、夏某锋、谯某平、周某贵、俞某灿、张某生、黎某明、姚某新和章某涛。

上交所《公司债券临时报告信息披露格式指引》第三十号规定，发行人变更中介机构的，应于签订新的委托协议之日起2个交易日内进行信息披露。五洋建设未按上述指引及时披露年审机构变更信息的行为违反了《公司债券发行与交易管理办法》（证监会令第113号）第四十二条关于“发行人及其他信息披露义务人应当按照中国证监会及证券自律组织的相关规定履行信息披露义务”的规定，构成2005年《证券法》第一百九十三条第一款规定的“发行人、上市公司或者其他信息披露义务人未按照规定披露信息，或者披露的信息有虚假记载、误导性陈述或者重大遗漏”的行为。对五洋建设该项违法行为，直接负责的主管人员为公司董事长陈某樟。

五洋建设未披露2016年年度报告的行为，违反了2005年《证券法》第六十六条“上市公司和公司债券上市交易的公司，应当在每一会计年度结束之日起四个月内，向国务院证券监督管理机构和证券交易所报送记载以下内容的年度报告，并予公告……”的规定，构成2005年《证券法》第一百九十三条第一款规定的“发行人、上市公司或者其他信息披露义务人未按照规定披露信息，或者披露的信息有虚假记载、误导性陈述或者重大遗漏”的行为。对五洋建设该项违法行为，直接负责的主管人员为公司董事长陈某樟。

2. 乐视网等欺诈发行、信披违法案（中国证监会行政处罚决定书〔2021〕16号）

【案情】一、乐视网于2007年至2016年财务造假，其报送、披露的申请首次公开发行股票并上市（以下简称IPO）相关文件及2010年至2016年年报存在虚假记载

经查，乐视网2007年虚增收入939.95万元，虚增利润870.23万元（虚增利润占当期披露利润总额的59.27%，下同）；2008年虚增收入4615.52万元，虚增利润4308.25万元（136.00%）；2009年虚增收入9375.76万元，虚增利润8883.18万元（186.22%）；2010年虚增收入9961.80万元，虚增利润9443.42万元（126.19%）；2011年虚增收入6937.65万元，虚增利润6529.13万元（39.75%）；2012年虚增收入8965.33万元，虚增利润8445.10万元（37.04%）；2013年虚增收入19,998.17万元，虚增利润19,339.69万元（78.49%）；2014年虚增收入35,194.19万元，虚

增成本590.38万元，虚增利润34,270.38万元（470.11%）；2015年虚增收入39,922.39万元，虚减成本943.40万元，虚增利润38,295.18万元（516.32%）；2016年虚增收入51,247.00万元，虚增成本3085.15万元，虚增利润43,276.33万元（-131.66%）。具体情况如下：

（一）首次发行阶段，乐视网通过虚构业务及虚假回款等方式虚增业绩以满足上市发行条件，并持续到上市后。

1.通过贾某某实际控制的公司虚构业务，并通过贾某某控制的银行账户构建虚假资金循环的方式虚增业绩。具体如下：

2007年，乐视网通过北京亿融通投资咨询有限公司（以下简称亿融通）虚构业务、虚构资金循环，虚增业务收入279.15万元，相应虚增利润263.80万元。2007年、2008年和2009年，乐视网通过北京通联信达科技有限公司（以下简称通联信达）虚构业务、虚构资金循环，分别虚增业务收入660.80万元、606.50万元和3.99万元，相应虚增利润624.46万元、573.14万元和3.77万元。2008年和2009年，乐视网通过网联万盟科技有限公司（以下简称网联万盟）虚构业务、虚构资金循环，分别虚增业务收入568万元和115.66万元，相应虚增利润536.76万元和109.30万元。2009年和2010年，乐视网通过天津世通天宇科技有限公司（以下简称世通天宇）虚构业务、虚构资金循环，分别虚增业务收入1046.89万元和1228.14万元，相应虚增利润989.31万元和1160.59万元。2008年和2009年，乐视网通过南京新墨客科技有限公司（以下简称南京新墨客）虚构业务、虚构资金循环，虚增业务收入186万元和447.37万元，相应虚增利润175.77万元和422.76万元。上述公司均为贾某某实际控制的公司。

2.通过虚构与第三方公司业务，并通过贾某某控制的银行账户构建虚假资金循环的方式虚增业绩。具体如下：

2008年至2012年，乐视网通过虚构与北京新锐力广告有限公司（以下简称新锐力）业务并虚构资金循环，分别虚增收入706万元、1810.85万元、2754.66万元、1286.10万元、95万元，相应虚增利润667.17万元、1711.26万元、2603.16万元、1215.36万元、89.78万元。2008年和2009年，乐视网通过虚构与北京中视龙圣广告有限公司（以下简称中视龙圣）业务并虚构资金循环，分别虚增收入535.70万元和324.54万元，相应虚增利润506.23万元和306.69万元。2009年，乐视网通过虚构与北京激活广告传媒有限公司（以下简称激活广告）业务并虚构资金循环，虚增收入657.69万元，相应虚增利润621.52万元。2009年至2015年通过虚构与北京春秋天成广告有限公司（以下简称春秋天成）业务并虚构资金循环，分别虚增收入518.60万元、1401万元、2131万元、1890万元、4304.64万元、1961.58万元和306.60万元,相应虚增利润490.08万元、1323.94万元、2013.80万元、1786.05万元、4304.64万元、1961.58万元和306.60万元。

3.在与客户真实业务往来中,通过冒充回款等方式虚增业绩。具体如下:

2008年至2016年,乐视网在与联动优势科技有限公司(以下简称联动优势)业务往来中,通过冒充客户回款方式,分别虚增收入141.62万元、750.09万元、1509.87万元、1534.42万元、370.29万元、-88.64万元、-325.64万元、16.80万元、-23.70万元,合计3885.10万元,相应虚增利润133.83万元、708.84万元、1426.83万元、1450.02万元、349.93万元、-83.77万元、-307.73万元、16.80万元、-23.70万元,合计3865.93万元。2008年至2013年,乐视网在与中国联合网络通信集团有限公司(以下简称中国联通)业务往来中,通过冒充客户回款方式,分别虚增收入1871.33万元、3700.07万元、2010.37万元、1569.25万元、1589.13万元、-361.03万元,合计10,377.07万元,相应虚增利润1768.76万元、3496.57万元、1899.80万元、1482.95万元、1501.73万元、-341.18万元,合计9806.33万元。

(二)2010年乐视网上市后财务造假情况

2010年乐视网上市后,除利用自有资金循环和串通"走账"虚构业务收入外,还通过伪造合同、以未实际执行框架合同或单边确认互换合同方式继续虚增业绩。

1.虚构广告业务确认收入,在没有资金回款的情况下,应收账款长期挂账,虚增业务收入和利润。具体如下:

2014年和2015年,乐视网通过上海久尚广告传播有限公司虚构业务、应收账款长期挂账,分别虚增收入943.40万元、943.40万元,相应虚增利润943.40万元、943.40万元。2015年,乐视网通过北京灵集科技有限公司虚构业务、应收账款长期挂账,虚增收入2689.53万元,相应虚增利润2689.53万元。2015年,乐视网通过上海睦集网络科技有限公司虚构业务、应收账款长期挂账,虚增收入2688.68万元,相应虚增利润2688.68万元。2015年和2016年,乐视网通过北京美度美秀电子商务有限公司虚构业务、应收账款长期挂账,分别虚增收入910.49万元、127.24万元,相应虚增利润910.49万元、127.24万元。2015年,乐视网通过上海河马文化科技股份有限公司虚构业务、应收账款长期挂账,虚增收入1886.79万元,相应虚增利润1886.79万元。2015年至2016年,乐视网通过北京易美广告有限公司(以下简称易美广告)虚构业务、应收账款长期挂账,分别虚增收入5849.06万元、242.45万元,相应虚增利润5849.06万元、242.45万元。2013年至2016年,乐视网通过北京德荣佳益广告有限公司虚构业务、应收账款长期挂账,分别虚增收入207.55万元、16.13万元、968.52万元、-85.83万元,相应虚增利润207.55万元、16.13万元、968.52万元、-85.83万元。2014年和2015年,乐视网通过北京学之途网络科技有限公司(以下简称学之途)虚构业务、应收账款长期挂账,分别虚增收入972.19万元和-740.18万元,相应虚增利润972.19万元和-740.18万元。2016年,乐视网通过北京维旺明科技有限公司天津分公司虚构业务、应收账款长期挂账,虚增收入4720.75万元,相应虚增利润4720.75万元。

2. 虚构广告业务确认收入,在没有资金回款的情况下,后续通过无形资产冲抵全部或部分应收账款,相应虚计成本和利润。具体如下:

2015年、2016年乐视网通过广州唯品会信息科技有限公司虚构业务,分别虚增收入2638.93万元、186.10万元,相应虚增利润2638.93万元、186.10万元。乐视网通过奥凯航空有限公司天津分公司虚构业务,2014年虚增收入和成本12.26万元和13万元,2015年虚增收入4490.57万元,相应2014年、2015年分别虚增利润-0.74万元、4490.57万元。2015年,乐视网通过山水文园凯亚房地产开发有限公司(以下简称山水文园)虚构业务,虚增收入943.40万元,相应虚增利润943.40万元。

3. 继续通过虚构与第三方公司业务,通过贾某某控制银行账户构建虚假资金循环的方式虚增业绩。具体如下:

2010年、2011年、2012年、2013年和2014年,乐视网通过虚构与广州绩鼎网络科技发展有限公司业务并虚构资金循环,分别虚增收入546.47万元、416.88万元、3081.33万元、1741.95万元和1205.31万元,相应虚增利润516.41万元、393.95万元、2911.86万元、1646.14万元和1205.31万元。2014年乐视网通过虚构与北京中润无限科技有限公司业务并虚构资金循环,虚增收入1389.44万元,相应虚增利润1389.44万元。2010年、2012年和2013年乐视网通过虚构与北京环宇移通科技发展有限公司业务并虚构资金循环,分别虚增收入511.30万元、1939.57万元和592.68万元,相应虚增利润483.17万元、1832.89万元和560.09万元。2013年和2014年,乐视网通过虚构与北京方园金盛科技有限公司业务并虚构资金循环,分别虚增收入3011.52万元和3585.08万元,相应虚增利润2845.89万元和3585.08万元。2013年和2014年,乐视网通过虚构与北京迈吉伙伴广告有限公司业务并虚构资金循环,分别虚增收入1415.09万元和4653.77万元,相应虚增利润1415.09万元和4653.77万元。2013年、2014年,乐视网通过虚构与圣于地(上海)广告有限公司业务并虚构资金循环,分别虚增收入3467.50万元、5201.89万元,相应虚增利润3467.50万元、5201.89万元。2015年,乐视网通过虚构与北京联袂互动科技有限公司业务并虚构资金循环,虚增收入1163.77万元,相应虚增利润1163.77万元。2014年,乐视网通过虚构与山西慧聪意达广告有限公司业务并虚构资金循环,虚增收入4682.55万元,相应虚增利润4682.55万元。

4.通过第三方公司虚构业务确认收入,同时通过贾某某控制的银行账户构建部分虚假资金循环和记应收账款长期挂账方式虚增业绩。具体如下:

2016年,乐视网通过虚构与北京科联汇通科技有限公司业务、虚构部分资金循环和应收账款长期挂账,虚增收入5518.87万元,相应虚增利润5518.87万元。2015年、2016年,乐视网通过虚构与天津数集科技有限公司业务、虚构部分资金循环和应收账款长期挂账,分别虚增收入3113.21万元、5504.51万元,相应虚增利润3113.21万元、5504.51万元。2016年,乐视网通过虚构与北京数集科技有限公司业务、虚构部分资金循环和应收账款长期挂账,虚增收入4905.66万元,相应虚增利润4905.66万元。2016年,乐视网通过虚构与新疆数集信息科技有限公司业务、虚构部分资金循环和应收账款长期挂账,虚增收入4622.64万元,相应虚增利润4622.64万元。2016年,乐视网通过虚构与中荷德昌盛网络技术(北京)有限公司业务、虚构部分资金循环和应收账款长期挂账,虚增收入4716.98万元,相应虚增利润4716.98万元。2016年,乐视网通过虚构与北京懿利文化传媒有限公司业务、虚构部分资金循环和应收账款长期挂账,虚增收入5443.40万元,相应虚增利润5443.40万元。2014年、2015年和2016年,乐视网通过虚构与北京瑞尔互动广告有限公司业务、虚构部分资金循环和应收账款长期挂账,分别虚增收入1886.79万元、943.40万元和3773.58万元,相应虚增利润1886.79万元、943.40万元和3773.58万元。2016年,乐视网通过虚构与北京鸿鑫元熙智库信息技术有限公司业务、虚构部分资金循环和应收账款长期挂账,虚增收入5471.70万元,相应虚增利润5471.70万元。2016年,乐视网通过虚构与北京博格创联信息技术有限公司业务、虚构部分资金循环和应收账款长期挂账,虚增收入5603.77万元,相应虚增利润5603.77万元。

5.通过与客户签订并未实际执行的广告互换框架合同或虚构广告互换合同确认业务收入,虚增业绩。具体如下:

2014年、2015年,乐视网将与北京鼎诚文众广告有限公司签订的未执行互换框架合同确认收入,分别虚增收入377.36万元和2547.17万元,相应虚增利润377.36万元和2547.17万元。2015年,乐视网将与北京博思百川国际广告传媒有限公司签订的未执行互换框架合同确认收入,虚增收入2641.51万元,相应虚增利润2641.51万元。2014年、2015年,乐视网将与上海魔山广告传播有限公司签订的未执行互换框架合同确认收入,分别虚增收入1264.15万元、1122.64万元,相应虚增利润1264.15万元、1122.64万元。2014年,乐视网将与北京光华路五号传媒发展有限公司签订的未执行互换框架合同确认收入,虚增收入1358.49万元,相应虚增利润1358.49万元。2014年,乐视网将与上海宾谷网络科技有限公司签订的未执行互换框架合同确认收入,虚增收入1415.09万元,相应虚增利润1415.09万元。2014年,乐视网将与上海沃盟广告有限公司签订的互换框架合同未执行部分确认收入,虚增收入943.40万元,相应虚增利润943.40万元。2013年,乐视网将虚构的与北京航美影视文化有限公司(以下简称航美影视)的资源置换合同确认收入,虚增收入5706.91万元,相应虚增利润5706.91万元,2014年12月31日,乐视网虚构从航美影视购买广告资源,虚增销售费用2964.17万元,相应虚减利润2964.17万元,2016年7月31日,乐视网虚构从航美影视购买广告资源,虚增成本3085.15万元,相应虚减利润3085.15万元。2015年,乐视网将与上海悦会信息科技有限公司签订的未执行框架合同确认收入,虚增收入896.23万元,相应虚增利润896.23万元。2015年,乐视网将与广东南方新视界传媒科技有限公司签订的未执行框架合同确认收入,虚增收入1132.08万元,相应虚增利润1132.08万元。2014年、2015年和2016年,乐视网将与广州市柯圣广告有限公司签订的未执行框架合同确认收入,分别虚增收入905.66万元、2883.02万元和518.87万元,相应虚增利润905.66万元、2883.02万元和518.87万元。

6.利用广告互换合同,以只计收入或虚计收入但不计成本的方式虚增业绩。具体如下:

2014年乐视网与上海第一财经传媒有限公司签订广告互换合作协议,实际执行,但乐视网虚计收入,同时未确认成本,虚增收入622.64万元,虚减成本754.72万元,相应虚增利润1377.36万元。通过上述类似方式,乐视网通过与上海三众广告有限公司签订互换合同,2014年虚增收入566.04万元,虚减成本471.70元,相应虚增利润1037.74万元,2015年虚减收入566.04万元,相应虚减利润566.04万元。乐视网通过与上海高钧广告有限公司广告有限公司签订互换合同,2015年虚增收入452.83万元,虚减成本943.40万元,相应虚增利润1396.23万元。乐视网通过与上海海泰广告传媒有限公司(之后业务承载主体变更为上海鸿狐文化传播有限公司)签订互换业务协议,在2014年虚减成本1132.08万元,相应虚增利润1132.08万元。乐视网通过与广州锋网信息科技有限公司北京分公司和广州市太平洋广告有限公司北京分公司开展互换业务,2014年虚减成本1556.60万元,相应虚增利润1556.60万元。

二、乐视网未按规定披露关联交易

2017年4月17日,乐视网以“增资款”名义转给全资子公司重庆乐视小额贷款公司(以下简称乐视小贷)2.1亿元,乐视小贷收到上述2.1亿元后,立即以贷款名义分7笔每笔3000万元将资金转给7家乐视网关联公司，上述7家公司收到资金后，当天便将资金全部转给乐视控股（北京）有限公司（以下简称乐视控股）。上述贷款构成关联交易。

三、乐视网未披露为乐视控股等公司提供担保事项

2016年2月，乐视网对乐视控股在乐视云计算机有限公司《股权收购及担保合同》项下的回购义务提供无限连带保证，担保金额为10亿元，至2019年可能承担的最大回购金额为17.5亿元，占最近一期（2014年）经审计净资产的29.92%（最大回购金额占比52.35%）。乐视致新电子科技（天津）有限公司（以下简称乐视致新）系乐视网2012年至2017年并表子公司。2016年12月，乐视致新对其关联公司对外应付货款和存货采购共计5208.37万美元提供担保，金额折合人民币3.47亿元，占乐视网最近一期（2015年）经审计净资产的9.10%。2015年4月、2016年4月乐视网对乐视体育文化发展有限公司A+轮、B轮融资的投资者承担回购义务，分别涉及回购金额10.2亿元和103.95亿元，分别占最近一期（2014年、2015年）经审计净资产的30%和272.48%。

四、乐视网未如实披露贾某芳、贾某某向上市公司履行借款承诺的情况

（一）贾某芳减持及履行借款承诺情况

2014年12月6日，乐视网发布《关于股东向公司提供借款的计划》（公告编号2014-061），贾某芳（贾某某姐姐）向乐视网出具承诺函，计划在未来一个月内，通过协议转让或者大宗交易集中转让的方式处置所持有的乐视网股票，所得全部借给乐视网作为营运资金使用。该笔借款将用于乐视网日常经营，乐视网可在规定期限内根据流动资金需要提取使用，借款期限将不低于60个月，免收利息。2014年12月11日，乐视网发布《关于股东向公司提供借款暨关联交易的公告》（公告编号2014-119），与贾某芳签署第一份《借款协议》，借款金额为不少于1.78亿元，借款期限不低于60个月，免收利息，用于补充乐视网营运资金。2015年2月2日，乐视网发布《关于股东向公司提供借款暨关联交易的公告》（公告编号2015-006），与贾某芳签署第二份《借款协议》，借款金额为不少于15亿元，借款期限不低于60个月，免收利息，用于补充乐视网营运资金。乐视网将上述事项列为上市公司股东承诺事项，并在2014年年报中披露了从贾某芳处借入资金10.16亿元。

2014年12月6日起，贾某芳减持16.09亿元，并从华泰证券转出减持资金13.58亿元，其中5.36亿元转予乐视网。根据乐视网接收借款的银行账户资料及乐视网还款审批单，自2014年9月30日至2017年5月10日，乐视网从贾某芳处借款发生额共计80.20亿元。但贾某芳在向乐视网借款期间频繁的抽回借款。

自2014年10月31日至2017年5月10日，乐视网共偿还贾某芳借款56笔，累计发生还款80.2亿元，其中可查到的付款审批单39份，该39份审批单中仅有23笔审批单在“董事长”处有签名，且均为贾某某授权时任乐视控股某工作人员签署。相关还款未经股东大会审议。

（二）贾某某减持及履行借款承诺情况

贾某某于2015年分两次减持乐视网股票，减持前贾某某持有818,084,729股，占总股本的44.21%。

2015年5月26日，乐视网发布《关于控股股东、实际控制人股份减持计划的公告》（公告编号2015－048），实际控制人贾某某在公告中称拟计划在未来六个月内（2015年5月29日至2015年11月28日），部分减持自己所持有的乐视网股票，并承诺将其所得全部借给公司作为营运资金使用，乐视网可在规定期限内根据流动资金需要提取使用，借款期限将不低于60个月，免收利息。

2015年6月23日，乐视网发布《乐视网信息技术（北京）股份有限公司第二届董事会第五十六次会议决议公告》（公告编号2015－061），“近日，公司将与贾某某先生签署第一笔资金的《借款协议》，借款金额为不少于25亿元，借款期限将不低于十年（120个月），免收利息，用于补充公司营运资金。借款到期后，公司将有权根据自身经营状况自主决定续借或者偿还，所涉关联交易亦需经董事会与股东会审议，届时贾某某先生将回避对应关联的表决，如若续借此笔资金，仍将免收利息。后续减持所得资金借款，相关条款将与本次保持一致”。

2015年7月28日，乐视网发布《维护公司股价稳定的公告》（公告编号2015－082），该公告指出乐视网响应中国证监会《关于上市公司股东及董事、监事、高级管理人员增持本公司股票相关事项的通知》文件精神，针对当前资本市场的非理性波动，为维护资本市场的健康稳定发展，保护全体投资者利益，同时基于对公司未来发展的信心以及对目前股票价值的合理判断，支持公司未来持续稳定发展，本公司积极采取措施如下：一、对于近期减持所得资金借予上市公司事项，贾某某先生追加承诺如下：1.已经减持所得资金将全部借予上市公司使用，上市公司进行还款后，还款所得资金贾某某先生将自收到还款之日起六个月内全部用于增持乐视网股份。2.贾某某先生届时增持同样数量股份时，若增持均价低于减持均价，则减持所得款项与增持总金额的差额将无偿赠与上市公司。在减持之日至增持之日期间内发生派息、送股、资本公积金转增股本等除权除息事项，所减持股票的价格与数量将相应进行调整。按照该公告，贾某某将减持资金借予上市公司系乐视网在2015年股市异常波动中稳定股价的重要举措之一。

2015年7月28日，乐视网发布《关于承诺事项履行情况专项披露的公告》

(公告编号 2015－083),该公告指出贾某某与公司签署的不少于25亿元的《借款协议》,正持续履行中,承诺人严格履行承诺,未发生违反承诺的情形。同时指出贾某某具备履约能力,将按照承诺根据上市公司资金需求进行减持,减持资金长期借予公司无偿使用。同时也提示了贾某某不履行承诺的风险及对贾某某不能履约时的制约措施。

2015年10月30日,乐视网发布《简式权益变动报告书(鑫根基金)》与《关于承诺事项专项披露的公告》(公告编号2015－111),贾某某以股份转让方式转让1亿股给深圳市鑫根下一代颠覆性技术并购基金壹号投资合伙企业(有限合伙),占公司当时总股本的5.39%,转让金额为32亿元,转让所得金额全部无息借予上市公司使用,借款期限将不低于60个月。

乐视网2015年年报、2016年年报将减持资金借予上市公司的承诺履行情况进行了披露,称贾某某在报告期遵守了所做借款的承诺。

经查,2015年6月1日至2015年6月3日,贾某某通过华泰证券账户大宗交易方式累计减持35,240,300股,占公司当时总股本的1.9042%,减持金额总计约25亿元,扣除应缴税费后约22.4亿元。上述资金随后转入其他账户,贾某某此次减持资金并未借予上市公司使用。2015年10月,贾某某收到第二次转让款后立即将税后所得26亿元转给乐视网,随后在短期内通过复杂划转将大部分资金分批转到贾某某、贾某芳、贾某民、乐视控股等非上市公司体系银行账户。梳理资金流向后,贾某某此次减持资金26亿元仅有6.3亿元留在了乐视网,其余去向贾某某控制账户。

自2015年6月15日至2017年5月10日,乐视网从贾某某处发生多次借款,但均被频繁抽回,并未履行其承诺。自2015年6月15日至2016年11月15日(2016年11月15日之后,贾某某未向乐视网继续提供借款),其间乐视网从贾某某处借款发生额共计113.44亿元。自2015年6月29日至2017年5月10日,乐视网共偿还贾某某借款46笔,累计发生还款113.44亿元,其中可查到的付款审批单40份,有6笔共计22亿余元付款未找到审批单。查到的40份审批单中仅有26笔审批单在"董事长"处有签名,且仅有3份为贾某某签署,其余23份均为贾某某授权乐视控股某工作人员签署。所有还款均未按照乐视网2015－061、2015－083、2015－111公告披露的经股东大会审议。

2017年9月20日,乐视网向贾某某出具了《关于提醒并要求贾某某先生继续履行借款承诺的函》;2017年10月26日,乐视网分别向贾某芳、贾某某出具了《关于再次提醒并要求贾某芳女士继续履行借款承诺的函》《关于再次提醒并要求贾某某先生继续履行借款承诺的函》。相关函件均要求贾某某、贾某芳履行借款承诺,但二人均没有继续履行承诺并于2017年11月9日分别向乐视网出具《关于本人无息借款与上市公司承诺事项的回函》,二人均称"因2016年下半年,公司出现资金危机,至2017年上半年,资金危机持续加重,本人已将减持所得资金全部用于乐视公司业务发展及其所涉及的债务偿付等,目前已无力继续履行无息借款与上市公司的承诺"。

五、乐视网2016年非公开发行股票行为构成欺诈发行

2015年5月25日,乐视网召开第二届董事会第五十二次会议,审议通过乐视网非公开发行股票议案。2015年8月31日,乐视网召开第二届董事会第六十三次会议,审议通过乐视网非公开发行股票的调整事项。2015年9月23日,乐视网非公开发行股票申请经中国证监会发行审核委员会审核,并获无条件通过。2016年5月19日,中国证监会出具《关于核准乐视网信息技术(北京)股份有限公司非公开发行股票的批复》(证监许可〔2016〕1089号),2016年5月25日乐视网召开第三届董事会第二十一次会议,审议通过延长乐视网非公开发行股东大会决议有效期的议案。2016年8月8日乐视网非公开发行上市。乐视网本次非公开发行新股10,664.30万股,募集资金47.99亿元,申报披露的三年一期财务数据期间为2012年至2014年及2015年1-6月。根据前述关于乐视网财务造假的事实,乐视网不符合发行条件,以欺骗手段骗取发行核准。

【认定】一、关于乐视网于2007年至2016年财务造假,其报送、披露的申请首次公开发行股票并上市(以下简称IPO)相关文件及2010年至2016年年报存在虚假记载。乐视网上述连续10年虚增业绩的行为致使其报送和披露的IPO招股说明书、2010年至2016年年报存在虚假记载,违反了2005年《证券法》第六十三条的规定,构成2005年《证券法》第一百九十三条所述的信息披露违法行为。乐视网时任董事长贾某某全面负责乐视网工作,组织、决策、指挥乐视网及有关人员参与造假,未勤勉尽责,且在有关发行文件、定期报告上签字并保证所披露的信息真实、准确、完整;时任财务总监杨某某,直接组织实施了有关财务造假行为,未勤勉尽责,且在有关发行文件、定期报告上签字并保证所披露的信息真实、准确、完整。上述二人在财务造假中,采取隐瞒、编造重要事实等特别恶劣的手段,造假金额巨大,持续时间长,发挥了组织、策划、领导、实施作用,违法情节特别严重,为直接负责的主管人员;时任负责广告业务的董事刘某组织实施了安排公司配合"走账"等有关财务造假行为,且在涉案发行文件、定期报告上签字并保证所披露的信息真实、准确、完整,涉案期间一直担任高管,在乐视网财务造假中发挥了较大组织作用,未勤勉尽责,违法情节较为严重,属于上述违法行为的其他责任人员;时任监事吴某按照贾某某、杨某某等人的安排,通过联系有关企业、设立公司、保管公章、

组织实施有关“走账”等行为，直接参与上述违法行为，未勤勉尽责，在有关定期报告确认意见上签字并保证所披露的信息真实、准确、完整，在乐视网财务造假中发挥了较大作用，违法情节较为严重，属于其他直接责任人员；其余时任董事、监事、高管的赵某、谭某、吉某某、张某某、朱某、曹某等人，未勤勉尽责，在有关定期报告确认意见上签字并保证所披露的信息真实、准确、完整，属于其他直接责任人员。贾某某作为乐视网实际控制人，指使相关人员从事上述违法行为，构成2005年《证券法》第一百九十三条第三款所述的违法行为。

二、关于乐视网未按规定披露关联交易。根据《深圳证券交易所创业板股票上市规则（2014年修订）》第10.2.4条“交易金额在100万元以上，且占上市公司最近一期经审计净资产绝对值0.5%以上的关联交易，应当经董事会审议后及时披露”的规定，上述事项是应当经乐视网董事会审议并及时披露的关联交易事项，但乐视网未按规定及时披露，违反了2005年《证券法》第六十三条、第六十七条第一款、第二款第十二项和《上市公司信息披露管理办法》（证监会令第40号）第四十八条的规定，构成2005年《证券法》第一百九十三条第一款所述的信息披露违法行为。乐视网时任董事长贾某某未勤勉尽责，是乐视网未披露关联交易违法行为直接负责的主管人员；时任监事会主席吴某代表7家关联方中的4家签字，知悉该关联交易事项，未勤勉尽责，导致乐视网未披露上述关联交易，是上述违法行为其他直接责任人员。

三、关于乐视网未披露为乐视控股等公司提供担保事项。根据《深圳证券交易所创业板股票上市规则（2014年修订）》第9.11条“上市公司发生本规则9.1条规定的‘提供担保’事项时，应当经董事会审议后及时对外披露”以及“属于下列情形之一的，还应当在董事会审议通过后提交股东大会审议：（一）单笔担保额超过公司最近一期经审计净资产10%的担保……（六）对股东、实际控制人及其关联人提供的担保”的规定，上述三项均属应及时披露的事项，但乐视网未按规定及时披露，也未在2016年年报中披露，违反了2005年《证券法》第六十三条、第六十七条第一款、第二款第十二项和《上市公司信息披露管理办法》（证监会令第40号）第三十条第二款第十七项的规定，构成2005年《证券法》第一百九十三条第一款所述的信息披露违法行为。时任董事长贾某某参与上述对外担保有关事项，未勤勉尽责，是乐视网未披露对外担保事项违法行为直接负责的主管人员。时任董事会秘书赵某直接参与对外担保有关事项，并负责公司信息披露工作，未勤勉尽责，导致乐视网未及时披露上述担保事项，为其他直接责任人员。

四、关于乐视网未如实披露贾某芳、贾某某向上市公司履行借款承诺的情况。综上，贾某某仅短暂将部分减持资金借给上市公司使用，就抽回相关借款，违背减持及借款承诺。乐视网发布的《关于承诺事项履行情况专项披露的公告》(2015-083)及2015年年报、2016年年报中披露的承诺事项履行情况与实际不符,存在虚假记载,贾某芳实际履行承诺情况未在2015年年报、2016年年报的"公司实际控制人、股东、关联方、收购人以及公司等承诺相关方在报告期内履行完毕及截至报告期末尚未履行完毕的承诺事项"项下披露,存在重大遗漏。上述行为违反了2005年《证券法》第六十三条的规定,构成2005年《证券法》第一百九十三条第一款所述的信息披露违法行为。时任董事长贾某某违反承诺,直接指使相关人员抽回自己及贾某芳借款,未勤勉尽责,是乐视网相关披露文件存在虚假记载、重大遗漏违法行为直接负责的主管人员。贾某某作为乐视网实际控制人,指使相关人员从事上述违法行为,构成2005年《证券法》第一百九十三条第三款所述的违法行为。

五、关于乐视网2016年非公开发行股票行为。乐视网违反了2005年《证券法》第十三条、第二十条,《上市公司证券发行管理办法》(证监会令第57号)第三十九条第一项的规定,构成2005年《证券法》第一百八十九条第一款所述的欺诈发行违法行为。时任董事长贾某某、财务总监杨某某在推动乐视网上述发行事项及涉及的财务造假事项中发挥了组织、策划、领导、实施作用,在财务造假中,采取隐瞒、编造重要事实等特别恶劣的手段,造假金额巨大,未勤勉尽责,在报送、披露的发行申请文件上签字并保证所披露的信息真实、准确、完整,违法情节特别严重,是乐视网欺诈发行行为直接负责的主管人员。时任监事吴某、副总经理贾某民直接参与相关财务造假行为,未勤勉尽责,在发行申请文件上签字并保证所披露的信息真实、准确、完整,在欺诈发行中发挥较大作用,违法情节较为严重。时任董事、监事、高管的刘某、邓某、谭某、张某、吉某某、沈某某等人,未勤勉尽责,在发行申请文件上签字并保证所披露的信息真实、准确、完整,是乐视网欺诈发行行为的其他直接责任人员。根据前述关于乐视网财务造假的事实,贾某某作为乐视网实际控制人,指使相关人员从事上述财务造假事项,导致公司申请非公开发行申报披露的2012年至2014年及2015年1-6月三年一期财务数据存在严重虚假记载,构成2005年《证券法》第一百八十九条第二款所述的违法行为。

权威解读①

1. 本条的适用范围只限于公开发行证券,包括上市公司向特定对象发行证

① 参见程合红主编:《〈证券法〉修订要义》,人民出版社2020年版,第356-357页。

券;同时,在上市公司重大资产交易中,如果上市公司发行股份购买资产的发行文件中存在虚假记载,也可依据本条对上市公司进行处罚。对于因为重大资产重组的交易对手方造假导致发行人公告的发行文件中存在虚假记载,也可根据此条进行处罚,但需结合个案具体情况,处理好与本法第一百九十七条有关信息披露虚假责任规定之间的法律适用关系。

2. 本条第二款中的“违法所得”,是指控股股东、实际控制人在上市后一定期间内按收盘价的加权平均数计算的其持股市值,与以公开发行前最后一次不公开发行价格计算的持股价值之差;但如果控股股东、实际控制人有其他的专门因欺诈发行而获取的实际所得的,亦可根据案件情况按该收益计算。

《证券法》第一百八十二条　【保荐人未履行法定职责】

第一百八十二条　保荐人出具有虚假记载、误导性陈述或者重大遗漏的保荐书,或者不履行其他法定职责的,责令改正,给予警告,没收业务收入,并处以业务收入一倍以上十倍以下的罚款;没有业务收入或者业务收入不足一百万元的,处以一百万元以上一千万元以下的罚款;情节严重的,并处暂停或者撤销保荐业务许可。对直接负责的主管人员和其他直接责任人员给予警告,并处以五十万元以上五百万元以下的罚款。[①]

---

① 同样作为中介机构,《证券法》第二百一十三条第三款有“未勤勉尽责”要件,而第一百八十二条则没有体现“未勤勉尽责”要件,于是一种观点认为保荐人承担严格责任,即不要求未勤勉尽责,只要有造假后果就应承担责任。本书认为,保荐人应和其他中介机构一样承担过错责任,即承担责任以未勤勉尽责为前提。主要理由:(1)虽然罚则没有表述“未勤勉尽责”,但是义务性规定(《证券法》第十条第二款)提出了“勤勉尽责”要求。如果保荐人没有违反义务性规定,就要求其承担行政责任,于理不通。(2)关于保荐人的业务规则主要体现在《证券发行上市保荐业务管理办法》和《保荐人尽职调查工作准则》中。这两个业务规则显然都是以“勤勉尽责”为保荐人的履职要求的,并且《证券发行上市保荐业务管理办法》第七十五条规定:“对中国证监会拟采取的监管措施,保荐机构及其保荐代表人提出申辩的,如有充分证据证明下列事实且理由成立,中国证监会予以采纳:……(五)保荐机构、保荐代表人已履行勤勉尽责义务的其他情形。”可见,日常监管都没有要求严格责任,那么行政处罚更不应该要求严格责任。(3)《关于注册制下督促证券公司从事投行业务归位尽责意见》指出:“证券公司应当复核但未复核,或复核工作未全面到位的,依法承担责任”。可见不是一律承担责任。(4)已作出的相关行政处罚决定书也都论证了保荐人未勤勉尽责,可见要求“未勤勉尽责”要件是一直以来的共识。(5)就财务造假而言,显然会计师事务所的责任是要高于保荐人的,如果会计师事务所可以勤勉尽责为由而免责,保荐人反而不能以勤勉尽责为由而免责,那么就出现了责任倒挂,法理上讲不通。——本书注

相关规定

1.《证券法》

第十条 发行人申请公开发行股票、可转换为股票的公司债券，依法采取承销方式的，或者公开发行法律、行政法规规定实行保荐制度的其他证券的，应当聘请证券公司担任保荐人。

保荐人应当遵守业务规则和行业规范，诚实守信，勤勉尽责，对发行人的申请文件和信息披露资料进行审慎核查，督导发行人规范运作。

保荐人的管理办法由国务院证券监督管理机构规定。

2.《证券发行上市保荐业务管理办法》(中国证券监督管理委员会令第170号)

第五条 保荐机构及其保荐代表人、其他从事保荐业务的人员应当遵守法律、行政法规和中国证监会、证券交易所、中国证券业协会的相关规定，恪守业务规则和行业规范，诚实守信，勤勉尽责，尽职推荐发行人证券发行上市，持续督导发行人履行规范运作、信守承诺、信息披露等义务。

保荐机构及其保荐代表人、其他从事保荐业务的人员不得通过从事保荐业务谋取任何不正当利益。

第二十二条 对发行人申请文件、证券发行募集文件中有证券服务机构及其签字人员出具专业意见的内容，保荐机构可以合理信赖，对相关内容应当保持职业怀疑、运用职业判断进行分析，存在重大异常、前后重大矛盾，或者与保荐机构获得的信息存在重大差异的，保荐机构应当对有关事项进行调查、复核，并可聘请其他证券服务机构提供专业服务。

第二十三条 对发行人申请文件、证券发行募集文件中无证券服务机构及其签字人员专业意见支持的内容，保荐机构应当获得充分的尽职调查证据，在对各种证据进行综合分析的基础上对发行人提供的资料和披露的内容进行独立判断，并有充分理由确信所作的判断与发行人申请文件、证券发行募集文件的内容不存在实质性差异。

第六十五条 保荐机构、保荐代表人、保荐业务负责人、内核负责人、保荐业务部门负责人及其他保荐业务相关人员违反本办法，未诚实守信、勤勉尽责地履行相关义务的，中国证监会责令改正，并对其采取监管谈话、重点关注、责令进行业务学习、出具警示函、责令公开说明、认定为不适当人选、责令增加内部合规检查的次数并提交合规检查报告、责令处分有关责任人员并报告结果、对保荐机构及其有关董事、监事、高级管理人员给予谴责等监管措施；依法应给予行政处罚的，依照有关规定进行处罚；情节严重涉嫌犯罪的，依法移送司法机关，追究其刑事责任。

3.《保荐人尽职调查工作准则》（证监发行字〔2006〕15 号，2022 年修订）

第三条　本准则是以保荐人对拟保荐境内首次公开发行股票、存托凭证的发行人进行充分尽职调查为基础，制定的尽职调查程序的一般要求。不论本准则是否有明确规定，凡涉及发行条件和上市条件或对投资者做出投资决策有重大影响的信息，保荐人均应当在职责范围内勤勉尽责地进行尽职调查。

上市公司向特定对象或向不特定对象发行证券的，保荐人的尽职调查工作可以根据发行人的板块、行业、业务、财务、融资类型等确定尽职调查范围和方法。

第四条　尽职调查过程中若存在确实无法执行的核查程序，保荐人应详细说明情况、具体原因、合理性以及所采取的替代措施，并评估替代措施的充分适当性。

第五条　保荐人尽职调查时，应当考虑自身专业胜任能力和独立性，并确保参与尽职调查工作的相关人员能够恪守独立、客观、公正、审慎的原则，具备良好的职业道德和专业胜任能力。

第六条　除另有规定的，同次发行的证券，其发行保荐和上市保荐应由同一保荐人担任，保荐人应在尽职调查基础上形成发行保荐书、上市保荐书和发行保荐工作报告。同时，保荐人应当建立尽职调查工作底稿制度。工作底稿应当真实、准确、完整地反映尽职调查工作。

保荐人开展尽职调查工作，应当保持职业怀疑，以获取充分和适当的证据为基础出具对相关事项的明确的核查结论，核查的方法和结论应当能够通过工作底稿进行验证。

第七条　保荐人在尽职调查工作中，应当严格遵守法律法规、中国证监会的规定和行业自律规则，遵守社会公德、商业道德、职业道德和行为规范，公平竞争，合规经营，忠实勤勉，诚实守信，不得直接或者间接谋取不正当利益或者向他人输送不正当利益。

典型案例

1. 兴业证券保荐、承销未履行法定职责案（中国证监会行政处罚决定书〔2016〕91号）①

【案情】一、兴业证券出具的保荐书等文件存在虚假记载

兴业证券在《兴业证券股份有限公司关于丹东欣泰电气股份有限公司首次公开发行股票并在创业板上市之发行保荐书》（以下简称《发行保荐书》）中，推荐欣泰电气申请IPO，并承诺"保证保荐书、与履行保荐职责有关的其他文件不存在虚假记载、误导性陈述或者重大遗漏"。兴业证券在推荐欣泰电气申请IPO过程中，未遵守业务规则和行业规范，未勤勉尽责地对欣泰电气IPO申请文件进行审慎核查，出具的《发行保荐书》和《兴业证券股份有限公司关于丹东欣泰电气股份有限公司之2012年度财务报告专项检查自查工作报告》（以下简称《财务自查报告》）存在虚假记载。具体事实如下：

（一）兴业证券未对欣泰电气应收账款情况进行审慎核查

为实现发行上市目的，解决欣泰电气应收账款余额过大问题，欣泰电气采用外部借款、使用自有资金或伪造银行单据的方式虚构应收账款的收回，在年末、半年末等会计期末冲减应收款项，虚增经营活动产生的现金流；在下一会计期期初将借入资金返还，并恢复冲减的应收款项。兴业证券在对欣泰电气进行核查时，未按照《证券发行上市保荐业务管理办法》《保荐人尽职调查工作准则》的要求，核查欣泰电气是否存在期末收到销售款项在期后不正常流出的情况；在对主要销售客户进行访谈时，部分客户未对应收账款余额进行确认，其中包括7家欣泰电气虚构应收账款收回的公司。

（二）兴业证券未对欣泰电气银行存款情况进行审慎核查

欣泰电气采用伪造银行单据的方式虚构应收账款的收回，在年末、半年末等会计期末冲减应收款项，虚增银行存款，虚增经营活动产生的现金流。兴业证券对欣泰电气进行核查时，未按照《证券发行上市保荐业务管理办法》《保荐人尽职调查工作准则》的要求，重点核查大额货币资金的流出和流入，核查大额银行存款账户，判断其真实性；未对银行存款账户进行独立函证，而是直接引用会计师事务所审计工作底稿，且对审计工作底稿未能审慎核查。

---

① 与欣泰电气等欺诈发行、信披违法案（中国证监会行政处罚决定书〔2016〕84号）相关联的案件还包括：北京兴华会计师事务所等未勤勉尽责案（中国证监会行政处罚决定书〔2016〕92号）；北京市东易律师事务所等未勤勉尽责案（中国证监会行政处罚决定书〔2017〕70号、北京市第一中级人民法院（2018）京01行初106号行政判决书、北京市高级人民法院（2018）京行终4657号行政判决书）；等等。——本书注

兴业证券未对欣泰电气应收账款和银行存款情况进行审慎核查，出具的《发行保荐书》和《财务自查报告》中涉及欣泰电气应收账款、流动资产和经营活动产生的现金流量净额等项目的财务数据存在虚假记载，《发行保荐书》中关于欣泰电气最近三年财务会计文件无虚假记载、符合《证券法》规定的发行条件的推荐结论意见也存在虚假记载。

二、兴业证券未审慎核查欣泰电气公开发行募集文件的真实性和准确性

兴业证券在《丹东欣泰电气股份有限公司首次公开发行股票并在创业板上市招股意向书》（以下简称《招股意向书》）和《丹东欣泰电气股份有限公司首次公开发行股票并在创业板上市招股说明书》（以下简称《招股说明书》）中，声明"本保荐机构（主承销商）已对招股意向书（招股说明书）进行了核查，确认不存在虚假记载、误导性陈述或重大遗漏，并对其真实性、准确性和完整性承担相应的法律责任"。在欣泰电气公开发行股票过程中，兴业证券作为主承销商，未审慎核查公开发行募集文件的真实性和准确性，未发现《招股意向书》和《招股说明书》中涉及欣泰电气应收账款、流动资产和经营活动产生的现金流量净额等项目的财务数据存在虚假记载。

【认定】中国证监会认定，兴业证券出具的保荐书等文件存在虚假记载的行为，违反了2005年《证券法》第十一条第二款、《证券发行上市保荐业务管理办法》第四条、第二十四条、第二十九条、第三十条和《保荐人尽职调查工作准则》第二条、第四条、第六条、第四十一条、第四十六条、第五十条、第五十一条的规定，构成2005年《证券法》第一百九十二条所述"保荐人出具有虚假记载、误导性陈述或者重大遗漏的保荐书，或者不履行其他法定职责"的情形。兴业证券未审慎核查欣泰电气公开发行募集文件的真实性和准确性的行为，违反了2005年《证券法》第三十一条的规定，构成2005年《证券法》第一百九十一条所述"其他违反证券承销业务规定的行为"。对兴业证券上述违法行为，欣泰电气项目保荐代表人兰翔、伍文祥是直接负责的主管人员。

2. 国信证券保荐、财务顾问未履行法定职责案（中国证监会行政处罚决定书〔2018〕46号）①

【案情】一、华泽钴镍2013年和2014年年报存在虚假记载、重大遗漏

华泽钴镍的全资子公司陕西华泽镍钴金属有限公司（以下简称陕西华泽）通

---

① 与华泽钴镍信披违法案（中国证监会行政处罚决定书〔2018〕8号、〔2019〕60号、〔2019〕61号）相关联的案件还包括瑞华会计师事务所等未勤勉尽责案（中国证监会行政处罚决定书〔2018〕126号、北京市第一中级人民法院（2019）京01行初809号行政判决书、北京市高级人民法院（2020）京行终618号行政判决书）等等。——本书注

过陕西天慕灏锦商贸有限责任公司(以下简称天慕灏锦)、陕西臻泰融佳工贸有限公司(以下简称臻泰融佳)、陕西盛华有色金属有限公司(以下简称陕西盛华)、陕西青润和工贸有限责任公司(以下简称陕西青润和)、陕西天港工贸有限责任公司(以下简称陕西天港)向华泽钴镍关联方陕西星王企业集团有限公司(以下简称星王集团)提供资金。

2013 年 9 月 18 日至 12 月 31 日,华泽钴镍累计发生向关联方提供资金的关联交易 890,702,430 元,同期收到还款 232,282,430 元,截至 2013 年末占用余额 820,240,000 元。2014 年度,华泽钴镍累计发生向关联方提供资金的关联交易 3,036,311,458 元,同期收到还款 2,702,397,521 元,截至 2014 年末占用余额 1,154,153,937 元。华泽钴镍未在 2013 年年报和 2014 年年报中披露关联方非经营性占用资金及相关的关联交易情况。

此外,为掩盖关联方长期占用资金的事实,华泽钴镍将无效票据入账充当还款。华泽钴镍 2013 年应收票据的期末余额为 1,325,270,000 元,其中 1,319,170,000 元为无效票据。华泽钴镍 2014 年应收票据的期末余额为 1,363,931,170 元,其中 1,361,531,170 元为无效票据。华泽钴镍 2013 年年报和 2014 年年报存在虚假记载。

二、国信证券出具的《华泽钴镍恢复上市保荐书》《华泽钴镍重大资产出售及发行股份购买资产暨关联交易之持续督导工作报告书》(以下简称 2013 年度持续督导工作报告书)和《华泽钴镍重大资产出售及发行股份购买资产暨关联交易之 2014 年度持续督导工作报告书》(以下简称 2014 年度持续督导工作报告书)存在虚假记载、重大遗漏

(一)《华泽钴镍恢复上市保荐书》存在虚假记载、重大遗漏

国信证券作为华泽钴镍恢复上市的保荐机构,收取保荐费用 100 万元,签字保荐代表人为龙某某、王某某。

2013 年 12 月 31 日,国信证券出具的《华泽钴镍恢复上市保荐书》记载"截至 2013 年 9 月 30 日,陕西华泽不存在资金、资产被实际控制人及其控制的其他企业占用或向实际控制人及控制的其他企业提供担保的情况,也不存在未决诉讼或仲裁形成的或有事项。综上所述,截至本报告出具日,本保荐机构未发现上市公司存在资金、资产被实际控制人及其控制的其他企业占用或向实际控制人及其控制的其他企业提供担保的情况,也不存在未决诉讼或仲裁形成的或有事项"。

经查,截至 2013 年 9 月 30 日,陕西华泽分别通过陕西天港、陕西青润和、陕西盛华向星王集团支付 42,710,000 元、105,920,000 元与 63,400,000 元,共计形成关联方非经营性占用资金 212,030,000 元。截至该恢复上市保荐书出具日(2013

年12月31日)，通过天慕灏锦、臻泰融佳、陕西盛华、陕西青润和、陕西天港，华泽钴镍关联方非经营性占用资金820,240,000元。

(二)2013年度和2014年度持续督导工作报告书虚假记载

成都聚友网络股份有限公司(华泽钴镍前身，后更名为华泽钴镍)和国信证券签订《重大资产重组之财务顾问协议》，约定由国信证券担任华泽钴镍重大资产重组的独立财务顾问，收取财务顾问费用600万元。2013年度和2014年度持续督导工作报告书均由财务顾问主办人张某和曹某某签署。

国信证券分别于2014年4月、2015年5月出具了2013年和2014年的持续督导工作报告书，两个年度的持续督导工作报告书均记载"王某某、王1、王2在此承诺……承诺人不发生占用上市公司资金、资产等不规范情形……经核查，本独立财务顾问认为：截至本报告出具日，该承诺持续有效，仍在履行过程中，陕西华泽实际控制人王某某、王1、王2无违反该承诺的情况……"；"经核查，本独立财务顾问认为……瑞华会计师事务所出具了《……专项审核报告》，未发现控股股东及关联方占用……截至本报告出具日，该承诺(注：指全体股东不占用上市公司资金的承诺)持续有效，仍在履行过程中"。

经查，通过天慕灏锦、臻泰融佳、陕西天港、陕西青润和、陕西盛华，陕西华泽2013年9月18日至12月31日、2014年共计向关联方支付资金3,927,013,888元。截至2013年年末，华泽钴镍关联方非经营性占用资金820,240,000元。截至2014年年末，华泽钴镍关联方非经营性占用资金1,154,153,937元。

三、国信证券在核查上市公司关联方非经营性占用资金和应收票据，以及利用审计专业意见等方面未勤勉尽责

国信证券主要依据重组尽职调查工作底稿和持续督导工作底稿出具《华泽钴镍恢复上市保荐书》，国信证券在持续督导期间未关注华泽钴镍及下属企业的资金往来情况，重组尽职调查过程中未形成银行流水及现金收支工作底稿。国信证券作为华泽钴镍恢复上市的保荐机构和重大资产重组财务顾问，未对华泽钴镍及下属企业大额资金变化进行必要的关注，也未履行必要的核查程序，导致未发现陕西华泽与天慕灏锦、臻泰融佳、陕西盛华、陕西青润和、陕西天港无真实交易背景的资金往来，未发现华泽钴镍资金被关联方占用的事实。

为掩盖关联方长期占用资金的事实，华泽钴镍将无效票据入账充当还款。华泽钴镍2013年应收票据的期末余额为1,325,270,000元，其中1,319,170,000元为无效票据，同时，华泽钴镍2014年一季度应收票据迅速减少到10,665,200元。华泽钴镍2014年应收票据的期末余额为1,363,931,170元，其中1,361,531,170元为无效票据，同时，华泽钴镍2015年一季度应收票据迅速减少到1,305,200元。

国信证券作为华泽钴镍恢复上市的保荐机构和重大资产重组财务顾问，未对华泽钴镍2013年末和2014年末应收票据快速增加，并于期后迅速减少的异常情况进行必要关注，也未履行必要的核查程序，未发现华泽钴镍采用虚假票据充当还款的事实。

国信证券在出具2013年度和2014年度持续督导工作报告书时，关于不存在关联方资金占用的表述主要依据了审计结论，国信证券未按照《上市公司并购重组财务顾问业务管理办法》第二十二条第一款的规定对审计专业意见进行必要的审慎核查，未能发现华泽钴镍关联方非经营性占用资金和采用无效票据入账掩盖资金占用的事实。

【认定】中国证监会认定，国信证券本次保荐业务行为，违反2005年《证券法》第十一条第二款的规定，构成2005年《证券法》第一百九十二条所述违法情形。龙某某、王某某是直接负责的主管人员。国信证券本次并购重组财务顾问业务行为，违反2005年《证券法》第一百七十三条和《上市公司并购重组财务顾问业务管理办法》第二十二条第一款的规定，构成2005年《证券法》第二百二十三条和《上市公司并购重组财务顾问业务管理办法》第四十二条所述违法情形。张某、曹某某是直接负责的主管人员。

权威解读①

本条只适用于发行保荐中的违法行为，对于上市保荐中的保荐，虽然证券交易所的股票上市规则中仍有规定，但一般难以适用本条规定对上市保荐人出具虚假保荐书进行行政处罚，但可依交易所规则进行自律处分。实践中，发行与上市密切相关，且通常为同一证券公司，发行保荐一定程度上可覆盖上市保荐，按对发行保荐追究责任亦可起到对上市保荐的惩戒；但是，在转板上市的情况下，上市保荐是具有独立性的，如果出现出具虚假保荐报告的情况，如果只进行自律处分，将可能导致责任追究不到位的问题。

《证券法》第一百八十三条　【证券公司承销或者销售擅自或者变相公开发行的证券】

第一百八十三条　证券公司承销或者销售擅自公开发行或者变相公开发行

① 参见程合红主编：《〈证券法〉修订要义》，人民出版社2020年版，第357－358页。

的证券的，责令停止承销或者销售，没收违法所得，并处以违法所得一倍以上十倍以下的罚款；没有违法所得或者违法所得不足一百万元的，处以一百万元以上一千万元以下的罚款；情节严重的，并处暂停或者撤销相关业务许可。给投资者造成损失的，应当与发行人承担连带赔偿责任。对直接负责的主管人员和其他直接责任人员给予警告，并处以五十万元以上五百万元以下的罚款。

《证券法》第一百八十四条　【证券公司违法承销证券】

第一百八十四条　证券公司承销证券违反本法第二十九条规定的，责令改正，给予警告，没收违法所得，可以并处五十万元以上五百万元以下的罚款；情节严重的，暂停或者撤销相关业务许可。对直接负责的主管人员和其他直接责任人员给予警告，可以并处二十万元以上二百万元以下的罚款；情节严重的，并处以五十万元以上五百万元以下的罚款。

相关规定

1.《证券法》

第二十九条　证券公司承销证券，应当对公开发行募集文件的真实性、准确性、完整性进行核查。发现有虚假记载、误导性陈述或者重大遗漏的，不得进行销售活动；已经销售的，必须立即停止销售活动，并采取纠正措施。

证券公司承销证券，不得有下列行为：

（一）进行虚假的或者误导投资者的广告宣传或者其他宣传推介活动；

（二）以不正当竞争手段招揽承销业务；

（三）其他违反证券承销业务规定的行为。

证券公司有前款所列行为，给其他证券承销机构或者投资者造成损失的，应当依法承担赔偿责任。

2.《关于注册制下督促证券公司从事投行业务归位尽责的指导意见》（中国证券监督管理委员会公告〔2021〕17号）

7. 厘清中介机构责任。各中介机构对各自出具的专项文件负责，对与本专业相关的业务事项履行特别注意义务，对其他业务事项履行普通注意义务。招股说明书、重组报告书、债券募集说明书等引用会计师事务所、律师事务所、评估机构等其他中介机构专业意见或内容的，出具意见或文件的中介机构依法承担责任。证券公司对注册申请文件和信息披露资料进行全面核查验证，对其他中介机构的专业意见以"合理信赖"为一般原则，对存在"重大异常""前后重大矛盾""重大差异”等特殊情形进行调查、复核，对未引用其他中介机构专业意见的内容依法承担责任。

证券公司应当复核但未复核，或复核工作未全面到位的，依法承担责任。按照定性与定量相结合原则，细化需要证券公司复核的“重大事项”的标准及程序；研究明确证券公司对注册申请文件和信息披露资料进行“全面核查验证”的标准和程序。

根据监管和司法实践，推动完善证券虚假陈述民事赔偿制度规则，为中介机构依法承担民事责任提供制度基础。

3.《证券发行与承销管理办法》(中国证券监督管理委员会令第144号)

第五条 首次公开发行股票，网下投资者须具备丰富的投资经验和良好的定价能力，应当接受中国证券业协会的自律管理，遵守中国证券业协会的自律规则。

网下投资者参与报价时，应当持有一定金额的非限售股份或存托凭证。发行人和主承销商可以根据自律规则，设置网下投资者的具体条件，并在发行公告中预先披露。主承销商应当对网下投资者是否符合预先披露的条件进行核查，对不符合条件的投资者，应当拒绝或剔除其报价。

第十六条 首次公开发行股票网下配售时，发行人和主承销商不得向下列对象配售股票：

(一)发行人及其股东、实际控制人、董事、监事、高级管理人员和其他员工；发行人及其股东、实际控制人、董事、监事、高级管理人员能够直接或间接实施控制、共同控制或施加重大影响的公司，以及该公司控股股东、控股子公司和控股股东控制的其他子公司；

(二)主承销商及其持股比例5%以上的股东，主承销商的董事、监事、高级管理人员和其他员工；主承销商及其持股比例5%以上的股东、董事、监事、高级管理人员能够直接或间接实施控制、共同控制或施加重大影响的公司，以及该公司控股股东、控股子公司和控股股东控制的其他子公司；

(三)承销商及其控股股东、董事、监事、高级管理人员和其他员工；

(四)本条第(一)、(二)、(三)项所述人士的关系密切的家庭成员，包括配偶、子女及其配偶、父母及配偶的父母、兄弟姐妹及其配偶、配偶的兄弟姐妹、子女配偶的父母；

(五)过去6个月内与主承销商存在保荐、承销业务关系的公司及其持股5%以上的股东、实际控制人、董事、监事、高级管理人员，或已与主承销商签署保荐、承销业务合同或达成相关意向的公司及其持股5%以上的股东、实际控制人、董事、监事、高级管理人员；

（六）通过配售可能导致不当行为或不正当利益的其他自然人、法人和组织。

本条第（二）、（三）项规定的禁止配售对象管理的公募基金不受前款规定的限制，但应符合中国证监会的有关规定。

第十七条 发行人和承销商及相关人员不得泄露询价和定价信息；不得以任何方式操纵发行定价；不得劝诱网下投资者抬高报价，不得干扰网下投资者正常报价和申购；不得以提供透支、回扣或者中国证监会认定的其他不正当手段诱使他人申购股票；不得以代持、信托持股等方式谋取不正当利益或向其他相关利益主体输送利益；不得直接或通过其利益相关方向参与认购的投资者提供财务资助或者补偿；不得以自有资金或者变相通过自有资金参与网下配售；不得与网下投资者互相串通，协商报价和配售；不得收取网下投资者回扣或其他相关利益。

第四十条 证券公司及其直接负责的主管人员和其他直接责任人员在承销证券过程中，有下列行为之一的，中国证监会可以采取本办法第三十八条规定的监管措施；情节比较严重的，还可以采取3至12个月暂不受理其证券承销业务有关文件的监管措施；依法应予行政处罚的，依照《证券法》第一百九十一条[①]的规定予以处罚：

（一）夸大宣传，或以虚假广告等不正当手段诱导、误导投资者；

（二）以不正当竞争手段招揽承销业务；

（三）从事本办法第十七规定禁止的行为；

（四）向不符合本办法第五条规定的网下投资者配售股票，或向本办法第十六条规定禁止配售的对象配售股票；

（五）未按本办法要求披露有关文件；

（六）未按照事先披露的原则和方式配售股票，或其他未依照披露文件实施的行为；

（七）向投资者提供除招股意向书等公开信息以外的发行人其他信息；

（八）未按照本办法要求保留推介、定价、配售等承销过程中相关资料；

（九）其他违反证券承销业务规定的行为。

4.《公司债券发行与交易管理办法》（中国证券监督管理委员会令第180号）

第四十一条 主承销商应当遵守业务规则和行业规范，诚实守信、勤勉尽责、保持合理怀疑，按照合理性、必要性和重要性原则，对公司债券发行文件的真实

① 对应2005年《证券法》第一百九十一条即2019年《证券法》第一百八十四条规定。——本书注

性、准确性和完整性进行审慎核查,并有合理谨慎的理由确信发行文件披露的信息不存在虚假记载、误导性陈述或者重大遗漏。

主承销商对公司债券发行文件中证券服务机构出具专业意见的重要内容存在合理怀疑的,应当履行审慎核查和必要的调查、复核工作,排除合理怀疑。证券服务机构应当配合主承销商的相关核查工作。

第四十五条 发行人和承销机构不得操纵发行定价、暗箱操作;不得以代持、信托等方式谋取不正当利益或向其他相关利益主体输送利益;不得直接或通过其利益相关方向参与认购的投资者提供财务资助;不得有其他违反公平竞争、破坏市场秩序等行为。

发行人不得在发行环节直接或间接认购其发行的公司债券。发行人的董事、监事、高级管理人员、持股比例超过百分之五的股东及其他关联方认购或交易、转让其发行的公司债券的,应当披露相关情况。

第四十七条 发行人和承销机构在推介过程中不得夸大宣传,或以虚假广告等不正当手段诱导、误导投资者,不得披露除债券募集说明书等信息以外的发行人其他信息。承销机构应当保留推介、定价、配售等承销过程中的相关资料,并按相关法律法规规定存档备查,包括推介宣传材料、路演现场录音等,如实、全面反映询价、定价和配售过程。相关推介、定价、配售等的备查资料应当按中国证券业协会的规定制作并妥善保管。

第七十二条 承销机构在承销公司债券过程中,有下列行为之一的,中国证监会可以对承销机构及其直接负责的主管人员和其他直接责任人员采取本办法第六十八条规定的相关监管措施;情节严重的,依照《证券法》第一百八十四条予以处罚:

(一)未勤勉尽责,违反本办法第四十一条规定的行为;

(二)以不正当竞争手段招揽承销业务;

(三)从事本办法第四十五条规定禁止的行为;

(四)从事本办法第四十七条规定禁止的行为;

(五)未按本办法及相关规定要求披露有关文件;

(六)未按照事先披露的原则和方式配售公司债券,或其他未依照披露文件实施的行为;

(七)未按照本办法及相关规定要求保留推介、定价、配售等承销过程中相关资料;

(八)其他违反承销业务规定的行为。

典型案例

1. 新时代证券承销证券、财务顾问违规案(中国证监会行政处罚决定书〔2019〕52号)

【案情】新时代证券担任独立财务顾问、主承销商的情况

2015年3月6日,新时代证券与美丽生态签订《北京深华新股份有限公司与新时代证券有限责任公司之财务顾问协议》,正式担任美丽生态收购江苏八达园林有限责任公司(以下简称八达园林)100%股权的独立财务顾问,以及美丽生态发行股份购买资产并募集配套资金之非公开发行的主承销商。新时代证券分别于2015年5月14日、7月16日、8月6日出具了《关于深华新发行股份及支付现金购买资产并募集配套资金暨关联交易之独立财务顾问报告》(以下简称《独立财务顾问报告》)、《关于深华新发行股份及支付现金购买资产并募集配套资金暨关联交易之补充独立财务顾问报告》(以下简称《补充独立财务顾问报告》)、《关于深华新发行股份及支付现金购买资产并募集配套资金暨关联交易项目举报信之独立财务顾问核查意见》(以下简称《财务顾问核查意见》),上述三份文件分别于2015年5月19日、9月2日、10月10日由美丽生态公告披露。2015年3月12日至12月15日期间,新时代证券分三次收到美丽生态支付的财务顾问费用合计800万元。新时代证券担任主承销商收费1220.1万元。

一、新时代证券在提供财务顾问服务中未勤勉尽责,出具的文件对阜宁县金沙湖旅游度假区二期工程(以下简称"金沙湖项目")和镇江市官塘新城路网绿化工程(以下简称"官塘项目")的进展情况存在误导性陈述

(一)金沙湖项目和官塘项目基本情况

1. 金沙湖项目

2012年3月24日,八达园林与金沙湖管委会签订《建设工程施工合同》,工程名称为"阜宁县金沙湖旅游度假区二期工程",合同总金额100,000万元。工程地点为江苏省阜宁县城南新区渔深河以南等地段,工程内容包括大湖开发建设工程、金沙湖浴场完善提升工程等。2012年4月,金沙湖项目正式开工,截至2014年年末,金沙湖项目尚未确认收入的合同工程量为77,334.17万元,预计2015年实现收入25,000万元。2014年年底至2015年年初,金沙湖管委会领导班子调整,新领导班子认为金沙湖项目原规划不适合现在旅游的发展,提出重新调整金沙湖项目规划。2015年春节后的项目碰头会上,金沙湖管委会规划建设局局长杨某娣向八达园林金沙湖项目现场负责人朱某忠通报了"金沙湖项目规划变更""已有开工项目继续做完""未开工项目暂缓,等待规划重新调整"等情况。根据朱某

忠、八达园林总经理王某杰的询问笔录,金沙湖项目2015年上半年主要工作是完成2014年已开工项目的收尾工作,2015年下半年基本处于停工状态。2015年10月16日,金沙湖管委会向八达园林出具《工程联系单》,明确“施工方案重新规划,施工作业面暂停”“具体开工日期等我方书面通知”等。2016年9月12日,金沙湖管委会与八达园林签订《〈阜宁县金沙湖旅游度假区二期工程〉合同终止说明》,明确合同终止。相关财务资料显示,2015年1月至9月,金沙湖项目的成本为3512.56万元,剔除金沙湖项目实际于2014年完成、2015年审定竣工并计入2015年的工程成本3375.30万元,金沙湖项目2015年实际发生成本为137.26万元,仅占2015年项目预测成本的0.81%。

2. 官塘项目

2013年1月28日,八达园林与镇江市交通投资建设发展有限公司(以下简称镇江交投)签订《镇江市官塘新城路网绿化工程投资、建设及移交合同书》,合同金额29,550万元,约定八达园林负责项目建设,工程范围包括官塘桥路、环山-莱山路等六条道路,总长度30.32公里。2013年10月28日,八达园林向项目监理方提交《开工报告》,截至2014年年末,官塘项目尚未确认收入的合同工程量为11,583万元,预计2015年实现收入11,583万元。2014年年底至今,因拆迁受阻,官塘项目进展缓慢。根据该项目现场负责人郭某伟的询问笔录,2015年1月至9月,官塘项目“未开展新工程施工”“主要工作是养护原有的绿化工程”“2015年完成原来拟定的2015年工程量的可能性不大”;官塘项目“能在2017年底完成就已经很不错了”。相关财务资料显示,2015年1月至9月,官塘项目实际发生成本为385.8万元,仅占2015年项目预测成本的4.92%。

(二)新时代证券出具的文件对金沙湖项目和官塘项目的描述与事实不符,为误导性陈述

2015年2月,新时代证券确定的美丽生态重大资产重组项目的主办人董某瑜与其他中介机构共同实施了对金沙湖项目的现场走访,并访谈了金沙湖管委会规划建设局局长杨某娣,知悉当时“金沙湖项目未施工”。2015年1月至5月期间,董某瑜曾向八达园林总经理王某杰了解金沙湖项目情况,但忘记王某杰回复内容,且该问询未记入工作底稿。2015年2月至5月期间,项目组会同律师、会计师向八达园林了解金沙湖项目收入真实性、招投标等情况。在美丽生态收到证监会对其重大资产重组申请文件的反馈意见后,2015年7月,董某瑜曾向八达园林财务经理王某了解金沙湖项目情况,但忘记王某回复内容,且该问询未记入工作底稿。此后,新时代证券未走访金沙湖项目现场,未就金沙湖项目进展情况开展访谈、问询或其他工作。

2015年2月,董某瑜与其他中介机构共同实施了对官塘项目的现场走访,并访谈了镇江交投应某东,知悉当时"官塘项目未施工""部分道路未开通"。2015年2月至5月,项目组会同律师、会计师向八达园林了解官塘项目收入真实性、招投标等情况,未现场走访官塘项目了解施工进展。在美丽生态收到证监会对其重大资产重组申请文件的反馈意见后,2015年7月30日,董某瑜专门就框架协议的情况访谈镇江交投财务经理刘某明,但未向刘某明了解官塘项目施工进展情况。此后,新时代证券未走访官塘项目现场,未就官塘项目进展情况开展访谈、问询或其他工作。

综上,新时代证券在2015年2月已知悉金沙湖项目、官塘项目未施工的情况下,未保持应有的关注,未采取有效措施获取上述项目真实进展情况的证据,在出具的《独立财务顾问报告》《补充独立财务顾问报告》《财务顾问核查意见》中,对金沙湖项目、官塘项目的描述均为"正常施工中",对金沙湖项目、官塘项目"2015年工程施工状态"均描述为"工程进展良好",前述描述与事实不符,为误导性陈述,新时代证券上述行为违反了《上市公司并购重组财务顾问业务管理办法》(以下简称《财务顾问办法》)第三条、第十九条第一项和第四项以及第二十一条第一款的相关规定。

二、新时代证券在提供财务顾问服务中未勤勉尽责,出具的文件对金沙湖项目、官塘项目2015年收入预测存在误导性陈述

2015年5月14日,新时代证券出具了《独立财务顾问报告》,预测八达园林2015年可实现收入135,700万元,其中,2014年年底前已签订合同的17个项目(以下简称"17个项目")2015年可实现收入合计73,357万元,占八达园林2015年预测收入的54.06%;在该17个项目中,金沙湖项目、官塘项目2015年的收入预测分别为25,000万元、11,583万元,合计占八达园林2015年预测收入的26.96%。

2015年7月,新时代证券从八达园林取得的29个项目的情况表显示,八达园林实际确认的金沙湖项目、官塘项目2015年上半年收入分别为529.37万元、125.64万元,仅分别占该两个项目2015年全年预测收入的2.12%、1.08%;确认的17个项目2015年上半年收入为6894.46万元,仅占该17个项目2015年全年预测收入的9.4%。针对上述财务数据与预测数据的重大差异,新时代证券未保持应有的职业谨慎,未进行审慎分析,在后续出具的《补充独立财务顾问报告》和《财务顾问核查意见》中,继续沿用《独立财务顾问报告》中的预测数据。根据美丽生态2015年年报,八达园林2015年实现收入77,900万元,仅占预测收入的57.38%,金沙湖项目、官塘项目2015年实际确认收入分别为5086.32万元、2160.92万元,仅占预测收入的20.35%、18.63%。八达园林的金沙湖项目、官塘项目2015年度收入

预测均与实际情况存在重大差异。

综上,新时代证券在编制《补充独立财务顾问报告》和《财务顾问核查意见》过程中,忽视了项目进展的不确定性,未对获取的财务数据保持应有的职业谨慎,仍然沿用《独立财务顾问报告》中的收入预测数据及结论,导致《补充独立财务顾问报告》和《财务顾问核查意见》中对八达园林、金沙湖项目、官塘项目2015年收入预测与实际情况存在重大差异,构成误导性陈述,新时代证券上述行为违反了《财务顾问办法》第三条、第十九条第一项和第四项以及第二十一条第一款之规定。

【认定】中国证监会认定,新时代证券对金沙湖项目、官塘项目未开展持续、深入的尽职调查,导致出具的《独立财务顾问报告》《财务顾问核查意见》《补充独立财务顾问报告》对官塘项目、金沙湖项目工程施工状态的描述存在误导性陈述,在获取八达园林2015年上半年的相关财务数据后,未保持应有的职业谨慎,对金沙湖项目、官塘项目2015年全年收入预测仍然沿用《独立财务顾问报告》中的结论,导致出具的《补充独立财务顾问报告》《财务顾问核查意见》中对八达园林金沙湖项目、官塘项目2015年收入预测为误导性陈述。新时代证券的上述行为违反了2005年《证券法》第二十条第二款、第一百七十三条以及《财务顾问办法》第三条,第十九条第一项、第四项,第二十一条第一款之规定,构成《证券法》第二百二十三条、《上市公司重大资产重组管理办法》第五十八条第二款、《财务顾问办法》第四十二条所述的情形。新时代证券同时担任主承销商,其上述行为违反了《证券发行与承销管理办法》(以下简称《承销办法》)第二十八条的规定,构成2005年《证券法》第一百九十一条第三项①和《承销办法》第四十条第九项所述的情形。对新时代证券的上述违法行为,该项目签字财务顾问主办人严某、董某瑜是直接负责的主管人员。

2. 德邦证券承销证券违规案(中国证监会行政处罚决定书〔2019〕121号)②

【案情】一、德邦证券未充分核查五洋建设应收账款问题

2015年7月17日,五洋建设获准发行票面总金额不超过13.6亿元的公司债

① 2005年《证券法》没有明确针对“未对公开发行募集文件的真实性、准确性、完整性进行核查”的行为设定罚则,因此只能适用第一百九十一条第三项规定的兜底条款“其他违反证券承销业务规定的行为”。而2019年《证券法》第一百八十四条已经改变法条逻辑,今后没有必要再通过兜底条款进行处罚。——本书注

② 与五洋建设等欺诈发行、信披违法案(中国证监会行政处罚决定书〔2018〕54号)相关联的案件还包括:大信会计师事务所等未勤勉尽责案(中国证监会行政处罚决定书〔2019〕6号);曹某诉中国证监会案(北京市第一中级人民法院(2020)京01行初300号行政判决书、北京市第一中级人民法院(2020)京01行初319号行政判决书、北京市高级人民法院(2021)京行终1906号行政判决书、北京市高级人民法院(2021)京行终1907号行政判决书);等等。——本书注

券。德邦证券作为主承销商,为五洋建设发行债券出具了《德邦证券关于五洋建设公开发行公司债券之核查意见》(以下简称核查意见)。德邦证券取得的承销费收入为18,574,400.00元。

截至2015年第一季度,五洋建设应收账款数额为300,329.65万元,占资产总额的比重为30.51%。根据德邦证券提供的工作底稿,德邦证券质控内核初审意见认为应收账款在资产总额中占比较高,并提请内核委员及项目组关注应收账款回收风险问题。根据德邦证券的核查意见,"内部核查部门和内核委员会关注的主要问题及其落实情况"第一条为"请说明截至目前主要项目的结算情况,是否与合同约定相符,应收账款是否存在回收风险,存货是否存在减值风险"。项目组成员未实际查阅有关明细资料,未充分调查企业的应收款项形成原因、收回的可能性等,仅根据对发行人问询,回复内部核查部门及内核委员会五洋建设应收账款回收风险较小。

德邦证券作为主承销商,未充分核查公开发行募集文件的真实性和准确性,在关注到五洋建设应收账款回收风险问题时,未充分履行核查程序,违反了2005年《证券法》第三十一条"证券公司承销证券,应当对公开发行募集文件的真实性、准确性、完整性进行核查"和《公司债券发行与交易管理办法》第七条"为公司债券发行提供服务的承销机构、资信评级机构、受托管理人、会计师事务所、资产评估机构、律师事务所等专业机构和人员应当勤勉尽责,严格遵守执业规范和监管规则,按规定和约定履行义务"的规定。

二、德邦证券对于投资性房地产未充分履行核查程序

五洋建设为申请公开发行提交的债券募集说明书列示的合并财务报表显示,截至2015年3月31日,投资性房地产38.93亿元,占总资产的比例为39.55%。根据德邦证券提供的工作底稿,德邦证券质控内核初审意见提请内核委员会及项目组关注,投资性房地产在发行人资产中占比较高,并要求项目组说明投资性房地产的具体内容及位置、经营情况、公允价值确定依据、目前的市场价值。根据德邦证券的核查意见,"内部核查部门和内核委员会关注的主要问题及其落实情况"第五条为"请说明投资性房地产的具体内容及位置、经营情况、公允价值确定依据、目前的市场价值"。对此项目组答复"所有的投资性房地产均取得了资产评估报告,并以此确定公允价值,具体形式、位置、价值确认依据均在评估报告中提及,项目组已取得了这些评估报告"。事实上,项目组并未获取五洋建设所有投资性房地产的资产评估报告,且东舜百货和华联商厦两处投资性房地产入账依据为房地产价值咨询报告,而非资产评估报告。德邦证券对于投资性房地产未充分履行核查程序。

德邦证券的上述行为违反了《公司债券发行与交易管理办法》第七条“为公司债券发行提供服务的承销机构、资信评级机构、受托管理人、会计师事务所、资产评估机构、律师事务所等专业机构和人员应当勤勉尽责，严格遵守执业规范和监管规则，按规定和约定履行义务”的相关规定。

三、德邦证券未将沈阳五洲投资性房地产出售问题写入核查意见

相关邮件记录及询问笔录显示，德邦证券项目组成员知悉2015年五洋建设控股子公司沈阳五洲商业广场发展有限公司（以下简称沈阳五洲）已与沈阳出版发行集团有限公司签订协议，将东舜百货以大幅低于公允价值的价格对其出售，可能会对五洋建设产生重要影响，但德邦证券未依照《公开发行证券的公司信息披露内容与格式准则第24号——公开发行债券申请文件（2015年修订）》（以下简称《24号准则》）附录第三章3－1（5）的要求将此写入核查意见中。

德邦证券的上述行为违反了《公司债券发行与交易管理办法》第七条“为公司债券发行提供服务的承销机构、资信评级机构、受托管理人、会计师事务所、资产评估机构、律师事务所等专业机构和人员应当勤勉尽责，严格遵守执业规范和监管规则，按规定和约定履行义务”的规定。

【认定】中国证监会认定，德邦证券的上述行为违反了2005年《证券法》第三十一条、《公司债券发行与交易管理办法》第七条，构成2005年《证券法》第一百九十一条第（三）项所述的情形。

五洋建设债券项目负责人周某玮直接负责项目主要核查工作，并在核查意见上签字，五洋建设债券项目的承做部门负责人曹某对整个项目具有主导作用，周某玮、曹某未对五洋建设债券项目的风险核查问题保持应有关注，是德邦证券违法行为直接负责的主管人员。德邦证券分管债券业务副总裁和债券承销业务负责人林某，对于德邦证券在五洋建设债券承销过程中的相关问题未保持应有关注；五洋建设债券项目组成员吴某炜、罗某对于五洋建设债券项目的相关问题未保持应有关注。林某、吴某炜、罗某均在核查意见上签字，是德邦证券违法行为的其他直接责任人员。

《证券法》第一百八十五条　【发行人擅自改变募集资金用途】

第一百八十五条　发行人违反本法第十四条、第十五条的规定擅自改变公开发行证券所募集资金的用途的，责令改正，处以五十万元以上五百万元以下的罚款；对直接负责的主管人员和其他直接责任人员给予警告，并处以十万元以上一

百万元以下的罚款。

发行人的控股股东、实际控制人从事或者组织、指使从事前款违法行为的，给予警告，并处以五十万元以上五百万元以下的罚款；对直接负责的主管人员和其他直接责任人员，处以十万元以上一百万元以下的罚款。

相关规定

1.《证券法》

第十四条 公司对公开发行股票所募集资金，必须按照招股说明书或者其他公开发行募集文件所列资金用途使用；改变资金用途，必须经股东大会作出决议。擅自改变用途，未作纠正的，或者未经股东大会认可的，不得公开发行新股。

第十五条 公开发行公司债券，应当符合下列条件：

（一）具备健全且运行良好的组织机构；

（二）最近三年平均可分配利润足以支付公司债券一年的利息；

（三）国务院规定的其他条件。

公开发行公司债券筹集的资金，必须按照公司债券募集办法所列资金用途使用；改变资金用途，必须经债券持有人会议作出决议。公开发行公司债券筹集的资金，不得用于弥补亏损和非生产性支出。

上市公司发行可转换为股票的公司债券，除应当符合第一款规定的条件外，还应当遵守本法第十二条第二款的规定。但是，按照公司债券募集办法，上市公司通过收购本公司股份的方式进行公司债券转换的除外。

2.《上市公司监管指引第2号——上市公司募集资金管理和使用的监管要求》（中国证券监督管理委员会公告〔2022〕15号）

第六条 上市公司募集资金应当按照招股说明书或者其他公开发行募集文件所列用途使用。上市公司改变招股说明书或者其他公开发行募集文件所列资金用途的，必须经股东大会作出决议。

第七条 上市公司募集资金原则上应当用于主营业务。除金融类企业外，募集资金投资项目不得为持有交易性金融资产和可供出售的金融资产、借予他人、委托理财等财务性投资，不得直接或间接投资于以买卖有价证券为主要业务的公司。

科创板上市公司募集资金使用应符合国家产业政策和相关法律法规，并应当投资于科技创新领域。

第九条 暂时闲置的募集资金可暂时用于补充流动资金。暂时补充流动资金,仅限于与主营业务相关的生产经营使用,不得通过直接或间接安排用于新股配售、申购,或用于股票及其衍生品种、可转换公司债券等的交易。闲置募集资金暂时用于补充流动资金的,应当经上市公司董事会审议通过,独立董事、监事会、保荐机构发表明确同意意见并披露。单次补充流动资金最长不得超过十二个月。

典型案例

富贵鸟信披违法、擅自改变募集资金用途案(中国证监会行政处罚决定书〔2020〕36号)

【案情】2015年4月20日,富贵鸟签署并公告《富贵鸟股份有限公司公开发行2014年公司债券募集说明书》(以下简称《14募集说明书》)。2015年4月22日,富贵鸟面向公众投资者公开发行了人民币8亿元的公司债券,并于2015年6月2日在上海证券交易所上市交易,债券简称"14富贵鸟",债券代码122356。

一、富贵鸟公开发行公司债券信息披露存在虚假记载、重大遗漏及未在规定时间内披露相关定期报告(略)

二、富贵鸟公开发行公司债券部分募集资金未按核准用途使用

根据《14募集说明书》及"14富贵鸟"发行公告,"14富贵鸟"债券募集资金用途为"拟用于偿还银行贷款和补充流动资金"。2015年4月30日,富贵鸟使用"14富贵鸟"公开发行债券募集资金174,268,709.52元购买短期银行理财产品,期限5至12天不等,相关资金使用与核准的"14富贵鸟"募集资金用途不符。

三、富贵鸟非公开发行公司债券信息披露存在虚假记载和重大遗漏(略)

四、富贵鸟未按规定及时披露2017年度新增对外担保事项(略)

【认定】富贵鸟公开发行公司债券部分募集资金未按核准用途使用的行为,违反了2005年《证券法》第十六条的规定,构成2005年《证券法》第一百九十四条第一款所述的情形。依据2005年《证券法》第一百九十三条第一款,中国证监会决定:对富贵鸟责令改正,给予警告,并处以60万元罚款。因富贵鸟擅自改变公开发行证券所募集资金用途的行为,富贵鸟已经改正,不再根据2005年《证券法》第一百九十四条第一款对其责令改正。对本案的责任人员另案处理。

《证券法》第一百八十六条 【违法转让证券】

第一百八十六条 **违反本法第三十六条的规定,在限制转让期内转让证券,**

或者转让股票不符合法律、行政法规和国务院证券监督管理机构规定的，责令改正，给予警告，没收违法所得，并处以买卖证券等值以下的罚款。

相关规定

1.《证券法》

第三十六条 依法发行的证券，《中华人民共和国公司法》和其他法律对其转让期限有限制性规定的，在限定的期限内不得转让。

上市公司持有百分之五以上股份的股东、实际控制人、董事、监事、高级管理人员，以及其他持有发行人首次公开发行前发行的股份或者上市公司向特定对象发行的股份的股东，转让其持有的本公司股份的，不得违反法律、行政法规和国务院证券监督管理机构关于持有期限、卖出时间、卖出数量、卖出方式、信息披露等规定，并应当遵守证券交易所的业务规则。

第六十三条① 通过证券交易所的证券交易，投资者持有或者通过协议、其他安排与他人共同持有一个上市公司已发行的有表决权股份达到百分之五时，应当在该事实发生之日起三日内，向国务院证券监督管理机构、证券交易所作出书面报告，通知该上市公司，并予公告，在上述期限内不得再行买卖该上市公司的股票，但国务院证券监督管理机构规定的情形除外。

投资者持有或者通过协议、其他安排与他人共同持有一个上市公司已发行的有表决权股份达到百分之五后，其所持该上市公司已发行的有表决权股份比例每增加或者减少百分之五，应当依照前款规定进行报告和公告，在该事实发生之日起至公告后三日内，不得再行买卖该上市公司的股票，但国务院证券监督管理机构规定的情形除外。

投资者持有或者通过协议、其他安排与他人共同持有一个上市公司已发行的有表决权股份达到百分之五后，其所持该上市公司已发行的有表决权股份比例每增加或者减少百分之一，应当在该事实发生的次日通知该上市公司，并予公告。

违反第一款、第二款规定买入上市公司有表决权的股份的，在买入后的三十

---

① 2005年《证券法》第二百零四条处罚的是“在限制转让期限内买卖证券”，而2019年《证券法》第一百八十六条处罚的是“在限制转让期内转让证券”，可见根据旧法，限制转让期内的买和卖均要处罚，而根据新法，则只处罚限制转让期内的转让行为，也即卖出行为。据此，虽然第六十三条第一款、第二款规定的是“不得再行买卖该上市公司的股票”，但是如果适用第一百八十六条进行处罚的话，只能处罚卖出行为。当然，如果买入行为违反第四十四条短线交易等规定的，仍可依照第一百八十九条等相关条款进行处罚。——本书注

六个月内,对该超过规定比例部分的股份不得行使表决权。

第七十五条 在上市公司收购中,收购人持有的被收购的上市公司的股票,在收购行为完成后的十八个月内不得转让。

2.《公司法》

第一百四十一条 发起人持有的本公司股份,自公司成立之日起一年内不得转让。公司公开发行股份前已发行的股份,自公司股票在证券交易所上市交易之日起一年内不得转让。

公司董事、监事、高级管理人员应当向公司申报所持有的本公司的股份及其变动情况,在任职期间每年转让的股份不得超过其所持有本公司股份总数的百分之二十五;所持本公司股份自公司股票上市交易之日起一年内不得转让。上述人员离职后半年内,不得转让其所持有的本公司股份。公司章程可以对公司董事、监事、高级管理人员转让其所持有的本公司股份作出其他限制性规定。

3.《上市公司股东、董监高减持股份的若干规定》(中国证券监督管理委员会公告〔2017〕9号)

第一条 为了规范上市公司股东及董事、监事、高级管理人员(以下简称董监高)减持股份行为,促进证券市场长期稳定健康发展,根据《公司法》《证券法》的有关规定,制定本规定。

第二条 上市公司控股股东和持股5%以上股东(以下统称大股东)、董监高减持股份,以及股东减持其持有的公司首次公开发行前发行的股份、上市公司非公开发行的股份,适用本规定。

大股东减持其通过证券交易所集中竞价交易买入的上市公司股份,不适用本规定。

第三条 上市公司股东、董监高应当遵守《公司法》《证券法》和有关法律、法规,中国证监会规章、规范性文件,以及证券交易所规则中关于股份转让的限制性规定。

上市公司股东、董监高曾就限制股份转让作出承诺的,应当严格遵守。

第四条 上市公司股东、董监高可以通过证券交易所的证券交易卖出,也可以通过协议转让及法律、法规允许的其他方式减持股份。

因司法强制执行、执行股权质押协议、赠与、可交换债换股、股票权益互换等减持股份的,应当按照本规定办理。

第五条 上市公司股东、董监高减持股份,应当按照法律、法规和本规定,以及证券交易所规则,真实、准确、完整、及时履行信息披露义务。

第六条 具有下列情形之一的,上市公司大股东不得减持股份:

(一)上市公司或者大股东因涉嫌证券期货违法犯罪,在被中国证监会立案调查或者被司法机关立案侦查期间,以及在行政处罚决定、刑事判决作出之后未满6个月的。

(二)大股东因违反证券交易所规则,被证券交易所公开谴责未满3个月的。

(三)中国证监会规定的其他情形。

第七条 具有下列情形之一的,上市公司董监高不得减持股份:

(一)董监高因涉嫌证券期货违法犯罪,在被中国证监会立案调查或者被司法机关立案侦查期间,以及在行政处罚决定、刑事判决作出之后未满6个月的。

(二)董监高因违反证券交易所规则,被证券交易所公开谴责未满3个月的。

(三)中国证监会规定的其他情形。

第八条 上市公司大股东、董监高计划通过证券交易所集中竞价交易减持股份,应当在首次卖出的15个交易日前向证券交易所报告并预先披露减持计划,由证券交易所予以备案。

上市公司大股东、董监高减持计划的内容应当包括但不限于:拟减持股份的数量、来源、减持时间区间、方式、价格区间、减持原因。减持时间区间应当符合证券交易所的规定。

在预先披露的减持时间区间内,大股东、董监高应当按照证券交易所的规定披露减持进展情况。减持计划实施完毕后,大股东、董监高应当在两个交易日内向证券交易所报告,并予公告;在预先披露的减持时间区间内,未实施减持或者减持计划未实施完毕的,应当在减持时间区间届满后的两个交易日内向证券交易所报告,并予公告。

第九条 上市公司大股东在3个月内通过证券交易所集中竞价交易减持股份的总数,不得超过公司股份总数的1%。

股东通过证券交易所集中竞价交易减持其持有的公司首次公开发行前发行的股份、上市公司非公开发行的股份,应当符合前款规定的比例限制。

股东持有上市公司非公开发行的股份,在股份限售期届满后12个月内通过集中竞价交易减持的数量,还应当符合证券交易所规定的比例限制。

适用前三款规定时,上市公司大股东与其一致行动人所持有的股份应当合并计算。

第十条 通过协议转让方式减持股份并导致股份出让方不再具有上市公司大股东身份的,股份出让方、受让方应当在减持后6个月内继续遵守本规定第八条、第九条第一款的规定。

股东通过协议转让方式减持其持有的公司首次公开发行前发行的股份、上市公司非公开发行的股份,股份出让方、受让方应当在减持后6个月内继续遵守本规定第九条第二款的规定。

第十一条 上市公司大股东通过大宗交易方式减持股份,或者股东通过大宗交易方式减持其持有的公司首次公开发行前发行的股份、上市公司非公开发行的股份,股份出让方、受让方应当遵守证券交易所关于减持数量、持有时间等规定。

适用前款规定时,上市公司大股东与其一致行动人所持有的股份应当合并计算。

第十二条 上市公司大股东的股权被质押的,该股东应当在该事实发生之日起2日内通知上市公司,并予公告。

中国证券登记结算公司应当统一制定上市公司大股东场内场外股权质押登记要素标准,并负责采集相关信息。证券交易所应当明确上市公司大股东办理股权质押登记、发生平仓风险、解除股权质押等信息披露内容。

因执行股权质押协议导致上市公司大股东股份被出售的,应当执行本规定。

第十三条 上市公司股东、董监高未按照本规定和证券交易所规则减持股份的,证券交易所应当视情节采取书面警示等监管措施和通报批评、公开谴责等纪律处分措施;情节严重的,证券交易所应当通过限制交易的处置措施禁止相关证券账户6个月内或12个月内减持股份。

证券交易所为防止市场发生重大波动,影响市场交易秩序或者损害投资者利益,防范市场风险,有序引导减持,可以根据市场情况,依照法律和交易规则,对构成异常交易的行为采取限制交易等措施。

第十四条 上市公司股东、董监高未按照本规定和证券交易所规则减持股份的,中国证监会依照有关规定采取责令改正等监管措施。

第十五条 上市公司股东、董监高未按照本规定和证券交易所规则披露信息,或者所披露的信息存在虚假记载、误导性陈述或者重大遗漏的,中国证监会依照《证券法》第一百九十三条的规定给予行政处罚。

第十六条 上市公司股东、董监高减持股份超过法律、法规、中国证监会规章和规范性文件、证券交易所规则设定的比例的,依法予以查处。

第十七条 上市公司股东、董监高未按照本规定和证券交易所规则减持股份,构成欺诈、内幕交易和操纵市场的,依法予以查处。

第十八条 上市公司股东、董监高违反本规定和证券交易所规则减持股份,情节严重的,中国证监会可以依法采取证券市场禁入措施。

第十九条 本规定自公布之日起施行。《上市公司大股东、董监高减持股份的若干规定》(证监会公告〔2016〕1号)同时废止。

4.《上市公司重大资产重组管理办法》(中国证券监督管理委员会令第 166 号)

第四十六条　特定对象以资产认购而取得的上市公司股份,自股份发行结束之日起 12 个月内不得转让;属于下列情形之一的,36 个月内不得转让:

(一)特定对象为上市公司控股股东、实际控制人或者其控制的关联人;

(二)特定对象通过认购本次发行的股份取得上市公司的实际控制权;

(三)特定对象取得本次发行的股份时,对其用于认购股份的资产持续拥有权益的时间不足 12 个月。

属于本办法第十三条第一款规定的交易情形的,上市公司原控股股东、原实际控制人及其控制的关联人,以及在交易过程中从该等主体直接或间接受让该上市公司股份的特定对象应当公开承诺,在本次交易完成后 36 个月内不转让其在该上市公司中拥有权益的股份;除收购人及其关联人以外的特定对象应当公开承诺,其以资产认购而取得的上市公司股份自股份发行结束之日起 24 个月内不得转让。

典型案例

1. 梁某友限制期交易案(中国证监会行政处罚决定书〔2020〕37 号)

【案情】梁某友自 2002 年担任华仁药业董事长,2016 年 7 月,华仁药业半年报公布梁某友持有限售股 169.6 万股,本期解禁 51 万股,期末持有限售股 118.6 万股。2016 年 10 月,华仁药业三季报公布梁某友持有限售股 118.6 万股,本期增加限售股 12.4 万股,期末持有限售股 131 万股。

张某顺系梁某友司机,“张某顺”证券资金账户(99××××70)于 2011 年 12 月 16 日开立在中信证券(山东)青岛标山路营业部,下挂上海股东账户 A3××××92 和深圳股东账户 01××××13,三方存管银行为农业银行。2016 年 8 月 10 日,“张某顺”账户分别从华仁世纪集团有限公司、梁某东处通过大宗交易方式受让 638 万股和 132 万股“华仁药业”,合计 770 万股,金额约 1.015 亿元。8 月 16 日,梁某友申请辞去华仁药业董事、董事长职务。9 月 6 日,华仁药业股东大会选举产生新任董事及董事长,梁某友辞职生效。9 月 19 日,“张某顺”账户减持 270 万股“华仁药业”,金额 4,746 万元。该减持指令来自梁某友,减持资金去向为梁某友。

【认定】中国证监会认定梁某友的上述行为违反了《中华人民共和国公司法》第一百四十一条第二款、2005 年《证券法》第三十八条的规定,构成 2005 年《证券法》第二百零四条所述“违反法律规定，在限制转让期限内买卖证券”的行为。

2. 吕某庆等超比例持股未披露、限制期交易案（中国证监会行政处罚决定书〔2021〕37号）

【案情】2017年5月9日至7月6日，当事人控制使用以下34个证券账户（以下简称涉案账户组）交易“吉林森工”。涉案账户组自2017年5月9日开始买入“吉林森工”，6月23日持有的“吉林森工”比例达到6.04%，之后仍反复交易，至7月6日，涉案账户组将所持有的“吉林森工”全部卖出。当事人在持有吉林森工已发行的股份达到5%时及其所持吉林森工已发行股份减少5%时均未向国务院证券监督管理机构、证券交易所作出书面报告，也未通知上市公司并予以公告，并且继续交易该股票，累计卖出“吉林森工”金额为808,087,973.88元。涉案账户组在2017年5月9日至7月6日期间累计亏损2,894,094.33元。

【认定】中国证监会认定当事人的上述行为违反了2005年《证券法》第八十六条、第三十八条规定，构成2005年《证券法》第一百九十三条第二款、第二百零四条所述行为。

权威解读[①]

按照本条规定对违规减持行为进行处罚，只限于对违反法律、行政法规和中国证监会规定的减持行为，而不包括只违反证券交易所业务规则的减持行为。对于仅违反证券交易所规定的业务规则的减持行为，可由证券交易所进行自律处分。[②]

《证券法》第一百八十七条 【非法持有、买卖股票或者其他具有股权性质的证券】

第一百八十七条 法律、行政法规规定禁止参与股票交易的人员，违反本法第四十条的规定，直接或者以化名、借他人名义持有、买卖股票或者其他具有股权性质的证券的，责令依法处理非法持有的股票、其他具有股权性质的证券，没收违法所得，并处以买卖证券等值以下的罚款；属于国家工作人员的，还应当依法给予处分。

---

① 参见程合红主编：《〈证券法〉修订要义》，人民出版社2020年版，第362页。

② 虽然《证券法》第三十六条第二款规定转让股份“应当遵守证券交易所的业务规则”，但是该法第一百八十六条限定为“在限制转让期内转让证券，或者转让股票不符合法律、行政法规和国务院证券监督管理机构规定的”。由此可见，对于在限制转让期内转让证券以外的其他违法转让证券行为，只限于违反法律、行政法规和中国证监会规定的情形。这种义务条款与罚则不完全对应之处，应当引起重视。——本书注

相关规定

《证券法》

第四十条 证券交易场所、证券公司和证券登记结算机构的从业人员，证券监督管理机构的工作人员以及法律、行政法规规定禁止参与股票交易的其他人员，在任期或者法定限期内，不得直接或者以化名、借他人名义持有、买卖股票或者其他具有股权性质的证券，也不得收受他人赠送的股票或者其他具有股权性质的证券。

任何人在成为前款所列人员时，其原已持有的股票或者其他具有股权性质的证券，必须依法转让。

实施股权激励计划或者员工持股计划的证券公司的从业人员，可以按照国务院证券监督管理机构的规定持有、卖出本公司股票或者其他具有股权性质的证券。

典型案例

1. 江某良违法买卖股票案（中国证监会行政处罚决定书〔2019〕74号）

【案情】一、江某良任职情况

2001年至2008年6月期间，江某良在易方达基金管理有限公司（以下简称易方达基金）工作，历任易方达基金投资管理部总经理、总裁助理、投资总监、副总经理。2008年6月，江某良辞去其在易方达基金所任职务。2004年12月至2007年4月期间，江某良担任第七届、第八届中国证券监督管理委员会股票发行审核委员会（以下简称发审委）兼职委员。

二、江某良以刘某名义入股深圳世方联创业投资有限公司（以下简称深圳世方联），进而以深圳世方联名义买卖“鱼跃医疗”

（一）深圳世方联设立与运营情况

2005年6月至8月期间，平安证券股份有限公司（以下简称平安证券）与江苏鱼跃医疗设备股份有限公司（以下简称鱼跃医疗）签署了《公司改制财务顾问协议》。2006年10月期间，平安证券分管投行部的副总经理薛某年等人赴鱼跃医疗会见鱼跃医疗董事长吴某明，全面推进鱼跃医疗改制工作，并派项目组进驻鱼跃医疗现场。2006年年底，平安证券项目组提出股改方案。

2006年12月25日，深圳世方联在深圳成立，股东为彭某嫦、刘某、朱某年、胡某娟，持股比例分别为30%、30%、30%、10%。胡某娟配偶施某伟担任深圳世方联经理职务。刘某担任深圳世方联监事职务，为江某良配偶李某之姐。

2012年5月20日，深圳世方联名称变更为石河子世方联投资有限公司，注册地址变更为新疆石河子开发区。2013年6月7日,公司名称变更为石河子融科华投资有限公司。2014年1月26日,公司名称变更为石河子融科华投资有限合伙企业。该有限合伙企业的执行事务合伙人为彭某嫦,彭某嫦对合伙企业承担无限连带责任,胡某娟、刘某、朱某年承担有限责任。四名合伙人的出资额、出资比例与变更前维持一致。

深圳世方联证券账户自开立之日起,主要交易"鱼跃医疗"。除此之外,仅少量进行新股申购及小额的股票买卖交易。包括申购新股在内的总交易笔数不超过30笔,每笔成交金额不超过20万元。综上,深圳世方联在存续期间,其证券账户主要用于交易"鱼跃医疗"。

(二)深圳世方联股东以深圳世方联名义买卖"鱼跃医疗"并获得交易收益

2007年3月21日,鱼跃医疗股东会通过股权转让议案,同意公司实际控制人吴某明将其个人所持的鱼跃医疗0.26%的股权以40万元的价格转让给公司海外销售业务主要负责人宋某光、3%的股权以462万元的价格转让给为公司作出贡献的第一代老员工束某珍、3.89%的股权以600万元的价格转让给深圳世方联、60%的股权以3963万元的价格转让给鱼跃科技(鱼跃医疗董事长吴某明为鱼跃科技实际控制人)。上述股权受让方及转让方于2007年3月21日签订了《股权受让协议》。在上述转让协议中,束某珍、宋某光、深圳世方联受让股权的价格均为每股2元。

2008年4月18日,鱼跃医疗在深圳证券交易所上市。2013年10月14日至2015年3月6日期间,深圳世方联在二级市场减持所持全部"鱼跃医疗",卖出清算金额共计440,027,654.8元。此外,在深圳世方联证券账户持有"鱼跃医疗"期间,共获得六次现金分红,分红金额总计5,527,937元。2015年3月6日之后,深圳世方联的证券账户再无证券交易记录。

深圳世方联卖出"鱼跃医疗"股票所得与所获分红款项,在扣缴个人所得税52,692,307.27元,并通过彭某嫦账户缴纳个人所得税34,733,824.53元后;剩余资金共计358,142,847.6元,全部按持股比例向四名股东进行了分配。其中,向刘某分配107,704,742.9元。

(三)江某良通过刘某代持深圳世方联股份

1.江某良自认其本人为深圳世方联30%股权的实际所有人。据江某良本人陈述,深圳世方联由施某伟向他建议发起设立,刘某所持深圳世方联30%股权的实际所有人为江某良本人。

2.江某良夫妇实际控制刘某账户组。刘某为江某良配偶李某之姐。刘某长期将刘某中国银行4776××××3871账户(以下简称刘某中行账户)、刘某交通银行6222××××3785银行账户(以下简称刘某交行账户)、刘某中信证券80××××9417证券账户(以下简称刘某中信证券账户)、刘某银河证券33××××4537证券账户(以下简称刘某银河证券账户)出借给李某。

3. 刘某缴纳深圳世方联注册资本的资金来自江某良夫妇共同财产。2016年12月12日,李某中国银河证券33××××3408证券账户(以下简称李某银河证券账户)转出300万元至其本人中国银行账户。12月13日,李某中国银行账户将300万元转出至刘某中行账户。同日,刘某中行账户将300万元转入深圳世方联账户内,该笔资金划转为李某办理。2007年2月15日,李某银河证券账户将233,600股"苏宁电器"及540,075股"通威股份"分拆至该证券账户下挂的刘某银河证券。5月9日,刘某银河证券账户卖出70,000股"通威股份",总市值约188万元。5月10日,刘某该证券账户转出188万元资金至刘某中行账户。同日,刘某中行账户将180万元资金转入深圳世方联银行账户。刘某两次对深圳世方联的出资,资金实际来源于江某良夫妻的共同财产。

4. 刘某账户所得收益最终流向江某良。深圳世方联账户共计转出107,704,742.9元至刘某交行账户。该笔资金绝大部分流向江某良、李某名下账户或实际控制账户,用于证券投资、股权投资、购买江某良创设的公司发行的产品、缴纳注册资本等。

5. 江某良直接参与了深圳世方联投资鱼跃医疗的活动。江某良参与了深圳世方联入股鱼跃医疗的决策过程。2006年下半年,江某良赴鱼跃医疗走访并与鱼跃医疗的实际控制人吴某明沟通了鱼跃医疗的发展情况。此后,施某伟与江某良讨论投资鱼跃医疗事宜,并询问江某良对入股作价的意见,江某良认为鱼跃医疗所处行业前景较好,同意入股鱼跃医疗。此外,江某良曾短期管理深圳世方联证券账户,并下单卖出鱼跃医疗股票。

6. 深圳世方联投资鱼跃医疗与江某良所任职务存在高度关联与利益冲突。深圳世方联股东背景与鱼跃医疗的上市工作高度关联。深圳世方联股东彭某嫦为冯某树岳母,冯某树时任发审委兼职委员,深圳证券交易所发审监管部副总监。深圳世方联股东朱某年为薛某年弟媳,薛某年时任保荐机构平安证券相关业务的负责人。江某良出资与其他股东共同设立深圳世方联并进而交易"鱼跃医疗"的行为,与江某良社会关系存在高度关联,与江某良所任发审委兼职委员身份存在重大利益冲突。深圳世方联按照鱼跃医疗净资产价格入股,其价格与鱼跃医疗重要员工入股价格一致,显著低于市场合理水平。

综上,江某良以刘某名义入股深圳世方联,并进而以深圳世方联名义买卖"鱼跃医疗",实际获利金额为103,473,842.90元。

【认定】中国证监会认定,江某良2004年12月至2007年4月担任发审委委员期间,借用他人名义持有、买卖股票行为违反了2005年《证券法》第四十三条"证券交易所、证券公司和证券登记结算机构的从业人员、证券监督管理机构的工作人员以及法律、行政法规禁止参与股票交易的其他人员,在任期或者法定期限内,不得直接或者以化名、借他人名义持有、买卖股票,也不得接受他人赠送的股票"的规定,构成了2005年《证券法》第一百九十九条所述违法行为。

2. 郭某纲证券从业人员违法买卖股票案(中国证监会行政处罚决定书〔2019〕116号)

【案情】郭某纲于2011年7月18日至2011年11月10日担任财达证券研究发展中心研究员,2011年11月11日至2018年1月30日(调查日)先后担任财达证券投资部投资经理、项目二部负责人。

郭某霞是当事人的妹妹,于2000年12月12日在申万宏源证券南京华侨路证券营业部开立"郭某霞"证券账户。2011年11月10日,办理撤指定和转托管,转托管至申万宏源证券大连分公司;2011年11月22日,开立信用证券账户。

2008年7月3日,"郭某霞"证券账户三方存管银行变更时,证券账户资金余额为0,库存股份为0。三方存管银行变更之后,"郭某霞"证券账户的资金来源于当事人及融资借款(融资融券业务)。2008年7月8日至2015年11月16日,当事人先后通过自己的银行账户、其侄子郭某龙的银行账户、其母亲于某英的银行账户向"郭某霞"银行账户累计转入158.95万元。上述资金绝大部分于当日或次日转入"郭某霞"证券账户。

2011年7月18日至2018年1月30日,当事人使用电脑和手机,与郭某霞共同操作"郭某霞"证券账户。上述期间,"郭某霞"证券账户共交易股票75只,成交金额10,553.95万元,盈利72.36万元。

【认定】中国证监会认定,当事人作为证券公司从业人员,借郭某霞名义持有、买卖股票的行为,违反了2005年《证券法》第四十三条第一款的规定,构成2005年《证券法》第一百九十九条所述情形。

权威解读[①]

《证券法》第四十条所述证券公司的从业人员,不仅指证券公司从事证券业务的专业人员,而且还包括证券公司从事党务工作、辅助支持业务、综合管理业务在

① 参见中国证监会行政处罚决定书〔2019〕116号。

内的其他工作人员。只要属于证券公司工作人员，均应被认定为《证券法》第四十条规定的证券公司的从业人员。证券公司的从业人员认定不以其取得从业资格或执业证书为前提。

《证券法》第一百八十八条　【证券服务机构及其从业人员违法买卖证券】

第一百八十八条　证券服务机构及其从业人员，违反本法第四十二条的规定买卖证券的，责令依法处理非法持有的证券，没收违法所得，并处以买卖证券等值以下的罚款。

相关规定

《证券法》

第四十二条　为证券发行出具审计报告或者法律意见书等文件的证券服务机构和人员，在该证券承销期内和期满后六个月内，不得买卖该证券。

除前款规定外，为发行人及其控股股东、实际控制人，或者收购人、重大资产交易方出具审计报告或者法律意见书等文件的证券服务机构和人员，自接受委托之日起至上述文件公开后五日内，不得买卖该证券。实际开展上述有关工作之日早于接受委托之日的，自实际开展上述有关工作之日起至上述文件公开后五日内，不得买卖该证券。

典型案例

1. 张某清违规买卖证券案（中国证监会行政处罚决定书〔2011〕23号）

【案情】大信会计师事务有限公司（以下简称大信所）是保利房地产（集团）股份有限公司（以下简称保利地产）2008年年度报告的审计机构，于2008年12月22日接受保利地产委托，开始进行2008年年度报告审计，保利地产2008年年度报告公告日期为2009年2月18日。大信所及该所从事保利地产年度报告审计的人员限制买卖“保利地产”股票的期间为大信所接受保利地产委托日至保利地产年报公告后5日，即2008年12月22日至2009年2月23日。

大信所指定审计六部为保利地产2008年年度报告审计的承办部门，审计期间张某清任审计六部高级经理兼主管所领导。张某清复核并审批了保利地产的2008年年度报告审计计划，签字注册会计师及其他下属审计人员在审计过程中向张某清报告了审计进展和沟通情况,张某清还复核了审计底稿和审计报告,参加了保利地产审计委员会会议并汇报了审计相关情况。

张某清在限制交易期内利用"张某清"账户交易了"保利地产"股票,交易总金额4,710,114.50元,盈利53,917.34元;利用"范某"账户交易了"保利地产"股票,交易总金额278,674.00元,盈利17,977.21元。

【认定】中国证监会认定,张某清在限制交易期内交易"保利地产"股票的行为违反了2005年《证券法》第四十五条第二款关于"为上市公司出具审计报告、资产评估报告或者法律意见书等文件的证券服务机构和人员,自接受委托之日起至上述文件公开后五日内,不得买卖该股票"的规定,构成了2005年《证券法》第二百零一条所述"为股票的发行、上市、交易出具审计报告、资产评估报告或者法律意见书等文件的证券服务机构和人员,违反本法第四十五条规定买卖股票"的行为。

2. 吴某敏违规买卖证券案(中国证监会行政处罚决定书〔2014〕86号)

【案情】吴某敏2007年至2011年任北京天健兴业资产评估公司(以下简称天健兴业)总经理,2005年9月25日至2010年12月28日任利安达会计师事务所有限责任公司合伙人,2011年1月1日至中国证监会调查日任天健会计师事务所北京分所副总经理,2007年12月25日至2011年12月1日任中国证监会上市公司并购重组审核委员会委员。

一、吴某敏控制"苏某某"账户(略)

二、吴某敏受南京红太阳股份有限公司(以下简称红太阳)委托参与相关项目的评估工作

(一)2010年3月1日,吴某敏作为天健兴业的评估人员进场开始从事对红太阳持有江苏中邦制药有限公司47.92%股权的评估工作,并在风险评估表中作为项目洽谈人签名,同意接受红太阳委托的该资产评估项目。根据报告流程控制表及公司负责人复核表,2010年4月28日,吴某敏作为该评估报告(天兴评报字〔2010〕第227号)签字注册评估师签名,2010年5月5日,吴某敏作为公司负责人或授权人签发了该评估报告。

(二)2010年3月30日,吴某敏作为天健兴业的执行董事及评估项目的承接人,在红太阳委托天健兴业评估南京第一农药集团有限公司(南一农)持有的3家公司股权的项目承接审批意见表中签名,并在风险评估表中作为项目洽谈人签名,同意接受红太阳委托的该资产评估项目。根据报告流程控制表及公司负责人复核表,2010年5月8日,吴某敏作为该评估报告(天兴评报字〔2010〕第122号)签字注册评估师签名,2010年5月9日,吴某敏作为公司负责人或授权人签发该

评估报告。

（三）2011 年 1 月 3 日，吴某敏作为天健兴业的执行董事及评估项目的承接人，在红太阳委托天健兴业评估南一农持有的 3 家公司股权的项目承接审批意见表中签名，并在风险评估表中作为项目洽谈人签名，同意接受红太阳委托的该资产评估项目。根据报告流程控制表及公司负责人复核表，2011 年 3 月 31 日，吴某敏作为该评估报告（天兴评报字〔2011〕第 22 号）签字注册评估师签名，并作为公司负责人或授权人签发该评估报告。

上述评估报告核心内容至 2011 年 7 月 29 日首次公开披露。

三、吴某敏控制"苏某某"账户交易红太阳股票情况

"苏某某"账户 2010 年 11 月 16 日、17 日、2011 年 1 月 11 日、21 日，分别买入红太阳股票 13,750 股、30,000 股、77,700 股、22,300 股，累计成交金额 2,146,554.25 元。2010 年 11 月 23 日、2011 年 2 月 21 日、3 月 8 日分别卖出红太阳股票 43,750 股、50,000 股、50,000 股，累计成交金额 2,330,812.50 元，交易盈利 179,688.73 元。已查实交易 MAC 地址为 0016D3318BE4（吴某敏 IBM 笔记本电脑 MAC 码）、7C6D62A3086F（吴某敏苹果笔记本电脑 MAC 码）。

【认定】中国证监会认定，吴某敏使用"苏某某"账户交易红太阳股票的行为违反了 2005 年《证券法》第四十五条第二款"为上市公司出具审计报告、资产评估报告或者法律意见书等文件的证券服务机构和人员，自接受上市公司委托之日起至上述文件公开后五日内，不得买卖该种股票"的规定，构成 2005 年《证券法》第二百零一条所述情形。

《证券法》第一百八十九条　【短线交易】

第一百八十九条　上市公司、股票在国务院批准的其他全国性证券交易场所交易的公司的董事、监事、高级管理人员、持有该公司百分之五以上股份的股东，违反本法第四十四条的规定，买卖该公司股票或者其他具有股权性质的证券的，给予警告，并处以十万元以上一百万元以下的罚款。

相关规定

《证券法》

第四十四条　上市公司、股票在国务院批准的其他全国性证券交易场所交易

的公司持有百分之五以上股份的股东、董事、监事、高级管理人员，将其持有的该公司的股票或者其他具有股权性质的证券在买入后六个月内卖出，或者在卖出后六个月内又买入，由此所得收益归该公司所有，公司董事会应当收回其所得收益。但是，证券公司因购入包销售后剩余股票而持有百分之五以上股份，以及有国务院证券监督管理机构规定的其他情形的除外。

前款所称董事、监事、高级管理人员、自然人股东持有的股票或者其他具有股权性质的证券，包括其配偶、父母、子女持有的及利用他人账户持有的股票或者其他具有股权性质的证券。①

公司董事会不按照第一款规定执行的，股东有权要求董事会在三十日内执行。公司董事会未在上述期限内执行的，股东有权为了公司的利益以自己的名义直接向人民法院提起诉讼。

公司董事会不按照第一款的规定执行的，负有责任的董事依法承担连带责任。

典型案例

1. 吴某明短线交易案(中国证监会行政处罚决定书〔2018〕75号)

【案情】吴某明系江苏鱼跃科技发展有限公司(以下简称鱼跃科技)执行董事、江苏鱼跃医疗设备股份有限公司(以下简称鱼跃医疗)董事长、北京万东医疗科技股份有限公司(以下简称万东医疗)董事长。

一、吴某明内幕交易“花王股份”情况(略)

二、吴某明短线交易“鱼跃医疗”“万东医疗”情况

(一)吴某明控制“束某珍”证券账户情况(略)

(二)吴某明交易“鱼跃医疗”情况

“束某珍”证券账户在2015年7月16日至2015年8月26日，买入“鱼跃医疗”2,122,710股，成交金额70,512,031.07元；2015年9月9日卖出“鱼跃医疗”16,632股，成交金额556,839.36元；2015年9月9日、9月10日买入“鱼跃医疗”200,000股，成交金额6,513,815.89元；2015年9月14日至2015年10月27日卖出“鱼跃医疗”2,306,078股，成交金额88,443,386.15元。

2015年7月16日至2015年10月27日期间，“束某珍”证券账户累计买入

---

① 一方面，《证券法》第四十四条第二款采用“实际持有”的观点，把“配偶、父母、子女持有的及利用他人账户持有的”均视为董监高、百分之五以上股份的股东持有；另一方面，该款属于有限扩张，并没有把“一致行动人持有的”均视为董监高、百分之五以上股份的股东持有。——本书注

“鱼跃医疗”2,322,710股,买入金额合计77,025,846.96元,累计卖出“鱼跃医疗”2,322,710股,卖出金额合计89,000,225.51元。

(三)吴某明交易“万东医疗”情况

“束某珍”证券账户在2015年7月2日、7月28日、8月19日,买入“万东医疗”2,192,215股,成交金额87,906,892.98元;2015年8月24日至2015年9月22日,卖出“万东医疗”1,345,897股,成交金额38,048,836.43元;2015年12月17日至2016年1月13日,买入“万东医疗”1,872,800股,成交金额67,938,189.27元;2016年1月18日、1月19日,卖出“万东医疗”53,500股,成交金额1,884,285元。

2015年7月2日至2016年1月19日期间,“束某珍”证券账户累计买入“万东医疗”4,065,015股,买入金额合计155,845,082.25元,累计卖出“万东医疗”1,399,397股,卖出金额合计39,933,121.43元。

【认定】中国证监会认定,吴某明作为鱼跃医疗和万东医疗的董事长,控制“束某珍”证券账户在买入“鱼跃医疗”和“万东医疗”后六个月内卖出,违反了2005年《证券法》第四十七条第一款的规定,构成2005年《证券法》第一百九十五条所述“上市公司的董事、监事、高级管理人员、持有上市公司股份百分之五以上的股东,违反本法第四十七条的规定买卖本公司股票”的情形。

2. 徐某短线交易案(中国证监会行政处罚决定书〔2020〕56号)

【案情】一、徐某、童某内幕交易“长亮科技”(略)

二、徐某短线交易“长亮科技”

徐某自2010年8月24日任长亮科技董事,于2018年10月16日辞职。

2017年12月至2018年9月,徐某在本人账户减持“长亮科技”的同时,控制使用“田某霞”“戴某军”和“朱某芳”账户多次买卖“长亮科技”,具体情况如下:

“徐某”招商证券账户于2017年12月5日、7日,先后卖出“长亮科技”28万股、52万股,成交金额11,558,236元。

“徐某”东北证券账户于2018年9月5日、9月6日,累计卖出“长亮科技”108万股,成交金额29,292,150元。

“田某霞”账户于2017年12月6日至2018年3月8日,累计买入“长亮科技”64.78万股,成交金额9,564,144元。其中2017年12月7日以大宗交易方式买入“徐某”账户的“长亮科技”52万股,成交金额7,342,400元。

“戴某军”账户于2017年12月5日至2018年3月27日累计买入“长亮科技”30.17万股,成交金额4,576,134元,累计卖出“长亮科技”30.17万股,成交金额5,416,902.88元。

“朱某芳”账户于2018年3月22日至5月9日，累计买入“长亮科技”21万股，买入金额4,137,683元，累计卖出“长亮科技”8,000股，卖出金额281,760元。

【认定】中国证监会认定，徐某在担任上市公司长亮科技董事期间，将其持有的公司股票在卖出后六个月内买入，及在买入后六个月内卖出，其行为违反了2005年《证券法》第四十七条的规定，构成2005年《证券法》第一百九十五条所述的短线交易行为。

权威解读[①]

关于短线交易的构成是否以行为人具有持有百分之五以上股份的股东、董事、监事、高级管理人员的身份为前提，全国人大常委会法工委作出法工办复〔2016〕1号《关于《证券法》第47条第1款[②]理解问题的答复意见》，其明确答复：2005年《证券法》第四十七条第一款并没有作出只有在当事人具备上市公司董事、监事、高级管理人员、持有上市公司股份百分之五以上的股东身份后，在六个月内买卖本公司股票的行为才适用本条规定的限制。当事人在买入上市公司股票时不是“上市公司董事、监事、高级管理人员”，在买入后六个月内卖出时具备上述身份的，或者当事人因买入上市公司股票才成为“持有上市公司股份百分之五以上的股东”，其后又在六个月内卖出该上市公司股票的，均应当适用该条规定。

《证券法》第一百九十条　【违法采取程序化交易】

第一百九十条　违反本法第四十五条的规定，采取程序化交易影响证券交易所系统安全或者正常交易秩序的，责令改正，并处以五十万元以上五百万元以下的罚款。对直接负责的主管人员和其他直接责任人员给予警告，并处以十万元以上一百万元以下的罚款。[③]

---

① 参见郭锋等:《中华人民共和国证券法制度精义与条文评注》，中国法制出版社2020年版，第265－266页。该书虽为学者著作，但此处所引系有权机关文件和司法判决内容，故列为“权威解读”。——本书注

② 对应2005年《证券法》第四十七条即2019年《证券法》第四十四条第一款规定。——本书注

③ 义务条款和罚则均系2019年修订《证券法》时新增。——本书注

相关规定

《证券法》

第四十五条　通过计算机程序自动生成或者下达交易指令进行程序化交易的，应当符合国务院证券监督管理机构的规定，并向证券交易所报告，不得影响证券交易所系统安全或者正常交易秩序。

《证券法》第一百九十一条　【内幕交易】【利用未公开信息交易】

第一百九十一条　证券交易内幕信息的知情人或者非法获取内幕信息的人违反本法第五十三条的规定从事内幕交易的，责令依法处理非法持有的证券，没收违法所得，并处以违法所得一倍以上十倍以下的罚款；没有违法所得或者违法所得不足五十万元的，处以五十万元以上五百万元以下的罚款。单位从事内幕交易的，还应当对直接负责的主管人员和其他直接责任人员给予警告，并处以二十万元以上二百万元以下的罚款。国务院证券监督管理机构工作人员从事内幕交易的，从重处罚。

违反本法第五十四条的规定，利用未公开信息进行交易的，依照前款的规定处罚。

相关规定

1.《证券法》

第五十条　禁止证券交易内幕信息的知情人和非法获取内幕信息的人利用内幕信息从事证券交易活动。

第五十一条　证券交易内幕信息的知情人包括：[①]

（一）发行人及其董事、监事、高级管理人员；

（二）持有公司百分之五以上股份的股东及其董事、监事、高级管理人员，公司

---

① 《刑法》第一百八十条使用的概念是“知情人员”，而《证券法》上使用的概念是“知情人”。“知情人员”仅指自然人，不包括单位；而“知情人”则包括单位，《证券法》第五十一条第二项、第三项、第五项均没有排除单位违法的情形。如“首善集团内幕交易案”，中国证监会行政处罚决定书〔2019〕98号认定首善集团构成内幕交易，董事长吴某新为直接负责的主管人员。而移送刑事后，2021年6月16日上海市第三中级人民法院以内幕交易罪判处吴某新有期徒刑三年三个月，判处财富集团财务总监被告人李某、交易部负责人被告人车某某有期徒刑六个月，缓刑一年。载新浪财经，首善集团董事长用内幕消息炒股亏损1.39亿以内幕交易罪被判刑，2022年3月11日访问。——本书注

的实际控制人及其董事、监事、高级管理人员；

（三）发行人控股或者实际控制的公司及其董事、监事、高级管理人员；

（四）由于所任公司职务或者因与公司业务往来可以获取公司有关内幕信息的人员；

（五）上市公司收购人或者重大资产交易方及其控股股东、实际控制人、董事、监事和高级管理人员；

（六）因职务、工作可以获取内幕信息的证券交易场所、证券公司、证券登记结算机构、证券服务机构的有关人员；

（七）因职责、工作可以获取内幕信息的证券监督管理机构工作人员；

（八）因法定职责对证券的发行、交易或者对上市公司及其收购、重大资产交易进行管理可以获取内幕信息的有关主管部门、监管机构的工作人员；

（九）国务院证券监督管理机构规定的可以获取内幕信息的其他人员。

第五十二条 证券交易活动中，涉及发行人的经营、财务或者对该发行人证券的市场价格有重大影响的尚未公开的信息，为内幕信息。

本法第八十条第二款、第八十一条第二款所列重大事件属于内幕信息。①

第五十三条 证券交易内幕信息的知情人和非法获取内幕信息的人，在内幕信息公开前，不得买卖该公司的证券，或者泄露该信息，或者建议他人买卖该证券。

持有或者通过协议、其他安排与他人共同持有公司百分之五以上股份的自然人、法人、非法人组织收购上市公司的股份，本法另有规定的，适用其规定。

内幕交易行为给投资者造成损失的，应当依法承担赔偿责任。

第五十四条 禁止证券交易场所、证券公司、证券登记结算机构、证券服务机构和其他金融机构的从业人员、有关监管部门或者行业协会的工作人员，利用因职务便利获取的内幕信息以外的其他未公开的信息，违反规定，从事与该信息相关的证券交易活动，或者明示、暗示他人从事相关交易活动。

利用未公开信息进行交易给投资者造成损失的，应当依法承担赔偿责任。

---

① 对于并非新《证券法》第五十二条第二款所列明的“内幕信息”，能否依据第五十二条第一款直接认定为“内幕信息”？换言之，第二款是提示性规定，还是第一款的具体化规定？该问题此前在实践中存在一定争议，北京金融法院2022年3月23日发布的“十大典型案例”之“可能引发公司控制权变更的‘重大债务危机’事项在依法公开前属于内幕信息——蒋某等诉中国证券监督管理委员会厦门监管局、中国证券监督管理委员会没收违法所得、罚款及行政复议案”中明确指出：“证券监督管理机构有权依据《中华人民共和国证券法》第五十二条第一款有关内幕信息的定义条款，依法认定‘对该发行人证券的市场价格有重大影响的尚未公开的信息’属于内幕信息。”载北京金融法院成立一周年十大典型案例。——本书注

2.《证券投资基金法》

第二十条 公开募集基金的基金管理人及其董事、监事、高级管理人员和其他从业人员不得有下列行为：

（一）将其固有财产或者他人财产混同于基金财产从事证券投资；

（二）不公平地对待其管理的不同基金财产；

（三）利用基金财产或者职务之便为基金份额持有人以外的人牟取利益；

（四）向基金份额持有人违规承诺收益或者承担损失；

（五）侵占、挪用基金财产；

（六）泄露因职务便利获取的未公开信息、利用该信息从事或者明示、暗示他人从事相关的交易活动；

（七）玩忽职守，不按照规定履行职责；

（八）法律、行政法规和国务院证券监督管理机构规定禁止的其他行为。

第一百二十三条 基金管理人、基金托管人及其董事、监事、高级管理人员和其他从业人员有本法第二十条所列行为之一的，责令改正，没收违法所得，并处违法所得一倍以上五倍以下罚款；没有违法所得或者违法所得不足一百万元的，并处十万元以上一百万元以下罚款；基金管理人、基金托管人有上述行为的，还应当对其直接负责的主管人员和其他直接责任人员给予警告，暂停或者撤销基金从业资格，并处三万元以上三十万元以下罚款。

基金管理人、基金托管人及其董事、监事、高级管理人员和其他从业人员侵占、挪用基金财产而取得的财产和收益，归入基金财产。但是，法律、行政法规另有规定的，依照其规定。

3.《私募投资基金监督管理暂行办法》（中国证券监督管理委员会令第105号）

第二十三条 私募基金管理人、私募基金托管人、私募基金销售机构及其他私募服务机构及其从业人员从事私募基金业务，不得有以下行为：

（一）将其固有财产或者他人财产混同于基金财产从事投资活动；

（二）不公平地对待其管理的不同基金财产；

（三）利用基金财产或者职务之便，为本人或者投资者以外的人牟取利益，进行利益输送；

（四）侵占、挪用基金财产；

（五）泄露因职务便利获取的未公开信息，利用该信息从事或者明示、暗示他人从事相关的交易活动；

（六）从事损害基金财产和投资者利益的投资活动；

（七）玩忽职守，不按照规定履行职责；

（八）从事内幕交易、操纵交易价格及其他不正当交易活动；

（九）法律、行政法规和中国证监会规定禁止的其他行为。

第三十八条 私募基金管理人、私募基金托管人、私募基金销售机构及其他私募服务机构及其从业人员违反本办法第七条、第八条、第十一条、第十四条至第十七条、第二十四条至第二十六条规定的，以及有本办法第二十三条第一项至第七项和第九项所列行为之一的，责令改正，给予警告并处三万元以下罚款；对直接负责的主管人员和其他直接责任人员，给予警告并处三万元以下罚款；有本办法第二十三条第八项行为的，按照《证券法》和《期货交易管理条例》的有关规定处罚；构成犯罪的，依法移交司法机关追究刑事责任。

4.《最高人民法院关于审理证券行政处罚案件证据若干问题的座谈会纪要》（法〔2011〕225号）

五、关于内幕交易行为的认定问题

会议认为，监管机构提供的证据能够证明以下情形之一，且被处罚人不能作出合理说明或者提供证据排除其存在利用内幕信息从事相关证券交易活动的，人民法院可以确认被诉处罚决定认定的内幕交易行为成立：（一）证券法第七十四条规定的证券交易内幕信息知情人，进行了与该内幕信息有关的证券交易活动；（二）证券法第七十四条规定的内幕信息知情人的配偶、父母、子女以及其他有密切关系的人，其证券交易活动与该内幕信息基本吻合；（三）因履行工作职责知悉上述内幕信息并进行了与该信息有关的证券交易活动；（四）非法获取内幕信息，并进行了与该内幕信息有关的证券交易活动；（五）内幕信息公开前与内幕信息知情人或知晓该内幕信息的人联络、接触，其证券交易活动与内幕信息高度吻合。

典型案例

1. 刘某均内幕交易“恒康医疗”案（中国证监会行政处罚决定书〔2017〕89号）

【案情】一、内幕信息形成与公开过程

2012年11月，为实现恒康医疗由制药向医疗服务的战略转型，时任恒康医疗董事长朱某、董事会秘书郭某负责着手寻找可收购的标的医院，收购医院的主体为恒康医疗子公司四川永道医疗投资有限公司（以下简称永道医疗）。

朱某、郭某与四川省红十字肿瘤医院（以下简称红十字医院，2013年6月更名为成都平安医院）实际控制人刘某均接触并洽谈收购红十字医院。永道医疗于2013年1月10日签署协议用1.2亿元现金收购红十字医院肿瘤诊疗中心85%的

收益权,期限15年。

2013年3月,朱某和郭某通过刘某均认识了资阳健顺王体检医院有限公司(以下简称资阳医院)、德阳美好明天医院有限公司(以下简称德阳医院)和蓬溪县健顺王中医(骨科)医院有限责任公司(以下简称蓬溪医院)的股东、法定代表人王某忠并表明了收购其三家医院的意愿。

2013年6月6日,恒康医疗签署收购资阳医院(收购价格2500万元)和德阳医院(收购价格1500万元)100%股权的协议,2013年6月7日予以公告。

2013年6月27日,恒康医疗签署收购蓬溪医院(收购价格8000万元)100%股权的协议,2013年6月28日予以公告。

综上,恒康医疗为了实现由制药向医疗服务的战略转型而以合计2.4亿元的交易价格相继收购红十字医院肿瘤诊疗中心、蓬溪医院等一系列医院的事项,构成了《证券法》第六十七条第二款第(二)项规定的"公司的重大投资行为和重大的购置财产的决定"的重大事件,该信息公开前属于《证券法》第七十五条第二款第(一)项规定的内幕信息。2013年1月10日,永道医疗与红十字医院股东签署收益权收购协议,恒康医疗继续与红十字医院实际控制人刘某均沟通其他医院的收购事项,该时点为内幕信息敏感期起点;2013年6月28日,恒康医疗发布永道医疗收购蓬溪医院股权公告,该时点为内幕信息敏感期的终点,即内幕信息敏感期为2013年1月10日至2013年6月28日。

二、刘某均内幕交易"恒康医疗"

(一)刘某均知悉内幕信息情况

刘某均为恒康医疗收购的红十字医院实际控制人,且为恒康医疗收购资阳医院等三家医院的介绍人,知悉恒康医疗收购红十字医院肿瘤诊疗中心85%的收益权及收购三家医院事宜,是内幕信息知情人,知悉时间不晚于2013年1月10日。

(二)"李某"等7个证券账户操作与资金来源情况

"李某""刘某明""夏某""刘某平""刘某岑""胡某芳""李某镇"7个证券账户均为刘某均控制并操作,账户资金来源为刘某均家庭、其控制的数家公司以及上述证券账户滚存资金。

(三)刘某均控制的"李某"等7个证券账户交易情况

"李某"等7个证券账户均系刘某均一人控制和操作,从2013年1月恒康医疗收购红十字医院开始,7个证券账户逐步参与交易"恒康医疗",且净买入量逐渐放大,到2013年6月份7个证券账户中"恒康医疗"的持仓达到最高水平;内幕信息公开后,7个证券账户陆续卖出"恒康医疗",7个证券账户交易"恒康医疗"的过程与内幕信息形成和公开过程高度吻合。

综上,在内幕信息敏感期内,内幕信息知情人刘某均利用"李某"等7个证券账户累计买入"恒康医疗"7,620,044股,买入金额12,631.48万元,获利金额33,947,891.62元。

上述事实,有当事人及相关人员询问笔录、邮件记录、股权投资意向书及股权收购协议、恒康医疗公告、"李某"等7个证券账户开户资料、交易资料、银行账户资料等证据证明,足以认定。

【认定】中国证监会认定,刘某均的上述行为违反2005年《证券法》第七十三条、第七十六条第一款的规定,构成2005年《证券法》第二百零二条所述内幕交易行为。

刘某均及其代理人在听证中提出以下申辩意见:1.《事先告知书》对内幕信息敏感期的界定不正确。2.刘某均未签署内幕信息知情人协议,不在恒康医疗内幕信息知情人员名单报备记录中,客观上不属于内幕信息知情人。3.刘某均没有利用内幕信息进行股票交易的动机,2013年1月至6月期间的股票交易皆出于看好恒康医疗和医疗行业未来发展前景。4.刘某均长期从事股票投资,用多账户进行股票交易的习惯在交易"恒康医疗"之前已经存在。5.《事先告知书》对刘某均的处罚幅度不适当。6.2013年7月左右"恒康医疗"被大宗减持时,刘某均大量购入抛向二级市场的"恒康医疗",买入后股价大幅下跌。后期股价高位时刘某均仍大量买入"恒康医疗",且后期全部卖完,最终亏损,因此刘某均无任何非法谋利的行为。

中国证监会认为:1.恒康医疗为了实现由制药向医疗服务的战略转型而以合计2.4亿元的交易价格相继收购红十字医院肿瘤诊疗中心(收购价格1.2亿元)、资阳医院(收购价格2500万元)、德阳医院(收购价格1500万元)和蓬溪医院(收购价格8000万元)等一系列医院的事项,上述收购事宜从时间上看黏合度高,客观上综合起效使得恒康医疗的战略转型有了实质性进展。因此,恒康医疗为了实现由制药向医疗服务的战略转型以合计2.4亿元的交易价格相继收购一系列医院的事项,构成了《证券法》第六十七条第二款第(二)项规定的"公司的重大投资行为和重大的购置财产的决定"的重大事件,该信息公开前属于《证券法》第七十五条第二款第(一)项规定的内幕信息,而不应当把每个收购医院事项分别单独认定为内幕信息。

2013年1月10日,永道医疗与红十字医院股东签署收益权收购协议,即明确了恒康医疗计划通过收购医院开展战略转型的开始,该时点为内幕信息敏感期起点。2013年5月6日,恒康医疗公告收购医院的意向协议,拟分别收购资阳医院100%股权、德阳医院100%股权以及蓬溪医院100%股权,但意向协议中并未涉及交易价格等交易核心要件，且意向协议仅仅是意向，仍具有不确定性。2013年6月7日，恒康医疗公告收购资阳医院和德阳医院各100%股权。收购的德阳医院、资阳医院资产、收入、交易作价等均较小，仅占整体收购价格的1/3，因而，6月28日蓬溪医院收购的完成对于恒康医疗的财务影响更为重大。2013年6月28日，恒康医疗发布永道医疗收购蓬溪医院股权公告，恒康医疗连续完成了几家医院的收购事宜，实现由制药向医疗服务的战略转型，该时点为内幕信息敏感期的终点，即内幕信息敏感期为2013年1月10日至2013年6月28日。

综上，《事先告知书》对内幕信息敏感期的认定正确，对当事人此项陈述申辩意见不予采纳。

2. 刘某均作为红十字医院的实际控制人，与恒康医疗的时任董事长朱某、董事会秘书郭某接触并洽谈收购红十字医院事宜，恒康医疗的子公司永道医疗最终于2013年1月10日签署协议用1.2亿元现金收购红十字医院肿瘤诊疗中心85%的收益权。2013年3月，朱某和郭某又通过刘某均认识了资阳医院、德阳医院和蓬溪医院的股东、法定代表人王某忠并表明了收购其三家医院的意愿。郭某与恒康医疗实际控制人阙某彬的往来电子邮件以及朱某的笔录等客观证据显示，刘某均还曾向恒康医疗提出向其支付作为收购标的介绍人的3000万元补偿款的要求。综上，刘某均自永道医疗开始与其洽谈收购红十字医院肿瘤诊疗中心收益权时起，已经作为上市公司恒康医疗的交易对方知悉了恒康医疗转型及收购事宜，并且其还向恒康医疗介绍了三家拟收购标的医院，知悉完整的内幕信息，属于《证券法》规定的内幕信息知情人。

《关于上市公司建立内幕信息知情人登记管理制度的规定》(证监会公告〔2011〕30号)第八条第三款规定"收购人、重大资产重组交易对方以及涉及上市公司并对上市公司股价有重大影响事项的其他发起方，应当填写本单位内幕信息知情人的档案"，第四款规定"上述主体应当根据事项进程将内幕信息知情人档案分阶段送达相关上市公司"。因此，红十字医院作为恒康医疗交易对方本身也应该制定本单位的内幕信息知情人档案，刘某均作为红十字医院的实际控制人，在申辩意见中提出的"未签署知情人协议也不在恒康医疗内幕信息知情人员名单报备记录中因此不属于内幕信息知情人"的申辩理由不能成立。对当事人此项陈述申辩意见不予采纳。

3. 刘某均是内幕信息知情人，其关于交易动机是基于对公司和行业前景看好的申辩理由，不足以否定其知悉内幕信息并在内幕信息敏感期内进行内幕交易的客观事实。对当事人此项陈述申辩意见不予采纳。

4. 刘某均是内幕信息知情人，其在内幕信息敏感期内进行内幕交易的客观事实清楚、证据充分,此前的交易习惯及后续的买入情况不影响本案的事实认定。对当事人此项陈述申辩意见不予采纳。

5. 行政处罚决定是根据当事人违法行为的事实、性质、情节与社会危害程度所作的综合判断。对本案当事人刘某均的罚款金额在《证券法》规定的法定幅度范围内。对当事人此项陈述申辩意见不予采纳。

6. 中国证监会按照统一的计算方法和计算标准,根据证券交易所提供的客观交易数据对违法所得进行计算。经核查,对当事人刘某均的违法所得金额计算结果无误。对当事人此项陈述申辩意见不予采纳。

根据当事人违法行为的事实、性质、情节与社会危害程度,依据 2005 年《证券法》第二百零二条的规定,中国证监会决定:没收违法所得 33,947,891.62 元,并处以 101,843,674.86 元罚款。

2. 方某良内幕交易"青龙管业"案(中国证监会行政处罚决定书〔2020〕13 号)

【案情】方某良,曾任宁夏青龙管业股份有限公司(以下简称青龙管业)监事会主席、宁夏青龙小额贷款有限公司(以下简称青龙小贷)董事。

一、内幕信息形成与公开过程

2017 年 2 月,在青龙管业 2016 年年报审计工作中,审计人员发现青龙管业全资子公司青龙小贷的贷款业务存在大量逾期情况,对青龙管业 2016 年业绩产生重大影响。

2017 年 2 月 17 日,青龙管业财务部经理尹某华将审计机构反馈的贷款逾期情况向青龙管业总经理、财务总监季某汇报,并通过电子邮件向其发送青龙小贷详细贷款台账。季某将贷款台账汇总后,发现王某及其实际控制的银川晶峰玻璃有限公司、宁夏银峰轻合金装备有限公司(以下简称银峰合金)、银川金幕建筑材料有限公司以多名自然人的名义贷款合计 8800 万元,且上述贷款原始合同均已逾期(大部分进行展期)。季某将相关情况向青龙管业实际控制人陈某兴、董事长马某汇报,并与尹某华等人多次赴青龙小贷核实情况。

2017 年 2 月 20 日上午 8 点 30 分,陈某兴、马某、季某等人在陈某兴办公室开会,讨论青龙小贷贷款逾期未收回事宜,季某提出计提贷款损失对公司年报影响重大。下午 5 点,陈某兴、马某、季某、尹某华等人在青龙管业一层会议室召开会议,讨论青龙小贷贷款逾期影响公司年报的处理办法。

2017 年 3 月 30 日,青龙管业发布 2016 年年报,2016 年归属于上市公司股东的净利润为 2120.73 万元,较上年同期净利润减少 56.32%。其中,青龙小贷合计计提贷款损失准备 4693.70 万元,王某及其关联方所涉贷款均已逾期,贷款分类标准为关注类,计提贷款损失准备 252 万元。

2017年3月底,青龙管业委派武某德到青龙小贷开展贷款清偿工作。武某德与王某商议清偿债务期间,王某提出因比亚迪有意在银川望远工业园投资建厂,银川望远工业园管理委员会(以下简称望远管委会)拟征收回购银峰合金位于该工业园的相关资产。王某与望远管委会分别于2017年1月15日、2017年3月14日签订土地征收回购协议及补充协议,协议约定在1个月内由望远管委会支付征收补偿款2.8亿元。

2017年4月5日,青龙小贷与银峰合金签订《还款协议书》,银峰合金为安某丽等23个自然人及法人贷款的实际借款人,其将从前述土地回购款中对合计6700万元的借款予以全额偿还。同日,青龙小贷、银峰合金、望远管委会签订三方协议,由望远管委会监督银峰合金直接支付或由银峰合金委托望远管委会支付青龙小贷征收补偿款3200万元。青龙小贷在收到3200万元三日内,取消其名下的银峰合金土地抵押权登记。该协议虽未约定款项支付期限,但望远管委会曾向武某德表示当地政府拟于2017年4月底支付征收回购款项,并于2017年5月初办理定向招拍挂手续。

2017年4月10日下午5点,青龙管业开会讨论青龙小贷近期工作开展情况,参会人员有陈某兴、马某、季某、尹某华等人,武某德汇报前述协议签订情况。

2017年4月24日,青龙管业发布2017年第一季度报告,第一季度归属于上市公司股东的净利润为亏损609.68万元,2017年1至6月业绩利润预计为915.04万元至943.64万元,较上年同期净利润变动幅度在1500%至1550%之间。根据前述《还款协议书》及三方协议,公司对银峰合金还款预期乐观,在预测第二季度末计提贷款损失准备中对银峰合金所涉6700万元贷款进行重新分类,导致该笔贷款预测2017年6月末需计提贷款损失准备777万元,在一季度末基础上转回500万元。经统计,青龙小贷第一季度末当期计提贷款损失准备1209.35万元,累计计提5903.05万元,预计二季度末比第一季度末增加计提贷款损失准备600.74万元。

2017年5月底,因望远管委会始终未能按照协议约定向银峰合金支付征收回购款项,且王某及其关联方债务关系复杂,武某德将相关情况向季某汇报,并建议对王某及银峰合金提起法律诉讼,季某表示同意,并要求其准备前期工作。

2017年6月12日,陈某兴、马某、季某、尹某华、武某德等人在陈某兴办公室开会,因望远管委会、银峰合金始终未能支付相关款项,基本确认在2017年中报制定前王某及其关联方所涉贷款难以按期偿还。

2017年6月22日,青龙小贷起诉银峰合金、王某等借款人,涉及逾期贷款28笔,累计金额7900万元,青龙管业后于2017年7月21日发布公告说明。

2017年6月29日左右，青龙小贷财务人员张某向尹某华反馈青龙小贷当期贷款损失准备计提波动较大，预测需增加计提金额约5000万元。因贷款损失准备计提金额大幅超过预期，可能导致青龙管业需进行业绩修正披露，尹某华要求青龙小贷7月份提前提供财务报表，并将相关情况向陈某兴、马某、季某汇报。

2017年7月5日，青龙小贷张某向尹某华报送青龙小贷当期财务报表和贷款分类汇总表。2017年7月10日，尹某华完成青龙管业2017年中报业绩修正数据的合并统计，并向陈某兴、马某、季某、董秘范某平报送相关情况。经统计，青龙小贷6月末需计提贷款损失准备金额较一季报预测情况增加5002.83万元，主要原因为青龙小贷对银峰合金所涉6700万元贷款进行重新分类，即将大部分贷款业务划分为可疑类或损失类，相比一季报预测增加计提3472万元，占比69.4%。

2017年7月13日，青龙管业发布2017年1至6月业绩预告修正公告，预计归属于上市公司股东的净利润为亏损4270万元至4295万元之间。

青龙管业2017年7月13日发布的2017年1至6月业绩预告修正公告信息，属于2005年《证券法》第六十七条第二款第(五)项规定的重大事件，构成2005年《证券法》第七十五条第二款第(一)项规定的内幕信息。2017年6月12日，青龙管业相关高管召开会议并知悉三方协议始终未能实际履行，基本确认王某及其实际控制公司所欠贷款在2017年中报制定前难以按期偿还，为内幕信息敏感期起点。2017年7月13日，青龙管业发布2017年1至6月业绩预告修正公告，内幕信息公开。内幕信息敏感期为2017年6月12日至2017年7月13日。陈某兴、马某、季某、尹某华、武某德为本案内幕信息知情人，知悉内幕信息不晚于2017年6月12日。

二、方某良内幕交易“青龙管业”

(一)方某良与内幕信息知情人接触联络的情况

当事人曾任青龙管业监事会主席，于2016年12月28日退休后返聘回青龙管业工作，在青龙管业办公楼有自己的办公室，主要负责协助公司营销业务及处理与当地政府的协调工作。当事人询问笔录称，其每周至少到公司三天，与公司现任高管沟通，协助公司营销工作并每月参加总经理主持的月度例会。此外，2015年10月21日至2018年2月25日期间，当事人受青龙管业委派还担任了青龙小贷董事。

内幕信息敏感期内，当事人与内幕信息知情人陈某兴、季某、尹某华等人频繁通话联系，其中与陈某兴9次通话联系，1次短信联系；与季某2次通话联系；与尹某华1次通话联系。

(二)账户基本交易情况

"方某良"账户于2011年7月22日在南京证券银川民族北街证券营业部开立,资金账号010××250,下挂上海股东账户A37××××839和深圳股东账户005××××332。

内幕信息敏感期内,该账户交易"青龙管业"的情况为:2017年6月29日卖出650,000股,成交金额11,899,176元。2017年7月3日卖出540,000股,成交金额10,007,334元。经计算,该账户规避损失共计5,833,916.04元。

(三)账户实际控制关系

"方某良"账户由当事人本人实际控制,账户股票为青龙管业上市时的原始股。内幕信息敏感期内,当事人委托青龙管业帅某帮其下单减持"青龙管业",委托电脑IP地址与青龙管业IP地址一致。

以上事实,有相关证券账户资料、交易记录、通话记录、公告和协议及情况说明、当事人及相关人员询问笔录、电子设备取证信息、交易所计算数据等证据证明,足以认定。

【认定】中国证监会认定,当事人在内幕信息敏感期内减持"青龙管业"的行为,违反了2005年《证券法》第七十三条、第七十六条第一款的规定,构成2005年《证券法》第二百零二条所述的内幕交易行为。

当事人及其代理人提出如下申辩意见:

第一,本案内幕信息形成时间认定错误。2017年6月12日会议不能得出"基本确认在2017年中报制定前王某及其关联方所涉贷款难以按期偿还"结论,本案内幕信息敏感期的起点不应早于青龙小贷确定具体亏损的时间,即青龙小贷启动编制2017年上半年财务报表的时间2017年7月3日。

第二,当事人的涉案交易行为不构成内幕交易。当事人在青龙管业担任的监事会主席、在青龙小贷担任的挂名董事等工作职务不能为其知悉内幕信息提供便利,其与内幕信息知情人通话联系的内容主要为党务和政府协调事宜,与内幕信息无关。当事人减持"青龙管业"是由于股价上涨和家庭资金需要,减持前获得青龙管业公司实际控制人和董秘同意,2011年至2016年间当事人存在多笔原始股减持交易。

第三,调查不全面、不客观,逾越法律授权。事先告知书关于内幕信息形成、发展的部分事实认定证据不足,未达到行政处罚证明标准,对该基础事实采取推定逾越法律授权。

第四,本案法律适用错误。2005年《证券法》第六十七条第二款第五项"公司发生重大亏损或者重大损失"应当是实际发生亏损,而不应该是预计亏损。本案

“青龙管业业绩修正信息”不应构成2005年《证券法》第六十七条第二款第五项规定的重大事件。

经复核,中国证监会认为:

第一,2017年6月12日为本案内幕信息的形成时间,有充分的事实和证据证明,足以认定。

(1)2017年6月12日青龙管业实际控制人陈某兴、董事长马某、总经理兼财务总监季某、财务经理尹某华、青龙管业委派到青龙小贷开展贷款清偿工作的武某德等人在陈某兴办公室开会,商讨青龙小贷的欠款清收工作。该事实有马某笔记及其询问笔录证明。听证会上,证人武某德也证实了6月12日在陈某兴办公室召开了青龙小贷欠款清收工作会议,会议讨论了王某欠款清收事宜。

(2)6月12日会议基本确认在2017年中报制定前王某及其关联方所涉贷款难以按期偿还,该事实有马某询问笔录证明。

(3)根据在案证据,6月12日会议得出“基本确认在2017年中报制定前王某及其关联方所涉贷款难以按期偿还”结论,与王某及其关联人所涉贷款清欠工作的进程相符,与本案内幕信息所涉事项的形成、变化情况相符。青龙管业发布的2017年第一季度报告和上半年业绩利润预计是基于还款协议及三方协议作出的。但到2017年5月底,望远管委会和银峰合金始终未能按照协议约定向青龙小贷支付征收回购款项,且王某及其关联人债务关系复杂,武某德经季某同意后,开始准备向王某及其关联人提起诉讼工作。望远管委会向青龙小贷支付征收回购款项,需经招拍挂一系列流程,截至6月12日,在政府征收回购事宜始终未能确定的情况下,根据时间判断,青龙小贷在中报制定前收回款项基本没有可能。

(4)按照会计制度,青龙小贷需补提贷款损失准备,该事件导致青龙管业发生重大亏损或者重大损失。青龙小贷计提的贷款损失准备超预期,是青龙管业2017年上半年业绩修正的主要原因。该事实有青龙管业2017年1至6月业绩预告修正公告及《关于业绩预测及计提贷款损失准备对业绩预测的影响等有关事项的说明》等证据证明。

(5)当事人所提青龙小贷启动编制2017年上半年财务报表的时间,是“业绩预告修正公告制作过程中的信息”或“业绩预告修正公告制作信息”的相关时间,不是本案内幕信息的形成时间。

综上,以2017年6月12日为内幕信息敏感期的起始时间,并无不妥。当事人提出的6月12日会议不能得出“基本确认在2017年中报制定前王某及其关联方所涉贷款难以按期偿还”结论、本案直至7月3日才能确定青龙小贷亏损情况的申辩意见,缺乏事实依据和证据。

第二,当事人的涉案交易行为构成内幕交易。

(1)当事人身份特殊,具有接触内幕信息的便利条件。当事人曾任青龙管业监事会主席,2016 年 12 月 28 日退休离任后返聘回青龙管业工作,在青龙管业办公楼有自己的办公室,主要负责协助公司营销及与当地政府部门的协调工作。此外,2015 年 10 月 21 日至 2018 年 2 月 25 日期间,当事人受青龙管业委派还担任了青龙小贷董事。

(2)在内幕信息敏感期内,当事人与内幕信息知情人频繁联络接触,联络接触时间与内幕信息的形成、变化、发展时间高度吻合。2017 年 6 月 12 日涉案内幕信息形成,当事人于 6 月 15 日与尹某华通话联系 1 次,于 6 月 16 日、17 日、18 日、20 日与陈某兴通话联系 4 次,短信联系 1 次。2017 年 6 月 22 日,青龙小贷起诉银峰合金、王某等人,当事人于当日与陈某兴通话联系 3 次,于次日与陈某兴通话联系 1 次。2017 年 6 月底,贷款清偿人员向季某汇报青龙小贷当期贷款损失准备计提大幅超过预期,当事人于 7 月 1 日与季某通话联系 2 次。

(3)当事人的交易活动与内幕信息高度吻合,交易异常性明显。当事人交易活动发生在内幕信息敏感期内,且一解禁就卖出。2017 年 6 月 29 日解禁,当事人就于当日大量卖出;7 月 3 日继续卖出。两次减持合计卖出 119 万股,占可售股数的 99.73%,减持意愿强烈。虽然当事人交易笔数少,但这不构成否定其交易行为与内幕信息高度吻合的理由。

(4)当事人对减持动机的解释是股价上涨和家庭购房需要、减持前获得公司实际控制人和董秘同意、一直存在原始股解禁后减持的交易习惯等,相关解释均不足以排除其利用内幕信息从事内幕交易的嫌疑。

综上,在内幕信息敏感期内,当事人与内幕信息知情人频繁联络接触,从事与该内幕信息有关的证券交易,其证券交易活动与内幕信息高度吻合,且其不能作出合理说明或者提供证据排除其利用内幕信息从事相关证券交易活动,参考《最高人民法院关于审理证券行政处罚案件证据若干问题的座谈会纪要》第五条第(五)项的规定,认定当事人交易"青龙管业"的行为构成内幕交易。对当事人相关申辩意见不予采纳。

第三,本案法律适用正确。2005 年《证券法》第六十七条第二款第五项"公司发生重大亏损或者重大损失"是指上市公司发生重大亏损或者重大损失的事件,而不是指上市公司事后对相关事件最终造成的具体亏损或者损失进行统计确认的结果。公司发生重大亏损或者重大损失的事件,其事件本身是确定的,但对事件造成重大亏损或者损失的具体规模、具体金额的统计确认,需要一定时间,甚至需要相当长时间。不能等到最终统计确认了具体亏损或者损失数据时,才认定公司发生重大亏损或者重大损失的事件。青龙管业2017年1至6月业绩预告修正公告所披露的信息属于2005年《证券法》第六十七条第二款第五项"公司发生重大亏损或者重大损失"的事件，构成2005年《证券法》第七十五条第二款第一项规定的内幕信息。对当事人相关申辩意见不予采纳。

第四，中国证监会依法履行调查程序，以合法手段调取定案证据，所取得的证据均符合法律规定的取证要求。本案事实清楚、证据充分，已达到了行政处罚的证明标准。当事人提出的本案调查不全面、不客观，逾越法律授权等申辩意见，没有事实和法律依据。我会对当事人相关申辩意见不予采纳。

根据当事人违法行为的事实、性质、情节与社会危害程度，依据2005年《证券法》第二百零二条的规定，中国证监会决定没收当事人违法所得5,833,916.04元，并处以11,667,832.08元罚款。

3. 光大证券等内幕交易案（中国证监会行政处罚决定书〔2013〕59号）

【案情】徐某明，时任光大证券法定代表人、总裁；杨某忠，时任光大证券助理总裁，分管策略投资部；沈某光，时任光大证券计划财务部总经理兼办公室主任；杨某波，时任光大证券策略投资部总经理。

2013年8月16日11时05分，光大证券在进行交易型开放式指数基金（以下简称ETF）申赎套利交易时，因程序错误，其所使用的策略交易系统以234亿元的巨量资金申购180ETF成分股，实际成交72.7亿元。经测算，180ETF与沪深300指数在2013年1月4日至8月21日期间的相关系数达99.82%，即巨量申购和成交180ETF成分股对沪深300指数，180ETF、50ETF和股指期货合约价格均产生重大影响。同时，巨量申购和成交可能对投资者判断产生重大影响，从而对沪深300指数，180ETF、50ETF和股指期货合约价格产生重大影响。根据《证券法》第七十五条第二款第（八）项和《期货交易管理条例》第八十二条第（十一）项的规定，"光大证券在进行ETF套利交易时，因程序错误，其所使用的策略交易系统以234亿元的巨量资金申购180ETF成分股，实际成交72.7亿元"为内幕信息。光大证券是《证券法》第二百零二条和《期货交易管理条例》第七十条所规定的内幕信息知情人。

上述内幕信息自2013年8月16日11时05分交易时产生，至当日14时22分光大证券发布公告时公开。

同日不晚于11时40分，徐某明召集杨某忠、沈某光和杨某波开会，达成通过做空股指期货、卖出ETF对冲风险的意见，并让杨某波负责实施。因此，光大证券知悉内幕信息的时间不晚于2013年8月16日11时40分。

光大证券2013年8月16日下午将所持股票转换为180ETF和50ETF并卖出

的行为和2013年8月16日下午卖出股指期货空头合约IF1309、IF1312共计6240张的行为构成内幕交易。

2013年8月16日13时，光大证券称因重大事项停牌。当日14时22分，光大证券发布公告，称“公司策略投资部自营业务在使用其独立套利系统时出现问题。”但在当日13时开市后，光大证券即通过卖空股指期货、卖出ETF对冲风险，至14时22分，卖出股指期货空头合约IF1309、IF1312共计6240张，合约价值43.8亿元，获利74,143,471.45元；卖出180ETF共计2.63亿份，价值1.35亿元，卖出50ETF共计6.89亿份，价值12.8亿元，合计规避损失13,070,806.63元。

【认定】中国证监会认定，光大证券在内幕信息公开前将所持股票转换为ETF卖出和卖出股指期货空头合约的交易，构成2005年《证券法》第二百零二条和《期货交易管理条例》第七十条所述内幕交易行为。徐某明为直接负责的主管人员，杨某忠、沈某光、杨某波为其他直接责任人员。

光大证券在陈述申辩中提出：

其一，2013年8月16日全天所做对冲交易，是按照光大证券《策略投资部业务管理制度》的规定和策略投资的原理，按照既定计划进行的必然性和常识性操作，具有合规性和正当性，符合业内操作惯例。

其二，本案系我国资本市场上首次发生的新型案件，事件发生时，作为一个正常理性的市场交易主体，无法判断错单信息属于内幕信息，更无从判断下午的行为可能构成内幕交易行为。证监会认定相关交易构成内幕交易法律依据不足。

其三，证监会对于违法所得的认定没有法律依据，而且存在计算错误。

其四，即使证监会认定其构成内幕交易，也应该从轻减轻处罚，不应处以5倍罚款。

除上述申辩理由外，徐某明、杨某忠、沈某光、杨某波还提出，没有内幕交易的主观故意，杨某忠、沈某光、杨某波还分别提出了各自的申辩意见。杨某忠提出，2013年8月16日中午的会议，只是一个碰头会，不是班子成员会，也不是投资决策委员会正式决策会议，对于对冲方案，其本人不是提出者、决策者和实施者。沈某光提出，作为办公室主任，只是向总裁徐某明汇报情况，没有参与讨论相关问题，没有参与决策，只是根据指示做好资金调拨及拆借，其不是光大证券高级管理人员，不应被列为其他直接负责的主管人员。杨某波提出，其并非高级管理人员，没有参与会议决策，不应对其处以重罚。

针对上述申辩意见，中国证监会经复核认为：

本案是我国资本市场上首次发生的新型案件，虽然《证券法》和《期货交易管理条例》列举的内幕信息主要是与发行人自身相关的信息或与政策相关的信息，但同时规定证监会有权就具体信息是否属于内幕信息进行认定。内幕信息有两个基本特征,包括信息重大和未公开性。本案中,光大证券因程序错误以234亿元的巨量资金申购180ETF成分股,实际成交72.7亿元,可能影响投资者判断,对沪深300指数,180ETF、50ETF和股指期货合约价格均可能产生重大影响,同时这一信息在一段时间内处于未公布状态,符合内幕信息特征。证监会据此依法认定其为内幕信息。光大证券自身就是信息产生的主体,对内幕信息知情。

按照光大证券《策略投资部业务管理制度》的规定和策略投资的原理,光大证券可以进行正常的对冲交易,但是光大证券决策层了解相关事件的重大性之后,在没有向社会公开之前进行的交易,并非针对可能遇到的风险进行一般对冲交易的既定安排,而是利用内幕信息进行的交易。此时公司具有进行内幕交易的主观故意,符合《证券法》中"利用"要件,应当认定为内幕交易。光大证券内幕交易行为性质恶劣,影响重大,对市场造成了严重影响,应当依法予以处罚。

本案的违法所得认定综合考虑了交易金额,税费,内幕信息的影响时间等因素,具有合理性。

本案4名责任人员召开公司层面的决策会议决定先交易后披露,理应承担相应的责任。

4. 刘某洁利用未公开信息交易股票案(中国证监会行政处罚决定书〔2020〕73号)

【案情】一、刘某洁曾担任上海盈象资产管理有限公司(以下简称盈象资管)的基金经理,知悉其所管理基金交易标的股票的未公开信息

2014年11月28日至2017年11月30日,刘某洁为盈象资管投资经理。其间先后担任大盈成长1号、大盈成长3号、盈象专享1号、盈象专享2号、盈象专享5号、盈象专享6号、大利成长2号、盈象大方及大盈收益1号9只私募基金产品的投资经理。

盈象资管系私募证券投资基金管理人,设投资决策委员会为股票投资管理的最高决策机构,投资经理根据投资决策委员会确定各产品的投资组合,选择具体投资对象形成产品投资组合,并负责组织投资方案的执行。刘某洁作为盈象资管基金产品的投资经理,负责基金投资决策的制定和具体执行,知悉相关基金产品交易标的股票的未公开信息。

二、刘某洁控制并操作"王某姣"账户交易股票

(一)证券账户开立情况

王某姣系刘某洁之母,"王某姣"证券账户2014年11月17日开立于财富证券湘潭芙蓉路营业部,下挂上海和深圳两个股东账户,三方存管账户为"王某姣"

招商银行2609户。联系电话为139××××173,联系地址同王某姣身份证地址。

(二)证券账户资金情况

"王某姣"证券账户资金主要来源:2014年11月17日从"王某姣"中国银行0219户、民生银行3167户合计转入63万元。11月26日从"王某姣"招商银行7898户转入610万元,"王某姣"招商银行7898户内有430.84万元为"曾某阳"(系刘某洁姨夫)工商银行1079户于2014年5月4日至6月17日转入,180万元为2014年6月9日"刘某洁"招商银行0715户经"王某姣"工商银行8446户转入。

资金主要去向:2015年4月2日、2016年5月3日、11月14日、2017年6月26日分别以王某姣名义柜台取现30万元、20万元、30万元、30万元,合计110万元。2017年11月8日转出250万元至"刘某洁"招商银行0715户。

资金控制情况:刘某洁实际操控"王某姣"招商银行7898户与2609户的资金流转。王某姣的招商银行7898户与2609户自2012年1月29日开户以来网银登录交易所用设备的MAC地址、设备名称,与刘某洁招商银行网银所用设备的MAC地址、设备名称完全一致。刘某洁2012年9月至12月期间在上海时,王某姣招行网银在此期间的登录IP地址也在上海。而王某姣直到2013年春节后才到上海,在此之前王某姣从未到过上海。

(三)刘某洁控制并操作"王某姣"证券账户

2015年1月30日至2017年11月30日,"王某姣"证券账户主要采取手机委托方式下单,占比达97.75%。其中,通过手机号码133××××715(广州电信)和130××××636(上海联通)委托下单的占比达84.11%,上述两号码均为刘某洁实际使用。其余委托通过电脑网络下单:48笔使用的MAC地址为刘某洁提供给调查组的其本人使用笔记本电脑的MAC地址;26笔使用的MAC地址与"刘某洁"招商银行网银登录交易的MAC地址相同;2015年4月3日和4月30日两天交易下单设备对应的IP地址与刘某洁行程记录相吻合。

此外,王某姣在2018年7月12日笔录中供述,自刘某洁去私募基金工作以后,王某姣就用自己名字开立了证券账户,账户开始由王某姣自己操作,中间刘某洁操作的多一些,2017年年底开始到现在由王某姣操作。刘某洁在2018年7月13日提交的书面材料中也提及:"我母亲获知我辞职离开公募基金以后,于2014年11月开设了个人股票账户并将她的个人资金大部分转入股票账户中,用于炒股并委托我共同管理"。

三、涉案账户与刘某洁担任基金经理的基金趋同交易情况

刘某洁在盈象资管担任私募基金产品投资经理期间,"王某姣"证券账户在2015年1月30日至2017年11月30日交易沪深两市股票119只,趋同交易股票91只,趋同交易股票只数占比76.47%,趋同买入金额3.35亿元,买入趋同盈利884.59万元。

【认定】中国证监会认定,刘某洁操控"王某姣"证券账户,利用盈象资管相关私募基金未公开信息交易的行为违反《基金法》第二十条第六项和《私募投资基金监督管理暂行办法》(以下简称《私募办法》)第二十三条第五项的相关规定,构成了《基金法》第一百二十三条第一款所述违法行为。

权威解读

1. 确定性并非法律明确规定的内幕交易构成要件,一般认为是重大性构成要件的组成部分。如果内幕信息不够确定,则难以对证券价格产生重大影响。确定性是指信息的概括确定,不是信息所涉事项的具体确定。在执法实践中中国证监会认为,在项目推进过程中内幕信息所涉事项受多方因素影响,可能完成,也可能未完成,可能按照当初的计划或方案完成,也可能经方案调整后完成,但这是内幕信息所涉事项的不确定性,并不影响内幕信息的确定性。①

2. 上市公司重大决策的制定是一个连续、动态的过程,内幕信息在动议、筹划阶段往往仅确立初步意向,不一定具有详细、具体、明确的实施步骤或执行方案,且决策在推进中可能基于多种因素的考量随时调整或改变,但该决策是否更改、是否落实成功不影响对内幕信息性质的认定。②

3. 内幕信息从形成到公开,是一个动态的发展过程,在此过程中形成的信息并非均能构成内幕信息,其确定性程度会有所变化。动议、筹划的初始时间之所以可以认定为内幕信息的形成之时,主要是考虑此时该信息已经具备了一定程度的确定性,进而可能影响证券交易价格。个案中,具体的信息确定性程度、信息本身属性、当事人知悉程度、信息优势等情况不尽相同,但能够构成内幕信息加以认定的信息须具备重大性和非公开性要件。重大性指对证券交易价格可能产生重大影响。非公开性则指整体信息的非公开性。在股票未停牌交易的情形下,一则完整信息中部分信息的公开时点不构成敏感期的终点,即内幕信息的公开指的是信息完全、无遗漏的公开。在对内幕信息敏感期进行认定时,非公开性要与重大

---

① 参见中国证监会行政处罚决定书〔2020〕111号。

② 参见中国证监会山东监管局行政处罚决定书〔2017〕4号。

性结合考虑。由于不同市场主体对同一信息的认知不尽相同，能够影响证券交易价格的客观因素十分复杂，故证券监管机关有权在个案中就内幕信息敏感期进行个别化认定。除非上述认定明显不当，司法机关一般予以尊重。[①]

《证券法》第一百九十二条　【操纵证券市场】

第一百九十二条　违反本法第五十五条的规定，操纵证券市场的，责令依法处理其非法持有的证券，没收违法所得，并处以违法所得一倍以上十倍以下的罚款；没有违法所得或者违法所得不足一百万元的，处以一百万元以上一千万元以下的罚款。单位操纵证券市场的，还应当对直接负责的主管人员和其他直接责任人员给予警告，并处以五十万元以上五百万元以下的罚款。

相关规定

《证券法》

第五十五条　禁止任何人以下列手段操纵证券市场，影响或者意图影响证券交易价格或者证券交易量：[②]

（一）单独或者通过合谋，集中资金优势、持股优势或者利用信息优势联合或者连续买卖；

（二）与他人串通，以事先约定的时间、价格和方式相互进行证券交易；

（三）在自己实际控制的账户之间进行证券交易；

（四）不以成交为目的，频繁或者大量申报并撤销申报；

（五）利用虚假或者不确定的重大信息，诱导投资者进行证券交易；

（六）对证券、发行人公开作出评价、预测或者投资建议，并进行反向证券交易；

（七）利用在其他相关市场的活动操纵证券市场；

（八）操纵证券市场的其他手段。

操纵证券市场行为给投资者造成损失的，应当依法承担赔偿责任。

---

① 北京市第一中级人民法院（2018）京01行初430号行政判决书。

② 与《刑法》第一百八十二条操纵证券、期货市场罪的条文表述相比，后者要求具有"影响证券、期货交易价格或者证券、期货交易量"的后果，而前者要求"影响或者意图影响证券交易价格或者证券交易量"，换言之，即使没有实际影响证券交易价量，但是在案证据足以证明行为人主观上确实具有影响证券交易价量的意图，客观上实施了操纵行为，达到一定操纵指标的，也可以按照《证券法》第一百九十二条进行行政处罚。——本书注

典型案例

1. 蝶彩资产等操纵“恒康医疗”案（中国证监会行政处罚决定书〔2017〕80 号）

【案情】当事人：蝶彩资产管理（上海）有限公司（以下简称蝶彩资产）；谢某华，蝶彩资产实际控制人；阙某彬，恒康医疗集团股份有限公司（以下简称恒康医疗；原甘肃独一味生物制药股份有限公司，以下简称独一味）控股股东及实际控制人。

一、蝶彩资产、谢某华和阙某彬合谋操纵股价的筹划过程

2013 年 3 月，阙某彬与谢某华在上海见面，阙某彬向谢某华表达了希望高价减持“恒康医疗”的意愿，谢某华表示可以通过“市值管理”的方式提高恒康医疗“价值”，进而拉升股价，实现阙某彬高价减持“恒康医疗”的目的。

2013 年 5 月 7 日，德邦证券有限责任公司（以下简称德邦证券）、兴业银行股份有限公司（以下简称兴业银行）和阙某彬三方签署《德邦证券－兴业银行定向资产管理业务资产管理合同》（以下简称《资产管理合同》），阙某彬为委托人，德邦证券为管理人，兴业银行为托管人。根据合同约定，自管理人确认委托资产全部到账后，向委托人和托管人发送《委托资产起始运作通知书》，委托人和托管人双方确认签收的当日（若非同日签收，以最后一方签收日的当日）合同开始生效。2013 年 5 月 8 日，阙某彬将 2000 万股“恒康医疗”托管转至资产管理账户。根据合同约定的生效条件，《资产管理合同》于 2013 年 5 月 9 日生效。

德邦证券、蝶彩资产和阙某彬三方签署《研究顾问协议》，协议约定蝶彩资产作为研究顾问机构提供顾问服务，顾问服务期限与定向计划的委托管理期限相同。蝶彩资产根据阙某彬在“恒康医疗”股价不低于 20 元/股的情况下对持有的 2000 万股“恒康医疗”进行减持的需求，提供减持策略报告和操作方案，蝶彩资产收取研究顾问费，研究顾问费按减持成交金额的 12.5% 计提，收取金额为计提金额扣除管理费、托管费和交易费用后的余额。

二、蝶彩资产、谢某华和阙某彬合谋操纵股价的实施过程

从 2013 年 5 月 9 日（即按照《研究顾问协议》和《资产管理合同》的相关约定确定蝶彩资产开始履行顾问服务义务的时间）起至 7 月 4 日阙某彬完成减持“恒康医疗”的期间（以下简称操纵期间），蝶彩资产及谢某华向阙某彬提出一系列“市值管理”建议，阙某彬通过实施部分“市值管理”建议，操纵“恒康医疗”股价。具体如下：

一是蝶彩资产、谢某华和阙某彬实施合谋操纵股价的主观意图。《研究顾问协议》的签订确立了谢某华、蝶彩资产与阙某彬在不低于 20 元/股减持股票事项

上的合作关系;协议中约定蝶彩资产研究顾问费按减持成交金额的12.5%计提,绑定了双方的共同利益,蝶彩资产、谢某华和阙某彬存在利用“市值管理”拉抬“恒康医疗”股价并减持获利的共同动机;同时,谢某华在询问笔录中承认希望恒康医疗能够落实“市值管理”建议,相互配合共同实现“市值管理”目标,说明谢某华存在实现上述“市值管理”目标的主观意愿。

二是蝶彩资产、谢某华和阙某彬实施合谋操纵股价的客观行为。蝶彩资产的工作人员及谢某华通过邮件发送给阙某彬的《市值管理备忘录》和恒康医疗在涉案期间的一系列行为明确了谢某华、蝶彩资产实际参与了“市值管理”事项,并发挥了重要作用。经查,蝶彩资产的工作人员、谢某华在发送给阙某彬的《市值管理备忘录》中提出的“市值管理”建议包括:建议恒康医疗加快战略转型;建议采取收购医院、安排行业研究员调研、安排财经公关和证券媒体采访等方式改善恒康医疗资本市场形象;建议恒康医疗“加强”信息披露,将恒康医疗正在做的对股价有提升的项目向市场披露来进行“市值管理”。从恒康医疗在涉案期间披露收购三家医院、“DYW101”和“独一味牙膏”等事项可以看出,阙某彬采纳了谢某华、蝶彩资产提出的“市值管理”建议,并按照恒康医疗实际情况和已有的可供利用事项实施了“市值管理”行为。其中,恒康医疗未完整披露收购医院价款,对《补充协议》及3000万元补偿款未予披露;未及时披露“DYW101”项目,并用误导性陈述影响投资者预期;在操纵期间选择时点披露“独一味牙膏”研发及生产进展,增加操纵期间“利好”信息披露密度,影响投资者预期。

三是蝶彩资产、谢某华和阙某彬合谋操纵股价目标的完成。2013年7月3日、4日阙某彬成功以20元/股均价减持“恒康医疗”2200万股(其中2000万股为“资产管理计划”所涉恒康医疗股票),蝶彩资产、谢某华完成了与阙某彬约定的“市值管理”目标。

三、蝶彩资产、谢某华和阙某彬合谋操纵股价的结果

2013年5月9日至7月3日期间,“恒康医疗”股价累计上涨24.86%(以前一个交易日的收盘价为基数,下同),同期中小板综指累计下跌1.24%,偏离26.10个百分点;同期深证医药行业指数累计下跌1.91%,偏离26.77个百分点。

2013年5月9日至7月4日期间,“恒康医疗”股价累计上涨15.52%,同期中小板综指累计下跌0.80%,偏离16.32个百分点;同期深证医药行业指数累计下跌3.11%,偏离18.63个百分点。

2013年7月5日至8月30日期间,阙某彬减持“恒康医疗”完成后,股价累计下跌2.45%,同期中小板综指累计上涨6.94%、深证医药行业指数累计上涨3.03%,恒康医疗没有发布任何对股价有影响的信息,其股价因缺乏利好信息支

撑而下滑，涨势显著弱于可比指数。

2013年7月3日、4日，阙某彬通过大宗交易系统减持“恒康医疗”2200万股，共获利51,621,068元。其中包括“德邦证券－兴业银行定向资产管理业务资产管理合同”约定的2000万股，7月3日、4日各减持1000万股，减持均价20元/股；7月4日阙某彬自主减持200万股，减持均价19.91元/股。

2013年7月5日，阙某彬按照约定支付了蝶彩资产研究顾问费48,580,000元。

【认定】中国证监会认定，阙某彬与蝶彩资产、谢某华合谋，利用作为上市公司控股股东及实际控制人具有的信息优势，控制恒康医疗密集发布利好信息，人为操纵信息披露的内容和时点，未及时、真实、准确、完整披露对恒康医疗不利的信息，夸大恒康医疗研发能力，选择时点披露恒康医疗已有的重大利好信息，借“市值管理”名义，行操纵股价之实。通过上述一系列信息披露的综合起效，客观上误导了投资者，影响了“恒康医疗”股价，实现了阙某彬高价减持“恒康医疗”的目的，违反了2005年《证券法》第七十七条第一款的规定，构成第二百零三条所述操纵证券市场行为。蝶彩资产、谢某华与阙某彬合谋操纵股价违法所得51,621,068元。其中，蝶彩资产、谢某华负责策划恒康医疗“市值管理”方案，蝶彩资产起主导作用，非法获取48,580,000元，应承担主要责任，谢某华是直接负责的主管人员；阙某彬起配合作用，非法获取3,041,068元，应承担次要责任。

当事人蝶彩资产、谢某华及其代理人在听证中提出：第一，当事人不具有控制恒康医疗信息披露以实施操纵“恒康医疗”股价的主观故意。在《独一味战略发展规划》中，蝶彩资产提出了对独一味五年分别要实现的市值管理目标。其以持续提升恒康医疗内在价值为目的的“市值管理”服务符合国家相关规定。《研究顾问协议》中对顾问服务费用的约定属于正常的市场行为，本质上带有风险管理的性质，不能因此倒推其具有操纵股价的动机。第二，蝶彩资产、谢某华没有控制恒康医疗三项信息披露从而实施合谋操纵股价的具体行为。从信息披露程序可看出，恒康医疗信息披露无须征求蝶彩资产、谢某华意见；该信息披露事项与蝶彩资产、谢某华向阙某彬提出的“市值管理”建议无关。第三，关于蝶彩资产实施减持操作的事实认定错误，在案无任何证据证明蝶彩资产发出了减持指令，蝶彩资产仅仅向阙某彬提供了减持建议和三家可供选择的接盘机构，没有为阙某彬安排过接盘方。第四，“恒康医疗”股价的变化分析不能推出当事人合谋操纵股价，反而证明了恒康医疗实施“市值管理”对公司价值的正面影响；此外，《行政处罚事先告知书》中对公告减持后的股价涨幅计算存在误差。第五，蝶彩资产提供的“市值管理”服务合法合规，与以“市值管理”为名行操纵股价之实的行为具有根本的区别。

蝶彩资产、谢某华在听证会后补充提供申辩材料：第一，在《听证申辩补充证据说明材料》中提出，蝶彩资产和谢某华关于价值创造的实践符合国际咨询公司的业务模式，不存在短期操纵股价获利的交易动机和行为。第二，在《听证申辩补充证据说明材料（二）》中提出，恒康医疗根据自身经营计划决定实施并公告的三个项目均与蝶彩资产的咨询建议内容无关，双方合作期间蝶彩资产提出的咨询建议基本上未得到阙某彬的反馈和采纳，因此蝶彩资产不存在与阙某彬合谋操纵"恒康医疗"股价的事实。第三，其提交的《专家意见书》中，专家一致认为蝶彩资产和谢某华的行为属于上市公司市值管理中正常的咨询服务行为，在市值管理过程中提供正常的咨询服务，既不是减持交易的决策者或最终控制者，也不是恒康医疗信息披露的参与者；《行政处罚事先告知书》混淆了"合法的市值管理"和"利用市值管理操纵股价"的界限；即便正常的市值管理过程中，恒康医疗存在个别信息披露违规，蝶彩资产和谢某华不应对该行为承担责任，不宜认定为操纵股价。

当事人阙某彬的代理人在听证中提出：第一，阙某彬没有操纵股价的主观意图。第二，阙某彬从未与谢某华、蝶彩资产实施合谋操纵股价的行为，从未配合、落实谢某华、蝶彩资产提出的不合理"市值管理"要求，从未控制上市公司发布公告，公告不存在任何虚假、误导。第三，公告发布后股价走势不存在异常状况，公司公告与公司在涉案期间股价大幅上涨的结果无关。第四，操纵期间及成本价认定错误，导致当事人的盈利金额计算错误。

中国证监会认为，第一，在主观方面，蝶彩资产、谢某华、阙某彬具有操纵"恒康医疗"股价的故意。《研究顾问协议》的本质可以从协议由来、协议内容和相关各方具体行为三个角度判断。从协议的由来来看，结合阙某彬、谢某华等多份询问笔录，该份协议签订的背景是阙某彬由于研发肿瘤药物而意图以20元/股的价格减持"恒康医疗"筹集资金；从协议的内容来看，其核心内容是阙某彬以不低于20元/股的价格减持2000万股"恒康医疗"，而不是通过"市值管理"提升恒康医疗的"价值"；从相关各方的具体行为来看，蝶彩资产在《市值管理备忘录》中多次强调恒康医疗须采纳并落实"市值管理"建议才能拉升"恒康医疗"股价。蝶彩资产诸如加快收购医院、加强信息披露、安排行业研究员调研等"市值管理"建议，均是为了直接或间接影响"恒康医疗"股价。同时，恒康医疗和阙某彬利用已有可利用的事项，实施了蝶彩资产提出的多项"市值管理"建议，拉升"恒康医疗"股价大幅上扬偏离可比指数。所以，《研究顾问协议》的本质即是提升"恒康医疗"股价，而非系统全面地提升恒康医疗价值，蝶彩资产、谢某华、阙某彬以"市值管理"为名而行操纵市场之实。

此外，蝶彩资产提供的申辩证据中有4份《独一味市值管理工作备忘录》，其中仅第二份明确提到了独一味五年的战略发展规划，其表述为“蝶彩资产于2013年5月22日针对独一味（以下简称贵司）市值管理要求审阅了贵司拟定的战略发展规划，战略发展规划明确了公司未来五年发展路径、利润目标和市值目标。”由此可见，五年发展规划并非蝶彩资产拟定，而是恒康医疗已经制定完成，仅由蝶彩资产审阅，该申辩证据无法证明蝶彩资产致力于帮助恒康医疗提升内在价值以谋求长期发展的主张。《研究顾问协议》中并无五年的战略发展规划的表述和顾问服务建议，并且蝶彩资产与阙某彬的合作，在阙某彬减持股票完成后即结束，蝶彩资产、谢某华也没有为恒康医疗提供长期市值管理的客观行为。综上，对该项申辩意见不予采纳。

第二，蝶彩资产、谢某华通过邮件发送给阙某彬的《市值管理备忘录》、恒康医疗在涉案期间的一系列行为明确了蝶彩资产、谢某华、阙某彬实际参与了“市值管理”事项，利用“市值管理”实现以不低于20元/股减持“恒康医疗”的目标。

“市值管理”建议包括：建议恒康医疗加快战略转型；建议采取收购医院、安排行业研究员调研、安排财经公关和证券媒体采访等方式改善恒康医疗资本市场形象；建议恒康医疗“加强”信息披露等。恒康医疗确实按照蝶彩资产提出的“市值管理”思路，通过不及时、真实、准确、完整披露公司重大信息等一系列方式进行了“市值管理”，实现“恒康医疗”股价上扬的目标。其中，“加强”信息披露方面具体情况如下：

1. 未完整、准确披露收购三家医院对价情况

2013年6月，恒康医疗发布收购蓬溪医院、资阳医院和德阳医院三家医院的公告。经调查，收购过程中除签订收购合同外，恒康医疗董事会秘书郭某曾通过电子邮件发送给阙某彬《补偿协议》，协议显示恒康医疗关联方需向刘某均（收购项目介绍人）支付3000万元补偿款，但恒康医疗未披露《补偿协议》及补偿款的支付条件和金额等情况，表面上降低了收购成本，增强了投资者对收购事项收益的预期，对“恒康医疗”股价产生积极影响。

2. 未真实、准确披露“DYW101”项目研发情况

2013年6月恒康医疗公告称其全资子公司上海独一味生物科技有限公司（以下简称上海独一味）和美国Apexigen公司等协作研发完成了“DYW101”项目第一阶段研究。经查，“DYW101”项目实际由四川恒康发展有限责任公司子公司上海津曼特生物科技有限公司进行。上海独一味不具备产品研发的条件和能力，其仅为名义参与方。该公告夸大了上海独一味的研发能力，误导投资者，有利于提

升“恒康医疗”股价。

3. 未及时披露独一味牙膏研发进展情况

2013年6月24日恒康医疗发布公告称独一味牙膏于日前研制完毕。经查，该研发工作2011年之前就已完成;2011年2月恒康医疗获得相关注册商标;2011年6月初恒康医疗提出相关发明专利申请。该公告发布时间与实际研发时间差异较大,选择时点披露相关研发进展,增加重大利好信息披露密度,影响投资者收益预期,从而提升“恒康医疗”股价。

此外,恒康医疗落实蝶彩资产提出的“市值管理”建议,必须结合恒康医疗的实际情况,从恒康医疗的实际出发,把蝶彩资产提出的“市值管理”建议内化为切实可行的具体方案。从恒康医疗披露一系列与蝶彩资产“市值管理”建议相符合的信息来看,蝶彩资产的“市值管理”建议被阙某彬充分认可、吸收并实际采纳。最终导致“恒康医疗”股价异常上涨,阙某彬支付、蝶彩资产非法获得48,580,000元的高额咨询服务费。因此,《听证申辩补充证据说明材料(二)》中提出的恒康医疗公告的三个项目均与蝶彩资产的咨询建议内容无关、蝶彩资产的咨询建议没有被阙某彬和恒康医疗采纳的申辩意见不成立。综上,对该项申辩意见不予采纳。

第三,《研究顾问协议》明确约定“以不低于20元/股的价格减持恒康医疗股票”,蝶彩资产为阙某彬提供“市值管理”建议的本质是把“恒康医疗”股价拉升到20元/股的价位,与其在《听证申辩补充证据说明材料》中提出的国外公司咨询服务的内容有本质区别。因此,对该项申辩意见不予采纳。

第四,关于专家一致认为蝶彩资产和谢某华在“市值管理”过程中提供的是正常咨询服务的问题。根据《研究顾问协议》明确约定“以不低于20元/股的价格减持恒康医疗股票”,蝶彩资产为阙某彬提供“市值管理”建议的本质是把“恒康医疗”股价拉升到20元/股的价位,属于典型的操纵“恒康医疗”股价的行为。蝶彩资产、谢某华以合法的形式掩盖非法的目的,借“市值管理”名义,行操纵股价之实。蝶彩资产、谢某华与阙某彬合谋操纵股价违法所得51,621,068元,其中,蝶彩资产、谢某华非法获取48,580,000元。从当事人主观目的、客观行为、实际效果等完整的逻辑链条来看,蝶彩资产、谢某华与阙某彬合谋操纵“恒康医疗”股价的事实清楚,证据确实充分,因此《专家意见书》提出的结论意见不具有合理性。另外,《行政处罚事先告知书》并未涉及蝶彩资产、谢某华应当对恒康医疗的信息披露违规行为承担责任的事实。综上,对该项申辩意见不予采纳。

第五,关于减持指令的具体下达和接盘方安排的事实认定问题。在认定蝶彩资产、谢某华和阙某彬合谋操纵股价的情况下,具体减持指令的下达和接盘方的安排是否由蝶彩资产作出，并不影响合谋操纵股价的后果以及双方责任的认定。我会对该申辩意见予以采纳，并对相关表述作出调整。

第六，当事人提出减持后的股价涨幅计算存在误差，经核算，我会对该申辩意见予以采纳，并对减持后的股价涨幅作出调整。该项误差不影响当事人合谋操纵股价的结果，对当事人的认定和处理亦不产生影响。

第七，2013年5月7日德邦证券、兴业银行和阙某彬签署《资产管理合同》，约定该合同自管理人德邦证券确认委托资产全部到账、向委托人阙某彬和托管人兴业银行发送《委托资产起始运作通知书》并经双方确认签收后生效。同日，德邦证券、蝶彩资产和阙某彬签署《研究顾问协议》，约定蝶彩资产提供顾问服务的期限同《资产管理合同》的委托管理期限。据此，当事人提出合同生效日期应为2013年5月9日，作为操纵起点的股票价格应为合同生效前一日的收盘价，即2013年5月8日"恒康医疗"的收盘价。经查相关合同，对此项申辩意见予以采纳。

综上，依据2005年《证券法》第二百零三条的规定，中国证监会决定：

一、没收蝶彩资产违法所得48,580,000元，并处以97,160,000元罚款；

二、对谢某华给予警告，并处以60万元罚款；

三、没收阙某彬违法所得3,041,068元，并处以3,041,068元罚款。

2. 廖某强操纵股票案（中国证监会行政处罚决定书〔2018〕22号）

【案情】廖某强利用其知名证券节目主持人的影响力，在其微博、博客上公开评价、推荐股票，在推荐前使用其控制的账户组买入相关股票，并在荐股后的下午或次日集中卖出，具体事实如下：

一、廖某强是高收视率证券类品牌节目的嘉宾主持

2012年2月至2016年4月，廖某强在上海广播电视台第一财经频道《谈股论金》节目担任嘉宾主持人。《谈股论金》作为第一财经证券类品牌节目，始终保持较高人气，收视率表现稳定。廖某强还从2014年9月开始担任第一财经频道周播节目《谈股论金之英强开讲》的嘉宾主持。上述两档节目在上海地区的收视率均高于同时段所有频道财经类节目在上海地区的平均收视率。

廖某强作为大股东的上海股轩文化创意有限公司（以下简称股轩文化）通过"爱股轩"网站的APP，以解盘视频"金钱风暴""股动钱潮"等节目以及新浪微博、博客、土豆网等互联网平台进行推广和宣传。2015年，股轩文化在上海举办多场培训讲座，讲座视频放在"爱股轩"网站上，以提高股轩文化知名度。随着股轩文化的推广活动，廖某强也积累了一定粉丝，其博客点击率很高。

廖某强通过在电视台主持高收视率的证券类品牌节目积累名气和受众，再辅以互联网各类平台宣传和推广，开办培训讲座等形式，具有了相当的知名度和影

响力。

二、2015年3月至11月廖某强控制其本人及“张某萍”等13个证券账户

廖某强承认,“廖某强”账户由其本人控制使用。2015年3月至11月,“柴某玉”“王某妮”“张某”“张某萍”“韩某”“季某燕”“许某琴”“刘某钟”“柴某美”“廖某杰”“金某”账户等11个证券账户交易廖某强推荐股票时委托使用的MAC地址与“廖某强”账户所使用的MAC地址高度重合。“路某”账户2015年以来进行股票交易使用最多的电脑MAC地址为廖某强办公电脑MAC地址。

2015年1月至2015年12月,“张某”账户全部资金来源于廖某强,“路某”账户84.97%的资金来源于廖某强,“刘某钟”账户84.73%的资金来源于并全部流出至廖某强配偶郭某琳;“季某燕”“许某琴”账户的半数收益经由张某转至廖某强的银行账户,“季某燕”“许某琴”账户经委托给廖某强代为操作。

廖某强为股轩文化、上海英琪文化传播有限公司(以下简称英琪文化)实际控制人,总经理。张某为英琪文化原股东;路某为股轩文化股东;韩某为股轩文化员工;股轩文化法定代表人柴某英是廖某强的表姐,柴某玉是柴某英的妹妹;柴某美是廖某强的母亲;廖某杰是廖某强的哥哥;金某是廖某杰妻子的姐姐。上述人员与廖某强具有亲属关系或工作关系。

综上,可以认定2015年3月至11月,廖某强控制“廖某强”“柴某玉”“王某妮”“张某”“张某萍”“韩某”“季某燕”“许某琴”“刘某钟”“柴某美”“廖某杰”“金某”“路某”账户等13个证券账户。

三、廖某强操纵“佳士科技”等39只股票

2015年3月至11月,廖某强利用其知名证券节目主持人的影响力,发布了含有荐股内容的博客60篇,平均点击次数为110399次,在其微博、博客“午间解盘”栏目视频中公开评价、推荐“佳士科技”等39只股票共46次,在推荐前使用其控制的账户组买入相关股票,并在公开荐股下午开盘后或次日集中卖出相关股票,违法所得共计43,104,773.84元。具体如下:

1. 2015年3月20日中午休市期间,廖某强在其新浪微博和博客“午间解盘”栏目视频中推荐了“兴发集团”(600141),其控制的账户于荐股前买入“兴发集团”1,268,233股,买入金额21,327,300.56元,荐股后卖出1,224,734股,卖出金额21,800,324.98元,扣除交易税费后盈利1,045,573.40元。

2. 2015年4月13日中午休市期间,廖某强在其新浪微博“午间解盘”栏目视频中推荐了“大连国际”(000881),其控制的账户于荐股前买入“大连国际”1,252,108股,买入金额14,163,392.98元,荐股后卖出1,102,108股,卖出金额13,916,521.08元,扣除交易税费后盈利1,339,421.47元。

3. 2015年5月14日中午休市期间，廖某强在其新浪微博“午间解盘”栏目视频中推荐了“清新环境”(002573)，其控制的账户于荐股前买入“清新环境”1,174,800股，买入金额47,410,670.98元，荐股后卖出906,100股，卖出金额39,007,626.20元，扣除交易税费后盈利1,907,626.64元。

4. 2015年5月18日中午休市期间，廖某强在其新浪微博“午间解盘”栏目视频中推荐了“圣阳股份”(002580)，并于荐股前买入“圣阳股份”663,080股，买入金额14,277,433.06元，荐股后卖出613,080股，卖出金额13,698,050.70元，扣除交易税费后盈利388,680.64元。

5. 2015年5月19日中午休市期间，廖某强在其新浪微博“午间解盘”栏目视频中推荐了“全柴动力”(600218)，其控制的账户于荐股前买入“全柴动力”463,000股，买入金额7,004,267.61元，荐股后卖出326,101股，卖出金额5,440,783.42元，扣除交易税费后盈利476,832.67元。

6. 2015年5月19日中午休市期间，廖某强在其新浪微博“午间解盘”栏目视频中推荐“苏常柴A”(000570)，其控制的账户于荐股前买入“苏常柴A”1,113,642股，买入金额12,529,441.10元，荐股后卖出907,042股，卖出金额11,119,048.49元，扣除交易税费后盈利846,415.15元。

7. 2015年5月22日中午休市期间，廖某强在其新浪微博“午间解盘”栏目视频中推荐了“天富能源”(600509)，其控制的账户于荐股前买入“天富能源”1,135,600股，买入金额15,091,999.00元，荐股后卖出1,135,600股，卖出金额16,838,156.00元，扣除交易税费后盈利1,633,528.38元。

8. 2015年5月27日中午休市期间，廖某强在其新浪微博“午间解盘”栏目视频中推荐了“石油济柴”(000617)，其控制的账户于荐股前买入“石油济柴”347,489股，买入金额6,195,597.02元，荐股后卖出347,489股，卖出金额6,894,920.20元，扣除交易税费后盈利653,156.71元。

9. 2015年6月2日中午休市期间，廖某强在其新浪微博“午间解盘”栏目视频中推荐了“渝开发”(000514)，其控制的账户于荐股前买入“渝开发”1,331,879股，买入金额15,222,898.33元，荐股后卖出1,231,879股，卖出金额15,412,189.12元，扣除交易税费后盈利1,231,797.11元。

10. 2015年6月8日中午休市期间，廖某强在其新浪微博“午间解盘”栏目视频中推荐了“复旦复华”(600624)，其控制的账户于荐股前买入“复旦复华”1,025,907股，买入金额25,731,894.90元，荐股后卖出584,492股，卖出金额15,774,834.36元，扣除交易税费后盈利595,950.13元。

11. 2015年6月12日中午休市期间，廖某强在其新浪微博“午间解盘”栏目视频中推荐了“海大集团”(002311),其控制的账户于荐股前买入“海大集团”1,764,823股,买入金额46,595,268.50元,荐股后卖出1,615,053股,卖出金额45,315,044.52元,扣除交易税费后盈利2,302,404.35元。

12. 2015年7月27日中午休市期间,廖某强在其新浪博客“午间解盘”栏目视频中推荐了“桐昆股份”(601233),其控制的账户于荐股前买入“桐昆股份”1,690,143股,买入金额30,391,935.01元,荐股后卖出1,185,106股,卖出金额20,747,564.79元,扣除交易税费后亏损879,249.50元。

13. 2015年8月14日中午休市期间,廖某强在其新浪微博“午间解盘”栏目视频中推荐了“东方电子”(000682),其控制的账户于荐股前买入“东方电子”4,130,092股,买入金额28,330,914.20元,荐股后卖出2,279,900股,卖出金额16,618,911.62元,扣除交易税费后盈利874,725.58元。

14. 2015年8月14日中午休市期间,廖某强在其新浪微博“午间解盘”栏目视频中推荐了“红宝利”(002165),其控制的账户于荐股前买入“红宝利”1,516,100股,买入金额12,022,255.00元,荐股后卖出1,420,000股,卖出金额12,463,426.00元,扣除交易税费后盈利448,283.80元。

15. 2015年8月27日、28日中午休市期间,廖某强在其新浪微博“午间解盘”栏目视频中推荐了“佳士科技”(300193),其控制的账户于荐股前买入“佳士科技”1,587,300股,买入金额28,428,827.00元,荐股后卖出1,587,300股,卖出金额30,521,011.68元,扣除交易税费后盈利1,884,814.15元。

16. 2015年9月2日、7日中午休市期间,廖某强在其新浪博客“午间解盘”栏目视频中推荐了“紫光股份”(000938),其控制的账户于荐股前买入“紫光股份”38,500股,买入金额1,924,964.00元,荐股后卖出38,500股,卖出金额2,043,719.20元,扣除交易税费后盈利104,805.43元。

17. 2015年9月2日、7日、8日中午休市期间,廖某强在其新浪博客“午间解盘”栏目视频中推荐了“佳士科技”(300193),其控制的账户于荐股前买入“佳士科技”445,610股,买入金额7,117,763.40元,荐股后卖出445,610股,卖出金额8,323,363.72元,扣除交易税费后盈利1,150,953.57元。

18. 2015年9月8日中午休市期间,廖某强在其新浪微博和博客“午间解盘”栏目视频中推荐了“康芝药业”(300086),其控制的账户于荐股前买入“康芝药业”1,799,028股,买入金额23,672,657.80元,荐股后卖出992,300股,卖出金额14,151,760.00元,扣除交易税费后盈利898,153.58元。

19. 2015年9月15日中午休市期间,廖某强在其新浪博客“午间解盘”栏目视频中推荐了“康芝药业”(300086),其控制的账户于荐股前买入“康芝药业”399,000

股，买入金额5,442,797.00元，荐股后卖出399,000股，卖出金额5,739,067.00元，扣除交易税费后盈利256,985.34元。

20. 2015年9月15、16日中午休市期间，廖某强在其新浪博客“午间解盘”栏目视频中推荐了“天瑞仪器”(300165)，其控制的账户于荐股前买入“天瑞仪器”1,441,000股，买入金额19,645,123.00元，荐股后卖出1,441,000股，卖出金额21,788,845.94元，扣除交易税费后盈利1,997,632.19元。

21. 2015年9月17日中午休市期间，廖某强在其新浪博客“午间解盘”栏目视频中推荐了“荣之联”(002642)，其控制的账户于荐股前买入“荣之联”871,183股，买入金额24,357,003.85元，荐股后卖出642,983股，卖出金额20,235,923.74元，扣除交易税费后盈利2,053,262.65元。

22. 2015年9月22日中午休市期间，廖某强在其新浪微博和博客“午间解盘”栏目视频中推荐了“慈星股份”(300307)，其控制的账户于荐股前买入“慈星股份”1,814,819股，买入金额18,676,626.53元，荐股后卖出1,521,258股，卖出金额18,401,702.18元，扣除交易税费后盈利2,445,932.37元。

23. 2015年9月25日中午休市期间，廖某强在其新浪微博和博客“午间解盘”栏目视频中推荐了“星星科技”(300256)，其控制的账户于荐股前买入“星星科技”1,285,051股，买入金额20,491,985.36元，荐股后卖出756,199股，卖出金额12,734,691.70元，扣除交易税费后盈利378,307.59元。

24. 2015年9月28日中午休市期间，廖某强在其新浪微博和博客“午间解盘”栏目视频中推荐了“宏达高科”(002144)，其控制的账户于荐股前买入“宏达高科”1,754,201股，买入金额34,908,197.85元，荐股后卖出1,315,500股，卖出金额27,927,775.08元，扣除交易税费后盈利1,257,926.73元。

25. 2015年10月12日中午休市期间，廖某强在其新浪博客“午间解盘”栏目视频中推荐了“双星新材”(002585)，其控制的账户于荐股前买入“双星新材”1,568,980股，买入金额16,016,329.20元，荐股后卖出1,568,980股，卖出金额17,540,675.20元，扣除交易税费后盈利1,406,134.31元。

26. 2015年10月19日中午休市期间，廖某强在其新浪微博“午间解盘”栏目视频中推荐了“华孚色纺”(002042)，其控制的账户于荐股前买入“华孚色纺”3,147,200股，买入金额30,665,744.10元，荐股后卖出2,042,500股，卖出金额21,468,963.00元，扣除交易税费后盈利999,627.57元。

27. 2015年10月19日中午休市期间，廖某强在其新浪微博“午间解盘”栏目视频中推荐了“宁波华翔”(002048)，其控制的账户于荐股前买入“宁波华翔”607,668股，买入金额9,371,976.19元，荐股后卖出607,668股，卖出金额

10,266,985.25 元,扣除交易税费后盈利 825,825.19 元。

28. 2015 年 10 月 21 日中午休市期间,廖某强在其新浪微博"午间解盘"栏目视频中推荐了"闰土股份"(002440),其控制的账户于荐股前买入"闰土股份"1,319,917 股,买入金额 24,403,986.59 元,荐股后卖出 1,092,717 股,卖出金额 20,938,838.60 元,扣除交易税费后盈利 483,475.49 元。

29. 2015 年 10 月 26 日中午休市期间,廖某强在其新浪微博和博客"午间解盘"栏目视频中推荐了"长青股份"(002391),其控制的账户于荐股前买入"长青股份"2,133,729 股,买入金额 33,267,400.79 元,荐股后卖出 1,082,608 股,卖出金额 17,939,299.80 元,扣除交易税费后盈利 1,004,260.64 元。

30. 2015 年 10 月 26 日中午休市期间,廖某强在其新浪微博和博客"午间解盘"栏目视频中推荐了"鸿路钢构"(002541),其控制的账户于荐股前买入"鸿路钢构"691,083 股,买入金额 11,609,868.74 元,荐股后卖出 580,311 股,卖出金额 10,585,469.20 元,扣除交易税费后盈利 743,344.09 元。

31. 2015 年 10 月 27 日中午休市期间,廖某强在其新浪微博和博客"午间解盘"栏目视频中推荐了"兴业银行"(601166),其控制的账户于荐股前买入"兴业银行"1,141,300 股,买入金额 17,260,869.00 元,荐股后卖出 1,081,300 股,卖出金额 16,413,296.00 元,扣除交易税费后亏损 52,744.18 元。

32. 2015 年 11 月 6 日中午休市期间,廖某强在其新浪微博"午间解盘"栏目视频中推荐了"嘉寓股份"(300117),其控制的账户于荐股前买入"嘉寓股份"1,735,450 股,买入金额 17,112,591.61 元,荐股后卖出 1,735,450 股,卖出金额 18,889,274.50 元,扣除交易税费后盈利 1,649,788.02 元。

33. 2015 年 11 月 12 日中午休市期间,廖某强在其新浪微博"午间解盘"栏目视频中推荐了"出版传媒"(601999),其控制的账户于荐股前买入"出版传媒"3,226,089 股,买入金额 38,828,132.29 元,荐股后卖出 2,438,224 股,卖出金额 31,610,572.35 元,扣除交易税费后盈利 1,957,532.80 元。

34. 2015 年 11 月 13 日中午休市期间,廖某强在其新浪微博"午间解盘"栏目视频中推荐了"六国化工"(600470),其控制的账户于荐股前买入"六国化工"2,840,001 股,买入金额 25,666,884.61 元,荐股后卖出 2,840,001 股,卖出金额 27,835,111.84 元,扣除交易税费后盈利 1,979,886.13 元。

35. 2015 年 11 月 16 日中午休市期间,廖某强在其新浪微博"午间解盘"栏目视频中推荐了"新界泵业"(002532),其控制的账户于荐股前买入"新界泵业"1,310,936 股,买入金额 19,452,657.15 元,荐股后卖出 1,310,936 股,卖出金额 21,354,608.04 元,扣除交易税费后盈利 1,758,174.49 元。

36. 2015年11月17日中午休市期间，廖某强在其新浪微博“午间解盘”栏目视频中推荐了“福能股份”(600483)，其控制的账户于荐股前买入“福能股份”1,191,824股，买入金额22,036,752.50元，荐股后卖出1,191,824股，卖出金额23,513,764.53元，扣除交易税费后盈利1,316,846.71元。

37. 2015年11月17日中午休市期间，廖某强在其新浪微博“午间解盘”栏目视频中推荐了“山东药玻”(600529)，其控制的账户于荐股前买入“山东药玻”884,400股，买入金额16,147,118.02元，荐股后卖出884,400股，卖出金额17,919,676.12元，扣除交易税费后盈利1,652,438.04元。

38. 2015年11月20日中午休市期间，廖某强在其新浪微博“午间解盘”栏目视频中推荐了“林洋电子”(601222)，其控制的账户于荐股前买入“林洋电子”523,901股，买入金额19,963,306.70元，荐股后卖出449,401股，卖出金额18,208,824.18元，扣除交易税费后盈利877,528.66元。

39. 2015年11月23日中午休市期间，廖某强在其新浪微博“午间解盘”栏目视频中推荐了“风神股份”(600469)，其控制的账户于荐股前买入“风神股份”223,173股，买入金额3,976,634.65元，荐股后卖出223,173股，卖出金额4,162,687.39元，扣除交易税费后盈利157,472.09元。

40. 2015年11月25日中午休市期间，廖某强在其新浪微博和博客“午间解盘”栏目视频中推荐了“川仪股份”(603100)，其控制的账户于荐股前买入“川仪股份”630,502股，买入金额12,584,397.06元，荐股后卖出630,502股，卖出金额12,792,590.60元，扣除交易税费后盈利119,269.99元。

41. 2015年11月26日中午休市期间，廖某强在其新浪微博“午间解盘”栏目视频中推荐了“太阳电缆”(002300)，其控制的账户于荐股前买入“太阳电缆”1,625,339股，买入金额19,779,948.79元，荐股后卖出1,228,300股，卖出金额15,136,679.00元，扣除交易税费后亏损3,574.63元。

【认定】中国证监会认定，廖某强的上述行为违反了2005年《证券法》第七十七条第一款“禁止任何人以下列手段操纵证券市场”中第四项“以其他手段操纵证券市场”的规定，构成2005年《证券法》第二百零三条所述情形。

3. 通金投资等操纵“永艺股份”案(中国证监会行政处罚决定书〔2018〕71号)

【案情】当事人：上海通金投资有限公司(以下简称通金投资)；刘某，时任通金投资董事、执行总裁。

一、通金投资实际控制账户组情况

2016年6月3日至6月24日(以下简称操纵期间)，通金投资实际控制其发行的4个私募基金产品账户、管理的2个资产管理计划账户和11个理财专户账户共计17个账户(以下简称账户组)。

(一)通金投资实际控制其发行的4只基金产品账户

通金投资担任通金华融1号证券投资基金、通金华融2号证券投资基金、通金4号基金、通金6号契约型私募证券投资基金计划的基金管理人,负责基金财产的独立管理和运用。

(二)通金投资是投资顾问产品的指令人

天治基金-浦发银行-天治凌云1号特定多客户资产管理计划(以下简称天治凌云1号)和天治基金-浦发银行-天治凌云6号特定多客户资产管理计划(以下简称天治凌云6号)系天治基金管理有限公司发行的通道业务产品,进取级委托人天津华宇天地商贸有限公司(以下简称天津华宇)被授权为指令权人。天津华宇与通金投资签订两份《委托理财协议》及《投资服务协议之补充协议》,委托通金投资代理管理上述两只产品。通金投资系天治凌云1号、6号产品的实际指令人。

(三)通金投资实际控制陈某兰、蒋某源、刘某书、舒某、陈某、朱某兴、朱某民、朱某群、丁某娥等11个理财专户

2013年7月至2015年4月期间,陈某兰、蒋某源、刘某书、舒某分别与通金投资签订《专户理财协议》,委托通金投资代理操作其账户。陈某兰、蒋某源、刘某书、舒某开立的普通账户或信用账户自协议约定的执行日期起至2016年7月13日均由通金投资管理。

朱某群曾是通金投资刘某团队的员工。朱某兴和丁某娥为朱某群父母,陈某为朱某群妻子,朱某民是朱某群的哥哥。朱某群实际控制其父母、妻子和哥哥的账户。根据刘某代表通金投资与朱某群签订的《委托理财协议》及《朱某群和刘某委托理财协议之补充协议》、通金投资提供的相关情况说明、账户交易数据、相关人员询问笔录等证据,陈某、朱某兴、朱某民、朱某群和丁某娥的相关账户由通金投资实际控制。

经查,账户组内4个基金账户与理财专户交易"永艺股份"的主要交易地址以及常用交易地址相同。同时,理财专户与基金账户的其他交易地址组相互关联。另外,账户组交易流水显示的硬件地址互相关联,且都对应通金投资交易室的电脑。

二、通金投资操纵"永艺股份"的情况

操纵期间,通金投资控制使用账户组,集中资金优势,采用盘中拉升、对倒交易、尾盘拉升等方式操纵"永艺股份"股价,共计获利6,814,322.69元。

(一)账户组异常交易行为

账户组在2016年6月6日、6月8日、6月13日至6月16日存在10次明显的

盘中拉升股价的行为。账户组在5分钟内集中资金优势连续大单买入，推高股价。其中，买入成交占比在50%以上的有7次，盘中拉升股价涨幅在3%以上的有4次。

账户组在2016年6月6日至6月8日、6月14日至6月16日和6月23日的7个交易日中存在对倒交易，对倒数量占市场成交总量的比例超过1%的有4次。

账户组在2016年6月7日、6月13日和6月14日收盘前15分钟内存在3次明显尾盘拉升的行为。账户组主动买入占比在70%以上，股价涨幅在2%至4%。

（二）账户组具体交易情况

1. 建仓期(6月3日至6月7日)

该阶段，账户组通过集中资金优势连续大单买入的方式在短期内完成建仓。其间，账户组累计委托买入221笔共计949.99万股，买入成交395.01万股，占市场同期18.13%，合计净买入299.66万股，股价上涨21.45%。同时，账户组采用盘中拉升、尾盘拉升和强化尾市涨停趋势等异常交易行为，如6月6日14:01:38至14:06:24，账户组以54.7元至56.5元申报买入9笔共36.31万股，成交16.57万股，金额923.19万元，占同时段该股成交的71.36%，股价由54.7元上涨至56.38元，涨幅为3.24%。同日该股于14:58:45封至涨停，账户组在明显不可能成交的情况下于14:59:54和14:59:59以涨停价56.97元申报买入2笔共100万股，占收盘时以涨停价申买的未成交数量的39.05%。又如6月7日14:50:59至14:54:52，账户组以56.5元至57.95元申报买入19笔共56.88万股，成交24.39万股，金额1395.61万元，占同时段该股成交的73.82%，股价由56.38元上涨至57.95元，涨幅2.76%。

2. 洗盘期(6月8日至6月14日)

该阶段，账户组频繁进行日内、隔日反向交易和对倒交易，采用盘中打压股价后低价买入、盘中拉升股价后高价卖出和尾盘拉升等交易手法，加剧股价波动。其间，账户组累计委托买入201笔共487.82万股，买入成交386.64万股，占市场同期20.5%；累计委托卖出190笔共293.92万股，卖出成交284.49万股，占市场同期15.08%。

其中，6月8日账户组于09:30:00至14:24:33以卖出为主。在6月7日尾市拉升后，账户组于该期间累计反向卖出117.74万股，占市场同期27.22%；股价由开盘价56.38元下跌至54.72元，跌幅2.9%。于14:25:53至15:00:00以买入为主，在前一阶段大量卖出打压股价后，账户组于该期间累计反向买入74.28万股，占市场同期45.49%。

6月13日账户组的交易分为三个阶段：09:22:41至10:35:07以买入为主，累计买入83.06万股，占市场同期27.34%，股价由55.33元上涨至57.25元，涨幅3.47%。其间，账户组存在多次连续买入、拉升股价的行为。如10:17:48至10:20:16，以54.9元至56.6元申报买入9笔共25.3万股，成交18.42万股，金额1,026.17万元，占同时段该股成交的60.16%，股价由54.81元上涨至56.29元，涨幅2.67%。10:35:16至13:07:57以卖出为主，其间累计反向卖出38.89万股，占市场同期29.72%，股价由57元下跌至55.45元，跌幅2.8%。13:22:06至15:00:00以买入为主，账户组再次于该期间反向买入59.18万股，占市场同期26.81%。其中，14:57:21至14:59:01，账户组以52.99元至55.38元申报买入10笔共20.8万股，成交18.47万股，金额987.09万元，占同时段该股成交的83.92%，股价由52.84元上涨至54.8元，涨幅3.54%。

6月14日，账户组通过连续大额买入、盘中拉升和尾盘拉升等方式交易股票，累计委托买入78笔共211.12万股，其中有54笔申买价格高于申报前市场最新成交价，买入成交152.53万股，占市场同期25.61%。当日股价上涨3.33%。其中，尾盘阶段14:53:04至14:55:20，账户组以55.3元至56.8元申报买入9笔共55.43万股，成交55.43万股，金额3106.17万元，占同时段该股成交的85.46%，股价由55.22元上涨至56.6元，涨幅2.54%。

3. 出货期(6月15日至6月24日)

该阶段，账户组频繁采用盘中拉升、组内对倒和日内反向交易等手段，稳定和维持股价，将其前期所持股份全部卖出。其中，6月15日、6月16日和6月17日，其卖出成交量占市场同期卖出量的比例分别为36.5%、19.31%和23.54%。具体稳定和维持股价过程如下：

6月15日账户组交易情况分为3个阶段：09:30:00至10:35:58，账户组以55.28元的均价净卖出147.37万股，占市场同期卖出成交量的41.62%，股价下跌至55.5元；10:36:45至10:41:17，以55.9元至57.88元申报买入15笔共72万股，成交30.96万股，金额1,757.2万元，占同时段该股成交的53.62%，股价由55.76元上涨至57.88元，涨幅3.77%。10:46:33至14:59:03，以57.69元的均价净卖出119.31万股，占市场同期卖出成交量的21.51%，股价由58.2元下跌至57.55元，其间跌幅1.16%。

6月16日账户组交易情况分为2个阶段：09:17:46至10:02:35，以58.06元的均价净买入74.46万股，并对倒成交38.77万股，股价上涨至59.49元，较前收盘价上涨3.5%。10:02:59至14:57:18，账户组以58.51元的均价净卖出70.25万股，累计卖出91.02万股，占市场同期卖出成交量的20.25%，股价由59.2元下跌至55.48元，其间跌幅6.47%。

6月17日,账户组以54.92元的均价累计卖出135.71万股,占市场同期卖出成交量的23.54%,股价较前收盘价下跌1.65%。

6月20日至6月24日,账户组以57.37元的均价将其持有的剩余37.3万股全部卖出。

【认定】中国证监会认定,通金投资的上述行为违反了2005年《证券法》第七十七条第一款第一、三、四项的规定,构成2005年《证券法》第二百零三条所述的证券市场操纵行为。刘某作为通金投资时任执行总裁、董事,在涉案期间对账户组的投资决策直接负责,在操纵“永艺股份”股价中起到决定作用,为直接负责的主管人员。

听证中,通金投资提出:第一,本案以2005年《证券法》第七十七条第一款第四项认定当事人构成市场操纵缺乏法律依据,该条文中的“以其他手段操纵证券市场”含义有待明确;第二,当事人不实际控制和管理两个凌云产品账户,不是该两账户投资指令的最终审核主体,且当事人作为投资顾问不是证券市场操纵行为的法律主体;第三,当事人不存在操纵的主观故意,也不存在客观操纵行为,没有影响股价及股票交易量的结果,并且相关股价及交易量的变化与申辩人买卖行为之间不存在因果关系;第四,2016年6月17日之后当事人卖出“永艺股份”的行为属于依照交易所《市场警示函》要求的整改行为,不应认定为市场操纵;第五,事先告知书未明确告知处罚的事实、理由和依据,如何种资金金额属于集中资金优势,什么是影响股价和交易量等,影响了当事人申辩及听证权利的行使;第六,账户组账户非当事人所有,最终受益也不归属当事人,当事人对账户组交易并没有任何违法所得,并且我会计算违法所得时没有扣除当事人正常交易收益,即6月3日当日浮盈及6月17日之后的收益;第七,当事人在交易所出具警示函后积极消除不良影响,且配合证监会调查,应予从轻或减轻处罚。

刘某除提出与通金投资一致的申辩意见外还提出,其于2016年4月20日向通金投资提出辞职,通金投资于2016年5月3日批准其辞职申请。2017年3月31日其离开通金投资,主观上没有操纵市场的动机与目的。

经复核,中国证监会认为:

第一,2005年《证券法》第七十七条在列举了操纵证券市场的典型手段后,规定“以其他手段操纵证券市场”,属于不完全列举的示例性规定。2005年《证券法》规定了我会集中统一监督管理全国证券市场的职权,我会在执法中认定以其他手段操纵证券市场的行为并进行处罚,于法有据。近年来,中国证监会适用2005年《证券法》第七十七条第一款第四项,查处了包括虚假申报、尾市拉抬等在内多起“以其他手段操纵证券市场”案件,如刘某金案(行政处罚决定书〔2018〕14

号)、李某案(行政处罚决定书〔2017〕37 号)、创某翔案(行政处罚决定书〔2016〕120 号)等。

第二,当事人实际控制两个凌云产品账户,当事人以其是凌云账户的投资顾问为由主张不构成操纵行为主体,理由不能成立。根据天津华宇与通金投资签订的《委托理财协议》及《投资服务协议之补充协议》,通金投资在涉案期间受托管理上述两只产品。综合天治基金相关说明、交易指令表和涉案人员询问笔录等证据,通金投资具有两只凌云产品账户的交易决策权,天治基金对通金投资发出的交易指令没有进行实质意义上的审核。当事人提出天治基金对通金投资的交易指令有人工拆单环节,与已调取的交易指令表不符,缺乏证据支持。另经对两只凌云产品账户的交易路径问题补充核查,亦未发现前述事实认定存在错误或不当之处。基于以上事实,通金投资在涉案期间是凌云账户交易的实际决策者,理应对凌云账户的交易行为承担法律责任。

第三,涉案期间,当事人集中资金优势,采用盘中拉抬、对倒交易、日内或隔日反向交易、尾盘拉升、大额封涨停等方式交易"永艺股份",影响其交易价格,扰乱证券市场正常的价格机制,我会认定其行为构成操纵,并无不妥。当事人提出的由于看好而投资标的股票,不具有操纵的主观故意;不同账户的交易策略和目标不同故操作方法不同;2016 年 6 月 16 日对倒交易是由于应对大额操作而卖出股份等申辩理由,缺乏证据证明且与事实不符,不予采信。

第四,2016 年 6 月 17 日之后,当事人依然存在反向买入及对倒交易标的股票的行为。当事人提出的 2016 年 6 月 23 日交易员由于股票代码相近,误认"永艺股份"(股票代码 603600)为"华微电子"(股票代码 600360)而错误下单买入导致对倒交易的申辩,经查当日两只股票价格相差约 5 倍,且委买量高达 2.37 万股,明显与事实不符,不能成立。据此,对当事人提出的在违法所得中扣除 6 月 17 日之后的交易收益的主张亦不予采纳。

第五,《行政处罚事先告知书》已充分告知当事人本案拟作出行政处罚的违法事实、理由和依据,相关事实有在案证据证明。当事人及其代理人在听证前来我会阅卷两天,并有充足时间准备申辩意见和相关材料,不存在影响其申辩权利行使的情形。

第六,2005 年《证券法》第二百零三条规定的"没收违法所得"的范围,应当包括违法行为所产生的全部收益,至于这种收益是否归属于违法主体通金投资,不影响本案操纵行为违法所得的认定。如因通金投资对产品的收益不具有处分权而减少认定违法所得,将导致过罚不当。

其次,对于当事人主张应当在违法所得中扣除 6 月 3 日浮盈的申辩意见,我会认为，本案当事人的操纵行为包括建仓、洗盘、出货三个阶段，建仓作为操纵行为的必要组成部分，将其同之后的交易阶段割裂开来单独计算收益不合逻辑，更何况本案中当事人6月3日的买入行为与其下一个交易日即6月6日后的盘中拉升等异常交易行为事实上紧密相连，据此对当事人关于将6月3日浮盈从违法所得中扣除的主张不予采纳。

第七，综合本案违规手法、情节及危害后果等因素，并考虑当事人配合调查情况，适当减少对其罚款金额。

第八，刘某提出，其已向通金投资提出辞职申请，主观上没有操纵市场的动机与目的。根据在案证据，刘某是通金投资的前执行总裁和董事，尽管刘某于2016年6月16日辞去了通金投资的执行总裁职务，其还担任公司的投资经理，并在涉案期间对账户组的投资决策直接负责，在操纵"永艺股份"股价中起到决定作用，当事人刘某的此项申辩意见不能成立。

根据当事人违法行为的事实、性质、情节与社会危害程度，依据2005年《证券法》第二百零三条的规定，中国证监会决定：

一、对通金投资没收违法所得6,814,322.69元，并处以13,628,645.38元的罚款；

二、对刘某给予警告，并处以30万元的罚款。

权威解读

1. 对交易账户的实际控制关系进行认定，不必要求行为人必须是交易账户的名义所有人，只要行为人对交易账户享有使用或处分的权利，实际控制关系即可认定。考虑到操纵证券市场的违法行为人为规避监管，一般不会直接操作交易账户，故监管部门很难获取有效的直接证据证明账户实际控制关系。在此情况下，综合考虑多方面的证据情况以推定账户实际控制关系符合证券监管实际，并且具有合理性。在监管部门提供的证据能够形成证据链条且具有证据优势的情况下，除非违法行为嫌疑人能够提供有效反证或者作出合理说明，否则可以推定账户实际控制关系的成立。从普通公众的认知观察，所谓交易痕迹即交易账户进行下单交易所使用的硬件终端信息，如IP、MAC、硬盘序列号、手机号等客观记录，在一定时间段内交易特定股票时呈现出较大重合度，或者交易时点紧密接续，即能够反映出交易账户下单交易大概率出于同一指令。交易账户之间的资金往来亦能反映出交易账户之间的强关联性，虽然不同的资金募集渠道在个别交易账户上的反映并不相同，尤其在涉及多账户配资操纵时更是如此，但若交易账户资金流转情况整体上能够体现不同募资手段的特征，则交易账户参与操纵亦是大概率事件。相关人员的指认自认则从主观方面反映了账户实际控制关系，亦具有较强的证明力。综上，基于以上三个维度来综合考量交易账户的实际控制关系，符合市场逻辑及经验法则。至于单个交易账户实际控制关系的考量无须以完全符合以上三个维度为标准，监管部门有权根据具体情况作出裁量。①

2. 关于本条中的“责令依法处理其非法持有的证券”，有意见认为按该规定进行行政处罚时，应先责令违法当事人依法处理其通过操纵市场行为所非法持有的证券，然后以其处理实际所得，来没收和处以相应倍数的罚款。但由于实践中证券价格变化较快，监管机构责令其处理证券时会面临处理的时点和价格选择问题，甚至不排除个别当事人故意选择价格较低时点或以低价挂单，从而逃避较高的行政罚款数额。因此，实践中很少采用这种方法，大多是由监管机构按一个时间点，将余股以一定价格进行计算再减去其买入时的支出，来认定其违法所得。②

《证券法》第一百九十三条　【编造、传播虚假信息或者误导性信息】【虚假陈述或者信息误导】【传播媒介及其工作人员违法买卖证券】

第一百九十三条　违反本法第五十六条第一款、第三款的规定，编造、传播虚假信息或者误导性信息，扰乱证券市场的，没收违法所得，并处以违法所得一倍以上十倍以下的罚款；没有违法所得或者违法所得不足二十万元的，处以二十万元以上二百万元以下的罚款。

违反本法第五十六条第二款的规定，在证券交易活动中作出虚假陈述或者信息误导的，责令改正，处以二十万元以上二百万元以下的罚款；属于国家工作人员的，还应当依法给予处分。③

传播媒介及其从事证券市场信息报道的工作人员违反本法第五十六条第三款的规定，从事与其工作职责发生利益冲突的证券买卖的，没收违法所得，并处以买卖证券等值以下的罚款。

---

① 参见北京市第一中级人民法院(2019)京01行初516号行政判决书(王某铜内幕交易案)。

② 参见程合红主编：《〈证券法〉修订要义》，人民出版社2020年版，第367页。

③ 本条第二款和第一款的区别在于：第一款的违法行为要求造成“扰乱证券市场”的后果才予以行政处罚，第二款的违法行为则无此要求。——本书注

相关规定

《证券法》

第五十六条 禁止任何单位和个人编造、传播虚假信息或者误导性信息，扰乱证券市场。

禁止证券交易场所、证券公司、证券登记结算机构、证券服务机构及其从业人员，证券业协会、证券监督管理机构及其工作人员，在证券交易活动中作出虚假陈述或者信息误导。

各种传播媒介传播证券市场信息必须真实、客观，禁止误导。传播媒介及其从事证券市场信息报道的工作人员不得从事与其工作职责发生利益冲突的证券买卖。

编造、传播虚假信息或者误导性信息，扰乱证券市场，给投资者造成损失的，应当依法承担赔偿责任。

典型案例

1. 浦某懿等信息误导案（中国证监会行政处罚决定书〔2016〕139号）

【案情】浦某懿时任东方证券股份有限公司（以下简称东方证券）研究所计算机行业首席分析师；郑某威时任东方证券研究所计算机行业研究员。

2014年4月30日，东方证券郑某威发邮件给上海安硕信息技术股份有限公司（以下简称安硕信息）董事长和总经理，声称安硕信息股价已跌至发行价附近，价值绝对低估；建议公司做好市值管理，提升资本市场对公司的认同度；提出希望与公司交流沟通后向机构推介。董事长回邮件让郑某威与董事会秘书曹某联系。2014年5月6日，曹某联系郑某威到公司交流。

2014年6月22日至2015年4月30日期间，东方证券浦某懿、郑某威根据安硕信息披露的"一纵一横"发展战略、征信业务、数据业务、小贷云业务、互联网金融业务等不准确、不完整且缺乏实现基础的信息，在未经东方证券内控部门审批、复核的情况下，使用"极具业务延展性……强烈看好……最优质的银行IT标的……无与伦比……绝对领先""公司市场规模是百亿量级、收入将可达12亿、30亿市值远未反映公司实际价值、市值空间有望超过200亿、市值超千亿、属于我们的tenbagger，200亿绝不是终点"等诱导性和夸大性的语言文字编写邮件，向128家基金、券商、私募等机构的1279人员累计发送邮件1.1万余封，传播安硕信息开展互联网金融服务业务和互联网金融业务的情况。

安硕信息披露、东方证券浦某懿、郑某威传播上述互联网金融相关业务信息后,部分基金管理公司于2014年11月1日至2015年5月27日期间大量买入"安硕信息",累计共有221只公募基金持有"安硕信息"最高达1,808.21万股,占安硕信息流通股的74.84%。安硕信息股价从2014年4月30日28.30元上涨至2015年5月13日450元,涨幅为15.9倍。

【认定】中国证监会认定,浦某懿、郑某威的行为违反了2005年《证券法》第七十八条第二款禁止证券服务机构及其人员在证券交易活动中作出信息误导的规定,构成2005年《证券法》第二百零七条规定的信息误导违法行为。

2. 每日经济新闻等传播虚假信息案(中国证监会行政处罚决定书〔2016〕114号)

【案情】一、虚假信息的有关情况

2016年2月24日中午,微博、微信等互联网平台开始流传"3月1日起创业板全面停止审核"相关信息,主要内容为"自3月1日起创业板将全面停止审核,后续按注册制实施;主板和中小板暂时未定,择期再做安排"。

二、成都每日经济新闻报社有限公司(以下简称每日经济新闻)、李某涉嫌传播虚假信息的情况

每日经济新闻于2月25日00:02在每经网(域名 www.nbd.com.cn)发布了《注册制改革授权下周实施A股市场步入敏感期》的报道,报道内容称"伴随着3月1日这一时点的临近,A股市场也变得敏感起来。正是在这一背景下,2月24日下午出现的一则传闻引发不少业内人士的关注。该传闻的内容是'知情人士透露,自3月1日起创业板将全面停止审核,后续按注册制实施;主板和中小板暂时未定,择期再做安排。'不过,当记者向一位大型券商投行负责人求证这一消息时,其明确表示没有听说。而后,记者又向多位中介机构人士求证,均未能确认这一传闻的真实性",报道还称"'这个传闻有点可怕,还有那么多创业板(公司排队等待上市)'。其中一位中介机构人士表示,如果按照这个传闻的说法,要在注册制实施后才安排创业板拟上市公司上会,那岂不是意味着未来几个月,都可能没有创业板企业上会?上述中介机构人士指出,随着注册制改革授权日期的到来,市场上也出现了各种各样的信息,而这背后是市场对注册制改革的高度关注"。

经查,该篇报道由李某采写。李某为成都商报记者,外派至每日经济新闻证券部工作,由每日经济新闻负责管理和考核,并发放薪酬。根据李某的询问笔录及其提供的相关截图文件,2月24日下午14:36分左右其手机微信群"天天涨停板"中的好友"彭某征"发布了创业板全面停止审核的相关信息,后经其搜索,多个微博、股吧均在传播。其还向两位中介机构人士和一位上市公司下属企业负责投资的人士进行了初步核实。然而,上述三人均回复李某并未听说该信息。李某撰

写完成该报道后，按照每日经济新闻内部有关原创稿件的发布流程经每日经济新闻内部审核后发布。

每日经济新闻2016年2月25日发布《注册制改革授权下周实施A股市场步入敏感期》，之后被多个主流财经网站转载，包括同花顺财经、搜狐证券、新浪财经、凤凰财经、网易财经、中证网等，造成了广泛传播。

每日经济新闻《采编手册》第三章"采编规范"第四节"新闻编辑"规定，"对于新闻事实存疑无法核实的稿件，坚决不发"。《每日经济新闻关于严防虚假新闻报道的规定》第三条规定，"来自互联网的信息原则上只能作为采访的'线索'，不能随意采信、直接写入报道"；第四条规定，"采访时，记者搜集到的信息应具有多个消息来源相互佐证，而不应该依靠单一消息来源做报道""新闻越重要、敏感、复杂，越需要采访核实更多的信息源"；第十九条规定，"编辑对于外来稿件的选用（特别是网络报道），必须保持高度警惕，事先必须核实，确保新闻事实准确无误后方可转载、选用……"

【认定】中国证监会认为，每日经济新闻的行为违反了2005年《证券法》第七十八条第三款关于"各种传播媒介传播证券市场信息必须真实、客观，禁止误导"的规定，构成2005年《证券法》第二百零六条所述"扰乱证券市场"的行为。李某的行为违反了2005年《证券法》第七十八条第一款关于"禁止国家工作人员、传播媒介从业人员和有关人员编造、传播虚假信息，扰乱证券市场"的规定，构成2005年《证券法》第二百零六条所述"扰乱证券市场"的行为。

3. 牟某华编造、传播虚假信息案（中国证监会行政处罚决定书〔2020〕5号）

【案情】牟某华于北京时间2019年1月29日早10时许，在微信群看到"易会满主席记者招待会"相关虚假信息，与群友讨论互动后，仿照该消息编造了内容为"据外媒报道，新任证监会主席紧急上书，建议暂缓科创板实施，首先规范法律法规，严惩造假上市公司，加快不法公司退市速度，引进各路资金增持股票，在此之前，即便领导意愿强烈，科创板也没有率先实施的条件。这是近年来难得的敢说真话的证监会领导，已经引起最高层高度重视，不排除一系列政策近期会发生变化"的信息，通过其本人手机发布在"趋势投资－印钞机－天官赐福""游戏 扯淡 吹牛×"两个微信群中，紧接着在"趋势投资－印钞机－天官赐福"群中表示"大家看是否可以传一下？"以及"反正都一看就是假的，来吧，come on baby！"。当日晚些时候，牟某华知悉有人在"雪球网"转载了上述信息后，仅在前述微信群中作出评论，并未通过公开途径进行辟谣。该信息在多个互联网平台上传播、扩散。

牟某华编造、传播的信息与客观事实不符，证监会易会满主席从未上书建议暂缓科创板实施。

牟某华称其编造、传播涉案虚假信息的动机主要是显示自己"懂得多"，达到哗众取宠、引人注意的目的。

【认定】中国证监会认定，牟某华编造、传播虚假信息，扰乱证券市场的行为违反了2005年《证券法》第七十八条第一款"禁止国家工作人员、传播媒介从业人员和有关人员编造、传播虚假信息，扰乱证券市场"的规定，构成了2005年《证券法》第二百零六条所述情形。

《证券法》第一百九十四条　【证券公司及其从业人员损害客户利益】

第一百九十四条　证券公司及其从业人员违反本法第五十七条的规定，有损害客户利益的行为的，给予警告，没收违法所得，并处以违法所得一倍以上十倍以下的罚款；没有违法所得或者违法所得不足十万元的，处以十万元以上一百万元以下的罚款；情节严重的，暂停或者撤销相关业务许可。

相关规定

《证券法》

第五十七条　禁止证券公司及其从业人员从事下列损害客户利益的行为：

（一）违背客户的委托为其买卖证券；

（二）不在规定时间内向客户提供交易的确认文件；

（三）未经客户的委托，擅自为客户买卖证券，或者假借客户的名义买卖证券；

（四）为牟取佣金收入，诱使客户进行不必要的证券买卖；

（五）其他违背客户真实意思表示，损害客户利益的行为。

违反前款规定给客户造成损失的，应当依法承担赔偿责任。

权威解读[①]

本条中的"有损害客户利益的行为"的规定，在立法技术上是一种强调性重复表述，更多的是宣示性意义。所以一般情况下，只要违反了《证券法》第五十七条的规定，即可进行处罚，并不需要以造成客户损失为条件。但是在处罚的轻重把握上，可以考虑有无给客户利益造成实际损失这一因素。

① 参见程合红主编：《〈证券法〉修订要义》，人民出版社2020年版，第370页。

《证券法》第一百九十五条 【违法出借、借用证券账户】

第一百九十五条 违反本法第五十八条的规定,出借自己的证券账户或者借用他人的证券账户从事证券交易的,责令改正,给予警告,可以处五十万元以下的罚款。

相关规定

《证券法》

第五十八条 任何单位和个人不得违反规定,出借自己的证券账户或者借用他人的证券账户从事证券交易。

典型案例

1. 泰嘉集团非法借用证券账户案(中国证监会行政处罚决定书〔2020〕54号)

【案情】2017年1月至2017年11月,泰嘉集团董事长莫某军、总经理陈某和财务经理宋某文共同商议决定,使用泰嘉集团自有资金1.14亿元,利用宋某文、陈某、张某、王某瑶四个自然人证券账户交易股票,账户交易由董事长莫某军决策并控制,账户交易盈亏由泰嘉集团负责。截至2017年11月21日,上述四个账户持有的股票已经全部卖出。具体如下:

一、涉案账户控制关系

2017年年初,莫某军、陈某和宋某文共同商议决定使用公司自有资金交易股票,莫某军安排总经理陈某和宋某文具体负责执行。2017年1月初,陈某和宋某文分别以陈某和宋某文的名义开立股票账户,并向亚洲商务航空有限公司副总裁郭某华借用张某和王某瑶证券账户,上述四个账户最终均交给泰嘉集团使用,账户资金来源和去向均为泰嘉集团,账户盈亏由泰嘉集团负责,账户交易由莫某军决策控制,由陈某光和原某具体下单交易。

二、涉案账户交易情况

1. 宋某文账户

宋某文账户2017年1月4日在平安证券辽宁分公司直属营业部开立,自2017年1月4日开户至2017年12月调查结束,共计交易七种证券,账户内证券已经全部清仓,成交情况如下:GC001,2017年1月18日至20日融券回购315,000张,成交金额31,500,000元,2017年1月19日至23日融券购回,成交金额31,507,461.81元;

GC004,2017 年 1 月 23 日融券回购 100,000 张,成交金额 10,000,000 元,2017 年 2 月 3 日融券购回,成交金额 10,011,722.22 元;恒力股份,2017 年 3 月 20 日买入 293,000 股,成交金额 2,705,380 元,2017 年 3 月 23 日全部卖出,成交金额 2,555,647.09 元;鸿特精密,2017 年 1 月 17 日至 9 月 26 日买入 535,807 股,成交金额 22,389,529.07 元,2017 年 7 月 18 日至 10 月 12 日全部卖出,成交金额 34,722,818.2 元;皇马科技,2017 年 8 月 15 日配售 1,000 股,成交金额 10,360 元,2017 年 9 月 6 日全部卖出,成交金额 32,510 元;山西汾酒,2017 年 8 月 4 日至 9 日买入 251,300 股,成交金额 10,186,180 元,2017 年 8 月 9 日至 10 日全部卖出,成交金额 11,309,350 元;世纪游轮,2017 年 1 月 24 日买入 9,900 股,成交金额 575,631 元,2017 年 2 月 20 日全部卖出,成交金额 733,342 元。

2. 陈某账户

陈某账户 2017 年 1 月 4 日在平安证券大连营业部开立,自 2017 年 1 月 4 日开户至 2017 年 12 月调查结束,共计交易九种证券,账户内证券已经全部清仓,成交情况如下:GC001,2017 年 1 月 18 日至 24 日融券回购 176,000 张,成交金额 17,600,000元,2017 年 1 月 19 日至 23 日融券购回,成交金额 17,602,870.26 元;GC002,2017 年 1 月 19 日融券回购 96,000 张,成交金额 9,600,000 元,2017 年 1 月 23 日融券购回,成交金额 9,605,211.12 元;GC003,2017 年 1 月 23 日融券回购 50,000张,成交金额 5,000,000 元,2017 年 1 月 26 日融券购回,成交金额 5,005,000 元;GC004,2017 年 1 月 23 日融券回购 50,000 张,成交金额 5,000,000 元,2017 年 2 月 3 日融券购回,成交金额 5,007,013.72 元;恒力股份,2017 年 3 月 20 日买入 330,000 股,成交金额 3,047,424 元,2017 年 3 月 23 日全部卖出,成交金额 2,885,942 元;鸿特精密,2017 年 1 月 18 日至 7 月 24 日买入 613,200 股,成交金额 27,757,292.96 元,2017 年 7 月 19 日至 26 日全部卖出,成交金额 36,338,550 元;三晖电气,2017 年 3 月 13 日配售中签 500 股,成交金额 5,130 元,2017 年 6 月 8 日全部卖出,成交金额 18,025 元;山西汾酒,2017 年 7 月 26 日买入 209,000 股,成交金额 7,427,143.26 元,2017 年 7 月 31 日全部卖出,成交金额 8,665,717 元;世纪游轮,2017 年 1 月 24 日至 25 日买入 45,400 股,成交金额 2,613,929 元,2017 年 2 月 20 日全部卖出,成交金额 3,359,920 元。

3. 王某瑶账户

王某瑶账户 2017 年 1 月 4 日在华泰证券北京苏州街营业部开立,自 2017 年 1 月 4 日开户至 2017 年 12 月调查结束,共计交易五种证券,账户内证券已经全部清仓,成交情况如下:GC001,2017 年 1 月 19 日至 20 日融券回购 40000 张,成交金额 40,000,000 元,2017 年 1 月 19 日至 23 日融券购回,成交金额 40,000,000 元;

GC004,2017年1月23日融券回购20,000张,成交金额20,000,000元,2017年2月23日融券购回,成交金额20,000,000元;R-001,2017年1月18日融券回购199,900张,成交金额19,990,000元,2017年1月19日融券购回,成交金额19,990,000元;金科股份,2017年2月7日买入890000股,买成交金额5,021,600元,2017年2月10日全部卖出,卖成交金额5,486,900元;智慧农业,2017年5月8日至11日,买入1,615,800股,买成交金额10,050,855元,2017年7月14日全部卖出,卖成交金额11,751,235元。

4. 张某账户

张某账户2011年4月27日在华西证券北京紫竹院路营业部开立。自2017年1月至2017年12月调查结束,共计交易六种证券,账户内证券已经全部清仓,成交情况如下:GC001,2017年1月19日至20日融券回购398,000张,成交金额39,800,000元,2017年1月20日至23日融券购回,成交金额39,810,855元;GC004,2017年1月23日融券回购200,000张,成交金额20,000,000元,2017年2月3日融券购回,成交金额20,028,000元;光莆股份,2017年3月29日配售股份500股,成交金额3,695元,2017年6月8日全部卖出,成交金额12,270元;鸿特精密,2017年3月22日买入38,700股,成交金额1,965,014元,2017年7月19日全部卖出,成交金额2,244,600元;金科股份,2017年2月7日买入889,997股,成交金额5,039,134.05元,2017年2月10日至21日全部卖出,成交金额5,361,682元;智慧农业,2017年5月8日至11日买入1,616,300股,成交金额10,064,293元,2017年7月14日至17日全部卖出,成交金额11,789,950.41元。

三、账户操作下单情况

宋某文、陈某、王某瑶和张某四个证券账户交易使用的IP和MAC地址存在大量重合,该四个账户由陈某光和原某操作下单。根据证券账户委托记录和询问笔录,陈某光和原某存在交替下单操作的情况,原某下单操作较多。莫某军向陈某光支付了108.3万元报酬。

四、涉案账户资金来源情况

宋某文、陈某、王某瑶和张某证券账户三方存管银行账户资金全部来源于泰嘉集团、曲某慧和莫某军银行账户。莫某军、宋某文和陈某询问笔录,泰嘉集团出具的情况说明均确认上述四个账户的资金都为泰嘉集团所有,上述涉案银行账户流水也证明四个证券账户资金的主要来源和去向均为泰嘉集团。

1. 宋某文银行账户

宋某文账户三方存管银行账号为平安银行,该银行账户资金全部来源于泰嘉集团账户、曲某慧账户和莫某军账户,共计收到上述账户约3700万元,资金最终去向主要为泰嘉集团账户，最终转出资金至该账户39,150,000元。

2. 陈某银行账户

陈某三方存管银行账户资金全部来源于泰嘉集团账户、曲某慧账户和莫立军账户，共计收到上述账户约3700万元，资金最终去向主要为泰嘉集团账户，最终转出资金至该账户43,739,300元。

3. 王某瑶银行账户

王某瑶账户三方存管银行账号为光大银行，该银行账户资金全部来源于泰嘉集团账户和曲某慧账户，资金去向全部为泰嘉集团账户。

4. 张某银行账户

张某账户三方存管银行账号为建设银行，该银行账户资金全部来源于泰嘉集团账户和曲某慧账户，资金去向全部为泰嘉集团账户。

【认定】中国证监会认为，泰嘉集团的上述行为涉嫌违反了2005年《证券法》第八十条关于禁止法人非法利用他人账户从事证券交易的规定，从而构成2005年《证券法》第二百零八条所述情形。同时，泰嘉集团的上述行为违反了现行《证券法》第五十八条规定的借用他人证券账户从事证券交易的规定，构成现行《证券法》第一百九十五条所述情形。

2. 中南集团非法借用账户案（中国证监会行政处罚决定书〔2021〕70号）

【案情】2015年6月5日至2016年7月13日期间，中南控股集团有限公司（以下简称中南集团）借用张某1、潘某雪、黄某兰、杨某燕、马某红5人名下的7个证券账户（以下简称账户组）买卖"中南建设""宝莫股份""比亚迪"等股票。中南集团先后向上述账户转入资金4.3亿余元。截至调查日，账户组全部卖出所持股票，资金主要返回中南集团。

【认定】中国证监会认定，中南集团的上述行为违反了2005年《证券法》第八十条、现行《证券法》第五十八条的规定，构成现行《证券法》第一百九十五条所述的违法行为。

权威解读[①]

禁止出借自己证券账户或者借用他人证券账户从事证券交易是普遍原则，任何单位、个人都应遵循。只是在法律、行政法规、中国证监会另有例外规定情况

① 参见程合红主编：《〈证券法〉修订要义》，人民出版社2020年版，第371页。

下,才能免除本条所规定的责任。①

《证券法》第一百九十六条 【违法收购】

第一百九十六条 收购人未按照本法规定履行上市公司收购的公告、发出收购要约义务的,责令改正,给予警告,并处以五十万元以上五百万元以下的罚款。对直接负责的主管人员和其他直接责任人员给予警告,并处以二十万元以上二百万元以下的罚款。

收购人及其控股股东、实际控制人利用上市公司收购,给被收购公司及其股东造成损失的,应当依法承担赔偿责任。

相关规定

《证券法》

第八十八条 通过证券交易所的证券交易,投资者持有或者通过协议、其他安排与他人共同持有一个上市公司已发行的股份达到百分之三十时,继续进行收购的,应当依法向该上市公司所有股东发出收购上市公司全部或者部分股份的要约。

收购上市公司部分股份的收购要约应当约定,被收购公司股东承诺出售的股份数额超过预定收购的股份数额的,收购人按比例进行收购。

典型案例

1. 越野一族投资公司等违法收购案(中国证监会行政处罚决定书〔2019〕49号)

【案情】一、任某青与越野一族(北京)投资管理有限公司(以下简称越野一族投资公司)未按规定履行发出收购要约义务

---

① 《证券法》第五十八条中有“不得违反规定”的表述。经梳理,相关规定包括但不限于:《证券登记结算管理办法》第二十二条规定:“投资者不得将本人的证券账户提供给他人使用。”《关于清理整顿违法从事证券业务活动的意见》第五条规定:“证券投资者应当按照法律法规和中国证监会的有关规定,严格遵守证券账户实名制要求开立证券账户。任何机构和个人不得出借自己的证券账户,不得借用他人证券账户买卖证券。”是“违反规定才承担责任”还是“有例外规定才免除责任”,值得进一步探索。——本书注

(一)越野一族投资公司买入顾地科技股票情况

2016年6月30日至9月29日期间,越野一族投资公司证券账户累计转入资金299,344,065.75元,其中2亿元来自任某青,资金性质是借款,用途是购买顾地科技股票。越野一族投资公司证券账户从开户起仅交易过顾地科技股票,以买入为主,交易期间从2016年7月11日至10月24日,除了2016年7月11日采用热键委托的方式下单,其他时候全部由越野一族投资公司董事长辛某委托裴某使用其手机下单。该账户还使用股票质押回购的方式融资买入顾地科技股票,期末持有顾地科技17,009,623股。

(二)任某青买入顾地科技股票情况

顾地科技的实际控制人任某青通过山西盛农投资有限公司持有顾地科技95,991,420股,占总股本27.78%。

(三)任某青与越野一族投资公司构成一致行动人关系

任某青为越野一族投资公司购买顾地科技股票提供融资安排(提供借款共计2亿元),依据《上市公司收购管理办法》(证监会令第108号)第八十三条第二款第五项的规定,任某青与越野一族投资公司构成一致行动人关系,根据该条第三款的规定,一致行动人应当合并计算其所持有的股份。

(四)任某青与越野一族投资公司未按规定履行发出收购要约义务

2016年9月20日,任某青通过山西盛农投资有限公司持有顾地科技95,991,420股,占总股本27.78%。越野一族投资公司证券账户累计买入8,107,391股顾地科技股票,截至当日收盘时,上述双方合计持有顾地科技104,098,811股,占总股本的比例为30.1%,且继续购买顾地科技股票。截至2016年10月24日,双方合计持有顾地科技113,001,043股,占总股本的比例为32.7%,任某青和越野一族投资公司未依法向上市公司所有股东发出收购上市公司全部或者部分股份的要约。

二、任某青未按规定向上市公司报告其向顾地科技31位股票激励员工提供借款并分享股票收益的事实(略)

【认定】中国证监会认为,任某青和越野一族投资公司构成一致行动人,截至2016年10月24日,双方合计持有顾地科技113,001,043股,占总股本32.7%,但未依法履行发出收购要约义务。上述行为违反2005年《证券法》第八十八条、《上市公司收购管理办法》第六十三条第二款第二项的规定,构成经2014年修正的《证券法》第二百一十三条所述违法行为。辛某系越野一族投资公司董事长,直接决策并组织实施向任某青借款及买入"顾地科技"事项,属于该违法行为直接负责的主管人员。

2. 四环生物等违规收购案(中国证监会行政处罚决定书〔2020〕17 号)

【案情】一、江苏四环生物股份有限公司(以下简称四环生物)2014 年至 2018 年年度报告披露的实际控制人信息存在虚假记载(略)

二、四环生物 2014 年年度报告未按规定披露关联交易(略)

三、陆某平及其一致行动人赵某、华某、倪某锋、何某共同持有四环生物股票达 5% 及每增加 5% 时未履行报告、公告义务,且在限制交易期限内继续买卖四环生物股票(略)

四、陆某平及其一致行动人赵某、华某、倪某锋、何某合计持股达 30% 时未按规定履行上市公司收购的公告、发出收购要约等义务

涉案期间,陆某平及其一致行动人赵某、华某、倪某锋、何某控制的账户持续交易"四环生物",2016 年 6 月 20 日,其共同持有的"四环生物"数量占四环生物总股本的比例达 30% 时未按规定履行上市公司收购的公告、发出收购要约等义务,且在 2016 年 6 月 20 日后仍持续交易"四环生物",总体为净买入。截至 2018 年 4 月 11 日,陆某平及其一致行动人赵某、华某、倪某锋、何某控制的账户共同持有"四环生物"405,853,648 股,占四环生物总股本的比例为 39.42%。

【认定】中国证监会认定,陆某平及其一致行动人赵某、华某、倪某锋、何某控制的账户共同持有的"四环生物"已发行的股份达到 30% 时,继续进行收购,未按规定向上市公司所有股东发出收购上市公司全部或者部分股份的要约,违反 2005 年《证券法》第八十八条规定,构成经 2014 年修正的《证券法》第二百一十三条所述"收购人未按照本法规定履行上市公司收购的公告、发出收购要约等义务"的违法行为。

3. 熊某昌等违规收购案(中国证监会行政处罚决定书〔2021〕1 号)

【案情】一、熊某昌、吴某荣利用相关证券账户操纵华平股份(略)

二、熊某昌及其一致行动人吴某荣交易"华平股份"期间增持数量达到上市公司已发行股份 30%,未履行发出收购要约义务

熊某昌与吴某荣签订协议,委托吴某荣控制使用账户组增持"华平股份",由吴某荣为熊某昌按照 1:4 比例提供融资安排,并约定盈利分成,上述情形符合《上市公司收购管理办法》第八十三条第(五)项相关规定,二人构成一致行动人。

涉案期间,熊某昌持有 9.78%"华平股份",其与一致行动人吴某荣通过吴某荣控制的账户组大量买入"华平股份",2018 年 2 月 6 日,账户组持股比例达到 20.39%,与熊某昌共同持有的股份达到 30%,未按规定履行发出收购要约义务,且在 2018 年 2 月 6 日后仍持续交易"华平股份"。熊某昌及其一致行动人吴某荣构成未按规定向上市公司所有股东发出收购上市公司全部或者部分股份要约的

违法行为。

三、熊某昌通过其控制的私募产品进行大宗交易虚假减持"华平股份"相关情况(略)

【认定】中国证监会认定，熊某昌及其一致行动人吴某荣交易"华平股份"期间增持数量达到上市公司已发行股份30%，未履行发出收购要约义务，违反了2005年《证券法》第八十八条的规定，构成经2014年修正的《证券法》第二百一十三条所述行为。

权威解读[①]

本条中的"未按照本法规定履行上市公司收购的公告、发出收购要约义务"，不仅指本法第六十五条规定的强制收购要约义务和第六十六条规定的公告收购报告书义务，还包括违反《证券法》第四章其他相关规定的行为。同时，由于第七十七条已明确授权中国证监会制定上市公司收购具体办法，因此，违反依法制定的上市公司收购办法中有关上市公司收购公告和收购要约义务的，也可按本条处罚。

《证券法》第一百九十七条　【信息披露违法】

第一百九十七条　信息披露义务人未按照本法规定报送有关报告或者履行信息披露义务的，责令改正，给予警告，并处以五十万元以上五百万元以下的罚款；对直接负责的主管人员和其他直接责任人员给予警告，并处以二十万元以上二百万元以下的罚款。发行人的控股股东、实际控制人组织、指使从事上述违法行为，或者隐瞒相关事项导致发生上述情形的，处以五十万元以上五百万元以下的罚款；对直接负责的主管人员和其他直接责任人员，处以二十万元以上二百万元以下的罚款。

信息披露义务人报送的报告或者披露的信息有虚假记载、误导性陈述或者重大遗漏的，责令改正，给予警告，并处以一百万元以上一千万元以下的罚款；对直接负责的主管人员和其他直接责任人员给予警告，并处以五十万元以上五百万元以下的罚款。发行人的控股股东、实际控制人组织、指使从事上述违法行为，或者隐瞒相关事项导致发生上述情形的，处以一百万元以上一千万元以下的罚款；对

---

① 参见程合红主编:《〈证券法〉修订要义》，人民出版社2020年版，第372页。

直接负责的主管人员和其他直接责任人员，处以五十万元以上五百万元以下的罚款。

相关规定

1.《证券法》

第六十三条 通过证券交易所的证券交易，投资者持有或者通过协议、其他安排与他人共同持有一个上市公司已发行的有表决权股份达到百分之五时，应当在该事实发生之日起三日内，向国务院证券监督管理机构、证券交易所作出书面报告，通知该上市公司，并予公告，在上述期限内不得再行买卖该上市公司的股票，但国务院证券监督管理机构规定的情形除外。

投资者持有或者通过协议、其他安排与他人共同持有一个上市公司已发行的有表决权股份达到百分之五后，其所持该上市公司已发行的有表决权股份比例每增加或者减少百分之五，应当依照前款规定进行报告和公告，在该事实发生之日起至公告后三日内，不得再行买卖该上市公司的股票，但国务院证券监督管理机构规定的情形除外。

投资者持有或者通过协议、其他安排与他人共同持有一个上市公司已发行的有表决权股份达到百分之五后，其所持该上市公司已发行的有表决权股份比例每增加或者减少百分之一，应当在该事实发生的次日通知该上市公司，并予公告。

违反第一款、第二款规定买入上市公司有表决权的股份的，在买入后的三十六个月内，对该超过规定比例部分的股份不得行使表决权。①

第七十八条 发行人及法律、行政法规和国务院证券监督管理机构规定的其

---

① 根据《证券法》第六十三条的规定，持有有表决权的股份达到5%，以及此后每增加或者减少1%、每增加或者减少5%时的信披义务人是“投资者”。需要注意的是，这里使用的是“投资者”而非“股东”，可以是其本人持有，也可以是通过协议、其他安排与他人共同持有。由此可见，一致行动人有可能根据此条而成为证券法意义上的信披义务人。——本书注

他信息披露义务人，应当及时依法履行信息披露义务。①

信息披露义务人披露的信息，应当真实、准确、完整，简明清晰，通俗易懂，不得有虚假记载、误导性陈述或者重大遗漏。

证券同时在境内境外公开发行、交易的，其信息披露义务人在境外披露的信息，应当在境内同时披露。

第七十九条 上市公司、公司债券上市交易的公司、股票在国务院批准的其他全国性证券交易场所交易的公司，应当按照国务院证券监督管理机构和证券交易场所规定的内容和格式编制定期报告，并按照以下规定报送和公告：

（一）在每一会计年度结束之日起四个月内，报送并公告年度报告，其中的年度财务会计报告应当经符合本法规定的会计师事务所审计；

（二）在每一会计年度的上半年结束之日起二个月内，报送并公告中期报告。

第八十条 发生可能对上市公司、股票在国务院批准的其他全国性证券交易场所交易的公司的股票交易价格产生较大影响的重大事件，投资者尚未得知时，公司应当立即将有关该重大事件的情况向国务院证券监督管理机构和证券交易场所报送临时报告，并予公告，说明事件的起因、目前的状态和可能产生的法律后果。

前款所称重大事件包括：

（一）公司的经营方针和经营范围的重大变化；

（二）公司的重大投资行为，公司在一年内购买、出售重大资产超过公司资产总额百分之三十，或者公司营业用主要资产的抵押、质押、出售或者报废一次超过该资产的百分之三十；

（三）公司订立重要合同、提供重大担保或者从事关联交易，可能对公司的资

---

① 从该款规定可以得知，证券法上的“信息披露义务人”分为两大类：一是“发行人”，二是“法律、行政法规和国务院证券监督管理机构规定的其他信息披露义务人”。经梳理，可以发现以下主体属于“法律、行政法规和国务院证券监督管理机构规定的信息披露义务人”，也就是证券法意义上的信披义务人：(1)法律直接规定的信披义务人，体现在《证券法》第十九条、第二十条、第六十三条、第七十九条、第八十条、第八十一条、第八十四条等条款中。(2)行政法规规定的信披义务人，此类目前尚较为少见，但不排除将来在实践确有需求而法律尚未修改的情况下，先行通过行政法规的方式规定信披义务人。(3)中国证监会规定的信披义务人，体现在《上市公司重大资产重组管理办法(2020)》第五十五条、《上市公司股东、董监高减持股份的若干规定》(证监会公告〔2017〕9号)第八条、《上市公司收购管理办法(2020年)》第十四条、第十五条、第十六条、第十七条、第六十三条等条款中。此外，根据《中国人民银行、证监会、发展改革委关于进一步加强债券市场执法工作的意见》(银发〔2018〕296号)第一条的规定，对涉及公司债券、企业债券、非金融企业债务融资工具、金融债券等各类债券品种的信息披露违法违规行为，依据证券法第一百九十七条进行认定和行政处罚。因此，该类主体也应视为中国证监会规定的信披义务人。——本书注

产、负债、权益和经营成果产生重要影响；

（四）公司发生重大债务和未能清偿到期重大债务的违约情况；

（五）公司发生重大亏损或者重大损失；

（六）公司生产经营的外部条件发生的重大变化；

（七）公司的董事、三分之一以上监事或者经理发生变动，董事长或者经理无法履行职责；

（八）持有公司百分之五以上股份的股东或者实际控制人持有股份或者控制公司的情况发生较大变化，公司的实际控制人及其控制的其他企业从事与公司相同或者相似业务的情况发生较大变化；

（九）公司分配股利、增资的计划，公司股权结构的重要变化，公司减资、合并、分立、解散及申请破产的决定，或者依法进入破产程序、被责令关闭；

（十）涉及公司的重大诉讼、仲裁，股东大会、董事会决议被依法撤销或者宣告无效；

（十一）公司涉嫌犯罪被依法立案调查，公司的控股股东、实际控制人、董事、监事、高级管理人员涉嫌犯罪被依法采取强制措施；

（十二）国务院证券监督管理机构规定的其他事项。

公司的控股股东或者实际控制人对重大事件的发生、进展产生较大影响的，应当及时将其知悉的有关情况书面告知公司，并配合公司履行信息披露义务。①

第八十一条 发生可能对上市交易公司债券的交易价格产生较大影响的重大事件，投资者尚未得知时，公司应当立即将有关该重大事件的情况向国务院证券监督管理机构和证券交易场所报送临时报告，并予公告，说明事件的起因、目前的状态和可能产生的法律后果。

前款所称重大事件包括：

（一）公司股权结构或者生产经营状况发生重大变化；

（二）公司债券信用评级发生变化；

---

① 根据《证券法》第八十条、第八十一条的规定，临时报告的信披义务人是“上市公司、公司债券上市交易的公司、股票在国务院批准的其他全国性证券交易场所交易的公司”。需要注意的是：(1)第八十条第二款、第八十一条第二款均有兜底条款“国务院证券监督管理机构规定的其他事项”，说明证监会可以通过规定的方式，对需要临时报告的事项予以增补，也就是对信披义务进行增补。如证监会2021年修订的《上市公司信息披露管理办法》（证监会令第182号）第二十二条对第八十条第二款的“重大事件”作了进一步补充规定。(2)《证券法》第八十条的主语是“公司”，不包括自然人。该条第三款规定：“公司的控股股东或者实际控制人对重大事件的发生、进展产生较大影响的，应当及时将其知悉的有关情况书面告知公司，并配合公司履行信息披露义务。”由此可见，控股股东、实际控制人对于临时报告的事项，只有配合公司进行信息披露的义务，其本人并不成为临时报告的信披义务人。——本书注

（三）公司重大资产抵押、质押、出售、转让、报废；

（四）公司发生未能清偿到期债务的情况；

（五）公司新增借款或者对外提供担保超过上年末净资产的百分之二十；

（六）公司放弃债权或者财产超过上年末净资产的百分之十；

（七）公司发生超过上年末净资产百分之十的重大损失；

（八）公司分配股利，作出减资、合并、分立、解散及申请破产的决定，或者依法进入破产程序、被责令关闭；

（九）涉及公司的重大诉讼、仲裁；

（十）公司涉嫌犯罪被依法立案调查，公司的控股股东、实际控制人、董事、监事、高级管理人员涉嫌犯罪被依法采取强制措施；

（十一）国务院证券监督管理机构规定的其他事项。

第八十二条　发行人的董事、高级管理人员应当对证券发行文件和定期报告签署书面确认意见。

发行人的监事会应当对董事会编制的证券发行文件和定期报告进行审核并提出书面审核意见。监事应当签署书面确认意见。

发行人的董事、监事和高级管理人员应当保证发行人及时、公平地披露信息，所披露的信息真实、准确、完整。

董事、监事和高级管理人员无法保证证券发行文件和定期报告内容的真实性、准确性、完整性或者有异议的，应当在书面确认意见中发表意见并陈述理由，发行人应当披露。发行人不予披露的，董事、监事和高级管理人员可以直接申请披露。

第八十三条　信息披露义务人披露的信息应当同时向所有投资者披露，不得提前向任何单位和个人泄露。但是，法律、行政法规另有规定的除外。

任何单位和个人不得非法要求信息披露义务人提供依法需要披露但尚未披露的信息。任何单位和个人提前获知的前述信息，在依法披露前应当保密。

第八十四条　除依法需要披露的信息之外，信息披露义务人可以自愿披露与投资者作出价值判断和投资决策有关的信息，但不得与依法披露的信息相冲突，不得误导投资者。

发行人及其控股股东、实际控制人、董事、监事、高级管理人员等作出公开承诺的，应当披露。不履行承诺给投资者造成损失的，应当依法承担赔偿责任。

第八十五条　信息披露义务人未按照规定披露信息，或者公告的证券发行文件、定期报告、临时报告及其他信息披露资料存在虚假记载、误导性陈述或者重大遗漏，致使投资者在证券交易中遭受损失的，信息披露义务人应当承担赔偿责任；

发行人的控股股东、实际控制人、董事、监事、高级管理人员和其他直接责任人员以及保荐人、承销的证券公司及其直接责任人员，应当与发行人承担连带赔偿责任，但是能够证明自己没有过错的除外。

第八十六条 依法披露的信息，应当在证券交易场所的网站和符合国务院证券监督管理机构规定条件的媒体发布，同时将其置备于公司住所、证券交易场所，供社会公众查阅。

第八十七条 国务院证券监督管理机构对信息披露义务人的信息披露行为进行监督管理。

证券交易场所应当对其组织交易的证券的信息披露义务人的信息披露行为进行监督，督促其依法及时、准确地披露信息。

2.《上市公司信息披露管理办法》(中国证券监督管理委员会令第182号)

第一章 总 则

第一条 为了规范上市公司及其他信息披露义务人的信息披露行为，加强信息披露事务管理，保护投资者合法权益，根据《中华人民共和国公司法》(以下简称《公司法》)、《中华人民共和国证券法》(以下简称《证券法》)等法律、行政法规，制定本办法。

第二条 信息披露义务人履行信息披露义务应当遵守本办法的规定，中国证券监督管理委员会(以下简称中国证监会)对首次公开发行股票并上市、上市公司发行证券信息披露另有规定的，从其规定。

第三条 信息披露义务人应当及时依法履行信息披露义务，披露的信息应当真实、准确、完整，简明清晰、通俗易懂，不得有虚假记载、误导性陈述或者重大遗漏。

信息披露义务人披露的信息应当同时向所有投资者披露，不得提前向任何单位和个人泄露。但是，法律、行政法规另有规定的除外。

在内幕信息依法披露前，内幕信息的知情人和非法获取内幕信息的人不得公开或者泄露该信息，不得利用该信息进行内幕交易。任何单位和个人不得非法要求信息披露义务人提供依法需要披露但尚未披露的信息。

证券及其衍生品种同时在境内境外公开发行、交易的，其信息披露义务人在境外市场披露的信息，应当同时在境内市场披露。

第四条 上市公司的董事、监事、高级管理人员应当忠实、勤勉地履行职责，保证披露信息的真实、准确、完整，信息披露及时、公平。

第五条 除依法需要披露的信息之外，信息披露义务人可以自愿披露与投资者作出价值判断和投资决策有关的信息，但不得与依法披露的信息相冲突，不得误导投资者。

信息披露义务人自愿披露的信息应当真实、准确、完整。自愿性信息披露应当遵守公平原则,保持信息披露的持续性和一致性,不得进行选择性披露。

信息披露义务人不得利用自愿披露的信息不当影响公司证券及其衍生品种交易价格,不得利用自愿性信息披露从事市场操纵等违法违规行为。

第六条　上市公司及其控股股东、实际控制人、董事、监事、高级管理人员等作出公开承诺的,应当披露。

第七条　信息披露文件包括定期报告、临时报告、招股说明书、募集说明书、上市公告书、收购报告书等。

第八条　依法披露的信息,应当在证券交易所的网站和符合中国证监会规定条件的媒体发布,同时将其置备于上市公司住所、证券交易所,供社会公众查阅。

信息披露文件的全文应当在证券交易所的网站和符合中国证监会规定条件的报刊依法开办的网站披露,定期报告、收购报告书等信息披露文件的摘要应当在证券交易所的网站和符合中国证监会规定条件的报刊披露。

信息披露义务人不得以新闻发布或者答记者问等任何形式代替应当履行的报告、公告义务,不得以定期报告形式代替应当履行的临时报告义务。

第九条　信息披露义务人应当将信息披露公告文稿和相关备查文件报送上市公司注册地证监局。

第十条　信息披露文件应当采用中文文本。同时采用外文文本的,信息披露义务人应当保证两种文本的内容一致。两种文本发生歧义时,以中文文本为准。

第十一条　中国证监会依法对信息披露文件及公告的情况、信息披露事务管理活动进行监督检查,对信息披露义务人的信息披露行为进行监督管理。

证券交易所应当对上市公司及其他信息披露义务人的信息披露行为进行监督,督促其依法及时、准确地披露信息,对证券及其衍生品种交易实行实时监控。证券交易所制定的上市规则和其他信息披露规则应当报中国证监会批准。

第二章　定期报告

第十二条　上市公司应当披露的定期报告包括年度报告、中期报告。凡是对投资者作出价值判断和投资决策有重大影响的信息,均应当披露。

年度报告中的财务会计报告应当经符合《证券法》规定的会计师事务所审计。

第十三条　年度报告应当在每个会计年度结束之日起四个月内,中期报告应当在每个会计年度的上半年结束之日起两个月内编制完成并披露。

第十四条　年度报告应当记载以下内容:

(一)公司基本情况;

（二）主要会计数据和财务指标；

（三）公司股票、债券发行及变动情况，报告期末股票、债券总额、股东总数，公司前十大股东持股情况；

（四）持股百分之五以上股东、控股股东及实际控制人情况；

（五）董事、监事、高级管理人员的任职情况、持股变动情况、年度报酬情况；

（六）董事会报告；

（七）管理层讨论与分析；

（八）报告期内重大事件及对公司的影响；

（九）财务会计报告和审计报告全文；

（十）中国证监会规定的其他事项。

第十五条　中期报告应当记载以下内容：

（一）公司基本情况；

（二）主要会计数据和财务指标；

（三）公司股票、债券发行及变动情况、股东总数、公司前十大股东持股情况，控股股东及实际控制人发生变化的情况；

（四）管理层讨论与分析；

（五）报告期内重大诉讼、仲裁等重大事件及对公司的影响；

（六）财务会计报告；

（七）中国证监会规定的其他事项。

第十六条　定期报告内容应当经上市公司董事会审议通过。未经董事会审议通过的定期报告不得披露。

公司董事、高级管理人员应当对定期报告签署书面确认意见，说明董事会的编制和审议程序是否符合法律、行政法规和中国证监会的规定，报告的内容是否能够真实、准确、完整地反映上市公司的实际情况。

监事会应当对董事会编制的定期报告进行审核并提出书面审核意见。监事应当签署书面确认意见。监事会对定期报告出具的书面审核意见，应当说明董事会的编制和审议程序是否符合法律、行政法规和中国证监会的规定，报告的内容是否能够真实、准确、完整地反映上市公司的实际情况。

董事、监事无法保证定期报告内容的真实性、准确性、完整性或者有异议的，应当在董事会或者监事会审议、审核定期报告时投反对票或者弃权票。

董事、监事和高级管理人员无法保证定期报告内容的真实性、准确性、完整性或者有异议的，应当在书面确认意见中发表意见并陈述理由，上市公司应当披露。上市公司不予披露的，董事、监事和高级管理人员可以直接申请披露。

董事、监事和高级管理人员按照前款规定发表意见，应当遵循审慎原则，其保证定期报告内容的真实性、准确性、完整性的责任不仅因发表意见而当然免除。

第十七条　上市公司预计经营业绩发生亏损或者发生大幅变动的，应当及时进行业绩预告。

第十八条　定期报告披露前出现业绩泄露，或者出现业绩传闻且公司证券及其衍生品种交易出现异常波动的，上市公司应当及时披露本报告期相关财务数据。

第十九条　定期报告中财务会计报告被出具非标准审计意见的，上市公司董事会应当针对该审计意见涉及事项作出专项说明。

定期报告中财务会计报告被出具非标准审计意见，证券交易所认为涉嫌违法的，应当提请中国证监会立案调查。

第二十条　上市公司未在规定期限内披露年度报告和中期报告的，中国证监会应当立即立案调查，证券交易所应当按照股票上市规则予以处理。

第二十一条　年度报告、中期报告的格式及编制规则，由中国证监会和证券交易所制定。

第三章　临 时 报 告

第二十二条　发生可能对上市公司证券及其衍生品种交易价格产生较大影响的重大事件，投资者尚未得知时，上市公司应当立即披露，说明事件的起因、目前的状态和可能产生的影响。

前款所称重大事件包括：

（一）《证券法》第八十条第二款规定的重大事件；

（二）公司发生大额赔偿责任；

（三）公司计提大额资产减值准备；

（四）公司出现股东权益为负值；

（五）公司主要债务人出现资不抵债或者进入破产程序，公司对相应债权未提取足额坏账准备；

（六）新公布的法律、行政法规、规章、行业政策可能对公司产生重大影响；

（七）公司开展股权激励、回购股份、重大资产重组、资产分拆上市或者挂牌；

（八）法院裁决禁止控股股东转让其所持股份；任一股东所持公司百分之五以上股份被质押、冻结、司法拍卖、托管、设定信托或者被依法限制表决权等，或者出现被强制过户风险；

（九）主要资产被查封、扣押或者冻结；主要银行账户被冻结；

（十）上市公司预计经营业绩发生亏损或者发生大幅变动；

(十一)主要或者全部业务陷入停顿;

(十二)获得对当期损益产生重大影响的额外收益,可能对公司的资产、负债、权益或者经营成果产生重要影响;

(十三)聘任或者解聘为公司审计的会计师事务所;

(十四)会计政策、会计估计重大自主变更;

(十五)因前期已披露的信息存在差错、未按规定披露或者虚假记载,被有关机关责令改正或者经董事会决定进行更正;

(十六)公司或者其控股股东、实际控制人、董事、监事、高级管理人员受到刑事处罚,涉嫌违法违规被中国证监会立案调查或者受到中国证监会行政处罚,或者受到其他有权机关重大行政处罚;

(十七)公司的控股股东、实际控制人、董事、监事、高级管理人员涉嫌严重违纪违法或者职务犯罪被纪检监察机关采取留置措施且影响其履行职责;

(十八)除董事长或者经理外的公司其他董事、监事、高级管理人员因身体、工作安排等原因无法正常履行职责达到或者预计达到三个月以上,或者因涉嫌违法违规被有权机关采取强制措施且影响其履行职责;

(十九)中国证监会规定的其他事项。

上市公司的控股股东或者实际控制人对重大事件的发生、进展产生较大影响的,应当及时将其知悉的有关情况书面告知上市公司,并配合上市公司履行信息披露义务。

第二十三条 上市公司变更公司名称、股票简称、公司章程、注册资本、注册地址、主要办公地址和联系电话等,应当立即披露。

第二十四条 上市公司应当在最先发生的以下任一时点,及时履行重大事件的信息披露义务:

(一)董事会或者监事会就该重大事件形成决议时;

(二)有关各方就该重大事件签署意向书或者协议时;

(三)董事、监事或者高级管理人员知悉该重大事件发生时。

在前款规定的时点之前出现下列情形之一的,上市公司应当及时披露相关事项的现状、可能影响事件进展的风险因素:

(一)该重大事件难以保密;

(二)该重大事件已经泄露或者市场出现传闻;

(三)公司证券及其衍生品种出现异常交易情况。

第二十五条 上市公司披露重大事件后,已披露的重大事件出现可能对上市公司证券及其衍生品种交易价格产生较大影响的进展或者变化的,上市公司应当及时披露进展或者变化情况、可能产生的影响。

第二十六条　上市公司控股子公司发生本办法第二十二条规定的重大事件，可能对上市公司证券及其衍生品种交易价格产生较大影响的，上市公司应当履行信息披露义务。

上市公司参股公司发生可能对上市公司证券及其衍生品种交易价格产生较大影响的事件的，上市公司应当履行信息披露义务。

第二十七条　涉及上市公司的收购、合并、分立、发行股份、回购股份等行为导致上市公司股本总额、股东、实际控制人等发生重大变化的，信息披露义务人应当依法履行报告、公告义务，披露权益变动情况。

第二十八条　上市公司应当关注本公司证券及其衍生品种的异常交易情况及媒体关于本公司的报道。

证券及其衍生品种发生异常交易或者在媒体中出现的消息可能对公司证券及其衍生品种的交易产生重大影响时，上市公司应当及时向相关各方了解真实情况，必要时应当以书面方式问询。

上市公司控股股东、实际控制人及其一致行动人应当及时、准确地告知上市公司是否存在拟发生的股权转让、资产重组或者其他重大事件，并配合上市公司做好信息披露工作。

第二十九条　公司证券及其衍生品种交易被中国证监会或者证券交易所认定为异常交易的，上市公司应当及时了解造成证券及其衍生品种交易异常波动的影响因素，并及时披露。

第四章　信息披露事务管理

第三十条　上市公司应当制定信息披露事务管理制度。信息披露事务管理制度应当包括：

（一）明确上市公司应当披露的信息，确定披露标准；

（二）未公开信息的传递、审核、披露流程；

（三）信息披露事务管理部门及其负责人在信息披露中的职责；

（四）董事和董事会、监事和监事会、高级管理人员等的报告、审议和披露的职责；

（五）董事、监事、高级管理人员履行职责的记录和保管制度；

（六）未公开信息的保密措施，内幕信息知情人登记管理制度，内幕信息知情人的范围和保密责任；

（七）财务管理和会计核算的内部控制及监督机制；

（八）对外发布信息的申请、审核、发布流程；与投资者、证券服务机构、媒体等的信息沟通制度；

（九）信息披露相关文件、资料的档案管理制度；

（十）涉及子公司的信息披露事务管理和报告制度；

（十一）未按规定披露信息的责任追究机制，对违反规定人员的处理措施。

上市公司信息披露事务管理制度应当经公司董事会审议通过，报注册地证监局和证券交易所备案。

第三十一条 上市公司董事、监事、高级管理人员应当勤勉尽责，关注信息披露文件的编制情况，保证定期报告、临时报告在规定期限内披露。

第三十二条 上市公司应当制定定期报告的编制、审议、披露程序。经理、财务负责人、董事会秘书等高级管理人员应当及时编制定期报告草案，提请董事会审议；董事会秘书负责送达董事审阅；董事长负责召集和主持董事会会议审议定期报告；监事会负责审核董事会编制的定期报告；董事会秘书负责组织定期报告的披露工作。

第三十三条 上市公司应当制定重大事件的报告、传递、审核、披露程序。董事、监事、高级管理人员知悉重大事件发生时，应当按照公司规定立即履行报告义务；董事长在接到报告后，应当立即向董事会报告，并敦促董事会秘书组织临时报告的披露工作。

上市公司应当制定董事、监事、高级管理人员对外发布信息的行为规范，明确非经董事会书面授权不得对外发布上市公司未披露信息的情形。

第三十四条 上市公司通过业绩说明会、分析师会议、路演、接受投资者调研等形式就公司的经营情况、财务状况及其他事件与任何单位和个人进行沟通的，不得提供内幕信息。

第三十五条 董事应当了解并持续关注公司生产经营情况、财务状况和公司已经发生的或者可能发生的重大事件及其影响，主动调查、获取决策所需要的资料。

第三十六条 监事应当对公司董事、高级管理人员履行信息披露职责的行为进行监督；关注公司信息披露情况，发现信息披露存在违法违规问题的，应当进行调查并提出处理建议。

第三十七条 高级管理人员应当及时向董事会报告有关公司经营或者财务方面出现的重大事件、已披露的事件的进展或者变化情况及其他相关信息。

第三十八条 董事会秘书负责组织和协调公司信息披露事务，汇集上市公司应予披露的信息并报告董事会，持续关注媒体对公司的报道并主动求证报道的真实情况。董事会秘书有权参加股东大会、董事会会议、监事会会议和高级管理人员相关会议,有权了解公司的财务和经营情况,查阅涉及信息披露事宜的所有文件。董事会秘书负责办理上市公司信息对外公布等相关事宜。

上市公司应当为董事会秘书履行职责提供便利条件,财务负责人应当配合董事会秘书在财务信息披露方面的相关工作。

第三十九条 上市公司的股东、实际控制人发生以下事件时,应当主动告知上市公司董事会,并配合上市公司履行信息披露义务:

(一)持有公司百分之五以上股份的股东或者实际控制人持有股份或者控制公司的情况发生较大变化,公司的实际控制人及其控制的其他企业从事与公司相同或者相似业务的情况发生较大变化;

(二)法院裁决禁止控股股东转让其所持股份,任一股东所持公司百分之五以上股份被质押、冻结、司法拍卖、托管、设定信托或者被依法限制表决权等,或者出现被强制过户风险;

(三)拟对上市公司进行重大资产或者业务重组;

(四)中国证监会规定的其他情形。

应当披露的信息依法披露前,相关信息已在媒体上传播或者公司证券及其衍生品种出现交易异常情况的,股东或者实际控制人应当及时、准确地向上市公司作出书面报告,并配合上市公司及时、准确地公告。

上市公司的股东、实际控制人不得滥用其股东权利、支配地位,不得要求上市公司向其提供内幕信息。

第四十条 上市公司向特定对象发行股票时,其控股股东、实际控制人和发行对象应当及时向上市公司提供相关信息,配合上市公司履行信息披露义务。

第四十一条 上市公司董事、监事、高级管理人员、持股百分之五以上的股东及其一致行动人、实际控制人应当及时向上市公司董事会报送上市公司关联人名单及关联关系的说明。上市公司应当履行关联交易的审议程序,并严格执行关联交易回避表决制度。交易各方不得通过隐瞒关联关系或者采取其他手段,规避上市公司的关联交易审议程序和信息披露义务。

第四十二条 通过接受委托或者信托等方式持有上市公司百分之五以上股份的股东或者实际控制人,应当及时将委托人情况告知上市公司,配合上市公司履行信息披露义务。

第四十三条 信息披露义务人应当向其聘用的证券公司、证券服务机构提供与执业相关的所有资料,并确保资料的真实、准确、完整,不得拒绝、隐匿、谎报。

证券公司、证券服务机构在为信息披露出具专项文件时,发现上市公司及其他信息披露义务人提供的材料有虚假记载、误导性陈述、重大遗漏或者其他重大违法行为的，应当要求其补充、纠正。信息披露义务人不予补充、纠正的，证券公司、证券服务机构应当及时向公司注册地证监局和证券交易所报告。

第四十四条 上市公司解聘会计师事务所的，应当在董事会决议后及时通知会计师事务所，公司股东大会就解聘会计师事务所进行表决时，应当允许会计师事务所陈述意见。股东大会作出解聘、更换会计师事务所决议的，上市公司应当在披露时说明解聘、更换的具体原因和会计师事务所的陈述意见。

第四十五条 为信息披露义务人履行信息披露义务出具专项文件的证券公司、证券服务机构及其人员，应当勤勉尽责、诚实守信，按照法律、行政法规、中国证监会规定、行业规范、业务规则等发表专业意见，保证所出具文件的真实性、准确性和完整性。

证券服务机构应当妥善保存客户委托文件、核查和验证资料、工作底稿以及与质量控制、内部管理、业务经营有关的信息和资料。证券服务机构应当配合中国证监会的监督管理，在规定的期限内提供、报送或者披露相关资料、信息，保证其提供、报送或者披露的资料、信息真实、准确、完整，不得有虚假记载、误导性陈述或者重大遗漏。

第四十六条 会计师事务所应当建立并保持有效的质量控制体系、独立性管理和投资者保护机制，秉承风险导向审计理念，遵守法律、行政法规、中国证监会的规定，严格执行注册会计师执业准则、职业道德守则及相关规定，完善鉴证程序，科学选用鉴证方法和技术，充分了解被鉴证单位及其环境，审慎关注重大错报风险，获取充分、适当的证据，合理发表鉴证结论。

第四十七条 资产评估机构应当建立并保持有效的质量控制体系、独立性管理和投资者保护机制，恪守职业道德，遵守法律、行政法规、中国证监会的规定，严格执行评估准则或者其他评估规范，恰当选择评估方法，评估中提出的假设条件应当符合实际情况，对评估对象所涉及交易、收入、支出、投资等业务的合法性、未来预测的可靠性取得充分证据，充分考虑未来各种可能性发生的概率及其影响，形成合理的评估结论。

第四十八条 任何单位和个人不得非法获取、提供、传播上市公司的内幕信息，不得利用所获取的内幕信息买卖或者建议他人买卖公司证券及其衍生品种，不得在投资价值分析报告、研究报告等文件中使用内幕信息。

第四十九条 媒体应当客观、真实地报道涉及上市公司的情况，发挥舆论监督作用。

任何单位和个人不得提供、传播虚假或者误导投资者的上市公司信息。

第五章　监督管理与法律责任

第五十条　中国证监会可以要求信息披露义务人或者其董事、监事、高级管理人员对有关信息披露问题作出解释、说明或者提供相关资料，并要求上市公司提供证券公司或者证券服务机构的专业意见。

中国证监会对证券公司和证券服务机构出具的文件的真实性、准确性、完整性有疑义的，可以要求相关机构作出解释、补充，并调阅其工作底稿。

信息披露义务人及其董事、监事、高级管理人员，证券公司和证券服务机构应当及时作出回复，并配合中国证监会的检查、调查。

第五十一条　上市公司董事、监事、高级管理人员应当对公司信息披露的真实性、准确性、完整性、及时性、公平性负责，但有充分证据表明其已经履行勤勉尽责义务的除外。

上市公司董事长、经理、董事会秘书，应当对公司临时报告信息披露的真实性、准确性、完整性、及时性、公平性承担主要责任。

上市公司董事长、经理、财务负责人应当对公司财务会计报告的真实性、准确性、完整性、及时性、公平性承担主要责任。

第五十二条　信息披露义务人及其董事、监事、高级管理人员违反本办法的，中国证监会为防范市场风险，维护市场秩序，可以采取以下监管措施：

（一）责令改正；

（二）监管谈话；

（三）出具警示函；

（四）责令公开说明；

（五）责令定期报告；

（六）责令暂停或者终止并购重组活动；

（七）依法可以采取的其他监管措施。

第五十三条　上市公司未按本办法规定制定上市公司信息披露事务管理制度的，由中国证监会责令改正；拒不改正的，给予警告并处国务院规定限额以下罚款。

第五十四条　信息披露义务人未按照《证券法》规定在规定期限内报送有关报告、履行信息披露义务，或者报送的报告、披露的信息有虚假记载、误导性陈述或者重大遗漏的，由中国证监会按照《证券法》第一百九十七条处罚。

上市公司通过隐瞒关联关系或者采取其他手段，规避信息披露、报告义务的，由中国证监会按照《证券法》第一百九十七条处罚。

第五十五条　为信息披露义务人履行信息披露义务出具专项文件的证券公

司、证券服务机构及其人员，违反法律、行政法规和中国证监会规定的，中国证监会为防范市场风险，维护市场秩序，可以采取责令改正、监管谈话、出具警示函、责令公开说明、责令定期报告等监管措施；依法应当给予行政处罚的，由中国证监会依照有关规定进行处罚。

第五十六条 任何单位和个人泄露上市公司内幕信息，或者利用内幕信息买卖证券的，由中国证监会按照《证券法》第一百九十一条处罚。

第五十七条 任何单位和个人编造、传播虚假信息或者误导性信息，扰乱证券市场的；证券交易场所、证券公司、证券登记结算机构、证券服务机构及其从业人员，证券业协会、中国证监会及其工作人员，在证券交易活动中作出虚假陈述或者信息误导的；传播媒介传播上市公司信息不真实、不客观的，由中国证监会按照《证券法》第一百九十三条处罚。

第五十八条 上市公司董事、监事在董事会或者监事会审议、审核定期报告时投赞成票，又在定期报告披露时表示无法保证定期报告内容的真实性、准确性、完整性或者有异议的，中国证监会可以对相关人员给予警告并处国务院规定限额以下罚款；情节严重的，可以对有关责任人员采取证券市场禁入的措施。

第五十九条 利用新闻报道以及其他传播方式对上市公司进行敲诈勒索的，由中国证监会责令改正，并向有关部门发出监管建议函，由有关部门依法追究法律责任。

第六十条 信息披露义务人违反本办法的规定，情节严重的，中国证监会可以对有关责任人员采取证券市场禁入的措施。

第六十一条 违反本办法，涉嫌犯罪的，依法移送司法机关追究刑事责任。

第六章　附　　则

第六十二条 本办法下列用语的含义：

（一）为信息披露义务人履行信息披露义务出具专项文件的证券公司、证券服务机构，是指为证券发行、上市、交易等证券业务活动制作、出具保荐书、审计报告、资产评估报告、估值报告、法律意见书、财务顾问报告、资信评级报告等文件的证券公司、会计师事务所、资产评估机构、律师事务所、财务顾问机构、资信评级机构等。

（二）信息披露义务人，是指上市公司及其董事、监事、高级管理人员、股东、实际控制人，收购人，重大资产重组、再融资、重大交易有关各方等自然人、单位及其相关人员，破产管理人及其成员，以及法律、行政法规和中国证监会规定的其他承担信息披露义务的主体。

（三）及时，是指自起算日起或者触及披露时点的两个交易日内。

（四）上市公司的关联交易，是指上市公司或者其控股子公司与上市公司关联人之间发生的转移资源或者义务的事项。

关联人包括关联法人（或者其他组织）和关联自然人。

具有以下情形之一的法人（或者其他组织），为上市公司的关联法人（或者其他组织）：

1. 直接或者间接地控制上市公司的法人（或者其他组织）；

2. 由前项所述法人（或者其他组织）直接或者间接控制的除上市公司及其控股子公司以外的法人（或者其他组织）；

3. 关联自然人直接或者间接控制的、或者担任董事、高级管理人员的，除上市公司及其控股子公司以外的法人（或者其他组织）；

4. 持有上市公司百分之五以上股份的法人（或者其他组织）及其一致行动人；

5. 在过去十二个月内或者根据相关协议安排在未来十二月内，存在上述情形之一的；

6. 中国证监会、证券交易所或者上市公司根据实质重于形式的原则认定的其他与上市公司有特殊关系，可能或者已经造成上市公司对其利益倾斜的法人（或者其他组织）。

具有以下情形之一的自然人，为上市公司的关联自然人：

1. 直接或者间接持有上市公司百分之五以上股份的自然人；

2. 上市公司董事、监事及高级管理人员；

3. 直接或者间接地控制上市公司的法人的董事、监事及高级管理人员；

4. 上述第1、2项所述人士的关系密切的家庭成员，包括配偶、父母、年满十八周岁的子女及其配偶、兄弟姐妹及其配偶，配偶的父母、兄弟姐妹，子女配偶的父母；

5. 在过去十二个月内或者根据相关协议安排在未来十二个月内，存在上述情形之一的；

6. 中国证监会、证券交易所或者上市公司根据实质重于形式的原则认定的其他与上市公司有特殊关系，可能或者已经造成上市公司对其利益倾斜的自然人。

第六十三条　中国证监会可以对金融、房地产等特定行业上市公司的信息披露作出特别规定。

第六十四条　境外企业在境内发行股票或者存托凭证并上市的，依照本办法履行信息披露义务。法律、行政法规或者中国证监会另有规定的，从其规定。

第六十五条　本办法自2021年5月1日起施行。2007年1月30日发布的《上市公司信息披露管理办法》（证监会令第40号）、2016年12月9日发布的《公开发行证券的公司信息披露编报规则第13号——季度报告的内容与格式》(证监会公告〔2016〕33号)同时废止。

典型案例

1. 华泽钴镍等信披违法案(中国证监会行政处罚决定书〔2018〕8号)

【案情】一、2013年、2014年及2015年上半年成都华泽钴镍材料股份有限公司(以下简称华泽钴镍)未在相关年报中披露关联方非经营性占用资金及相关的关联交易情况

(一)华泽钴镍、陕西华泽镍钴金属有限公司(以下简称陕西华泽)、陕西天慕灏锦商贸有限责任公司(以下简称天慕灏锦)、陕西臻泰融佳工贸有限公司(以下简称臻泰融佳)、陕西星王企业集团有限公司(以下简称星王集团)构成关联方

王某、其父亲王某虎、其妹妹王某1(以下简称王某家族)分别担任华泽钴镍董事长、副董事长和董事。王某和王某1分别持有华泽钴镍15.49%和19.77%股份,为控股股东。华泽钴镍持有陕西华泽的全部股权。王某家族持有星王集团全部股权,法定代表人、董事长、总经理或执行董事始终由王某或王某虎担任。

天慕灏锦、臻泰融佳的注册由王某授意,注册资金和注册经办人分别来自王某家族控制的陕西大宝矿业开发有限公司和星王集团。天慕灏锦、臻泰融佳的工商登记经办人,银行账户和网银开立、保管和使用人,以及各类印章的保管人,均来自王某家族控制的相关企业。

根据《中华人民共和国公司法》第二百一十六条"(四)关联关系,是指公司控股股东、实际控制人、董事、监事、高级管理人员与其直接或者间接控制的企业之间的关系,以及可能导致公司利益转移的其他关系"以及《上市公司信息披露管理办法》第七十一条"(三)上市公司的关联交易,是指上市公司或者其控股子公司与上市公司关联人之间发生的转移资源或者义务的事项。关联人包括关联法人和关联自然人。"的规定,华泽钴镍的关联法人是天慕灏锦、臻泰融佳、星王集团,陕西华泽与上述企业之间的交易构成关联交易。

(二)关联方非经营性占用资金及相关的关联交易情况

1. 陕西华泽与天慕灏锦、臻泰融佳进行关联交易,进而向星王集团提供资金。

王某安排陕西华泽通过天慕灏锦、臻泰融佳向关联方提供资金,陕西华泽与天慕灏锦、臻泰融佳之间无商品购销出入库记录,往来凭证所附的购销合同未实际履行。资金划转方式为银行存款转账和少量库存现金转款。

2013年9月18日至12月31日,陕西华泽向臻泰融佳支付528,882,430元,

同期收到臻泰融佳自银行转款159,660,000元和现金还款22,430元。截至2013年末,通过臻泰融佳占用的资金余额为369,200,000元。

2014年度,陕西华泽向天慕灏锦支付1,225,251,285元,同期收到天慕灏锦自银行转款501,256,683元和现金还款5882元。截至2014年年末,通过天慕灏锦占用的资金余额为723,988,720元;陕西华泽向臻泰融佳支付1,768,532,430元,同期收到臻泰融佳自银行转款2,106,250,000元和现金还款82,430元。截至2014年年末,通过臻泰融佳占用的资金余额为31,400,000元。

2015年1月1日至6月30日,陕西华泽向天慕灏锦支付1,487,086,184元,同期天慕灏锦归还1,311,900,000元,截至2015年6月30日通过天慕灏锦占用的资金为899,174,904元。

2. 陕西华泽借用陕西盛华有色金属有限公司(以下简称陕西盛华)、陕西青润和工贸有限责任公司(以下简称陕西青润和)、陕西天港工贸有限责任公司(以下简称陕西天港)的名义,向关联方提供资金。

王某安排陕西华泽通过陕西盛华、陕西青润和、陕西天港向关联方提供资金,陕西华泽与上述三家公司之间无真实业务往来。陕西华泽划转资金的主要方式为:开立本票支付资金,该部分资金均于开立当日即背书转让给星王集团并于当日兑付;开立银行承兑汇票支付资金;通过代上述三家公司支付资金的名义,向关联方转账或转让银行承兑汇票等。截至2013年9月18日,华泽钴镍关联方分别通过陕西盛华、陕西青润和、陕西天港非经营性占用资金1990万元、10,092万元和4100万元,合计161,820,000元。

2013年9月18日至12月31日,陕西华泽分别通过陕西盛华、陕西青润和、陕西天港名义向关联方提供资金142,743,000元、132,500,000元、86,577,000元,同期分别收到还款1600万元、2700万元、2960万,截至2013年末占用余额为14,664.3万元、20,642万元、9797.7万元。

2014年度,陕西华泽分别通过陕西盛华、陕西青润和名义向关联方提供资金20,904,170.27元和21,623,572.73元,同期分别收到还款62,952,526元和2700万元,截至2014年年末占用余额为104,594,644.27元和201,043,572.73元。同期,收到陕西天港还款485万元,截至2014年末占用余额为9312.7万元。

综上,陕西华泽通过天慕灏锦、臻泰融佳、陕西盛华、陕西青润和、陕西天港在2013年9月18日至12月31日累计发生向关联方提供资金的关联交易890,702,430元,同期收到还款232,282,430元,截至2013年年末占用余额820,240,000元。2014年年度,累计发生向关联方提供资金的关联交易3,036,311,458元,同期收到还款2,702,397,521元,截至2014年末占用余额1,154,153,937元。2015年1

月1日至6月30日,累计发生向关联方提供资金的关联交易1,487,086,184元,同期收到还款1,311,900,000元,截至2015年6月30日占用余额1,329,340,121元。

根据《深圳证券交易所股票上市规则》(2012年和2014年修订)10.2.4“上市公司与关联法人发生的交易金额在三百万元以上,且占上市公司最近一期经审计净资产绝对值0.5%以上的关联交易,应当及时披露”;9.1“本章所称‘交易’包括下列事项:(三)提供财务资助”;9.2“上市公司发生的交易达到下列标准之一的,应当及时披露:(四)交易的成交金额(含承担债务和费用)占上市公司最近一期经审计净资产的10%以上,且绝对金额超过一千万元”的规定,陕西华泽在2013年、2014年及2015年的调查期内发生的关联交易金额,以及向关联方提供资金的金额均达到应当及时披露的标准。

根据《公开发行证券的公司信息披露内容与格式准则第2号——年度报告的内容与格式》(证监会公告〔2012〕22号、证监会公告〔2014〕21号)第二十七条“上市公司发生控股股东及其关联方非经营性占用资金情况的,应当充分披露相关的决策程序,以及占用资金的期初金额、发生额、期末余额、占用原因、预计偿还方式及清偿时间”和第三十一条“公司应当披露报告期内发生的累计关联交易总额高于3000万元且占公司最近一期经审计净资产值5%以上的重大关联交易事项……(四)公司与关联方存在债权债务往来等事项的,应当披露形成原因,债权债务期初余额、本期发生额、期末余额,及其对公司的影响”的规定,华泽钴镍应当将关联方非经营性占用资金及关联交易情况在相关年报中予以披露。

根据《公开发行证券的公司信息披露内容与格式准则第3号——半年度报告的内容与格式》(证监会公告〔2014〕22号)第二十八条“公司应当按照以下关联交易的不同类型分别披露……(四)公司与关联方存在非经营性债权债务往来等事项的,应当披露形成原因及其对公司的影响”的规定,华泽钴镍应当将相关情况在2015年半年报中予以披露。

华泽钴镍未在2013年年报、2014年年报和2015年半年报中披露关联方非经营性占用资金及相关的关联交易情况。

二、华泽钴镍将无效票据入账,2013年年报、2014年年报和2015年半年报存在虚假记载

为掩盖关联方长期占用资金的事实,王某安排人员搜集票据复印件,将无效票据入账充当还款。华泽钴镍2013年应收票据的期末余额为1,325,270,000元,其中1,319,170,000元为无效票据。华泽钴镍2014年应收票据的期末余额为1,363,931,170元,其中1,361,531,170元为无效票据。2015年上半年应收票据

的期末余额为1,099,000,000元,其中1,098,700,000元为无效票据。

三、华泽钴镍2015年未及时披露、且未在2015年年报中披露星王集团与陕西华泽签订代付新材料项目建设款合同及华泽钴镍为星王集团融资提供担保的情况

2015年7月15日,陕西华泽与星王集团签署《陕西华泽与星王集团项目建设代付协议》(以下简称《代付协议》),约定星王集团无偿代陕西华泽支付新材料项目的6亿元土地款和设备采购款,陕西华泽向星王集团开具等额由华泽钴镍承兑的商业承兑汇票,用于质押融资,双方随后签订《委托付款函》。

2015年11月10日,星王集团向赖某珍借款3亿元,款项划转至星王集团的指定收款账户轩辕创业投资有限公司(以下简称轩辕投资)和深圳特斯拉投资管理有限公司(以下简称特斯拉),轩辕投资和特斯拉再将3亿元转入两者共同在安信乾盛财富管理(深圳)有限公司(以下简称安信乾盛)设立的安信乾盛星王专项资产管理计划,该计划的投资范围是委托长安银行向星王集团发放累计不超过6亿元贷款。11月12日,该专项资产管理计划委托长安银行向星王集团发放3亿元委托贷款,星王集团收款后于11月13日通过下属西安鑫海资源开发集团有限公司账户将3亿元资金转回至轩辕投资、特斯拉账户,最后转回赖某珍控制的账户。

2015年11月16日,陕西华泽根据《代付协议》向星王集团开具3亿元商业承兑汇票,华泽钴镍出具《保兑函》承诺无条件兑付或按票面记载金额支付,华泽钴镍和陕西华泽向安信乾盛、特斯拉出具《承诺函》,承诺以该商业承兑汇票为本次融资提供担保。同日,星王集团将前述3亿元商业承兑汇票质押给安信乾盛,后者委托长安银行进行审验、保管及托收。

此后受多种因素影响,轩辕投资、特斯拉认购的上述专项资产管理计划份额未能实现转让,星王集团并未向陕西华泽代付新材料项目建设款。因各方存在较大分歧,3亿元商业承兑汇票尚未收回。

根据《深圳证券交易所股票上市规则》(2014年修订)10.2.4“上市公司与关联法人发生的交易金额在三百万元以上,且占上市公司最近一期经审计净资产绝对值0.5%以上的关联交易,应当及时披露”;9.11“上市公司发生本规则9.1条规定的‘提供担保’事项时,应当经董事会审议后及时对外披露”以及《证券法》第六十七条第二款“(三)公司订立重要合同……”的规定,华泽钴镍应当将上述情况及时披露。

根据《公开发行证券的公司信息披露内容与格式准则第2号——年度报告的内容与格式》(证监会公告〔2015〕24号)第四十条“公司应当披露报告期内发生的

重大关联交易事项”和第四十一条“公司应当披露重大合同及其履行情况，包括但不限于：(二)重大担保……公司及其子公司为股东、实际控制人及其关联方提供担保的余额”的规定，华泽钴镍应当在2015年年报中披露上述情况。

华泽钴镍2015年未及时披露上述事项，2015年年报仅对3亿元商业承兑汇票进行简略说明。

四、华泽钴镍2015年未及时披露、且未在2015年年报中披露华泽钴镍为王某向山东黄河三角洲产业投资基金合伙企业(有限合伙)(以下简称三角洲基金)借款3500万元提供担保的情况

2015年8月24日王某与三角洲基金签署《借款合同》，约定王某向三角洲基金借款3500万元，借款期限2个月。同时三角洲基金分别与华泽钴镍、王某虎、王某1签订《保证合同》，约定由上述三方为王某的借款提供担保。10月24日借款到期后，王某与三角洲基金约定再借2个月。10月25日王某与三角洲基金再次签订《借款合同》，三角洲基金于10月27日放款，同日三角洲基金又分别与华泽钴镍、王某1、王某虎签订《保证合同》，约定上述三方为王某的3500万元借款提供担保。

根据《深圳证券交易所股票上市规则》(2014年修订)9.11“上市公司发生本规则9.1条规定的‘提供担保’事项时，应当经董事会审议后及时对外披露”的规定，华泽钴镍应当及时披露其为关联方提供担保的情况。

根据《公开发行证券的公司信息披露内容与格式准则第2号——年度报告的内容与格式》(证监会公告〔2015〕24号)第四十一条“公司应当披露重大合同及其履行情况，包括但不限于：(二)重大担保……公司及其子公司为股东、实际控制人及其关联方提供担保的余额”的规定，华泽钴镍应当在2015年年报中披露其为关联方提供担保的情况。

华泽钴镍2015年既没有及时披露上述事项，也未在2015年年度报告中披露。

【认定】中国证监会认定，华泽钴镍的上述行为，违反2005年《证券法》第六十三条、第六十五条、第六十六条及第六十七条的规定，构成2005年《证券法》第一百九十三条第一款所述情形。

华泽钴镍董事、监事、高级管理人员违反2005年《证券法》第六十八条的规定，构成2005年《证券法》第一百九十三条第一款所述情形。

王某为华泽钴镍实际控制人之一，担任华泽钴镍董事长、董事和星王集团的经理、监事，其安排星王集团注册成立天慕灏锦和臻泰融佳，指使陕西华泽通过天慕灏锦、臻泰融佳并协调其他非关联方通过关联交易向星王集团提供资金。同时，为掩盖星王集团长期占用资金的事实，王某安排搜集票据复印件充当还款，导

致华泽钴镍财务报告虚假记载。另外，王某直接主导星王集团为陕西华泽代付新材料项目建设款事宜，安排人员开具3亿元商业承兑汇票。王某以本人名义向三角洲基金借款3500万元，由华泽钴镍、王某1、王某虎提供担保。上述事项涉及华泽钴镍未及时披露相关信息、年报未披露相关信息以及年报虚假记载，王某是直接负责的主管人员。

王某虎担任华泽钴镍副董事长和星王集团的法定代表人、执行董事，王某虎在华泽钴镍和星王集团重大事务中为主要角色，王某虎应当知晓星王集团非经营性占用华泽钴镍资金及相关的关联交易情况。另外，王某虎在星王集团为陕西华泽代付款和华泽钴镍提供担保所涉及的《代付协议》、《质押合同》及《个人无限连带保证合同》等协议上签字，并与华泽钴镍、王某1一同为王某个人借款3500万元提供担保，签署《保证合同》。王某虎是信息披露违法行为直接负责的主管人员。

郭某红担任华泽钴镍副总经理兼财务总监，知悉陕西华泽向天慕灏锦、臻泰融佳大量划款不经审批的情况，向陕西盛华、陕西青润和、陕西天港开具的本票由郭某红签字审批，并且其知悉陕西华泽利用变造的票据复印件入账充当还款的事项。郭某红多次在审议华泽钴镍涉案定期报告的董事会书面确认意见书上签字同意，是信息披露违法行为直接负责的主管人员。

王某1为华泽钴镍第一大股东，担任董事。王某1与华泽钴镍、王某虎一同为王某个人借款3500万元提供担保，签署《保证合同》。王某1多次在审议华泽钴镍涉案定期报告的董事会决议上签字同意，是信息披露违法行为直接负责的主管人员。

芦某娜担任华泽钴镍监事并在星王集团负责融资工作。芦某娜知悉星王集团为陕西华泽代付款和华泽钴镍为星王集团融资提供担保的事项，审批了商业承兑汇票的背书质押。其多次在审议华泽钴镍涉案定期报告的监事会决议上签字同意，是信息披露违法行为直接负责的主管人员。

赵某作为华泽钴镍分管采购、销售和贸易的副总经理，知悉华泽钴镍与天慕灏锦、臻泰融佳无购销业务往来但资金往来巨大的事实，并多次在审议华泽钴镍涉案定期报告的董事会书面确认意见书上签字同意，是对信息披露违法行为负责的其他直接责任人员。

同时，无证据表明当事人中，其他董事、监事、高管在上述事项中尽到勤勉尽责的法定义务。

根据本案事实、责任人职务、相关合同、审议涉案年报的会议决议、书面确认意见、书面审核意见等，对华泽钴镍上述行为直接负责的主管人员为王某、王某虎、郭某红、王某1、芦某娜,其他直接责任人员为陈某利、赵某、朱某甫、金某、雷某锋、赵某国、宁某珠、吴某、朱某卫、阎某明、陈某、程某康。

王某作为华泽钴镍董事长、控股股东和实际控制人之一,其行为已构成2005年《证券法》第一百九十三条第三款所述"发行人、上市公司或者其他信息披露义务人的控股股东、实际控制人指使从事前两款违法行为"的行为。

根据当事人违法行为的事实、性质、情节与社会危害程度,依据2005年《证券法》第一百九十三条第一款、第三款的规定,中国证监会决定:

一、对华泽钴镍责令改正,给予警告并处以60万元罚款;

二、对王某给予警告,并处以90万元的罚款,其中作为直接负责的主管人员罚款30万元,作为实际控制人罚款60万元;

三、对王某虎、郭某红、王某1给予警告,并分别处以30万元罚款;

四、对芦某娜、赵某给予警告,并分别处以20万元罚款;

五、对宁某珠、朱某卫、阎某明、陈某利、金某给予警告,并分别处以10万元罚款;

六、对雷某锋、赵某国、吴某、朱某甫、陈某给予警告,并分别处以5万元罚款;

七、对程某康给予警告,并处以3万元罚款。

2. 康美药业等信披违法案(中国证监会行政处罚决定书〔2020〕24号)

【案情】经查明,康美药业股份有限公司(以下简称康美药业)存在以下违法事实:

一、《2016年年度报告》《2017年年度报告》《2018年半年度报告》《2018年年度报告》中存在虚假记载,虚增营业收入、利息收入及营业利润

《2016年年度报告》虚增营业收入89.99亿元,多计利息收入1.51亿元,虚增营业利润6.56亿元,占合并利润表当期披露利润总额的16.44%。《2017年年度报告》虚增营业收入100.32亿元,多计利息收入2.28亿元,虚增营业利润12.51亿元,占合并利润表当期披露利润总额的25.91%。《2018年半年度报告》虚增营业收入84.84亿元,多计利息收入1.31亿元,虚增营业利润20.29亿元,占合并利润表当期披露利润总额的65.52%。《2018年年度报告》虚增营业收入16.13亿元,虚增营业利润1.65亿元,占合并利润表当期披露利润总额的12.11%。

二、《2016年年度报告》《2017年年度报告》《2018年半年度报告》中存在虚假记载,虚增货币资金

2016年1月1日至2018年6月30日,康美药业通过财务不记账、虚假记账,伪造、变造大额定期存单或银行对账单,配合营业收入造假伪造销售回款等方式,虚增货币资金。通过上述方式,康美药业《2016年年度报告》虚增货币资金

22,548,513,485.42 元，占公司披露总资产的41.13%和净资产的76.74%；《2017年年度报告》虚增货币资金29,944,309,821.45 元，占公司披露总资产的43.57%和净资产的93.18%；《2018 年半年度报告》虚增货币资金36,188,038,359.50 元，占公司披露总资产的45.96%和净资产的108.24%。

三、《2018 年年度报告》中存在虚假记载，虚增固定资产、在建工程、投资性房地产

康美药业在《2018 年年度报告》中将前期未纳入报表的亳州华佗国际中药城、普宁中药城、普宁中药城中医馆、亳州新世界、甘肃陇西中药城、玉林中药产业园等6 个工程项目纳入表内，分别调增固定资产 11.89 亿元，调增在建工程 4.01 亿元，调增投资性房地产20.15 亿元，合计调增资产总额36.05 亿元。经查，《2018 年年度报告》调整纳入表内的6 个工程项目不满足会计确认和计量条件，虚增固定资产 11.89 亿元，虚增在建工程4.01 亿元，虚增投资性房地产20.15 亿元。

四、《2016 年年度报告》《2017 年年度报告》《2018 年年度报告》中存在重大遗漏，未按规定披露控股股东及其关联方非经营性占用资金的关联交易情况

2016 年1 月1 日至2018 年12 月31 日，康美药业在未经过决策审批或授权程序的情况下，累计向控股股东及其关联方提供非经营性资金 11,619,130,802.74元用于购买股票、替控股股东及其关联方偿还融资本息、垫付解质押款或支付收购溢价款等用途。

根据2005 年《证券法》第六十六条第六项和《公开发行证券的公司信息披露内容与格式准则第2 号——年度报告的内容与格式》（证监会公告〔2016〕31 号、证监会公告〔2017〕17 号）第三十一条、第四十条的规定，康美药业应当在相关年度报告中披露控股股东及其关联方非经营性占用资金的关联交易情况，康美药业未在《2016 年年度报告》《2017 年年度报告》和《2018 年年度报告》中披露前述情况，存在重大遗漏。

五、董事、监事和高级管理人员履职相关情况

2017 年4 月20 日，康美药业披露《2016 年年度报告》，全体董事、监事、高级管理人员保证年度报告内容的真实、准确、完整。康美药业《2016 年年度报告》审议中，在董事会投赞成票的董事有马某田、许某瑾、邱某伟、马某耀、林某浩、李某、江某平、张某、李某安；在监事会上投赞成票的监事有罗某谦、温某生、马某洲；签署董事和高级管理人员书面确认意见，签字的董事为董事会投赞成票的9 位董事，签字的高级管理人员有林某雄、庄某清、李某华、韩某伟、王某。

2018 年4 月26 日，康美药业披露《2017 年年度报告》，全体董事、监事、高级管理人员保证年度报告内容的真实、准确、完整。康美药业《2017 年年度报告》审

议中,在董事会投赞成票的董事有马某田、许某瑾、邱某伟、马某耀、林某浩、李某、江某平、张某、李某安;在监事会上投赞成票的监事有罗某谦、温某生、马某洲;签署董事和高级管理人员书面确认意见,签字的董事为董事会投赞成票的9位董事,签字的高级管理人员有林某雄、庄某清、李某华、韩某伟、王某。

2018年8月29日,康美药业披露《2018年半年度报告》,全体董事、监事、高级管理人员保证年度报告内容的真实、准确、完整。康美药业《2018年半年度报告》审议中,在董事会投赞成票的董事有马某田、许某瑾、邱某伟、马某耀、林某浩、李某、江某平、郭某慧、张某1;在监事会上投赞成票的监事有罗某谦、马某洲、李某安;签署董事和高级管理人员书面确认意见,签字的董事为董事会投赞成票的9位董事,签字的高级管理人员有林某雄、庄某清、李某华、韩某伟、王某、温某生。

2019年4月30日,康美药业披露《2018年年度报告》,全体董事、监事、高级管理人员保证年度报告内容的真实、准确、完整。康美药业《2018年年度报告》审议中,在董事会投赞成票的董事有马某田、许某瑾、马某耀、林某浩、李某、江某平、郭某慧、张某1;在监事会上投赞成票的监事有罗某谦、马某洲、李某安;签署董事和高级管理人员书面确认意见,签字的董事为董事会投赞成票的8位董事,签字的高级管理人员有林某雄、庄某清、李某华、韩某伟、王某、温某生、唐某、陈某。

在2016、2017、2018年年度报告中,马某田、许某瑾及庄某清均声明:保证年度报告中财务报告的真实、准确、完整。

【认定】中国证监会认定,康美药业虚增营业收入、利息收入、营业利润,虚增货币资金、固定资产、在建工程、投资性房地产,所披露的《2016年年度报告》、《2017年年度报告》、《2018年半年度报告》和《2018年年度报告》存在虚假记载,康美药业未按规定披露控股股东及其关联方非经营性占用资金的关联交易情况,所披露的《2016年年度报告》、《2017年年度报告》和《2018年年度报告》存在重大遗漏,上述行为违反了2005年《证券法》第六十三条有关"发行人、上市公司依法披露的信息,必须真实、准确、完整,不得有虚假记载、误导性陈述或者重大遗漏"及第六十五条、第六十六条有关半年度报告、年度报告的规定,构成2005年《证券法》第一百九十三条第一款所述"发行人、上市公司或者其他信息披露义务人未按照规定披露信息,或者披露的信息有虚假记载、误导性陈述或者重大遗漏"的行为。

康美药业董事、监事、高级管理人员违反2005年《证券法》第六十八条第三款关于"上市公司董事、监事、高级管理人员应当保证上市公司所披露的信息真实、准确、完整"的规定,构成2005年《证券法》第一百九十三条第一款所述"直接负责的主管人员和其他直接责任人员"。

马某田，担任康美药业董事长、总经理，全面管理公司事务，组织安排相关人员将上市公司资金转移到其控制的关联方，且未在定期报告里披露相关情况；同时为掩盖上市公司资金被关联方长期占用、虚构公司经营业绩等违法事实，组织策划康美药业相关人员通过虚增营业收入、虚增货币资金等方式实施财务造假，明知康美药业《2016 年年度报告》、《2017 年年度报告》、《2018 年半年度报告》和《2018 年年度报告》披露数据存在虚假，仍然签字并承诺保证相关文件真实、准确、完整，直接导致康美药业披露的定期报告存在虚假陈述，是康美药业信息披露违法行为直接负责的主管人员。马某田除依据上述身份实施违法行为外，同时作为实际控制人存在指使信息披露违法行为。

许某瑾，作为康美药业实际控制人，担任康美药业副董事长、副总经理以及主管会计工作的负责人，协助马某田管理公司事务，与马某田共同组织安排相关人员将上市公司资金转移到其控制的关联方，知悉马某田组织相关人员实施财务造假；明知康美药业《2016 年年度报告》、《2017 年年度报告》、《2018 年半年度报告》和《2018 年年度报告》披露数据存在虚假，仍然签字并承诺保证相关文件真实、准确、完整，直接导致康美药业披露的定期报告存在虚假陈述，是康美药业信息披露违法行为直接负责的主管人员。许某瑾除依据上述身份实施违法行为外，同时作为实际控制人存在指使信息披露违法行为。

邱某伟，作为时任康美药业董事、副总经理和董事会秘书，主管公司信息披露事务，对公司定期报告的真实性、完整性、准确性承担主要责任，并在《2016 年年度报告》《2017 年年度报告》《2018 年半年度报告》上签字；根据马某田的授意安排，组织相关人员将上市公司资金转移至控股股东及其关联方，组织策划公司相关人员实施、并亲自参与实施财务造假行为，直接导致康美药业披露的定期报告存在虚假陈述，是康美药业信息披露违法行为直接负责的主管人员。

庄某清，作为康美药业财务总监，组织财务会计部门按规定进行会计核算和编制财务报告。其作为财务负责人，在《2016 年年度报告》、《2017 年年度报告》、《2018 年半年度报告》和《2018 年年度报告》上签字和声明，承诺保证相关文件真实、准确、完整，应当对康美药业披露的定期报告存在虚假陈述承担法律责任，是康美药业信息披露违法行为的其他直接责任人员。

温某生，先后担任康美药业职工监事、总经理助理、副总经理，协助董事会秘书和财务负责人分管财务工作，并在《2016 年年度报告》、《2017 年年度报告》、《2018 年半年度报告》和《2018 年年度报告》上投赞成票或签字；根据马某田、邱某伟的授意安排，组织相关人员将上市公司资金转移至控股股东及其关联方，组织协调公司相关人员实施财务造假及信息披露违法行为，应当对康美药业披露的定期报告存在虚假陈述承担法律责任，是康美药业信息披露违法行为的其他直接责任人员。

马某洲，作为康美药业监事和财务部总监助理，分管出纳工作，在《2016年年度报告》《2017年年度报告》《2018年半年度报告》和《2018年年度报告》审议中投赞成票；根据马某田等人安排，参与财务造假工作，应当对康美药业披露的定期报告存在虚假陈述承担法律责任，是康美药业信息披露违法行为的其他直接责任人员。

马某耀、林某浩、李某、江某平、李某安、张某、郭某慧、张某1、罗某谦、林某雄、李某华、韩某伟、王某、唐某、陈某等其他董事、监事和高级管理人员，在《2016年年度报告》、《2017年年度报告》、《2018年半年度报告》和《2018年年度报告》审议中投赞成票或签字，保证财务报告真实、准确、完整，现有证据不足以证明上述人员已尽勤勉义务，应当对康美药业披露的定期报告存在虚假陈述承担法律责任，是康美药业信息披露违法行为的其他直接责任人员。

根据当事人违法行为的事实、性质、情节与社会危害程度，依据2005年《证券法》第一百九十三条第一款、第三款的规定，中国证监会决定：

一、对康美药业股份有限公司责令改正，给予警告，并处以60万元的罚款；

二、对马某田、许某瑾给予警告，并分别处以90万元的罚款，其中作为直接负责的主管人员罚款30万元，作为实际控制人罚款60万元；

三、对邱某伟给予警告，并处以30万元的罚款；

四、对庄某清、温某生、马某洲给予警告，并分别处以25万元的罚款；

五、对马某耀、林某浩、李某、江某平、李某安、罗某谦、林某雄给予警告，并分别处以20万元的罚款；

六、对张某、郭某慧、张某1、李某华、韩某伟、王某给予警告，并分别处以15万元的罚款；

七、对唐某、陈某给予警告，并分别处以10万元的罚款。

权威解读①

上市公司对外提供担保不仅涉及现有股东的利益，而且涉及众多潜在投资者的交易安全。显然，信息披露是对投资者的交易安全进行保护最为有效的途径。因此，《公司法》第一百四十五条明确规定："上市公司必须依照法律、行政法规的规定，公开其财务状况、经营情况及重大诉讼，在每会计年度内半年公布一次财务

① 参见刘贵祥：《担保制度一般规则的新发展及其适用——以民法典担保制度解释为中心》，载《比较法研究》2021年第5期，第50－65页。

会计报告。”此外,《证券法》第八十条将“公司营业用主要资产的抵押、质押”作为影响上市公司股票交易价格的重大事件,《证券法》第八十一条将“公司重大资产抵押、质押”作为影响公司债券交易价格的重大事件,明确规定在投资者尚未得知时,公司应当立即将有关该重大事件的情况向国务院证券监督管理机构和证券交易场所报送临时报告,并予公告,说明事件的起因、目前的状态和可能产生的法律后果。无论是人保还是物保,公司对外提供担保是一类极为异常的交易行为,为保护不特定投资者的交易安全,有必要将信息披露作为上市公司对外提供担保的有效要件。也就是说,即使上市公司根据《公司法》第十六条的规定就对外提供担保进行了决议,但如果上市公司没有对此进行信息披露,而相对人仅仅审查了公司决议,未审查上市公司的信息披露情况,就应认为该担保合同对上市公司不发生效力。为此,《民法典》担保制度解释第九条第二款规定:“相对人未根据上市公司公开披露的关于担保事项已经董事会或者股东大会决议通过的信息,与上市公司订立担保合同,上市公司主张担保合同对其不发生效力,且不承担担保责任或者赔偿责任的,人民法院应予支持。”当然,另一方面,为发挥信息披露对保护债权人交易安全的保护功能,该条第一款继续坚持《九民纪要》第二十二条所确立的规则,明确规定:“相对人根据上市公司公开披露的关于担保事项已经董事会或者股东大会决议通过的信息,与上市公司订立担保合同,相对人主张担保合同对上市公司发生效力,并由上市公司承担担保责任的,人民法院应予支持。”也就是说,即使上市公司未就对外提供担保进行决议,但如果上市公司已经公开披露了关于担保事项已经董事会或者股东大会决议通过的信息,就应保护债权人的合理信赖,认定该担保合同已经成立并有效。可见,民法典担保制度解释第九条第一、二款进一步强化了信息披露在上市公司对外提供担保中的效力。

《证券法》第一百九十八条 【证券公司违反投资者适当性管理义务】

第一百九十八条 证券公司违反本法第八十八条的规定未履行或者未按照规定履行投资者适当性管理义务的,责令改正,给予警告,并处以十万元以上一百万元以下的罚款。对直接负责的主管人员和其他直接责任人员给予警告,并处以二十万元以下的罚款。①

---

① 义务条款和罚则均系2019年修订《证券法》时新增。——本书注

相关规定

1.《证券法》

第八十八条 证券公司向投资者销售证券、提供服务时，应当按照规定充分了解投资者的基本情况、财产状况、金融资产状况、投资知识和经验、专业能力等相关信息；如实说明证券、服务的重要内容，充分揭示投资风险；销售、提供与投资者上述状况相匹配的证券、服务。

投资者在购买证券或者接受服务时，应当按照证券公司明示的要求提供前款所列真实信息。拒绝提供或者未按照要求提供信息的，证券公司应当告知其后果，并按照规定拒绝向其销售证券、提供服务。

证券公司违反第一款规定导致投资者损失的，应当承担相应的赔偿责任。

2.《证券期货投资者适当性管理办法》(中国证券监督管理委员会令第130号，2020年修正)

第一条 为了规范证券期货投资者适当性管理，维护投资者合法权益，根据《证券法》《证券投资基金法》《证券公司监督管理条例》《期货交易管理条例》及其他相关法律、行政法规，制定本办法。

第二条 向投资者销售公开或者非公开发行的证券、公开或者非公开募集的证券投资基金和股权投资基金(包括创业投资基金，以下简称基金)、公开或者非公开转让的期货及其他衍生产品，或者为投资者提供相关业务服务的，适用本办法。

第三条 向投资者销售证券期货产品或者提供证券期货服务的机构(以下简称经营机构)应当遵守法律、行政法规、本办法及其他有关规定，在销售产品或者提供服务的过程中，勤勉尽责，审慎履职，全面了解投资者情况，深入调查分析产品或者服务信息，科学有效评估，充分揭示风险，基于投资者的不同风险承受能力以及产品或者服务的不同风险等级等因素，提出明确的适当性匹配意见，将适当的产品或者服务销售或者提供给适合的投资者，并对违法违规行为承担法律责任。

第四条 投资者应当在了解产品或者服务情况，听取经营机构适当性意见的基础上，根据自身能力审慎决策，独立承担投资风险。

经营机构的适当性匹配意见不表明其对产品或者服务的风险和收益做出实质性判断或者保证。

第五条 中国证券监督管理委员会(以下简称中国证监会)及其派出机构依照法律、行政法规、本办法及其他相关规定，对经营机构履行适当性义务进行监督管理。

证券期货交易场所、登记结算机构及中国证券业协会、中国期货业协会、中国证券投资基金业协会(以下统称行业协会)等自律组织对经营机构履行适当性义务进行自律管理。

第六条　经营机构向投资者销售产品或者提供服务时,应当了解投资者的下列信息:

(一)自然人的姓名、住址、职业、年龄、联系方式,法人或者其他组织的名称、注册地址、办公地址、性质、资质及经营范围等基本信息;

(二)收入来源和数额、资产、债务等财务状况;

(三)投资相关的学习、工作经历及投资经验;

(四)投资期限、品种、期望收益等投资目标;

(五)风险偏好及可承受的损失;

(六)诚信记录;

(七)实际控制投资者的自然人和交易的实际受益人;

(八)法律法规、自律规则规定的投资者准入要求相关信息;

(九)其他必要信息。

第七条　投资者分为普通投资者与专业投资者。

普通投资者在信息告知、风险警示、适当性匹配等方面享有特别保护。

第八条　符合下列条件之一的是专业投资者:

(一)经有关金融监管部门批准设立的金融机构,包括证券公司、期货公司、基金管理公司及其子公司、商业银行、保险公司、信托公司、财务公司等;经行业协会备案或者登记的证券公司子公司、期货公司子公司、私募基金管理人。

(二)上述机构面向投资者发行的理财产品,包括但不限于证券公司资产管理产品、基金管理公司及其子公司产品、期货公司资产管理产品、银行理财产品、保险产品、信托产品、经行业协会备案的私募基金。

(三)社会保障基金、企业年金等养老基金,慈善基金等社会公益基金,合格境外机构投资者(QFII)、人民币合格境外机构投资者(RQFII)。

(四)同时符合下列条件的法人或者其他组织:

1. 最近1年末净资产不低于2000万元;

2. 最近1年末金融资产不低于1000万元;

3. 具有2年以上证券、基金、期货、黄金、外汇等投资经历。

(五)同时符合下列条件的自然人:

1. 金融资产不低于500万元,或者最近3年个人年均收入不低于50万元;

2. 具有 2 年以上证券、基金、期货、黄金、外汇等投资经历，或者具有 2 年以上金融产品设计、投资、风险管理及相关工作经历，或者属于本条第(一)项规定的专业投资者的高级管理人员、获得职业资格认证的从事金融相关业务的注册会计师和律师。

前款所称金融资产，是指银行存款、股票、债券、基金份额、资产管理计划、银行理财产品、信托计划、保险产品、期货及其他衍生产品等。

第九条 经营机构可以根据专业投资者的业务资格、投资实力、投资经历等因素，对专业投资者进行细化分类和管理。

第十条 专业投资者之外的投资者为普通投资者。

经营机构应当按照有效维护投资者合法权益的要求，综合考虑收入来源、资产状况、债务、投资知识和经验、风险偏好、诚信状况等因素，确定普通投资者的风险承受能力，对其进行细化分类和管理。

第十一条 普通投资者和专业投资者在一定条件下可以互相转化。

符合本办法第八条第(四)、(五)项规定的专业投资者，可以书面告知经营机构选择成为普通投资者，经营机构应当对其履行相应的适当性义务。

符合下列条件之一的普通投资者可以申请转化成为专业投资者，但经营机构有权自主决定是否同意其转化：

(一)最近 1 年末净资产不低于 1000 万元，最近 1 年末金融资产不低于 500 万元，且具有 1 年以上证券、基金、期货、黄金、外汇等投资经历的除专业投资者外的法人或其他组织；

(二)金融资产不低于 300 万元或者最近 3 年个人年均收入不低于 30 万元，且具有 1 年以上证券、基金、期货、黄金、外汇等投资经历或者 1 年以上金融产品设计、投资、风险管理及相关工作经历的自然人投资者。

第十二条 普通投资者申请成为专业投资者应当以书面形式向经营机构提出申请并确认自主承担可能产生的风险和后果，提供相关证明材料。

经营机构应当通过追加了解信息、投资知识测试或者模拟交易等方式对投资者进行谨慎评估，确认其符合前条要求，说明对不同类别投资者履行适当性义务的差别，警示可能承担的投资风险，告知申请的审查结果及其理由。

第十三条 经营机构应当告知投资者，其根据本办法第六条规定所提供的信息发生重要变化、可能影响分类的，应及时告知经营机构。经营机构应当建立投资者评估数据库并及时更新，充分使用已了解信息和已有评估结果，避免重复采集，提高评估效率。

第十四条 中国证监会、自律组织在针对特定市场、产品或者服务制定规则时，可以考虑风险性、复杂性以及投资者的认知难度等因素，从资产规模、收入水平、风险识别能力和风险承担能力、投资认购最低金额等方面，规定投资者准入要求。投资者准入要求包含资产指标的，应当规定投资者在购买产品或者接受服务前一定时期内符合该指标。

现有市场、产品或者服务规定投资者准入要求的，应当符合前款规定。

第十五条　经营机构应当了解所销售产品或者所提供服务的信息，根据风险特征和程度，对销售的产品或者提供的服务划分风险等级。

第十六条　划分产品或者服务风险等级时应当综合考虑以下因素：

（一）流动性；

（二）到期时限；

（三）杠杆情况；

（四）结构复杂性；

（五）投资单位产品或者相关服务的最低金额；

（六）投资方向和投资范围；

（七）募集方式；

（八）发行人等相关主体的信用状况；

（九）同类产品或者服务过往业绩；

（十）其他因素。

涉及投资组合的产品或者服务，应当按照产品或者服务整体风险等级进行评估。

第十七条　产品或者服务存在下列因素的，应当审慎评估其风险等级：

（一）存在本金损失的可能性，因杠杆交易等因素容易导致本金大部分或者全部损失的产品或者服务；

（二）产品或者服务的流动变现能力，因无公开交易市场、参与投资者少等因素导致难以在短期内以合理价格顺利变现的产品或者服务；

（三）产品或者服务的可理解性，因结构复杂、不易估值等因素导致普通人难以理解其条款和特征的产品或者服务；

（四）产品或者服务的募集方式，涉及面广、影响力大的公募产品或者相关服务；

（五）产品或者服务的跨境因素，存在市场差异、适用境外法律等情形的跨境发行或者交易的产品或者服务；

（六）自律组织认定的高风险产品或者服务；

（七）其他有可能构成投资风险的因素。

第十八条 经营机构应当根据产品或者服务的不同风险等级，对其适合销售产品或者提供服务的投资者类型作出判断，根据投资者的不同分类，对其适合购买的产品或者接受的服务作出判断。

第十九条 经营机构告知投资者不适合购买相关产品或者接受相关服务后，投资者主动要求购买风险等级高于其风险承受能力的产品或者接受相关服务的，经营机构在确认其不属于风险承受能力最低类别的投资者后，应当就产品或者服务风险高于其承受能力进行特别的书面风险警示，投资者仍坚持购买的，可以向其销售相关产品或者提供相关服务。

第二十条 经营机构向普通投资者销售高风险产品或者提供相关服务，应当履行特别的注意义务，包括制定专门的工作程序，追加了解相关信息，告知特别的风险点，给予普通投资者更多的考虑时间，或者增加回访频次等。

第二十一条 经营机构应当根据投资者和产品或者服务的信息变化情况，主动调整投资者分类、产品或者服务分级以及适当性匹配意见，并告知投资者上述情况。

第二十二条 禁止经营机构进行下列销售产品或者提供服务的活动：

（一）向不符合准入要求的投资者销售产品或者提供服务；

（二）向投资者就不确定事项提供确定性的判断，或者告知投资者有可能使其误认为具有确定性的意见；

（三）向普通投资者主动推介风险等级高于其风险承受能力的产品或者服务；

（四）向普通投资者主动推介不符合其投资目标的产品或者服务；

（五）向风险承受能力最低类别的投资者销售或者提供风险等级高于其风险承受能力的产品或者服务；

（六）其他违背适当性要求，损害投资者合法权益的行为。

第二十三条 经营机构向普通投资者销售产品或者提供服务前，应当告知下列信息：

（一）可能直接导致本金亏损的事项；

（二）可能直接导致超过原始本金损失的事项；

（三）因经营机构的业务或者财产状况变化，可能导致本金或者原始本金亏损的事项；

（四）因经营机构的业务或者财产状况变化，影响客户判断的重要事由；

（五）限制销售对象权利行使期限或者可解除合同期限等全部限制内容；

（六）本办法第二十九条规定的适当性匹配意见。

第二十四条 经营机构对投资者进行告知、警示，内容应当真实、准确、完整，不存在虚假记载、误导性陈述或者重大遗漏，语言应当通俗易懂；告知、警示应当采用书面形式送达投资者，并由其确认已充分理解和接受。

第二十五条　经营机构通过营业网点向普通投资者进行本办法第十二条、第二十条、第二十一条和第二十三条规定的告知、警示，应当全过程录音或者录像；通过互联网等非现场方式进行的，经营机构应当完善配套留痕安排，由普通投资者通过符合法律、行政法规要求的电子方式进行确认。

第二十六条　经营机构委托其他机构销售本机构发行的产品或者提供服务，应当审慎选择受托方，确认受托方具备代销相关产品或者提供服务的资格和落实相应适当性义务要求的能力，应当制定并告知代销方所委托产品或者提供服务的适当性管理标准和要求，代销方应当严格执行，但法律、行政法规、中国证监会其他规章另有规定的除外。

第二十七条　经营机构代销其他机构发行的产品或者提供相关服务，应当在合同中约定要求委托方提供的信息，包括本办法第十六条、第十七条规定的产品或者服务分级考虑因素等，自行对该信息进行调查核实，并履行投资者评估、适当性匹配等适当性义务。委托方不提供规定的信息、提供信息不完整的，经营机构应当拒绝代销产品或者提供服务。

第二十八条　对在委托销售中违反适当性义务的行为，委托销售机构和受托销售机构应当依法承担相应法律责任，并在委托销售合同中予以明确。

第二十九条　经营机构应当制定适当性内部管理制度，明确投资者分类、产品或者服务分级、适当性匹配的具体依据、方法、流程等，严格按照内部管理制度进行分类、分级，定期汇总分类、分级结果，并对每名投资者提出匹配意见。

经营机构应当制定并严格落实与适当性内部管理有关的限制不匹配销售行为、客户回访检查、评估与销售隔离等风控制度，以及培训考核、执业规范、监督问责等制度机制，不得采取鼓励不适当销售的考核激励措施，确保从业人员切实履行适当性义务。

第三十条　经营机构应当每半年开展一次适当性自查，形成自查报告。发现违反本办法规定的问题，应当及时处理并主动报告住所地中国证监会派出机构。

第三十一条　鼓励经营机构将投资者分类政策、产品或者服务分级政策、自查报告在公司网站或者符合中国证监会规定条件的媒体进行披露。

第三十二条　经营机构应当按照相关规定妥善保存其履行适当性义务的相关信息资料，防止泄露或者被不当利用，接受中国证监会及其派出机构和自律组织的检查。对匹配方案、告知警示资料、录音录像资料、自查报告等的保存期限不得少于20年。

第三十三条 投资者购买产品或者接受服务，按规定需要提供信息的，所提供的信息应当真实、准确、完整。投资者根据本办法第六条规定所提供的信息发生重要变化、可能影响其分类的，应当及时告知经营机构。

投资者不按照规定提供相关信息，提供信息不真实、不准确、不完整的，应当依法承担相应法律责任，经营机构应当告知其后果，并拒绝向其销售产品或者提供服务。

第三十四条 经营机构应当妥善处理适当性相关的纠纷，与投资者协商解决争议，采取必要措施支持和配合投资者提出的调解。经营机构履行适当性义务存在过错并造成投资者损失的，应当依法承担相应法律责任。

经营机构与普通投资者发生纠纷的，经营机构应当提供相关资料，证明其已向投资者履行相应义务。

第三十五条 中国证监会及其派出机构在监管中应当审核或者关注产品或者服务的适当性安排，对适当性制度落实情况进行检查，督促经营机构严格落实适当性义务，强化适当性管理。

第三十六条 证券期货交易场所应当制定完善本市场相关产品或者服务的适当性管理自律规则。

行业协会应当制定完善会员落实适当性管理要求的自律规则，制定并定期更新本行业的产品或者服务风险等级名录以及本办法第十九条、第二十二条规定的风险承受能力最低的投资者类别，供经营机构参考。经营机构评估相关产品或者服务的风险等级不得低于名录规定的风险等级。

证券期货交易场所、行业协会应当督促、引导会员履行适当性义务，对备案产品或者相关服务应当重点关注高风险产品或者服务的适当性安排。

第三十七条 经营机构违反本办法规定的，中国证监会及其派出机构可以对经营机构及其直接负责的主管人员和其他直接责任人员，采取责令改正、监管谈话、出具警示函等监督管理措施。

第三十八条 证券公司、期货公司违反本办法规定，存在较大风险或者风险隐患的，中国证监会及其派出机构可以按照《证券法》第一百四十条、《证券公司监督管理条例》第七十条、《期货交易管理条例》第五十五条的规定，采取监督管理措施。

第三十九条 违反本办法第六条、第十八条、第十九条、第二十条、第二十一条、第二十二条第(三)项至第(六)项、第二十三条、第二十四条、第三十三条规定的，按照《证券法》第一百九十八条、《证券投资基金法》第一百三十七条、《证券公司监督管理条例》第八十四条、《期货交易管理条例》第六十七条予以处理。

第四十条 违反本办法第二十二条第(一)项至第(二)项、第二十六条、第二十七条规定的，按照《证券投资基金法》第一百三十五条、《证券公司监督管理条例》第八十三条、《期货交易管理条例》第六十六条予以处理。

第四十一条 经营机构有下列情形之一的，给予警告，并处以3万元以下罚款；对直接负责的主管人员和其他直接责任人员，给予警告，并处以3万元以下罚款：

(一)违反本办法第十条，未按规定对普通投资者进行细化分类和管理的；

(二)违反本办法第十一条、第十二条，未按规定进行投资者类别转化的；

(三)违反本办法第十三条，未建立或者更新投资者评估数据库的；

(四)违反本办法第十五条，未按规定了解所销售产品或者所提供服务信息或者履行分级义务的；

(五)违反本办法第十六条、第十七条，未按规定划分产品或者服务风险等级的；

(六)违反本办法第二十五条，未按规定录音录像或者采取配套留痕安排的；

(七)违反本办法第二十九条，未按规定制定或者落实适当性内部管理制度和相关制度机制的；

(八)违反本办法第三十条，未按规定开展适当性自查的；

(九)违反本办法第三十二条，未按规定妥善保存相关信息资料的；

(十)违反本办法第六条、第十八条至第二十四条、第二十六条、第二十七条、第三十三条规定，未构成《证券法》第一百九十八条，《证券投资基金法》第一百三十五条、第一百三十七条，《证券公司监督管理条例》第八十三条、第八十四条，《期货交易管理条例》第六十六条、第六十七条规定情形的。

第四十二条 经营机构从业人员违反相关法律法规和本办法规定，情节严重的，中国证监会可以依法采取市场禁入的措施。

第四十三条 本办法自2017年7月1日起施行。

权威解读①

立法过程中，有观点提出，本条并未附加其他适用条件，较为严格，可能会对证券公司开展业务造成不利影响，降低证券公司开展业务的主动性和积极性，所以建议对本条罚则的适用增加一定的限制，但最终未被采纳。主要是因为另有观

① 参见程合红主编：《〈证券法〉修订要义》，人民出版社2020年版，第374页。

点认为本法第八十八条第二款要求投资者应当按照证券公司要求提供真实信息，实际上已附加了适用条件。也就是说，如果是由于投资者未按证券公司要求提供真实信息，导致证券公司未能履行投资者适当性管理义务的，证券公司则不承担本条规定的法律责任。

《证券法》第一百九十九条 【违法征集股东权利】

第一百九十九条 违反本法第九十条的规定征集股东权利的，责令改正，给予警告，可以处五十万元以下的罚款。①

相关规定

《证券法》

第九十条 上市公司董事会、独立董事、持有百分之一以上有表决权股份的股东或者依照法律、行政法规或者国务院证券监督管理机构的规定设立的投资者保护机构（以下简称投资者保护机构），可以作为征集人，自行或者委托证券公司、证券服务机构，公开请求上市公司股东委托其代为出席股东大会，并代为行使提案权、表决权等股东权利。

依照前款规定征集股东权利的，征集人应当披露征集文件，上市公司应当予以配合。

禁止以有偿或者变相有偿的方式公开征集股东权利。

公开征集股东权利违反法律、行政法规或者国务院证券监督管理机构有关规定，导致上市公司或者其股东遭受损失的，应当依法承担赔偿责任。

《证券法》第二百条 【违法开设证券交易场所】【违法允许非会员入场交易】

第二百条 非法开设证券交易场所的，由县级以上人民政府予以取缔，没收违法所得，并处以违法所得一倍以上十倍以下的罚款；没有违法所得或者违法所得不足一百万元的，处以一百万元以上一千万元以下的罚款。对直接负责的主管人员和其他直接责任人员给予警告，并处以二十万元以上二百万元以下的罚款。

① 义务条款和罚则均系2019年修订《证券法》时新增。——本书注

证券交易所违反本法第一百零五条的规定，允许非会员直接参与股票的集中交易的，责令改正，可以并处五十万元以下的罚款。

相关规定

《证券法》

第一百零五条　进入实行会员制的证券交易所参与集中交易的，必须是证券交易所的会员。证券交易所不得允许非会员直接参与股票的集中交易。

权威解读[①]

本条第二款对违反本法第一百零五条的罚则，只适用于证券交易所允许非会员直接参与股票（包括以股票为基础的存托凭证）集中交易，未对允许非会员参与其他种类证券，如公司债的集中交易规定罚则，但这并不意味着就可以不执行第一百零五条有关必须是会员才能参与证券交易所集中交易的规定，只是在违反规定时，不能按本条进行处罚，但也要依法承担其他相应责任。

《证券法》第二百零一条　【证券公司未核对投资者开立账户提供的身份信息】【证券公司违法提供投资者账户】

第二百零一条　证券公司违反本法第一百零七条第一款的规定，未对投资者开立账户提供的身份信息进行核对的，责令改正，给予警告，并处以五万元以上五十万元以下的罚款。对直接负责的主管人员和其他直接责任人员给予警告，并处以十万元以下的罚款。

证券公司违反本法第一百零七条第二款的规定，将投资者的账户提供给他人使用的，责令改正，给予警告，并处以十万元以上一百万元以下的罚款。对直接负责的主管人员和其他直接责任人员给予警告，并处以二十万元以下的罚款。[②]

---

① 参见程合红主编：《〈证券法〉修订要义》，人民出版社2020年版，第376页。

② 义务条款和罚则均系2019年修订《证券法》时新增。——本书注

相关规定

1.《证券法》

第一百零七条 证券公司为投资者开立账户,应当按照规定①对投资者提供的身份信息进行核对。

证券公司不得将投资者的账户提供给他人使用。②

投资者应当使用实名开立的账户进行交易。

2.《证券公司监督管理条例》

第八十四条 证券公司违反本条例的规定,有下列情形之一的,责令改正,给予警告,没收违法所得,并处以违法所得1倍以上5倍以下的罚款;没有违法所得或者违法所得不足3万元的,处以3万元以上30万元以下的罚款。对直接负责的主管人员和其他直接责任人员单处或者并处警告、3万元以上10万元以下的罚款;情节严重的,撤销任职资格或者证券从业资格:

(四)未按照规定程序了解客户的身份、财产与收入状况、证券投资经验和风险偏好;

典型案例

1.华泰证券未按规定审查、了解客户真实身份违法违规案(中国证监会行政处罚决定书〔2016〕126号)

【案情】华泰证券股份有限公司(以下简称华泰证券)对于杭州恒生网络技术服务有限公司和浙江核新同花顺网络信息股份有限公司外部接入的第三方交易终端软件,或者未进行软件认证许可,或者缺乏有效控制,未对外部系统接入实施有效管理,对相关客户身份情况缺乏了解。

截至调查日,华泰证券有455个使用杭州恒生网络技术服务有限公司HOMS系统(以下简称HOMS系统)、61个使用浙江核新同花顺网络信息股份有限公司系统(以下简称同花顺系统)接入违规交易的主账户。对上述客户,华泰证券未按要求采集客户交易终端信息,未能确保客户交易终端信息的真实性、准确性、完整性、一致性、可读性,未采取可靠措施采集、记录与客户身份识别有关的信息。

---

① 相关规定包括但不限于:《证券公司监督管理条例》《证券登记结算管理办法》《关于清理整顿违法从事证券业务活动的意见》《关于加强证券期货经营机构客户交易终端信息等客户信息管理的规定》《中国证券登记结算有限责任公司证券账户管理规则》《中国证券登记结算有限责任公司证券账户业务指南》等。——本书注

② 既包括未经投资者同意将其账户提供给他人使用,也包括经过投资者同意将其账户提供给他人使用;既包括有偿提供,也包括无偿提供。——本书注

华泰证券未按照《关于加强证券期货经营机构客户交易终端信息等客户信息管理的规定》第六条、第八条、第十三条,《中国证券登记结算有限责任公司证券账户管理规则》第五十条的规定对客户的身份信息进行审查和了解,违反了《证券公司监督管理条例》第二十八条第一款的规定,构成《证券公司监督管理条例》第八十四条第(四)项所述的行为,获利18,235,275.00元。

华泰证券在2015年7月12日我会发布《关于清理整顿违法从事证券业务活动的意见》(证监会公告〔2015〕19号)之后,仍未采取有效措施严格审查客户身份的真实性,未切实防范客户借用证券交易通道违规从事交易活动,新增下挂子账户102个,性质恶劣、情节严重。

【认定】依据《证券公司监督管理条例》第八十四条的规定,中国证监会决定:对华泰证券责令改正,给予警告,没收违法所得18,235,275.00元,并处以54,705,825.00元罚款。

2. 恒泰证券等违法提供投资者账户案(中国证监会行政处罚决定书〔2020〕41号)

【案情】一、恒泰证券股份有限公司(以下简称恒泰证券)涉案部门及相关人员基本情况

机构交易部是恒泰证券业务部门之一。该部门职责为"制定、完善机构交易部管理制度,开发维护机构业务;协调与各部门间的业务关系,做好营销工作的后台支持与保障工作;执行公司有关机构业务的规划"。截至2019年3月8日,该部门客户名单中机构客户有219个,个人客户则有693个,本案被非法提供的部分客户账户也在该名单之列。余某义、陈某杰、张某在涉案期间均为恒泰证券正式员工。余某义自2016年4月起任机构交易部副总经理。陈某杰自2016年8月起任机构交易部区域经理。张某自2017年9月起任机构交易部客户经理。

二、恒泰证券将客户的资金账户、证券账户提供给他人使用

(一)账户借用基本情况

2018年年初,余某义通过上海盈沃投资管理有限公司(恒泰证券子公司)总经理杜某朝结识凤鸣同创(北京)资产管理有限公司董事长杜某艳,并安排陈某杰与杜某艳对接具体业务。2018年2月,深圳前海众恒智富资产管理有限公司实际控制人许某华向杜某艳提出借用证券账户并配资的需求,杜某艳便将此业务介绍给陈某杰。为此,陈某杰指定下属张某与其共同负责具体工作,陈某杰、张某与杜某艳组建了微信群进行业务沟通;张某还介绍陈某颖、邵某彬、吴某怀、翁某慧等四人加入其业务团队,以恒泰证券名义接洽客户。除翁某慧外,其余三人均与恒泰证券签订了劳动合同。

（二）张某团队推介账户借用业务、招揽客户账户

2018年3月至6月期间，张某团队为杜某艳介绍的账户借用业务陆续招揽了张某妙等36个恒泰证券客户账户。张某团队向客户推介账户借用业务时，以恒泰证券某资金项目为名，向客户说明配资买卖股票名称以及配资利率等条件，而非以其个人名义。

（三）恒泰证券将上述客户的证券账户、资金账户提供给他人使用

2018年3月至6月期间，在未告知客户实际使用人身份的情况下，张某陆续将上述客户的证券账户、资金账户及密码汇总，分批由陈某杰交给杜某艳，再由杜某艳提供给许某华使用。除"郑某平"账户未实际使用外，剩余35个客户账户被许某华用于买卖"欧浦智网"、"大晟文化"、"索菱股份"、"如意集团"和"中珠医疗"等股票。在此期间，陈某杰、张某还负责沟通协调上述客户账户在借用过程中因配资产生的利息支付、补仓等事项。

（四）恒泰证券机构交易部负责人放任违法行为发生

在安排下属陈某杰与杜某艳对接后，余某义于2018年3月17日通过微信收到陈某杰发来的截图，截图显示"张某宴"银行账户向"袁某眉"银行账户转入3500万元保证金。陈某杰同时请余某义尽快协调2亿元融资，余某义并未提出疑问。实际上，"张某宴"银行账户系许某华此次借用账户及配资所用的保证金账户，"袁某眉"银行账户系张某用于接收保证金并转至出借账户的过桥账户。张某宴、袁某眉均不是恒泰证券客户，且截图清晰可见"保证金"备注字样。余某义作为部门负责人，未能关注截图内容并及时在早期发现账户借用及配资活动，直至账户纠纷发生后才向上级汇报，系在其职责范围内放任违法行为的发生。

【认定】中国证监会认定，恒泰证券内设部门机构交易部的张某、陈某杰业务团队在履职过程中以恒泰证券的名义对外承揽账户借用业务，按照需求招揽多个客户账户并提供给他人使用，由此产生的业务收入最终归属于恒泰证券，相关业务团队的行为应视为恒泰证券的单位行为。恒泰证券的上述行为违反《证券公司监督管理条例》（以下简称《条例》）第二十八条第三款的规定，构成《条例》第七十九条所述"证券公司将客户的资金账户、证券账户提供给他人使用"的行为，应依照2005年《证券法》第二百零八条进行处罚。恒泰证券的上述行为也违反了《证券法》第一百零七条第二款的规定，构成《证券法》第二百零一条第二款所述的违法行为。

对恒泰证券的上述违法行为，余某义是直接负责的主管人员，陈某杰、张某是其他直接责任人员。

《证券法》第二百零二条　【擅自设立证券公司、非法经营证券业务或者未经批准以证券公司名义开展证券业务活动】【证券公司违法提供证券融资融券服务】

第二百零二条　违反本法第一百一十八条、第一百二十条第一款、第四款的规定，擅自设立证券公司、非法经营证券业务或者未经批准以证券公司名义开展证券业务活动的，责令改正，没收违法所得，并处以违法所得一倍以上十倍以下的罚款；没有违法所得或者违法所得不足一百万元的，处以一百万元以上一千万元以下的罚款。对直接负责的主管人员和其他直接责任人员给予警告，并处以二十万元以上二百万元以下的罚款。对擅自设立的证券公司，由国务院证券监督管理机构予以取缔。

证券公司违反本法第一百二十条第五款规定提供证券融资融券服务的，没收违法所得，并处以融资融券等值以下的罚款；情节严重的，禁止其在一定期限内从事证券融资融券业务。对直接负责的主管人员和其他直接责任人员给予警告，并处以二十万元以上二百万元以下的罚款。

相关规定

《证券法》

第一百一十八条　设立证券公司，应当具备下列条件，并经国务院证券监督管理机构批准：

（一）有符合法律、行政法规规定的公司章程；

（二）主要股东及公司的实际控制人具有良好的财务状况和诚信记录，最近三年无重大违法违规记录；

（三）有符合本法规定的公司注册资本；

（四）董事、监事、高级管理人员、从业人员符合本法规定的条件；

（五）有完善的风险管理与内部控制制度；

（六）有合格的经营场所、业务设施和信息技术系统；

（七）法律、行政法规和经国务院批准的国务院证券监督管理机构规定的其他条件。

未经国务院证券监督管理机构批准，任何单位和个人不得以证券公司名义开展证券业务活动。

第一百二十条 经国务院证券监督管理机构核准，取得经营证券业务许可证，证券公司可以经营下列部分或者全部证券业务：

（一）证券经纪；

（二）证券投资咨询；

（三）与证券交易、证券投资活动有关的财务顾问；

（四）证券承销与保荐；

（五）证券融资融券；

（六）证券做市交易；

（七）证券自营；

（八）其他证券业务。

国务院证券监督管理机构应当自受理前款规定事项申请之日起三个月内，依照法定条件和程序进行审查，作出核准或者不予核准的决定，并通知申请人；不予核准的，应当说明理由。

证券公司经营证券资产管理业务的，应当符合《中华人民共和国证券投资基金法》等法律、行政法规的规定。

除证券公司外，任何单位和个人不得从事证券承销、证券保荐、证券经纪和证券融资融券业务。

证券公司从事证券融资融券业务，应当采取措施，严格防范和控制风险，不得违反规定向客户出借资金或者证券。

典型案例

同花顺公司等非法经营证券业务案（中国证监会行政处罚决定书〔2016〕124号）

【案情】浙江核新同花顺网络信息股份有限公司（以下简称同花顺公司）自2013年6月起，经朱某峰决策，由郭某波开始负责组织项目团队开发同花顺资产管理系统，并于2014年5月正式上线运行。

同花顺资产管理系统具有开设子账户功能。配资公司通过联系同花顺公司系统运行维护部门，在同花顺资产管理系统创建机构ID、开设管理员权限，即可以在同花顺资产管理系统中设置主账户和子账户，主账户和子账户数量上限均为999个，主账户与用户在券商实际开立的资金账户对应，各子账户之间相互独立，可交由不同的投资者交易。

同花顺资产管理系统具有委托交易功能。同花顺资产管理系统接收从事配资业务的公司子账户交易指令并向证券公司传输，该系统对交易进行审核，验证通过的交易指令由该系统通过子账户绑定的主账户交易通道提交给证券公司报盘系统执行,该系统服务器通过证券公司通道从证券公司交易系统中轮循查询该笔委托的交易状态,确定交易是否成交、撤单是否成功等。

同花顺资产管理系统具有登记、查询、清算等功能。投资者通过客户端即可查询到子账户内当日委托、当日成交、历史委托、历史成交、资金明细、交割单、股票余额、资金余额等信息。盘中实时记录子账户的委托和成交记录,在收盘后计算子账户当日结算后的资金余额和股份数量,并于每日证券公司清算结束后,通过交易通道向证券公司查询主账户的清算数据,在系统内进行同步,同时会将子账户的数据进行汇总,并与从证券公司查询到的主账户的结算结果进行对账。

同花顺资产管理系统具有的开立证券交易子账户、接受证券交易委托、查询证券交易信息、进行证券和资金的交易结算清算的功能具有证券业务属性。投资者通过该系统不在证券公司开户即可进行证券交易。

经查,同花顺公司并未获得经营证券业务的行政许可。

同花顺公司明知从事配资业务客户的经营方式,仍向不具有经营证券业务资质的客户销售该系统、提供相关服务,并获取收益。截至2015年8月14日,同花顺公司共与83个从事配资业务的客户签订了合同,57个客户实际支付了费用,共支付费用2,876,997.22元。其中5个客户付款为预付款,尚未开展配资业务,合计70万元;实际在同花顺资产管理系统开展业务并支付费用的客户52个,同花顺公司实际配资业务累计收入为2,176,997.22元。

【认定】中国证监会认定,同花顺公司开发运营的资产管理系统,包含子账户开立、提供委托交易、存储、查询、清算等多种具有证券业务属性的功能。同花顺公司明知其客户经营方式,仍向不具有经营证券业务资质的客户销售该系统,提供相关服务,并获取收益的行为违反了2005年《证券法》第一百二十二条的规定,构成2005年《证券法》第一百九十七条所述非法经营证券业务的行为。时任同花顺公司副总经理朱某峰为直接负责的主管人员、产品经理郭某波为其他直接责任人员。

在听证中,同花顺公司提出:第一,《行政处罚事先告知书》(以下简称《告知书》)对于当事人违反了何种法律、实施了何种违法行为以及处罚数额的计算未予以明示,影响了当事人申辩权和听证权的行使。第二,调查认定同花顺公司具有"经纪业务"属性系法律适用错误。第三,关于同花顺公司与从事配资业务的公司之间签署的合同属性,属人民法院和仲裁机构裁判的范畴,超越了证监会的认定权限,违反职权法定原则。第四,调查认为同花顺公司是与52家从事配资业务的公司共同完成违法行为,但52家公司存在何种违法行为并未有任何证据显示和认定。第五，违法所得计算有误，系统开发销售成本及已退款项未予以扣除。第六，证监会2015年6月12日发布《关于加强证券公司信息系统外部接入管理的通知》，意味着证监会事实上已经认可了发布前的配资业务。同年7月12日，证监会发布的《关于清理整顿违法从事证券业务活动的意见》第四条提到"《关于加强证券公司信息系统外部接入管理的通知》发布前的存量可以持续运行，按照有关规定逐步规范"。同花顺公司理解，只要此后不再新增客户、账户和资产，此前的行为即不再追究。如果对其相关行为作出行政处罚，则违反了诚实守信原则。

朱某峰和郭某波提出了和同花顺公司相同的申辩意见。

经复核，中国证监会认为：第一，《告知书》已经明确告知了当事人的违法事实，拟作出的行政处罚和法律依据，我会还专门召开听证会，听取当事人陈述、申辩，充分保障了当事人依法行使陈述、申辩和听证的权利。第二，同花顺公司明知不具有经营证券业务资质的客户的证券经营方式，仍向其销售同花顺资产管理系统和提供相关服务，未经合法授权，从事如子账户资金、证券的清算等服务，违反了《证券登记结算管理办法》第八条和第七十九条的规定，系非法经营证券业务。第三，《告知书》依法对当事人的违法事实进行描述，未对同花顺公司与配资公司之间签署的合同进行定性，不存在超越我会权限的问题。第四，《告知书》并未认定同花顺公司与其客户共同完成违法行为，因此同花顺公司行为的违法性不以认定其客户行为违法为前提。如前所述，同花顺公司明知不具有经营证券业务资质客户的证券经营方式，仍向其销售同花顺资产管理系统和提供相关服务的行为单独构成非法经营证券业务。第五，同花顺公司的退款行为是其为清理资产管理客户做出的善后事宜，并非因合同执行等问题造成的收入确认调整，不应在违法所得中扣除。关于开发、销售同花顺资产管理系统投入的成本，系同花顺公司为从事违法行为进行的投入，不应从违法所得中予以扣除。第六，我会从未表示同花顺公司在本案中的行为合法或不予追究相关责任。2015年6月中旬开始，同花顺公司遵循我会要求，配合清理资产管理系统客户和资金，中国证监会在作出行政处罚时已充分考虑了相关情节。综上，同花顺公司的申辩理由没有事实和法律依据，不予采纳。

《证券法》第二百零三条　【骗取证券公司设立许可、业务许可或者重大事项变更核准】

第二百零三条　提交虚假证明文件或者采取其他欺诈手段骗取证券公司设立许可、业务许可或者重大事项变更核准的，撤销相关许可，并处以一百万元以上一千万元以下的罚款。对直接负责的主管人员和其他直接责任人员给予警告，并处以二十万元以上二百万元以下的罚款。

相关规定

1.《证券法》

第一百一十八条　设立证券公司，应当具备下列条件，并经国务院证券监督管理机构批准：

（一）有符合法律、行政法规规定的公司章程；

（二）主要股东及公司的实际控制人具有良好的财务状况和诚信记录，最近三年无重大违法违规记录；

（三）有符合本法规定的公司注册资本；

（四）董事、监事、高级管理人员、从业人员符合本法规定的条件；

（五）有完善的风险管理与内部控制制度；

（六）有合格的经营场所、业务设施和信息技术系统；

（七）法律、行政法规和经国务院批准的国务院证券监督管理机构规定的其他条件。

未经国务院证券监督管理机构批准，任何单位和个人不得以证券公司名义开展证券业务活动。

第一百一十九条　国务院证券监督管理机构应当自受理证券公司设立申请之日起六个月内，依照法定条件和法定程序并根据审慎监管原则进行审查，作出批准或者不予批准的决定，并通知申请人；不予批准的，应当说明理由。

证券公司设立申请获得批准的，申请人应当在规定的期限内向公司登记机关申请设立登记，领取营业执照。

证券公司应当自领取营业执照之日起十五日内，向国务院证券监督管理机构申请经营证券业务许可证。未取得经营证券业务许可证，证券公司不得经营证券业务。

第一百二十条 经国务院证券监督管理机构核准，取得经营证券业务许可证，证券公司可以经营下列部分或者全部证券业务：

（一）证券经纪；

（二）证券投资咨询；

（三）与证券交易、证券投资活动有关的财务顾问；

（四）证券承销与保荐；

（五）证券融资融券；

（六）证券做市交易；

（七）证券自营；

（八）其他证券业务。

国务院证券监督管理机构应当自受理前款规定事项申请之日起三个月内，依照法定条件和程序进行审查，作出核准或者不予核准的决定，并通知申请人；不予核准的，应当说明理由。

证券公司经营证券资产管理业务的，应当符合《中华人民共和国证券投资基金法》等法律、行政法规的规定。

除证券公司外，任何单位和个人不得从事证券承销、证券保荐、证券经纪和证券融资融券业务。

证券公司从事证券融资融券业务，应当采取措施，严格防范和控制风险，不得违反规定向客户出借资金或者证券。

第一百二十一条 证券公司经营本法第一百二十条第一款第（一）项至第（三）项业务的，注册资本最低限额为人民币五千万元；经营第（四）项至第（八）项业务之一的，注册资本最低限额为人民币一亿元；经营第（四）项至第（八）项业务中两项以上的，注册资本最低限额为人民币五亿元。证券公司的注册资本应当是实缴资本。

国务院证券监督管理机构根据审慎监管原则和各项业务的风险程度，可以调整注册资本最低限额，但不得少于前款规定的限额。

第一百二十二条 证券公司变更证券业务范围，变更主要股东或者公司的实际控制人，合并、分立、停业、解散、破产，应当经国务院证券监督管理机构核准。

2.《证券公司监督管理条例》

第八条 设立证券公司，应当具备《公司法》、《证券法》和本条例规定的条件，并经国务院证券监督管理机构批准。

第九条 证券公司的股东应当用货币或者证券公司经营必需的非货币财产出资。证券公司股东的非货币财产出资总额不得超过证券公司注册资本的30%。

证券公司股东的出资,应当经具有证券、期货相关业务资格的会计师事务所验资并出具证明;出资中的非货币财产,应当经具有证券相关业务资格的资产评估机构评估。

在证券公司经营过程中,证券公司的债权人将其债权转为证券公司股权的,不受本条第一款规定的限制。

第十条 有下列情形之一的单位或者个人,不得成为持有证券公司5%以上股权的股东、实际控制人:

(一)因故意犯罪被判处刑罚,刑罚执行完毕未逾3年;

(二)净资产低于实收资本的50%,或者或有负债达到净资产的50%;

(三)不能清偿到期债务;

(四)国务院证券监督管理机构认定的其他情形。

证券公司的其他股东应当符合国务院证券监督管理机构的相关要求。

第十一条 证券公司应当有3名以上在证券业担任高级管理人员满2年的高级管理人员。

第十二条 证券公司设立时,其业务范围应当与其财务状况、内部控制制度、合规制度和人力资源状况相适应;证券公司在经营过程中,经其申请,国务院证券监督管理机构可以根据其财务状况、内部控制水平、合规程度、高级管理人员业务管理能力、专业人员数量,对其业务范围进行调整。

第十三条 证券公司增加注册资本且股权结构发生重大调整,减少注册资本,变更业务范围或者公司章程中的重要条款,合并、分立,设立、收购或者撤销境内分支机构,在境外设立、收购、参股证券经营机构,应当经国务院证券监督管理机构批准。

前款所称公司章程中的重要条款,是指规定下列事项的条款:

(一)证券公司的名称、住所;

(二)证券公司的组织机构及其产生办法、职权、议事规则;

(三)证券公司对外投资、对外提供担保的类型、金额和内部审批程序;

(四)证券公司的解散事由与清算办法;

(五)国务院证券监督管理机构要求证券公司章程规定的其他事项。

本条第一款所称证券公司分支机构,是指从事业务经营活动的分公司、证券营业部等证券公司下属的非法人单位。

第十四条 任何单位或者个人有下列情形之一的,应当事先告知证券公司,由证券公司报国务院证券监督管理机构批准:

(一)认购或者受让证券公司的股权后,其持股比例达到证券公司注册资本的5%；

（二）以持有证券公司股东的股权或者其他方式，实际控制证券公司5%以上的股权。

未经国务院证券监督管理机构批准，任何单位或者个人不得委托他人或者接受他人委托持有或者管理证券公司的股权。证券公司的股东不得违反国家规定，约定不按照出资比例行使表决权。

3.《关于整合现有证券、基金、期货业务许可证的通知》（中国证券监督管理委员会公告〔2016〕4号）

第一条第一款 自2016年5月1日起，中国证监会及其派出机构向证券期货经营机构颁发的《经营证券业务许可证》、《证券投资咨询业务资格证书》、《经营外资股业务资格证书》、《合格境外机构投资者证券投资业务许可证》、《证券投资业务许可证》、《基金管理资格证书》、《特定客户资产管理业务资格证书》、《基金销售业务资格证书》、《经营期货业务许可证》、《期货公司营业部经营许可证》等10项许可证统一为《经营证券期货业务许可证》。

《证券法》第二百零四条 【证券公司未经核准变更证券业务范围，变更主要股东或者实际控制人，合并、分立、停业、解散、破产】

第二百零四条 证券公司违反本法第一百二十二条的规定，未经核准变更证券业务范围，变更主要股东或者公司的实际控制人，合并、分立、停业、解散、破产的，责令改正，给予警告，没收违法所得，并处以违法所得一倍以上十倍以下的罚款；没有违法所得或者违法所得不足五十万元的，处以五十万元以上五百万元以下的罚款；情节严重的，并处撤销相关业务许可。对直接负责的主管人员和其他直接责任人员给予警告，并处以二十万元以上二百万元以下的罚款。

相关规定

1.《证券法》

第一百二十二条 证券公司变更证券业务范围，变更主要股东或者公司的实际控制人，合并、分立、停业、解散、破产，应当经国务院证券监督管理机构核准。

2.《证券公司监督管理条例》（略，见“《证券法》第二百零三条 【骗取证券公司设立许可、业务许可或者重大事项变更核准】”部分）

3.《证券公司股权管理规定》(中国证券监督管理委员会令第183号)

第五条　根据持股比例和对证券公司经营管理的影响,证券公司股东包括以下三类:

(一)控股股东,指持有证券公司50%以上股权的股东或者虽然持股比例不足50%,但其所享有的表决权足以对证券公司股东(大)会的决议产生重大影响的股东;

(二)主要股东,指持有证券公司5%以上股权的股东;

(三)持有证券公司5%以下股权的股东。

《证券法》第二百零五条　【证券公司违法提供融资或者担保】

第二百零五条　证券公司违反本法第一百二十三条第二款的规定,为其股东或者股东的关联人提供融资或者担保的,责令改正,给予警告,并处以五十万元以上五百万元以下的罚款。对直接负责的主管人员和其他直接责任人员给予警告,并处以十万元以上一百万元以下的罚款。股东有过错的,在按照要求改正前,国务院证券监督管理机构可以限制其股东权利;拒不改正的,可以责令其转让所持证券公司股权。

相关规定

1.《证券法》

第一百二十三条　国务院证券监督管理机构应当对证券公司净资本和其他风险控制指标作出规定。

证券公司除依照规定为其客户提供融资融券外,不得为其股东或者股东的关联人提供融资或者担保。

2.《证券公司监督管理条例》

第六十一条　证券公司不得以证券经纪客户或者证券资产管理客户的资产向他人提供融资或者担保。任何单位或者个人不得强令、指使、协助、接受证券公司以其证券经纪客户或者证券资产管理客户的资产提供融资或者担保。

第八十六条　违反本条例的规定,有下列情形之一的,责令改正,给予警告,没收违法所得,并处以违法所得1倍以上5倍以下的罚款;没有违法所得或者违法所得不足10万元的,处以10万元以上60万元以下的罚款;情节严重的,撤销相关业务许可。对直接负责的主管人员和其他直接责任人员给予警告,撤销任职资格或者证券从业资格,并处以3万元以上30万元以下的罚款:

……

(二)证券公司股东、实际控制人强令、指使、协助、接受证券公司以证券经纪客户或者证券资产管理客户的资产提供融资或者担保;

……

典型案例

华信证券违法提供融资案(中国证监会行政处罚决定书〔2019〕122号)

【案情】一、上海华信证券有限责任公司(以下简称华信证券)将自有资金为股东提供融资

2018年2月13日,上海华信国际集团财务有限责任公司(以下简称华信财务)总经理王某等人到华信证券,出具了上海华信国际集团有限公司(以下简称上海华信,持有华信证券100%股权)《关于紧急调用上海华信证券有限责任公司资金的情况说明》,称上海华信需要紧急兑付公开市场债券,指令华信证券将6亿元自有资金划转给上海华信。当日下午,华信证券将招商银行基本账户上的6亿元划入建设银行金桥支行的尾号为0935自有资金账户(以下简称0935账户,系与华信财务的共管账户),随即资金被华信财务转至上海华信。

二、华信证券以购买和租赁房产名义向股东关联方划款

2018年1月底2月初,华信证券董事长李某通知华信证券总经理陈某辉,要求华信证券继续租赁集团名下的明天广场房产。2018年2月2日,陈某辉通知华信证券财务总监陈某华办理,陈某华根据明天广场的当前租赁价格以77.5%打折后测算了具体金额为53,012,096.56元,扣除华信证券一季度已经支付的明天广场20－23楼租金2,866,471.29元后,最终将50,145,625.27元转账给上海华信集团资产经营有限公司(以下简称华信资产,系上海华信关联方)。

2018年1月底2月初,李某通知陈某辉,要求华信证券购买集团名下房产。2018年2月7日,李某和王某通知陈某辉,要求华信证券立刻转账2亿元,陈某辉通知陈某华以购买嘉汇广场6号楼和7号楼房产的名义紧急划拨2亿元。华信证券当天分两笔将2亿元转给了华信资产。

2018年2月9日,李某和王某通知陈某辉要求华信证券再支付1.4亿元,陈某辉通知陈某华进行资金划转,华信证券当天分两笔(分别为1.15亿元和2500万元)以购买明天广场房产的名义先后转给华信资产。

上述房产租赁款和购房款合计约3.9亿元，经查，在华信证券转账给华信资产后，均在当天又由华信资产转账至华信财务。

三、华信证券以证券资产管理客户的资产为股东提供融资

2017年3月2日至12月28日，华信证券以证券资产管理客户的资产向福建大生控股有限公司、深圳市大生农业集团有限公司、国能商业集团有限公司、瑞盈信融（深圳）商业保理有限公司、北方石油化工（集团）有限公司、上海大生农业金融科技股份有限公司六个项目累计转款42.79亿元，其中24.72亿元资金经过华信体系内公司的一道或者多道流转，转至华信证券的关联方，5.95亿元当天就转入上海华信。

【认定】中国证监会认定，华信证券根据上海华信指令向0935账户划款6亿元，为股东上海华信提供融资，违反了2005年《证券法》第一百三十条第二款“证券公司不得为其股东或者股东的关联人提供融资或者担保”的规定，构成2005年《证券法》第二百二十二条第二款所述的行为。华信证券董事长李某在《关于紧急调用上海华信证券有限责任公司资金的情况说明》上签字同意，是直接负责的主管人员；华信证券总经理陈某辉、财务总监陈某华作为具体执行人员，是其他直接责任人员。

华信证券以购买和租赁房产名义向华信资产划款3.9亿元，划款前未履行房产评估、房产合同签订、董事会和股东会审议等程序，相关合同和决议材料系后补，相关购买房产也未实际过户。华信证券以购买和租赁房产名义向华信资产划款3.9亿元构成为股东的关联方融资的情形，违反了2005年《证券法》第一百三十条第二款“证券公司不得为其股东或者股东的关联人提供融资或者担保”的规定，构成2005年《证券法》第二百二十二条第二款所述的行为。华信证券董事长李某在《关于紧急调用上海华信证券有限责任公司资金的情况说明》上签字，安排资金调用，是直接负责的主管人员；华信证券总经理陈某辉、财务总监陈某华作为具体执行人员，是其他直接责任人员。

华信证券以证券资产管理客户的资产为股东上海华信提供融资，违反了《证券公司监督管理条例》第六十一条“证券公司不得以证券经纪客户或者证券资产管理客户的资产向他人提供融资或者担保”的规定，构成《证券公司监督管理条例》第八十六条第二项所述的行为。对于华信证券的上述行为，李某是直接负责的主管人员；陈某辉是其他直接责任人员。

依据《证券法》第二百二十二条第二款、《证券公司监督管理条例》第八十六条第二项的规定，中国证监会决定：

一、对华信证券将6亿元自有资金为股东提供融资的行为，责令华信证券改正，给予警告，并处以30万元的罚款。

二、对华信证券以购买和租赁房产名义向股东关联方划款3.9亿元提供融资的行为，责令华信证券改正，给予警告，并处以30万元的罚款。

三、对华信证券以证券资产管理客户的资产为股东提供融资的行为，责令华信证券改正，给予警告，并处以60万元的罚款，撤销华信证券业务许可。

综上，责令华信证券改正，给予警告，并处以120万元的罚款，撤销华信证券业务许可。

对直接负责的主管人员李某、其他直接责任人员陈某辉、陈某华另案处理。①

《证券法》第二百零六条 【证券公司未采取有效隔离措施防范利益冲突或者未分开办理相关业务、混合操作】

第二百零六条 证券公司违反本法第一百二十八条的规定，未采取有效隔离措施防范利益冲突，或者未分开办理相关业务、混合操作的，责令改正，给予警告，没收违法所得，并处以违法所得一倍以上十倍以下的罚款；没有违法所得或者违法所得不足五十万元的，处以五十万元以上五百万元以下的罚款；情节严重的，并处撤销相关业务许可。对直接负责的主管人员和其他直接责任人员给予警告，并处以二十万元以上二百万元以下的罚款。

相关规定

1.《证券法》

第一百二十八条 证券公司应当建立健全内部控制制度，采取有效隔离措施，防范公司与客户之间、不同客户之间的利益冲突。

证券公司必须将其证券经纪业务、证券承销业务、证券自营业务、证券做市业务和证券资产管理业务分开办理，不得混合操作。

2.《证券公司内部控制指引》(证监机构字〔2003〕260号)

第十六条 证券公司主要业务部门之间应当建立健全隔离墙制度，确保经纪、自营、受托投资管理、投资银行、研究咨询等业务相对独立；电脑部门、财务部门、监督检查部门与业务部门的人员不得相互兼任，资金清算人员不得由电脑部门人员和交易部门人员兼任。

---

① 对上述直接责任人员的处理，参见中国证监会行政处罚决定书〔2020〕77号。——本书注

《证券法》第二百零七条 【证券公司违法从事自营业务】

第二百零七条 证券公司违反本法第一百二十九条的规定从事证券自营业务的，责令改正，给予警告，没收违法所得，并处以违法所得一倍以上十倍以下的罚款；没有违法所得或者违法所得不足五十万元的，处以五十万元以上五百万元以下的罚款；情节严重的，并处撤销相关业务许可或者责令关闭。对直接负责的主管人员和其他直接责任人员给予警告，并处以二十万元以上二百万元以下的罚款。

相关规定

《证券法》

第一百二十九条 证券公司的自营业务必须以自己的名义进行，不得假借他人名义或者以个人名义进行。

证券公司的自营业务必须使用自有资金和依法筹集的资金。

证券公司不得将其自营账户借给他人使用。

权威解读[①]

《证券法》中规定，证券公司自营业务必须以自己的名义进行，不得假借他人名义或者以个人名义进行。这是为了加强对证券公司自营业务的监管，防范证券公司通过以他人的名义自营证券买卖来操纵证券市场，维护证券市场的秩序。我国过去发生过多起证券公司以他人名义或者以个人名义进行自营业务的事例。如君安证券公司就曾以成平、康聪公司的名义以及4个个人名义大量炒作股票，严重扰乱了证券市场的秩序。再如，1996年，广发证券公司曾以153个个人名义开设自营账户，共动用资金5.4亿元，炒作南油物业股票。该公司对南油物业股票作价格、数量相近，方向相反的交易，拉高股票价格，使股票价格有时在几天内的涨幅就达1.4倍，从而实际操纵了该股票价格的涨跌。为了防止这种现象的重演，所以，《证券法》专门规定，证券公司的自营业务，不得假借他人的名义或者以他人名义进行。

---

① 参见中国人大网“法律问答与释义”：为什么证券公司的自营业务必须以自己的名义进行，不得假借他人的名义或者以他人的名义进行？

《证券法》第二百零八条 【证券公司将客户的资金和证券归入自有财产或者挪用客户的资金和证券】

第二百零八条 违反本法第一百三十一条的规定,将客户的资金和证券归入自有财产,或者挪用客户的资金和证券的,责令改正,给予警告,没收违法所得,并处以违法所得一倍以上十倍以下的罚款;没有违法所得或者违法所得不足一百万元的,处以一百万元以上一千万元以下的罚款;情节严重的,并处撤销相关业务许可或者责令关闭。对直接负责的主管人员和其他直接责任人员给予警告,并处以五十万元以上五百万元以下的罚款。

相关规定

1.《证券法》

第一百三十一条 证券公司客户的交易结算资金应当存放在商业银行,以每个客户的名义单独立户管理。

证券公司不得将客户的交易结算资金和证券归入其自有财产。禁止任何单位或者个人以任何形式挪用客户的交易结算资金和证券。证券公司破产或者清算时,客户的交易结算资金和证券不属于其破产财产或者清算财产。非因客户本身的债务或者法律规定的其他情形,不得查封、冻结、扣划或者强制执行客户的交易结算资金和证券。

2.《证券公司监督管理条例》

第八十四条 证券公司违反本条例的规定,有下列情形之一的,责令改正,给予警告,没收违法所得,并处以违法所得 1 倍以上 5 倍以下的罚款;没有违法所得或者违法所得不足 3 万元的,处以 3 万元以上 30 万元以下的罚款。对直接负责的主管人员和其他直接责任人员单处或者并处警告、3 万元以上 10 万元以下的罚款;情节严重的,撤销任职资格或者证券从业资格:

……

(十一)未按照规定存放、管理客户的交易结算资金、委托资金和客户担保账户内的资金、证券;[①]

---

① 《证券法》第一百三十一条禁止多项行为。其中,只有“将客户的资金和证券归入自有财产”和“挪用客户的资金和证券”这两种行为按照《证券法》第二百零八条处理;其余违法行为可按照《证券公司监督管理条例》第八十四条处理。——本书注

……

典型案例

中科证券挪用客户资金案(中国证监会行政处罚决定书〔2009〕8号)

【案情】经查明,中国科技证券有限责任公司(以下简称中科证券)及其重庆营业部存在以下违法事实:

一、中科证券违法行为

(一)挪用客户交易结算资金。中科证券在成立前已经存在挪用客户交易结算资金的违法行为,在成立时通过临时拆借资金将挪用的客户交易结算资金填平,在成立后又通过报送虚假财务报表加以掩盖。中科证券挪用的主要方式是将大量资金从其清算中心客户交易结算资金账户中划出,并在清算中心"内部银行"科目核算。在2002年6月24日至2006年2月24日期间,中科证券挪用客户交易结算资金累计27笔,共计6,319,808,833元。截至2006年2月24日被托管清算日,客户交易结算资金缺口数为1,321,282,372.78元。

(二)挪用客户债券。截至2006年2月24日,中科证券挪用个人正常经纪类账户持有债券折合标准券金额共计36,936,120元。

(三)承诺保底收益的违规委托理财(略)。

二、重庆营业部融资交易(略)。

【认定】中国证监会认定,中科证券挪用客户交易结算资金的行为,违反了1998年《证券法》第七十三条和第一百三十二条的规定,构成了1998年《证券法》第一百九十三条规定的"挪用客户账户上的资金"的行为;中科证券挪用客户债券的行为,违反2005年《证券法》第七十九条和第一百三十九条的规定,构成2005年《证券法》第二百一十一条规定的"挪用客户的资金或者证券"的行为。

《证券法》第二百零九条　【证券公司违法接受客户全权委托或者承诺保底收益】【证券公司允许他人以证券公司名义直接参与证券的集中交易】

第二百零九条　证券公司违反本法第一百三十四条第一款的规定接受客户的全权委托买卖证券的,或者违反本法第一百三十五条的规定对客户的收益或者赔偿客户的损失作出承诺的,责令改正,给予警告,没收违法所得,并处以违法所得一倍以上十倍以下的罚款;没有违法所得或者违法所得不足五十万元的,处以

五十万元以上五百万元以下的罚款；情节严重的，并处撤销相关业务许可。对直接负责的主管人员和其他直接责任人员给予警告，并处以二十万元以上二百万元以下的罚款。

证券公司违反本法第一百三十四条第二款的规定，允许他人以证券公司的名义直接参与证券的集中交易的，责令改正，可以并处五十万元以下的罚款。

相关规定

《证券法》

第一百三十四条 证券公司办理经纪业务，不得接受客户的全权委托而决定证券买卖、选择证券种类、决定买卖数量或者买卖价格。

证券公司不得允许他人以证券公司的名义直接参与证券的集中交易。

第一百三十五条 证券公司不得对客户证券买卖的收益或者赔偿证券买卖的损失作出承诺。

权威解读[①]

本条第一款中违规接受全权委托，只限于证券公司在办理经纪业务活动中才按本条处罚。实践中有的提出要开展“证券账户管理业务”，实际也是一种全权委托业务，但是如证券公司将这种业务纳入证券投资基金或者资产管理业务之中，按照基金或者资产管理的制度规则办理，则不按本条处罚；如果在经纪业务中开展，则应按本条处罚。

《证券法》第二百一十条 【证券公司从业人员私下接受客户委托买卖证券】

第二百一十条 证券公司的从业人员违反本法第一百三十六条的规定，私下接受客户委托买卖证券的，责令改正，给予警告，没收违法所得，并处以违法所得一倍以上十倍以下的罚款；没有违法所得的，处以五十万元以下的罚款。[②]

---

① 参见程合红主编：《〈证券法〉修订要义》，人民出版社 2020 年版，第 385 页。

② 只要有违法所得，不管多低，一律按违法所得倍数罚，这可能与无违法所得时的定额罚产生一定的不平衡。在执法时应当注意防止出现这种不平衡。——本书注

相关规定

《证券法》

第一百三十六条　证券公司的从业人员在证券交易活动中，执行所属的证券公司的指令或者利用职务违反交易规则的，由所属的证券公司承担全部责任。

证券公司的从业人员不得私下接受客户委托买卖证券。

典型案例

单某违法私下接受客户委托买卖证券案（中国证监会行政处罚决定书〔2021〕24号）

【案情】一、单某为证券公司从业人员的情况

单某于2003年加入广东证券股份有限公司南丹路营业部（2005年该营业部被托管，2007年更名安信证券上海南丹路营业部，2016年因迁址更名安信证券上海虹桥路营业部）从事证券业务。2003年至2006年在柜台岗位工作，2007年至2018年11月任客户经理。2010年4月在安信证券获得中国证券业协会一般证券业务资格。

二、单某借他人名义持有、买卖股票（略）

三、单某私下接受客户委托买卖证券

"严某某"信用资金账户888××××158于2014年1月2日开立于安信证券上海虹桥路营业部，下挂060××××316、E01××××343两个股东账户。

单某在从业期间是严某某的客户经理。2015年10月21日至2016年9月2日，单某私下接受严某某委托，使用严某某名下证券账户交易"利德曼""中源协和"等20只股票，累计买入金额36,752,344.14元，累计卖出金额48,163,727.47元。单某于2016年8月18日获得严某某支付的30万元报酬。

【认定】中国证监会认定，单某作为证券公司的从业人员，私下接受严某某委托买卖证券，违反了2005年《证券法》第一百四十五条的规定，构成2005年《证券法》第二百一十五条所述私下接受客户委托买卖证券的违法行为。

权威解读①

《证券法》第一百三十六条第一款对证券公司从业人员职务行为违法的责任进行了规定，即因为执行所属的证券公司的指令或者利用职务违反交易规则的，

---

① 参见程合红主编：《〈证券法〉修订要义》，人民出版社2020年版，第386页。

由所属的证券公司承担全部责任，这主要指民事责任，属于在行为人内部分配责任的规定，适用于证券公司从业人员所有违反交易规则的行为。但并不因此而按该法第二百一十条对证券公司进行处罚。

《证券法》第二百一十一条 【证券公司及其主要股东、实际控制人报送、提供信息和资料违法】

第二百一十一条　证券公司及其主要股东、实际控制人违反本法第一百三十八条的规定，未报送、提供信息和资料，或者报送、提供的信息和资料有虚假记载、误导性陈述或者重大遗漏的，责令改正，给予警告，并处以一百万元以下的罚款；情节严重的，并处撤销相关业务许可。对直接负责的主管人员和其他直接责任人员，给予警告，并处以五十万元以下的罚款。

相关规定

1.《证券法》

第一百三十八条　证券公司应当按照规定向国务院证券监督管理机构报送业务、财务等经营管理信息和资料。国务院证券监督管理机构有权要求证券公司及其主要股东、实际控制人在指定的期限内提供有关信息、资料。

证券公司及其主要股东、实际控制人向国务院证券监督管理机构报送或者提供的信息、资料，必须真实、准确、完整。

2.《证券公司监督管理条例》

第六十三条　证券公司应当自每一会计年度结束之日起4个月内，向国务院证券监督管理机构报送年度报告；自每月结束之日起7个工作日内，报送月度报告。

发生影响或者可能影响证券公司经营管理、财务状况、风险控制指标或者客户资产安全的重大事件的，证券公司应当立即向国务院证券监督管理机构报送临时报告，说明事件的起因、目前的状态、可能产生的后果和拟采取的相应措施。

第六十四条　证券公司年度报告中的财务会计报告、风险控制指标报告以及国务院证券监督管理机构规定的其他专项报告，应当经具有证券、期货相关业务资格的会计师事务所审计。证券公司年度报告应当附有该会计师事务所出具的内部控制评审报告。

证券公司的董事、高级管理人员应当对证券公司年度报告签署确认意见；经营管理的主要负责人和财务负责人应当对月度报告签署确认意见。在证券公司年度报告、月度报告上签字的人员，应当保证报告的内容真实、准确、完整；对报告内容持有异议的，应当注明自己的意见和理由。

第六十七条 国务院证券监督管理机构可以要求下列单位或者个人，在指定的期限内提供与证券公司经营管理和财务状况有关的资料、信息：

（一）证券公司及其董事、监事、工作人员；

（二）证券公司的股东、实际控制人；

（三）证券公司控股或者实际控制的企业；

（四）证券公司的开户银行、指定商业银行、资产托管机构、证券交易所、证券登记结算机构；

（五）为证券公司提供服务的证券服务机构。

《证券法》第二百一十二条 【擅自设立证券登记结算机构】

第二百一十二条 违反本法第一百四十五条的规定，擅自设立证券登记结算机构的，由国务院证券监督管理机构予以取缔，没收违法所得，并处以违法所得一倍以上十倍以下的罚款；没有违法所得或者违法所得不足五十万元的，处以五十万元以上五百万元以下的罚款。对直接负责的主管人员和其他直接责任人员给予警告，并处以二十万元以上二百万元以下的罚款。

相关规定

《证券法》

第一百四十五条 证券登记结算机构为证券交易提供集中登记、存管与结算服务，不以营利为目的，依法登记，取得法人资格。

设立证券登记结算机构必须经国务院证券监督管理机构批准。

《证券法》第二百一十三条第一款、第二款 【证券投资咨询机构从业未经核准或者违法从业】【其他证券服务机构从业未报备案】①

第二百一十三条第一款 证券投资咨询机构违反本法第一百六十条第二款的规定擅自从事证券服务业务，或者从事证券服务业务有本法第一百六十一条规定行为的，责令改正，没收违法所得，并处以违法所得一倍以上十倍以下的罚款；没有违法所得或者违法所得不足五十万元的，处以五十万元以上五百万元以下的罚款。对直接负责的主管人员和其他直接责任人员，给予警告，并处以二十万元以上二百万元以下的罚款。

第二百一十三条第二款 会计师事务所、律师事务所以及从事资产评估、资信评级、财务顾问、信息技术系统服务的机构违反本法第一百六十条第二款的规定，从事证券服务业务未报备案的，责令改正，可以处二十万元以下的罚款。

相关规定

1.《证券法》

第一百六十条 会计师事务所、律师事务所以及从事证券投资咨询、资产评估、资信评级、财务顾问、信息技术系统服务的证券服务机构，应当勤勉尽责、恪尽职守，按照相关业务规则为证券的交易及相关活动提供服务。

从事证券投资咨询服务业务，应当经国务院证券监督管理机构核准；未经核准，不得为证券的交易及相关活动提供服务。从事其他证券服务业务，应当报国务院证券监督管理机构和国务院有关主管部门备案。

第一百六十一条 证券投资咨询机构及其从业人员从事证券服务业务不得有下列行为：

（一）代理委托人从事证券投资；

（二）与委托人约定分享证券投资收益或者分担证券投资损失；

（三）买卖本证券投资咨询机构提供服务的证券；

（四）法律、行政法规禁止的其他行为。

---

① 因本条第三款 【证券服务机构未勤勉尽责】所涉内容较多，为便于读者阅读，故在后文单独列出。——本书注

有前款所列行为之一，给投资者造成损失的，应当依法承担赔偿责任。

2.《证券、期货投资咨询管理暂行办法》（1997年11月30日国务院批准，1997年12月25日国务院证券委员会发布）

第一章 总 则

第一条 为了加强对证券、期货投资咨询活动的管理，保障投资者的合法权益和社会公共利益，制定本办法。

第二条 在中华人民共和国境内从事证券、期货投资咨询业务，必须遵守本办法。

本办法所称证券、期货投资咨询，是指从事证券、期货投资咨询业务的机构及其投资咨询人员以下列形式为证券、期货投资人或者客户提供证券、期货投资分析、预测或者建议等直接或者间接有偿咨询服务的活动：

（一）接受投资人或者客户委托，提供证券、期货投资咨询服务；

（二）举办有关证券、期货投资咨询的讲座、报告会、分析会等；

（三）在报刊上发表证券、期货投资咨询的文章、评论、报告，以及通过电台、电视台等公众传播媒体提供证券、期货投资咨询服务；

（四）通过电话、传真、电脑网络等电信设备系统，提供证券、期货投资咨询服务；

（五）中国证券监督管理委员会（以下简称中国证监会）认定的其他形式。

第三条 从事证券、期货投资咨询业务，必须依照本办法的规定，取得中国证监会的业务许可。未经中国证监会许可，任何机构和个人均不得从事本办法第二条所列各种形式证券、期货投资咨询业务。

证券经营机构、期货经纪机构及其工作人员从事超出本机构范围的证券、期货投资咨询业务，应当遵守本办法的规定。

第四条 从事证券、期货投资咨询业务，必须遵守有关法律、法规、规章和中国证监会的有关规定，遵循客观、公正和诚实信用的原则。

第五条 中国证监会及其授权的地方证券、期货监管部门（以下简称地方证管办（证监会））负责对证券、期货投资咨询业务的监督管理，并负责本办法的实施。

第二章 证券、期货投资咨询机构

第六条 申请证券、期货投资咨询从业资格的机构，应当具备下列条件：

（一）分别从事证券或者期货投资咨询业务的机构，有五名以上取得证券、期货投资咨询从业资格的专职人员；同时从事证券和期货投资咨询业务的机构，有十名以上取得证券、期货投资咨询从业资格的专职人员；其高级管理人员中，至少有一名取得证券或者期货投资咨询从业资格；

（二）有100万元人民币以上的注册资本；

（三）有固定的业务场所和与业务相适应的通讯及其他信息传递设施；

（四）有公司章程；

（五）有健全的内部管理制度；

（六）具备中国证监会要求的其他条件。

第七条 证券经营机构、期货经纪机构应当符合本办法第六条规定的条件，方可申请从事超出本机构范围的证券、期货投资咨询业务。

其他从事咨询业务的机构，符合本办法第六条规定的条件的，可以申请兼营证券、期货投资咨询业务。

第八条 申请证券、期货投资咨询从业资格的机构，按照下列程序审批：

（一）申请人向经中国证监会授权的所在地地方证管办（证监会）提出申请（所在地地方证管办（证监会）未经中国证监会授权的，申请人向中国证监会直接提出申请，下同），地方证管办（证监会）经审核同意后，提出初审意见；

（二）地方证管办（证监会）将审核同意的申请文件报送中国证监会，经中国证监会审批后，向申请人颁发业务许可证，并将批准文件抄送地方证管办（证监会）；

（三）中国证监会将以公告形式向社会公布获得业务许可的申请人的情况。

第九条 申请证券、期货投资咨询从业资格的机构，应当提交下列文件：

（一）中国证监会统一印制的申请表；

（二）公司章程；

（三）企业法人营业执照；

（四）机构高级管理人员和从事证券、期货投资咨询业务人员名单及其学历、工作经历和从业资格证书；

（五）开展投资咨询业务的方式和内部管理规章制度；

（六）业务场所使用证明文件、机构通讯地址、电话和传真机号码；

（七）由注册会计师提供的验资报告；

（八）中国证监会要求提供的其他文件。

第十条 证券、期货投资咨询机构的业务方式、业务场所、主要负责人以及具有证券、期货投资咨询从业资格的业务人员发生变化的，应当自发生变化之日起五个工作日内，向地方证管办（证监会）提出变更报告，办理变更手续。

第十一条 证券、期货投资咨询机构应当于每年一月一日至四月三十日期间向地方证管办（证监会）申请办理年检。办理年检时，应当提交下列文件：

（一）年检申请报告；

（二）年度业务报告；

（三）经注册会计师审计的财务会计报表。

地方证管办（证监会）应当自收到前款所列文件之日起二十个工作日内对年检申请提出审核意见；审核同意的，上报中国证监会审批。

证券、期货投资咨询机构逾期未提交年检报告或者经审核未通过年检的，不得继续从事证券、期货投资咨询业务。

第三章 证券、期货投资咨询人员

第十二条 从事证券、期货投资咨询业务的人员，必须取得证券、期货投资咨询从业资格并加入一家有从业资格的证券、期货投资咨询机构后，方可从事证券、期货投资咨询业务。

任何人未取得证券、期货投资咨询从业资格的，或者取得证券、期货投资咨询从业资格，但是未在证券、期货投资咨询机构工作的，不得从事证券、期货投资咨询业务。

第十三条 证券、期货投资咨询人员申请取得证券、期货投资咨询从业资格，必须具备下列条件：

（一）具有中华人民共和国国籍；

（二）具有完全民事行为能力；

（三）品行良好、正直诚实，具有良好的职业道德；

（四）未受过刑事处罚或者与证券、期货业务有关的严重行政处罚；

（五）具有大学本科以上学历；

（六）证券投资咨询人员具有从事证券业务两年以上的经历，期货投资咨询人员具有从事期货业务两年以上的经历；

（七）通过中国证监会统一组织的证券、期货从业人员资格考试；

（八）中国证监会规定的其他条件。

第十四条 证券、期货投资咨询人员申请取得证券、期货投资咨询从业资格，按照下列程序审批：

（一）申请人向经中国证监会授权的所在地地方证管办（证监会）提出申请（所在地地方证管办（证监会）未经中国证监会授权的，申请人向中国证监会直接提出申请，下同），地方证管办（证监会）经审核同意后，提出初审意见；

（二）地方证管办（证监会）将审核同意的申请文件报送中国证监会，经中国证监会审批后，向申请人颁发资格证书，并将批准文件抄送地方证管办（证监会）。

第十五条 证券、期货投资咨询人员申请取得证券、期货投资咨询从业资格，应当提交下列文件：

（一）中国证监会统一印制的申请表；

（二）身份证；

（三）学历证书；

（四）参加证券、期货从业人员资格考试的成绩单；

（五）所在单位或者户口所在地街道办事处开具的以往行为说明材料；

（六）中国证监会要求报送的其他材料。

第十六条 取得证券、期货投资咨询从业资格的人员申请执业的，由所参加的证券、期货投资咨询机构向所在地地方证管办（证监会）提出申请，地方证管办（证监会）审核同意后，报中国证监会审批；准予执业的，由中国证监会颁发执业证书。

第十七条 取得证券、期货投资咨询执业资格的人员，应当在所参加的证券、期货投资咨询机构年检时同时办理执业年检。取得证券、期货投资咨询从业资格，但是未在证券、期货投资咨询机构执业的，其从业资格自取得之日起满 18 个月后自动失效。

第十八条 证券、期货投资咨询人员不得同时在两个或者两个以上的证券、期货投资咨询机构执业。

第四章 证券、期货投资咨询业务管理

第十九条 证券、期货投资咨询机构及其投资咨询人员，应当以行业公认的谨慎、诚实和勤勉尽责的态度，为投资人或者客户提供证券、期货投资咨询服务。

第二十条 证券、期货投资咨询机构及其投资咨询人员，应当完整、客观、准确地运用有关信息、资料向投资人或者客户提供投资分析、预测和建议，不得断章取义地引用或者篡改有关信息、资料；引用有关信息、资料时，应当注明出处和著作权人。

第二十一条 证券、期货投资咨询机构及其投资咨询人员，不得以虚假信息、市场传言或者内幕信息为依据向投资人或者客户提供投资分析、预测或建议。

第二十二条 证券、期货投资咨询人员在报刊、电台、电视台或者其他传播媒体上发表投资咨询文章、报告或者意见时，必须注明所在证券、期货投资咨询机构的名称和个人真实姓名，并对投资风险作充分说明。证券、期货投资咨询机构向投资人或者客户提供的证券、期货投资咨询传真件必须注明机构名称、地址、联系电话和联系人姓名。

第二十三条 证券、期货投资咨询机构与报刊、电台、电视台合办或者协办证券、期货投资咨询版面、节目或者与电信服务部门进行业务合作时，应当向地方证管办（证监会）备案，备案材料包括：合作内容、起止时间、版面安排或者节目时间

段、项目负责人等,并加盖双方单位的印鉴。

第二十四条　证券、期货投资咨询机构及其投资咨询人员,不得从事下列活动:

(一)代理投资人从事证券、期货买卖;

(二)向投资人承诺证券、期货投资收益;

(三)与投资人约定分享投资收益或者分担投资损失;

(四)为自己买卖股票及具有股票性质、功能的证券以及期货;

(五)利用咨询服务与他人合谋操纵市场或者进行内幕交易;

(六)法律、法规、规章所禁止的其他证券、期货欺诈行为。

第二十五条　证券、期货投资咨询机构就同一问题向不同客户提供的投资分析、预测或者建议应当一致。

具有自营业务的证券经营机构在从事超出本机构范围的证券投资咨询业务时,就同一问题向社会公众和其自营部门提供的咨询意见应当一致,不得为自营业务获利的需要误导社会公众。

第二十六条　证券经营机构、期货经纪机构编发的供本机构内部使用的证券、期货信息简报、快讯、动态以及信息系统等,只能限于本机构范围内使用,不得通过任何途径向社会公众提供。

经中国证监会批准的公开发行股票的公司的承销商或者上市推荐人及其所属证券投资咨询机构,不得在公众传播媒体上刊登其为客户撰写的投资价值分析报告。

第二十七条　中国证监会和地方证管办(证监会)有权对证券、期货投资咨询机构和投资咨询人员的业务活动进行检查,被检查的证券、期货投资咨询机构及其投资咨询人员应当予以配合,不得干扰和阻碍。

中国证监会和地方证管办(证监会)及其工作人员在业务检查过程中,对所涉及的商业秘密应注意保护。

第二十八条　证券、期货投资咨询机构应当将其向投资人或者社会公众提供的投资咨询资料,自提供之日起保存二年。

第二十九条　地方证管办(证监会)根据投资人或者社会公众的投诉或者举报,有权要求证券、期货投资咨询机构及其投资咨询人员说明情况并提供相关资料。

第三十条　任何单位和个人发现证券、期货投资咨询机构、投资咨询人员或其他机构和个人有违反本办法规定的行为时,可以向地方证管办(证监会)投诉和举报。

第三十一条 地方证管办(证监会)对违反本办法的行为,应当进行立案调查并将调查结果报中国证监会备案。

第五章 罚 则

第三十二条 未经中国证监会许可,擅自从事本办法第二条规定的证券、期货投资咨询业务的,由地方证管办(证监会)责令停止,并处没收违法所得和违法所得等值以下的罚款。

第三十三条 证券、期货投资咨询机构有下列行为之一的,由地方证管办(证监会)处一万元以上,五万元以下的罚款;情节严重的,地方证管办(证监会)应当向中国证监会报告,由中国证监会作出暂停或者撤销其业务资格的处罚:

(一)向证券监管部门报送的文件、资料有虚假陈述或者重大遗漏的;

(二)未按照本办法规定履行报告和年检义务的;

(三)未按照本办法规定履行对本机构有关情况发生变化的变更手续的;

(四)本机构证券、期货投资咨询人员违反本办法规定,受到证券监管部门行政处罚的;

(五)干扰、阻碍地方证管办(证监会)检查、调查,或者隐瞒、销毁证据的。

第三十四条 证券、期货投资咨询机构违反本办法第十八条、第十九条、第二十条、第二十一条、第二十二条、第二十三条、第二十四条、第二十五条、第二十八条规定的,由地方证管办(证监会)单处或者并处警告、没收违法所得、一万元以上十万元以下罚款;情节严重的,地方证管办(证监会)应当向中国证监会报告,由中国证监会作出暂停或者撤销业务资格的处罚;构成犯罪的,依法追究刑事责任。

第三十五条 证券经营机构、期货经纪机构违反本办法第二十六条规定的,由地方证管办(证监会)责令改正,并处以警告或者一万元以上五万元以下罚款。

第三十六条 证券、期货投资咨询人员违反本办法第十八条、第十九条、第二十条、第二十一条、第二十二条、第二十四条的规定或者未按本办法规定向证券主管部门履行报告、年检义务的,由地方证管办(证监会)单处或者并处警告、没收违法所得、一万元以上三万元以下罚款;情节严重的,地方证管办(证监会)应当向中国证监会报告,由中国证监会作出暂停或者撤销其业务资格的处罚;构成犯罪的,依法追究刑事责任。

第三十七条 中国证监会和地方证管办(证监会)的工作人员玩忽职守、滥用职权、徇私舞弊,构成犯罪的,依法追究刑事责任;尚不构成犯罪的,依法给予行政处分。

第六章 附 则

第三十八条 本办法自一九九八年四月一日起施行。

3. 中国证监会《关于加强对利用“荐股软件”从事证券投资咨询业务监管的暂行规定》(中国证券监督管理委员会公告〔2020〕20号)

二、向投资者销售或者提供“荐股软件”，并直接或者间接获取经济利益的，属于从事证券投资咨询业务，应当经中国证监会许可，取得证券投资咨询业务资格。

未取得证券投资咨询业务资格，任何机构和个人不得利用“荐股软件”从事证券投资咨询业务。

典型案例

北京首证违法违规案(中国证监会行政处罚决定书〔2021〕89号)

【案情】一、隐匿、毁损有关文件和资料

2019年5月14日，北京证监局对北京首证投资顾问有限公司(以下简称北京首证)进行现场检查。上午11时左右，检查组要求公司提供“北京首证”企业微信的管理后台权限，查询企业微信的营销记录留痕。公司称西安分公司的系统管理人员正在返回公司途中，需要等待。12时42分，检查组通过公司提供的账号登录后台系统，查看管理端操作日志发现，11时35分至12时19分有1015条操作记录，其中包括删除成员、删除部门、删除素材、更改部门信息等操作行为。

二、提供、传播虚假或者误导投资者的信息

北京首证在微信营销过程中提供、传播虚假或者误导投资者的信息，如向投资者发送含有“全胜记录”“自上线以来，还没有一只股票亏损”“去年客户一年的年化收益达到135%，相当于你有100万元可以赚135万元”“我们首证投顾带客户去年平均年化收益是153%”“我在我们机构上班四年了，从来没有见过哪个用户说是在服务期内不赚钱的”等虚假内容的信息。

三、向投资人承诺收益

北京首证部分员工通过微信聊天方式，向投资者发送含有承诺证券投资收益内容的信息，如“一个周期下来肯定是能把你之前的亏损赚回来”“我们的这个给你保收益的100%准确率”“一个月周期下来，收益是在20%左右”“大概做一个半月到两个月左右能赚个50%左右”“我们承诺的不光是百分百有收益，还有重要的一点，如果不是百分百的准确，如果没有收益，直接退款”“5星战队做波段，一只票周期不超过3个月，收益在30%左右”“4星战队操盘大师以短线为主，平均每只收益在5%，两个月整体收益40%以上”等。

四、未按照规定提出业务场所变更报告、办理变更手续

2019年3月1日，北京首证决定西安分公司停止展业。2019年3月28日，陕

西证监局前往北京首证西安分公司报备的办公地址开展检查，发现不再悬挂北京首证西安分公司标示牌和营业证照，且发现其他证券投资咨询机构的营业证照、各类证书以及客户转账记录等资料。西安分公司未按照规定在业务场所发生变更之日起五个工作日内向陕西证监局提出变更报告、办理变更手续。

【认定】中国证监会认定，北京首证隐匿、毁损有关文件和资料的行为违反《证券、期货投资咨询管理暂行办法》（以下简称《暂行办法》）第二十八条和《证券投资顾问业务暂行规定》第二十八条的规定，构成2005年《证券法》第二百二十五条所述违法行为。北京首证提供、传播虚假或者误导投资者的信息的行为违反2005年《证券法》第一百七十一条第一款第四项和《暂行办法》第二十一条的规定，向投资人承诺收益的行为违反2005年《证券法》第一百七十一条第一款第五项和《暂行办法》第二十四条第二项的规定，未按照规定提出业务场所变更报告、办理变更手续的行为违反2005年《证券法》第一百七十一条第一款第五项和《暂行办法》第十条的规定，上述行为构成2005年《证券法》第二百二十六条第三款所述违法行为。

《证券法》第二百一十三条第三款 【证券服务机构未勤勉尽责】

第二百一十三条第三款　证券服务机构违反本法第一百六十三条的规定，未勤勉尽责，所制作、出具的文件有虚假记载、误导性陈述或者重大遗漏的，责令改正，没收业务收入，并处以业务收入一倍以上十倍以下的罚款，没有业务收入或者业务收入不足五十万元的，处以五十万元以上五百万元以下的罚款；情节严重的，并处暂停或者禁止从事证券服务业务。对直接负责的主管人员和其他直接责任人员给予警告，并处以二十万元以上二百万元以下的罚款。

相关规定

1.《证券法》

第一百六十条　会计师事务所、律师事务所以及从事证券投资咨询、资产评估、资信评级、财务顾问、信息技术系统服务的证券服务机构，应当勤勉尽责、恪尽职守，按照相关业务规则为证券的交易及相关活动提供服务。

从事证券投资咨询服务业务，应当经国务院证券监督管理机构核准；未经核准，不得为证券的交易及相关活动提供服务。从事其他证券服务业务，应当报国务院证券监督管理机构和国务院有关主管部门备案。

第一百六十三条　证券服务机构为证券的发行、上市、交易等证券业务活动制作、出具审计报告及其他鉴证报告、资产评估报告、财务顾问报告、资信评级报告或者法律意见书等文件，应当勤勉尽责，对所依据的文件资料内容的真实性、准确性、完整性进行核查和验证。其制作、出具的文件有虚假记载、误导性陈述或者重大遗漏，给他人造成损失的，应当与委托人承担连带赔偿责任，但是能够证明自己没有过错的除外。

2.《注册会计师法》①

第二十一条　注册会计师执行审计业务，必须按照执业准则、规则确定的工作程序出具报告。

注册会计师执行审计业务出具报告时，不得有下列行为：

（一）明知委托人对重要事项的财务会计处理与国家有关规定相抵触，而不予指明；

（二）明知委托人的财务会计处理会直接损害报告使用人或者其他利害关系人的利益，而予以隐瞒或者作不实的报告；

（三）明知委托人的财务会计处理会导致报告使用人或者其他利害关系人产生重大误解，而不予指明；

（四）明知委托人的会计报表的重要事项有其他不实的内容，而不予指明。

对委托人有前款所列行为，注册会计师按照执业准则、规则应当知道的，适用前款规定。

3.《中国注册会计师审计准则第1101号——注册会计师的总体目标和审计工作的基本要求》（财会〔2019〕5号）②

第二十条　注册会计师应当按照审计准则的规定，对财务报表整体是否不存在由于舞弊或错误导致的重大错报获取合理保证，以作为发表审计意见的基础。

---

①　中介机构未勤勉尽责案件，主要涉及四类主体：会计师事务所、律师事务所、资产评估机构、财务顾问。所涉业务规则繁多，下文依次简要列出与四类主体相关的主要文件及主要条文。——本书注

②　会计师事务所未勤勉尽责案件中经常涉及的审计准则还包括：《中国注册会计师审计准则第1131号——审计工作底稿》《中国注册会计师审计准则第1141号——财务报表审计中与舞弊相关的责任》《中国注册会计师审计准则第1153号——前任注册会计师和后任注册会计师的沟通》《中国注册会计师审计准则第1211号——通过了解被审计单位及其环境识别和评估重大错报风险》《中国注册会计师审计准则第1231号——针对评估的重大错报风险采取的应对措施》《中国注册会计师审计准则第1301号——审计证据》《中国注册会计师审计准则第1311号——对存货、诉讼和索赔、分部信息等特定项目获取审计证据的具体考虑》《中国注册会计师审计准则第1313号——分析程序》《中国注册会计师审计准则第1323号——关联方》《中国注册会计师审计准则第1332号——期后事项》等，不再一一列举条文。——本书注

合理保证是一种高水平保证。当注册会计师获取充分、适当的审计证据将审计风险降至可接受的低水平时，就获取了合理保证。

由于审计存在固有限制，注册会计师据以得出结论和形成审计意见的大多数审计证据是说服性而非结论性的，因此，审计只能提供合理保证，不能提供绝对保证。

第二十二条 审计准则旨在规范和指导注册会计师对财务报表整体是否不存在重大错报获取合理保证，要求注册会计师在整个审计过程中运用职业判断和保持职业怀疑。

需要运用职业判断并保持职业怀疑的重要审计环节主要包括：

（一）通过了解被审计单位及其环境，识别和评估由于舞弊或错误导致的重大错报风险；

（二）通过对评估的风险设计和实施恰当的应对措施，针对是否存在重大错报获取充分、适当的审计证据；

（三）根据从获取的审计证据中得出的结论，对财务报表形成审计意见。

第二十七条 注册会计师应当遵守与财务报表审计相关的职业道德要求，包括遵守有关独立性的要求。

第二十八条 在计划和实施审计工作时，注册会计师应当保持职业怀疑，认识到可能存在导致财务报表发生重大错报的情形。

4.《律师事务所从事证券法律业务管理办法》（中国证券监督管理委员会、司法部令第41号）

第三条 律师事务所及其指派的律师从事证券法律业务，应当遵守法律、行政法规及相关规定，遵循诚实、守信、独立、勤勉、尽责的原则，恪守律师职业道德和执业纪律，严格履行法定职责，保证其所出具文件的真实性、准确性、完整性。

第十二条 律师事务所及其指派的律师从事证券法律业务，应当按照依法制定的业务规则，勤勉尽责，审慎履行核查和验证义务。

律师进行核查和验证，可以采用面谈、书面审查、实地调查、查询和函证、计算、复核等方法。

第十三条 律师事务所及其指派的律师从事证券法律业务，应当依法对所依据的文件资料内容的真实性、准确性、完整性进行核查和验证；在进行核查和验证前，应当编制核查和验证计划，明确需要核查和验证的事项，并根据业务的进展情况，对其予以适当调整。

第十四条 律师在出具法律意见时，对与法律相关的业务事项应当履行法律专业人士特别的注意义务，对其他业务事项履行普通人一般的注意义务，其制作、出具的文件不得有虚假记载、误导性陈述或者重大遗漏。

第十五条 律师从国家机关、具有管理公共事务职能的组织、会计师事务所、资产评估机构、资信评级机构、公证机构(以下统称公共机构)直接取得的文书,可以作为出具法律意见的依据,但律师应当履行本办法第十四条规定的注意义务并加以说明;对于不是从公共机构直接取得的文书,经核查和验证后方可作为出具法律意见的依据。

律师从公共机构抄录、复制的材料,经该机构确认后,可以作为出具法律意见的依据,但律师应当履行本办法第十四条规定的注意义务并加以说明;未取得公共机构确认的,对相关内容进行核查和验证后方可作为出具法律意见的依据。

第十六条 律师进行核查和验证,需要会计师事务所、资产评估机构等证券服务机构作出判断的,应当直接委托或者要求委托人委托会计师事务所、资产评估机构等证券服务机构出具意见。

第十七条 律师在从事证券法律业务时,委托人应当向其提供真实、完整的有关材料,不得拒绝、隐匿、谎报。

律师发现委托人提供的材料有虚假记载、误导性陈述、重大遗漏,或者委托人有重大违法行为的,应当要求委托人纠正、补充;委托人拒不纠正、补充的,律师可以拒绝继续接受委托,同时应当按照规定向有关方面履行报告义务。

第十八条 律师应当归类整理核查和验证中形成的工作记录和获取的材料,并对法律意见书等文件中各具体意见所依据的事实、国家相关规定以及律师的分析判断作出说明,形成记录清晰的工作底稿。

第十九条 工作底稿由出具法律意见的律师事务所保存,保存期限不得少于7年;中国证监会对保存期限另有规定的,从其规定。

5.《律师事务所证券法律业务执业规则(试行)》(中国证券监督管理委员会、司法部公告〔2010〕33号)

第六条 律师从事证券法律业务,应当就业务事项是否与法律相关、是否应当履行法律专业人士特别注意义务作出分析、判断。需要履行法律专业人士特别注意义务的,应当拟订履行特别注意义务的具体方式、手段、措施,并予以落实。

第七条 律师事务所从事证券法律业务,应当建立、健全内部业务质量和执业风险控制机制,确保出具的法律意见书内容真实、准确、完整,逻辑严密、论证充分。

第八条 律师事务所及其指派的律师对受托事项进行查验时,应当独立、客观、公正,遵循审慎性及重要性原则。

第九条 律师事务所及其指派的律师应当按照《管理办法》编制查验计划。

查验计划应当列明需要查验的具体事项、查验工作程序、查验方法等。

查验工作结束后，律师事务所及其指派的律师应当对查验计划的落实情况进行评估和总结；查验计划未完全落实的，应当说明原因或者采取的其他查验措施。

第十条 律师应当合理、充分地运用查验方法，除按本规则和有关细则规定必须采取的查验方法外，还应当根据实际情况予以补充。在有关查验方法不能实现验证目的时，应当对相关情况进行评判，以确定是否采取替代的查验方法。

第十一条 待查验事项只需书面凭证便可证明的，在无法获得凭证原件加以对照查验的情况下，律师应当采用查询、复核等方式予以确认；待查验事项没有书面凭证或者仅有书面凭证不足以证明的，律师应当采用实地调查、面谈等方式进行查验。

第十二条 律师进行查验，向有关国家机关、具有管理公共事务职能的组织、会计师事务所、资信评级机构、公证机构等查证、确认有关事实的，应当将查证、确认工作情况做成书面记录，并由经办律师签名。

第十三条 律师采用面谈方式进行查验的，应当制作面谈笔录。谈话对象和律师应当在笔录上签名。谈话对象拒绝签名的，应当在笔录中注明。

第十四条 律师采用书面审查方式进行查验的，应当分析相关书面信息的可靠性，对文件记载的事实内容进行审查，并对其法律性质、后果进行分析判断。

第十五条 律师采用实地调查方式进行查验的，应当将实地调查情况作成笔录，由调查律师、被调查事项相关的自然人或者单位负责人签名。该自然人或者单位负责人拒绝签名的，应当在笔录中注明。

第十六条 律师采用查询方式进行查验的，应当核查公告、网页或者其他载体相关信息，并就查询的信息内容、时间、地点、载体等有关事项制作查询笔录。

第十七条 律师采用函证方式进行查验的，应当以挂号信函或者特快专递的形式寄出，邮件回执、查询信函底稿和对方回函应当由经办律师签名。函证对方未签署回执、未予签收或者在函证规定的最后期限届满时未回复的，由经办律师对相关情况作出书面说明。

第十八条 除本规则规定的查验方法之外，律师可以按照《管理办法》的规定，根据需要采用其他合理手段，以获取适当的证据材料，对被查验事项作出认定和判断。

第十九条 律师查验法人或者其分支机构有关主体资格以及业务经营资格的，应当就相关主管机关颁发的批准文件、营业执照、业务经营许可证及其他证照的原件进行查验。对上述原件的真实性、合法性存在疑问的，应当依法向该法人的设立登记机关、其他有关许可证颁发机关及相关登记机关进行查证、确认。

第二十条　对自然人有关资格或者一定期限内职业经历的查验，律师应当向其在相关期间工作过的单位人事等部门进行查询、函证。

第二十一条　对不动产、知识产权等依法需要登记的财产的查验，律师应当取得登记机关制作的财产权利证书原件，必要时应当采取适当方式，就该财产权利证书的真实性以及是否存在权利纠纷等，向该财产的登记机关进行查证、确认。

第二十二条　对生产经营设备、大宗产品或者重要原材料的查验，律师应当查验其购买合同和发票原件。购买合同和发票原件已经遗失的，应当由财产权利人或者其代表签字确认，并在工作底稿中注明；相关供应商尚存在的，应当向供应商进行查询和函证。必要时，应当进行现场查验，制作现场查验笔录，并由财产权利人或者其代表签字；财产权利人或者其代表拒绝签字的，应当在查验笔录中注明。

第二十三条　对依法需要评估才能确定财产价值的财产的查验，律师应当取得有证券、期货相关业务评估资格的资产评估机构（以下简称有资格的评估机构）出具的有效评估文书；未进行有效评估的，应当要求委托人委托有资格的评估机构出具有效评估文书予以确认。

第二十四条　对银行存款的查验，律师应当查验银行出具的存款证明原件；不能提供委托查验期银行存款证明的，应当会同委托人（存款人）向委托人的开户银行进行书面查询、函证。

第二十五条　对财产的查验，难以确定其是否存在被设定担保等权利负担的，律师应当以适当方式向有关财产抵押、质押登记部门进行查证、确认。

第二十六条　对委托人是否存在对外重大担保事项的查验，律师应当与委托人的财务负责人等相关人员及委托人聘请的会计师事务所的会计师面谈，并根据需要向该委托人的开户银行、公司登记机关、证券登记机构和委托人不动产、知识产权的登记部门等进行查证、确认。

向银行进行查证、确认，采取查询、函证等方式；向财产登记部门进行查证、确认，采取查询、函证或者查阅登记机关公告、网站等方式。

第二十七条　对有关自然人或者法人是否存在重大违法行为、是否受到有关部门调查、是否受到行政处罚或者刑事处罚、是否存在重大诉讼或者仲裁等事实的查验，律师应当与有关自然人、法人的主要负责人及有关法人的合规管理等部门负责人进行面谈，并根据情况选取可能涉及的有关行政机关、司法机关、仲裁机构等公共机构进行查证、确认。

向有关公共机构查证、确认，可以采取查询、函证或者查阅其公告、网站等方式。

第二十八条 从不同来源获取的证据材料或者通过不同查验方式获取的证据材料,对同一事项所证明的结论不一致的,律师应当追加必要的程序,作进一步查证。

6.《公开发行证券公司信息披露的编报规则(第12号)——公开发行证券的法律意见书和律师工作报告》(证监发〔2001〕37号)

第十二条 律师应在法律意见书和律师工作报告中承诺对发行人的行为以及本次申请的合法、合规进行了充分的核查验证,并对招股说明书及其摘要进行审慎审阅,并在招股说明书及其概要中发表声明:"本所及经办律师保证由本所同意发行人在招股说明书及其摘要中引用的法律意见书和律师工作报告的内容已经本所审阅,确认招股说明书及其摘要不致因上述内容出现虚假记载、误导性陈述及重大遗漏引致的法律风险,并对其真实性、准确性和完整性承担相应的法律责任"。

第十四条 律师应及时、准确、真实地制作工作底稿,工作底稿的质量是判断律师是否勤勉尽责的重要依据。

7.《监管规则适用指引——法律类第2号:律师事务所从事首次公开发行股票并上市法律业务执业细则》(2022年1月28日证监会、司法部、中华全国律师协会联合发布)

第三条 律师事务所及其指派的律师从事首发法律业务,应当按照《律师事务所从事证券法律业务管理办法》和《律师事务所证券法律业务执业规则(试行)》(以下简称《执业规则》)的规定,遵守诚实、守信、独立、勤勉、尽责的原则,恪守律师职业道德和执业纪律,严格履行法定职责,合理、充分地运用《执业规则》规定的查验方法,充分了解发行人的经营情况、存在的法律风险和问题,对发行人首发的相关事项是否符合法律、行政法规、中国证监会和证券交易所的规定进行查验,在确保获得适当、有效证据并对证据进行综合分析的基础上作出独立判断,保证其制作、出具文件的真实性、准确性和完整性,不存在虚假记载、误导性陈述或者重大遗漏。

第四条 基于专业分工及归位尽责的原则,律师事务所及其指派的律师对查验过程中的境内法律事项应当尽到证券法律专业人士的特别注意义务;对财务、会计、评估等非法律事项负有普通人一般的注意义务。

律师事务所及其指派的律师制作、出具专业意见依赖保荐机构、其他证券服务机构等的基础工作或者专业意见的,应当保持职业怀疑。在履行必要的调查、复核工作的基础上,形成合理信赖,包括开展以下工作:

(一)全面阅读保荐机构、其他证券服务机构出具的专业意见;

（二）核查保荐机构、其他证券服务机构及其执业人员的专业资质、经验及独立性；

（三）关注保荐机构、其他证券服务机构出具专业意见的前提及假设是否符合所在行业的工作惯例；

（四）核查所信赖的基础工作或者专业意见是否属于该机构的专业领域，并具有相应的资料支持。

律师事务所及其指派的律师开展前款第（二）（三）（四）项工作的，应当制作工作记录，并取得相关证据作为底稿留存。

保荐机构或者其他证券服务机构的基础工作或专业意见存在重大异常、前后重大矛盾、重大差异等情形的，律师事务所及其指派的律师不得主张对其的合理信赖。

第五条　律师在查验过程中受客观条件的限制，无法取得直接证据，且无其他有效替代查验方法的，应当在法律意见书中说明，并充分揭示其对相关事项的影响程度及风险。

律师应当根据不同行业、不同特征的发行人情况，有针对性地审慎查验。

对于本细则未规定，但中国证监会、证券交易所另行规定的法律事项，审核问询涉及的法律问题，以及对发行人首发、投资者作出价值判断和投资决策有重大影响的其他法律事项，律师也应当审慎履行查验义务，并在法律意见书中说明。

8.《资产评估基本准则》（财资〔2017〕43号）①

第四条　资产评估机构及其资产评估专业人员开展资产评估业务应当遵守法律、行政法规的规定，坚持独立、客观、公正的原则。

第五条　资产评估机构及其资产评估专业人员应当诚实守信，勤勉尽责，谨慎从业，遵守职业道德规范，自觉维护职业形象，不得从事损害职业形象的活动。

第六条　资产评估机构及其资产评估专业人员开展资产评估业务，应当独立进行分析和估算并形成专业意见，拒绝委托人或者其他相关当事人的干预，不得直接以预先设定的价值作为评估结论。

第七条　资产评估专业人员应当具备相应的资产评估专业知识和实践经验，能够胜任所执行的资产评估业务，保持和提高专业能力。

第十条　资产评估机构执行某项特定业务缺乏特定的专业知识和经验时，应

---

① 资产评估机构未勤勉尽责案件中经常涉及的执业准则还包括：《资产评估执业准则——资产评估程序》《资产评估执业准则——资产评估方法》《资产评估执业准则——工作底稿》《资产评估执业准则——企业价值》《资产评估执业准则——评估报告》《资产评估执业准则——资产评估方法》等，不再一一列举条文。——本书注

当采取弥补措施,包括利用专家工作等。

9.《上市公司并购重组财务顾问业务管理办法》(中国证券监督管理委员会令第54号)

第三条 财务顾问应当遵守法律、行政法规、中国证监会的规定和行业规范,诚实守信,勤勉尽责,对上市公司并购重组活动进行尽职调查,对委托人的申报文件进行核查,出具专业意见,并保证其所出具的意见真实、准确、完整。

第四条 财务顾问的委托人应当依法承担相应的责任,配合财务顾问履行职责,并向财务顾问提供有关文件及其他必要的信息,不得拒绝、隐匿、谎报。

财务顾问履行职责,不能减轻或者免除委托人、其他专业机构及其签名人员的责任。

第二十一条 财务顾问应当建立尽职调查制度和具体工作规程,对上市公司并购重组活动进行充分、广泛、合理的调查,核查委托人提供的为出具专业意见所需的资料,对委托人披露的内容进行独立判断,并有充分理由确信所作的判断与委托人披露的内容不存在实质性差异。

委托人应当配合财务顾问进行尽职调查,提供相应的文件资料。委托人不能提供必要的材料、不配合进行尽职调查或者限制调查范围的,财务顾问应当终止委托关系或者相应修改其结论性意见。

第二十二条 财务顾问利用其他证券服务机构专业意见的,应当进行必要的审慎核查,对委托人提供的资料和披露的信息进行独立判断。

财务顾问对同一事项所作的判断与其他证券服务机构的专业意见存在重大差异的,应当进一步调查、复核,并可自行聘请相关专业机构提供专业服务。

第三十一条 根据中国证监会有关并购重组的规定,自上市公司收购、重大资产重组、发行股份购买资产、合并等事项完成后的规定期限内,财务顾问承担持续督导责任。

财务顾问应当通过日常沟通、定期回访等方式,结合上市公司定期报告的披露,做好以下持续督导工作:

(一)督促并购重组当事人按照相关程序规范实施并购重组方案,及时办理产权过户手续,并依法履行报告和信息披露的义务;

(二)督促上市公司按照《上市公司治理准则》的要求规范运作;

(三)督促和检查申报人履行对市场公开作出的相关承诺的情况;

(四)督促和检查申报人落实后续计划及并购重组方案中约定的其他相关义务的情况;

(五)结合上市公司定期报告,核查并购重组是否按计划实施、是否达到预期

目标;其实施效果是否与此前公告的专业意见存在较大差异,是否实现相关盈利预测或者管理层预计达到的业绩目标;

(六)中国证监会要求的其他事项。

在持续督导期间,财务顾问应当结合上市公司披露的定期报告出具持续督导意见,并在前述定期报告披露后的15日内向上市公司所在地的中国证监会派出机构报告。

典型案例

1. 瑞华所等未勤勉尽责案(中国证监会行政处罚决定书〔2018〕126号)

【案情】瑞华会计师事务所(特殊普通合伙)(以下简称瑞华所)为成都华泽钴镍材料股份有限公司(以下简称华泽钴镍)2013年、2014年年度报告的审计机构,对上述两年年度报告均出具了标准无保留的审计意见,并收取华泽钴镍年度报告审计服务费用130万元。其中,华泽钴镍2013年度财务报表审计报告由王某江、刘某锋签字,华泽钴镍2014年度财务报表审计报告由张某平、王某江签字。

一、华泽钴镍2013年、2014年年报存在虚假记载

为掩盖关联方长期占用资金的事实,华泽钴镍搜集票据复印件,将无效票据入账充当还款。华泽钴镍2013年应收票据的期末余额为1,325,270,000元,其中1,319,170,000元为无效票据。2014年应收票据的期末余额为1,363,931,170元,其中1,361,531,170元为无效票据。

二、瑞华所在对华泽钴镍2013年度、2014年度财务报表审计过程中未勤勉尽责,出具了存在虚假记载的审计报告

(一)未能实施有效程序对公司舞弊风险进行识别,未直接与公司治理层沟通关于治理层了解公司是否存在舞弊及治理层如何监督管理层对舞弊风险的识别和应对过程等

瑞华所在2013年和2014年年度报告审计过程中,未直接与公司治理层沟通关于治理层了解公司是否存在舞弊及治理层如何监督管理层对舞弊风险的识别和应对过程等,而是分别询问华泽钴镍财务总监郭某红和发展部经理王某锋以履行这一询问程序。但根据华泽钴镍所公布的2013年和2014年年度报告,郭某红、王某锋并非公司治理层成员。因此瑞华所未与治理层进行沟通,无法了解在此过程中治理层所发挥的作用,可能导致会计师错误评估舞弊风险。瑞华所上述行为不符合《中国注册会计师审计准则第1141号——财务报表审计中与舞弊相关的责任》第二十一条和第二十二条的规定。

（二）未对应收票据余额在审计基准日前后激增又剧减的重大异常情况保持必要的职业怀疑，未能及时识别财务报告的重大错报风险

华泽钴镍2013年应收票据期末余额为1,325,270,000元，占其2013年总资产的38.84%，具有重大性。相应票据于期前2013年11月、12月集中背书转入，并于期后2014年1月、2月集中背书转出，截至审计盘点日2014年3月7日，实存票据余额为零，具有异常性。华泽钴镍2014年应收票据期末余额为1,363,931,170元，占其2014年总资产的32.43%，具有重大性。相应票据于期前2014年11月、12月集中背书转入，并于期后2015年1月、2月、3月集中背书转出，截至审计盘点日2015年3月26日，实存票据余额为零，具有异常性。前述重大异常情况与2013年高度一致。

瑞华所对华泽钴镍2013年、2014年应收票据审计过程中，未对票据余额在审计基准日前后激增又剧减的重大异常情况保持必要的职业怀疑，未能及时识别财务报告的重大错报风险。在未获取充分适当的审计证据的情况下，认定陕西华泽在期末对票据享有权益。

上述行为不符合《中国注册会计师审计准则第1101号——注册会计师的总体目标和审计工作的基本要求》第二十二条、第二十八条以及《中国注册会计师审计准则第1141号——财务报表审计中与舞弊相关的责任》第二十六条的规定。

（三）未对询证函回函的异常情况保持应有的关注

华泽钴镍2013年年报审计工作底稿显示，瑞华所通过传真取得的9家不同单位的询证函回函上所记录时间，最早为2014年4月17日下午3:44，最晚为同日下午3:49，中间间隔仅5分钟。针对询证函回函（均系传真件）时间高度集中的异常现象，会计师未给予应有的关注，未对回函的来源进行核验，所获取的审计证据可靠性低。上述行为不符合《中国注册会计师审计准则第1312号——函证》第十七条、第十八条的规定。

华泽钴镍2014年年报审计底稿显示，瑞华所在进行函证程序收到6家单位的询证函回函中，有4家盖章为非“鲜章”，2家为“鲜章”。但瑞华所并未对上述异常情况进行关注，也未设计和实施必要的审计程序予以核验，审计底稿中亦未见任何对此异常情况予以关注的说明以及实施审计程序的任何证据资料。上述行为不符合《中国注册会计师审计准则第1301号——审计证据》第十五条、第二十三条的规定。

（四）瑞华所实施的审计程序不足以获取充分适当的审计证据

瑞华所通过期后盘点票据并倒轧计算票据期末余额。倒轧程序需依赖与应收票据相关的内部控制得到有效执行，瑞华所不恰当地依赖内部控制，对应收票

据实施盘点和倒轧程序，所获取的审计证据可靠性低。

上述行为违反了《中国注册会计师审计准则第1301号——审计证据》第十条的规定。

瑞华所在对华泽钴镍2013年度、2014年度财务报表审计时，未勤勉尽责，出具了标准无保留意见的审计报告，其出具的审计报告存在虚假记载。对上述行为直接负责的签字注册会计师为王某江、刘某锋、张某平。

【认定】中国证监会认定，瑞华所和签字注册会计师王某江、刘某锋、张某平的上述行为违反了2005年《证券法》第一百七十三条的规定，构成了2005年《证券法》第二百二十三条所述的违法行为。

听证会上，当事人及其代理人主要提出以下申辩意见：

第一，华泽钴镍年报虚假记载的原因是华泽钴镍故意实施的舞弊行为导致应收票据期末余额错误，并非瑞华所未勤勉尽责导致审计报告存在虚假记载，不应由瑞华所承担责任。

第二，"未能实施有效程序对公司舞弊风险进行识别，未直接与公司治理层沟通关于治理层了解公司是否存在舞弊及治理层如何监督管理层对舞弊风险的识别和应对过程等"认定不符合事实，多次与华泽钴镍法定代表人、实际控制人王某进行了访谈。

第三，认定瑞华所未勤勉尽责不符合事实，缺乏准则依据。1.应收票据余额先"激增"后"剧减"有合理解释，并非重大异常。2.审计时执行的"函证、盘点、检查其后支付以及检查当期发生情况"等程序已经达到"恰当"标准，足以获取充分适当的审计证据。3.在已经决定对应收票据实施全面的实质性测试程序的前提下，再去做穿行测试和控制测试已经没有必要。

第四，事先告知书引用的多条准则，特别是关于应当保持职业怀疑态度的要求，皆为原则性条款，没有强制性具体规则依据。

第五，2013年报审计已超过处罚追责时效。

经复核，中国证监会认为，第一，《证券法》第二百二十三条明确规定，"证券服务机构未勤勉尽责，所制作、出具的文件有虚假记载、误导性陈述或重大遗漏的"，经查，瑞华所在对华泽钴镍2013年、2014年年报审计过程中未勤勉尽责，出具的文件存在虚假记载，应当依法承担责任。

第二，关于听证中提到的与华泽钴镍法定代表人、实际控制人王某进行访谈，经核实，与王某的访谈是在应收票据审计过程中针对被审计单位与其他两家公司发生大量无购销业务实质的票据及资金往来进行的访谈，其目的是核实票据往来的实质，并非针对舞弊风险的评估与应对过程的访谈。

第三,华泽钴镍2013年应收票据期末余额为1,325,270,000元,占其2013年总资产的38.84%,2014年应收票据期末余额为1,363,931,170元,占其2014年总资产的32.43%,具有重大性。相应票据均于期前集中背书转入,期后集中背书转出,连续两年盘点日的实存票据余额为零,具有异常性。瑞华所对上述重大异常情况未保持职业怀疑,未能识别出财务报告的重大错报风险。在盘点日应收票据余额为零、2013年未实施与应收票据相关的控制测试、2014年已经发现银行承兑汇票的背书转让无贸易合同和相关人员签字的资金审批表并得出控制不可信赖的情况下,瑞华所通过倒轧的方法确定2013年、2014年应收票据余额,其获取的审计证据不可靠。即便如瑞华所所说其实施了全面的实质性测试,其对实质性测试中函证过程的异常情况也未予以应有的关注,如2013年9家询证函回函均为传真件且收到传真时间集中在5分钟之内,9家涉及金额高达1,294,270,000元。

第四,关于2013年审计报告追责时效问题,中国证监会已于2015年12月18日向瑞华所调取了2013年、2014年年报审计工作底稿的电子版,未过追责时效。

根据当事人违法行为的事实、性质、情节与社会危害程度,依据《证券法》第二百二十三条规定,中国证监会决定:

一、没收瑞华所业务收入130万元,并处以390万元的罚款;

二、对王某江、刘某锋、张某平给予警告,并分别处以10万元的罚款。

2. 银信评估等未勤勉尽责案(中国证监会行政处罚决定书〔2019〕40号)

【案情】一、评估项目基本情况

2014年2月14日,中安消股份有限公司(原名上海飞乐股份有限公司)决定向深圳市中恒汇志投资有限公司发行股份,购买其持有的中安消技术有限公司(以下简称中安消技术)100%股权,银信资产评估有限公司(以下简称银信评估)为此次重大资产重组的评估机构。

2014年4月25日,银信评估出具《上海飞乐股份有限公司拟收购中安消技术有限公司股权所涉及的中安消技术有限公司股东全部权益价值评估项目资产评估报告书》(以下简称《资产评估报告》),采用收益法评估,中安消技术评估值为28.59亿元,评估增值约为26.91亿元,增值率1597.19%。银信评估本次项目合计收费160万元,签字评估师为杨某平、林某芹,首席评估师为梅某民。

二、银信评估在对中安消技术进行评估时未勤勉尽责,出具的资产评估报告存在误导性陈述

2013年11月,中安消技术与黔西南州政府签订《黔西南教育信息化工程项目建设战略合作框架协议》(以下简称《框架协议》),项目总金额4.5亿元,其中预

计2014年确认收入3.42亿元,占银信评估评估时所依据的中安消本部在手合同及意向合同约4.7亿元的70%,占中安消技术本部2014年度预测营业收入约5.3亿元的65%,占中安消技术2014年度预测营业收入约13.2亿元的26%。

根据《框架协议》内容,中安消技术需要在框架协议内与黔西南州各县(市)人民政府、义龙新区管委会自行签订项目建设合同和还款协议,黔西南州政府积极推进上述双方签订合作合同。黔西南州政府2016年8月15日出具的说明载明,该《框架协议》仅为合作框架协议,具体实施需通过公开招投标程序确定承建单位,且在已完成招标的各县(市、区)中,均无中安消技术中标。

银信评估未对"班班通"项目《框架协议》予以充分关注,未通过询问、函证、核对等方式进行调查,未保持应有的职业谨慎,没有对收益预测履行必要的分析、判断和调整程序,没有在考虑未来各种可能性及其影响的基础上("班班通"项目需要经过政府招投标程序,该项目营业收入具有重大不确定性)合理确定评估假设,形成未来收益预测,造成收益预测值和评估值严重虚增,致使评估值不真实。银信评估的上述行为不符合《资产评估准则—评估程序》第十九条、《资产评估准则—企业价值》第七条、第二十七条的规定。

【认定】中国证监会认定,银信评估对中安消技术评估项目进行资产评估时,未勤勉尽责,不符合资产评估准则的相关规定,导致出具的评估报告存在误导性陈述,违反了2005年《证券法》第二十条第二款"为证券发行出具有关文件的证券服务机构和人员,必须严格履行法定职责,保证其所出具文件的真实性、准确性、完整性"和第一百七十三条"证券服务机构为证券的发行、上市、交易等证券业务活动制作、出具审计报告、资产评估报告、财务顾问报告、资信评级报告或者法律意见书等文件,应当勤勉尽责,对所依据的文件资料内容的真实性、准确性、完整性进行核查和验证"的规定,构成2005年《证券法》第二百二十三条所述"证券服务机构未勤勉尽责,所制作、出具的文件有虚假记载、误导性陈述或者重大遗漏"的情形。梅某民、杨某平、林某芹为直接负责的主管人员。

在听证过程中,当事人及其代理律师提出如下申辩意见:

其一,事先告知书不应该将《框架协议》在中安消技术本部在手合同及意向合同、2014年中安消技术本部及总体预测营业收入中的占比作为处罚依据。

其二,事先告知书错误认识了中安消技术整体股权价值评估、2014年盈利预测和"班班通"项目之间的关系,导致证监会认定本案存在收益预测值和评估值虚增存在根本性错误。《框架协议》可以作为收益预测合理性分析的佐证材料,"班班通"项目的不确定性和项目收入未能实现并不会对盈利预测的合理性分析和评估结论造成影响,不能作为认定盈利预测和评估值虚增的依据。法律或准则并未禁止评估师将《框架协议》作为盈利预测合理性分析的佐证材料。中安消技术最终未能中标系由于评估报告出具之后发生的其他客观因素所致，并且该等结果不会对收益预测和评估结论造成任何影响。

其三，事先告知书混淆了实物资产评估和企业价值评估，《资产评估准则—评估程序》第十九条规定的程序主要是针对房屋、机器设备等实物资产进行调查，并不适用于本案企业价值评估的情况。并且，企业价值评估过程中需要对盈利预测进行合理性分析，准则并未要求评估师必须对佐证盈利预测合理性的每个项目充分关注，并进行询问、函证、核对等调查程序。

其四，银信评估公司已经保持了应有的职业谨慎；已经对中安消技术的收益预测履行必要的分析、判断和调整程序，而不需要对收益预测佐证材料中的具体合同进行分析、判断和调整。

其五，本案采用的评估假设符合评估准则的规定和中安消技术的实际情况，然而事先告知书并未明确指出是哪一项评估假设的合理性存在问题，也并未明确所谓的评估假设合理性问题对收益预测值抑或是评估值造成了何种影响。事先告知书混淆了盈利预测报告的假设和《评估报告》的假设。

其六，2014 年中安消技术实际业绩高达盈利预测数额 90% 左右，评估报告不存在误导性陈述，证监会就事先告知书关于“中安消技术项目收益预测值和评估值严重虚增，评估值不真实”的认定缺乏证据支持，不符合评估机构责任的实体和程序认定规则。

其七，本案第二次事先告知书删除具体虚增数额，用更加模糊的方式认定收益预测值和评估值虚增，严重违反依法行政的基本原则。

其八，2013 年 10 月前，“班班通”项目尚不存在，其收取的 70 万元评估费用，不应被纳入事先告知书评估业务收入范畴。

其九，梅某民提出，其作为首席评估师和法定代表人，不是签订评估报告的主体，只是职务签字，不是注册评估师签字，对其处罚不公。以往案例没有对首席评估师的处罚。

综上，本案实体问题认定错误，处罚程序违法，银信评估、梅某民、杨某平、林某芹请求免予处罚。

中国证监会认为，第一，银信评估在评估说明中明确提到，“根据企业介绍同时分析在手合同和意向合同”以及“截至评估报告撰写日已签订的各项重要合同”，上述提到的企业在手合同和意向合同包括《框架协议》。可见，银信评估在评估过程中已将《框架协议》作为评估依据。关于《框架协议》在中安消技术本部在手合同及意向合同、2014 年中安消技术本部及总体预测营业收入中的占比是表明

《框架协议》在盈利预测中的重要性。

第二,《框架协议》是中安消技术与黔西南州人民政府双方签订,《框架协议》中提到"甲方积极推进各县(市)政府、义龙新区管委会与乙方签订合作合同"。《框架协议》中所涉及的"班班通"工程属于政府采购项目,需要经过招投标程序,有关各县(市、区)是此次政府采购项目的招标人。《中华人民共和国招标投标法》明确规定"招标投标活动应当遵循公开、公平、公正和诚实信用的原则"以及"任何单位和个人不得非法干预、影响评标的过程和结果"。在这种情况下,银信评估未就黔西南州人民政府具体如何推进签订合同、《框架协议》是否会影响招标人的正常决策等进行考虑。

第三,银信评估认为,其了解到"班班通"属于政府项目,可信度高,且了解到中安消技术为顺利推进"班班通"项目做样板工程、积极参加招投标活动以及去有关地区出差等工作,上述情况表明其已履行必要的评估程序,《框架协议》可以作为收益预测合理性分析的材料。我会认为,中安消为顺利推进"班班通"项目所做的努力可以表明其有较强的意愿获取该项目,但上述活动与能否中标或者是否提高了其中标的可能性,银信评估并未进行分析。此外,银信评估已了解到"班班通"属于政府项目,对于需要经过招投标的政府项目,银信评估对此没有经过充分的调查、分析,未予充分关注,未充分考虑2014年预测收入中占比最大的"班班通"项目的收入可实现性。

第四,就评估机构是否已勤勉尽责、评估报告是否存在误导性陈述,应结合评估时所依据的材料来看。后续较好地完成盈利预测不能成为评估报告不存在误导性陈述的免责理由,更不能作为不予处罚的依据。

第五,当事人关于《资产评估准则—评估程序》第十九条规定的程序主要是针对房屋、机器设备等实物资产进行调查,并不适用于本案企业价值评估的意见,无法律依据。

第六,虽然银信评估与委托方先后签订了《资产评估业务约定书》和《资产评估业务补充约定书》,评估基准日发生了变化,评估服务费也发生了变化,但银信评估对中安消技术只进行了一次评估,只出具了一份评估报告,不能以《资产评估业务约定书》和《框架协议》的签订时间来割裂整个评估行为,更不能认为《框架协议》签订前已收款项与之后的评估工作无关。

第七,首席评估师是资产评估机构最高管理层在业务质量控制体系方面的责任人,其必须具备注册资产评估师资格,属于评估专业人员。首席评估师在评估报告上签字,系其作为该评估机构的最高专业技术代表对本案评估结论的肯定与认可,因此,梅某民应作为直接负责的主管人员承担责任。

综上，中国证监会对当事人及其代理律师的意见不予采纳。

根据当事人违法行为的事实、性质、情节与社会危害程度，依据2005年《证券法》第二百二十三条的规定，中国证监会决定：

一、责令银信资产评估有限公司改正，没收评估业务收入160万元，并处以480万元罚款；

二、对梅某民、杨某平、林某芹给予警告，并分别处以5万元罚款。

权威解读

1. 关于律师事务所的勤勉尽责认定标准。律师事务所是否应当为其出具的法律意见书中的虚假记载承担相应的法律责任，可以从两个层面予以审查：第一，相关虚假记载涉及的内容是否属于律师事务所在尽职调查过程中应予查验的事项；第二，律师事务所能否提供证据证明其针对相关事项进行了审慎查验。

对于会计师事务所出具的审计报告，律师事务所及律师出具相应法律意见可以将其作为依据，对审计报告中涉及财务会计专业性、完整性、一致性等问题履行普通人的注意义务，但对审计报告中涉及法律风险的问题仍需秉持职业怀疑精神，本着独立、勤勉的态度履行相应的核验义务，并留存相应的证据，以证明自己履行了与关注问题性质相匹配的注意义务。这就是说，如果审计报告出现虚假记载，律师事务所出具的法律意见援引审计报告的意见而出现错误，并不代表律师事务所一定会承担法律责任，只要律师事务所有证据证明自己在援引审计报告的意见时尽到了相应的注意义务，即使法律意见存有虚假内容，仍无须承担法律责任；如果审计报告存在虚假记载，法律意见直接援引审计报告的意见和结论，且律师事务所不能提供充分而有效的证据证明自己在出具法律意见时履行了相应的注意义务，则律师事务所不能因审计报告具有法律效力而免除法律责任。问题的关键，不在于审计报告的法定证明效力大小，而在于本案争议的应收账款虚假记载问题，是否属于法律专业人士需要特别关注的事项范围以及律师事务所是否有证据证明自己履行了相应的注意义务。①

2. 关于会计师事务所的勤勉尽责认定标准。《中国注册会计师审计准则第1101号——注册会计师的总体目标和审计工作的基本要求》第二十条、第二十二条规定，注册会计师应当按照审计准则的规定，对财务报表整体是否不存在由于舞弊或错误导致的重大错报获取合理保证，以作为发表审计意见的基础。合理保

---

① 参见北京市高级人民法院（2018）京行终4657号行政判决书。

证是一种高水平保证。当注册会计师获取充分、适当的审计证据将审计风险降至可接受的低水平时，就获取了合理保证。由于审计存在固有限制，注册会计师据以得出结论和形成审计意见的大多数审计证据是说服性而非结论性的。因此，审计只能提供合理保证，不能提供绝对保证。审计准则旨在规范和指导注册会计师对财务报表整体是否不存在重大错报获取合理保证，要求注册会计师在整个审计过程中运用职业判断和保持职业怀疑。根据上述规定，在认定注册会计师是否勤勉尽责的问题上，应对其过程性特征而非单纯的审计结论给予充分关注，应当考虑注册会计师是否遵循审计准则，是否获取合理保证，是否在整个审计过程中始终运用职业判断和保持职业怀疑，在识别评估重大错报风险，设计实施应对措施，获取评价审计证据，形成审计意见等重要审计环节体现出注册会计师的高度专业性和应有的职业水准，从而减少发表不恰当审计意见的可能性，降低审计风险。客观上，评价注册会计师是否勤勉尽责不妨以同样的专业人士在办理类似专业工作中所应秉持的勤勉和注意程度作为参照标准，考察被评价对象是否有进一步作为的空间和余地，而非被评价对象主观的认知与能力。作为判断勤勉尽责的外化标准则是，有充分证据证明注册会计师已经按照审计准则的要求，保持职业怀疑，运用职业判断，获取合理保证。①

3. 关于对证券服务机构的处罚时效。《行政处罚法》第二十九条第一款规定，“违法行为在二年内未被发现的，不再给予行政处罚。法律另有规定的除外”。如果能够证明违法行为的线索已经进入到国家公权力机关的视野，即可认定违法行为已被发现，无须以查明具体违法事实或者对违法行为准确定性为前提。证券服务机构的违法事实属于发行人信息披露违法事实中的一部分，发现发行人违法行为即可认定已经发现原告违法行为的线索，被诉处罚决定并未超过处罚时效。②

《证券法》第二百一十四条　【未按照规定保存有关文件和资料，泄露、隐匿、伪造、篡改或者毁损有关文件和资料】

第二百一十四条　发行人、证券登记结算机构、证券公司、证券服务机构未按照规定保存有关文件和资料的，责令改正，给予警告，并处以十万元以上一百万元以下的罚款；泄露、隐匿、伪造、篡改或者毁损有关文件和资料的，给予警告，并处以二十万元以上二百万元以下的罚款；情节严重的，处以五十万元以上五百万元

① 参见北京市高级人民法院（2020）京行终618号行政判决书。

② 参见北京市第一中级人民法院（2019）京01行初809号行政判决书。

以下的罚款，并处暂停、撤销相关业务许可或者禁止从事相关业务。对直接负责的主管人员和其他直接责任人员给予警告，并处以十万元以上一百万元以下的罚款。

相关规定

《证券法》

第一百三十七条 证券公司应当建立客户信息查询制度，确保客户能够查询其账户信息、委托记录、交易记录以及其他与接受服务或者购买产品有关的重要信息。

证券公司应当妥善保存客户开户资料、委托记录、交易记录和与内部管理、业务经营有关的各项信息，任何人不得隐匿、伪造、篡改或者毁损。上述信息的保存期限不得少于二十年。

第一百五十三条 证券登记结算机构应当妥善保存登记、存管和结算的原始凭证及有关文件和资料。其保存期限不得少于二十年。

第一百六十二条 证券服务机构应当妥善保存客户委托文件、核查和验证资料、工作底稿以及与质量控制、内部管理、业务经营有关的信息和资料，任何人不得泄露、隐匿、伪造、篡改或者毁损。上述信息和资料的保存期限不得少于十年，自业务委托结束之日起算。

典型案例

深大通隐匿有关文件和资料案(中国证监会行政处罚决定书〔2019〕129号)

【案情】2018年7月17日至2019年6月5日期间，中国证监会检查、调查人员先后多次前往深圳大通实业股份有限公司(以下简称深大通)注册地深圳办公场所、实际办公地青岛办公场所及北京分公司办公场所进行检查、调查，检查、调查人员均为二人以上，并出示执法证件和监督检查、调查通知书。

在上述期间内，深大通及相关人员存在拒绝签收调查通知书，拒绝接受询问，拒绝在询问笔录上签字，拒绝提供会议记录等相关文件资料，强行闯入询问场所阻断询问，强行带离正在接受询问的人员，辱骂、威胁检查、调查人员等拒绝、阻碍检查、调查的行为。其中，2019年5月22日下午，中国证监会调查人员在深圳办公场所送达调查通知书过程中，深大通员工使用推搡、抓挠调查人员，抢夺、摔砸执法记录仪等暴力方法抗拒调查，致调查人员软组织损伤、手臂被抓伤、执法记录仪部分零件损毁。股东大会、董事会及监事会(以下简称三会)会议记录等文件资料作为公司重要档案,深大通应当予以妥善保存并如实向检查、调查人员提供,但截至调查结束,深大通未按要求提供上述材料。此外,深大通还存在擅自转移、隐瞒存有周例会文件资料等重要证据的电子设备的行为。

【认定】中国证监会认定,按照《中华人民共和国公司法》第一百零七条、第一百一十二条第二款、第一百一十九条第四款、第一百二十三条以及《上市公司治理准则》(证监发〔2002〕1号)第四十七条、第六十八条和《上市公司章程指引》(证监会公告〔2016〕23号)第七十三条、第一百二十二条、第一百四十七条的相关规定要求,上市公司股东大会、董事会、监事会应当对所议事项的决定作成会议记录;股东大会、董事会、监事会会议记录应作为公司重要档案妥善保存。2018年7月17日至2019年6月5日期间,中国证监会因检查、调查涉嫌与深大通重组相关的证券违法违规行为,先后多次派员前往深大通注册地深圳办公场所、实际办公地青岛办公场所及北京分公司办公场所进行检查、调查,中国证监会检查、调查人员要求深大通提供与重大资产重组事项形成过程相关的会议材料。上述材料应当包括三会会议记录、周例会文件资料及其他涉及重大资产重组事项的会议材料。截至调查结束,深大通未按要求提供相关会议材料。此外,在中国证监会检查、调查过程中,深大通还存在擅自转移、隐瞒存有周例会文件资料等重要证据的电子设备的行为。深大通的上述行为构成2005年《证券法》第二百二十五条所述的"隐匿、伪造、篡改或者毁损有关文件和资料"中的隐匿有关文件和资料之情形。

《证券法》第二百一十八条 【拒绝、阻碍监督检查、调查】

第二百一十八条 拒绝、阻碍证券监督管理机构及其工作人员依法行使监督检查、调查职权,由证券监督管理机构责令改正,处以十万元以上一百万元以下的罚款,并由公安机关依法给予治安管理处罚。①

---

① 《证券法》第二百一十八条与第二百一十四条存在一定竞合关系,即发行人、证券登记结算机构、证券公司、证券服务机构通过隐匿、伪造、篡改或者毁损有关文件和资料的方式,拒绝、阻碍证券监督管理机构及其工作人员依法行使监督检查、调查职权的,既符合第二百一十四条的加重情节规定,也符合第二百一十八条规定。此种情形下,宜按照"从一重处"的原则选择适用。——本书注

相关规定

1.《证券法》

第一百七十三条 国务院证券监督管理机构依法履行职责，被检查、调查的单位和个人应当配合，如实提供有关文件和资料，不得拒绝、阻碍和隐瞒。①

2.《证券期货违法行为行政处罚办法》(中国证券监督管理委员会令第186号)

第三十八条 有下列拒绝、阻碍执法情形之一的，按照《证券法》第二百一十八条的规定追究责任：

(一)殴打、围攻、推搡、抓挠、威胁、侮辱、谩骂执法人员的；

(二)限制执法人员人身自由的；

(三)抢夺、毁损执法装备及执法人员个人物品的；

(四)抢夺、毁损、伪造、隐藏证据材料的；

(五)不按要求报送文件资料，且无正当理由的；

(六)转移、变卖、毁损、隐藏被依法冻结、查封、扣押、封存的资金或涉案财产的；

(七)躲避推脱、拒不接受、无故离开等不配合执法人员询问，或在询问时故意提供虚假陈述、谎报案情的；

(八)其他不履行配合义务的情形。

典型案例

1. 朱某锭拒绝阻碍调查案(中国证监会行政处罚决定书〔2021〕10号)

【案情】朱某锭系杭州中恒电气股份有限公司(以下简称中恒电气)董事长。中国证监会在依法行使调查职权过程中，就涉案事项，需向朱某锭询问、核实。2020年6月1日至6月12日期间，调查人员多次联系朱某锭，要求其配合调查，并告知其不配合调查的法律后果。但朱某锭拒绝、阻碍调查，多次拒绝接听调查人员电话，或者接听后称拒绝与调查人员见面，多次未回复调查人员发送的短信。2020年6月5日下午2时30分，调查人员赴中恒电气实际营业地杭州市滨江区

---

① 《证券法》第一百七十三条规定“不得拒绝、阻碍和隐瞒”，而第二百一十八条仅处罚“拒绝、阻碍”。这种义务条款与罚则不完全对应之处，应当引起重视。本书认为，采取删除、销毁等方式进行隐瞒的，其本质也是一种拒绝、阻碍，其违法性与拒绝、阻碍相当；把这种隐瞒解释到拒绝、阻碍之中，并没有超出“拒绝、阻碍”的字面含义，也没有违背立法本意，可以依照第二百一十八条进行处罚。另外，仅仅是在检查、调查时不主动提供材料的，与“拒绝、阻碍”在违法程度上似有所差别，应当具体问题具体判断，不宜一概认定构成行政违法。——本书注

中恒大厦找朱某锭，并出示执法证件和调查通知书，要求其配合调查。调查人员与朱某锭当面交谈二十余分钟，朱某锭仍不接受调查，并拒不接收调查通知书。后经调查人员多次解释，朱某锭称将在6月7日晚8点前就其是否接受调查给予最终答复。6月7日下午5时24分，朱某锭通过电话联系调查人员，称调查人员向其发送的短信是对其的威胁，仍不配合调查。

【认定】中国证监会认定，朱某锭的上述行为违反《证券法》第一百七十三条的规定，构成《证券法》第二百一十八条所述违法行为。

2. 肖某端拒绝、阻碍调查案（中国证监会行政处罚决定书〔2021〕25号）

【案情】2020年5月28日上午，中国证监会调查人员在依法行使调查职权过程中，对肖某端的办公电脑进行取证。因无法登录肖某端的QQ邮箱，调查人员要求不在现场的肖某端提供登录密码，协助对其QQ邮件的取证。肖某端在告知调查人员密码前联系同事黄某达，请黄某达帮忙删除其QQ邮箱中的有关工作邮件。黄某达按照肖某端告知的QQ邮箱密码登录肖某端的QQ邮箱，实施了删除邮件的行为。

中国证监会调查人员收到肖某端的QQ邮箱密码并登录邮箱后发现，5月28日12时49分至13时03分，该邮箱中478封邮件遭到删除。

【认定】中国证监会认定，肖某端的上述行为违反《证券法》第一百七十三条的规定，构成《证券法》第二百一十八条所述违法行为。

《证券法》第二百二十一条　【市场禁入】

第二百二十一条　违反法律、行政法规或者国务院证券监督管理机构的有关规定，情节严重的，国务院证券监督管理机构可以对有关责任人员采取证券市场禁入的措施。

前款所称证券市场禁入，是指在一定期限内直至终身不得从事证券业务、证券服务业务，不得担任证券发行人的董事、监事、高级管理人员，或者一定期限内不得在证券交易所、国务院批准的其他全国性证券交易场所交易证券的制度。

相关规定

《证券市场禁入规定》（中国证券监督管理委员会令第185号）

第一条　为了维护证券市场秩序，保护投资者合法权益和社会公众利益，促进证券市场健康稳定发展，根据《中华人民共和国证券法》《中华人民共和国证券投资基金法》《中华人民共和国行政处罚法》等法律、行政法规，制定本规定。

第二条 中国证券监督管理委员会（以下简称中国证监会）及其派出机构（以下统称执法单位）对违反法律、行政法规或者中国证监会有关规定的有关责任人员采取证券市场禁入措施，以事实为依据，遵循公开、公平、公正的原则。

第三条 下列人员违反法律、行政法规或者中国证监会有关规定，情节严重的，执法单位可以根据情节严重的程度，采取证券市场禁入措施：

（一）证券发行人的董事、监事、高级管理人员，其他信息披露义务人或者其他信息披露义务人的董事、监事、高级管理人员，证券发行人、其他信息披露义务人持股百分之五以上的股东、实际控制人，证券发行人、其他信息披露义务人持股百分之五以上的股东、实际控制人的董事、监事、高级管理人员，或者执法单位认定的其他对欺诈发行或信息披露违法行为直接负责的主管人员或其他直接责任人员；

（二）证券公司及其依法设立的子公司的董事、监事、高级管理人员及工作人员，证券公司的股东、实际控制人或者股东、实际控制人的董事、监事、高级管理人员；

（三）证券服务机构、债券受托管理人的董事、监事、高级管理人员、合伙人、负责人及工作人员，证券服务机构、债券受托管理人的股东、实际控制人或者股东、实际控制人的董事、监事、高级管理人员；

（四）公开募集证券投资基金（以下简称基金）管理公司及其依法设立的子公司、其他公募基金管理人、基金托管人及其设立的基金托管部门、基金服务机构的董事、监事、高级管理人员及工作人员，基金管理公司、其他公募基金管理人和基金服务机构的股东、实际控制人或者股东、实际控制人的董事、监事、高级管理人员；

（五）私募投资基金管理人、私募投资基金托管人、私募投资基金销售机构及其他私募服务机构的董事、监事、高级管理人员、工作人员，私募投资基金管理人的股东、实际控制人、合伙人、负责人；

（六）直接或者间接在证券交易所、国务院批准的其他全国性证券交易场所（以下统称证券交易场所）进行投资的自然人或者机构投资者的交易决策人；

（七）编造、传播虚假信息或者误导性信息的有关责任人员；

（八）执法单位及相关自律组织的工作人员；

（九）执法单位认定的其他违反法律、行政法规或者中国证监会有关规定的有关责任人员。

第四条　执法单位可以采取的市场禁入种类包括：

（一）不得从事证券业务、证券服务业务，不得担任证券发行人的董事、监事、高级管理人员；

（二）不得在证券交易场所交易证券。

执法单位可以根据有关责任人员的身份职责、违法行为类型、违法行为的社会危害性和违法情节严重的程度，单独或者合并适用前款规定的不同种类市场禁入措施。

第五条　被采取本规定第四条第一款第一项证券市场禁入措施的人员，在禁入期间内，除不得继续在原机构从事证券业务、证券服务业务或者担任原证券发行人的董事、监事、高级管理人员职务外，也不得在其他任何机构中从事证券业务、证券服务业务或者担任其他证券发行人的董事、监事、高级管理人员职务。

被采取本规定第四条第一款第一项证券市场禁入措施的人员，应当在收到证券市场禁入决定后立即停止从事证券业务、证券服务业务或者停止履行证券发行人董事、监事、高级管理人员职务，并由其所在机构按规定的程序解除其被禁止担任的职务。

第六条　被采取本规定第四条第一款第二项证券市场禁入措施的人员，在禁入期间内，不得直接或者以化名、借他人名义在证券交易场所交易上市或者挂牌的所有证券。但在禁入期间存在以下情形的除外：

（一）有关责任人员被依据《中华人民共和国证券法》和中国证监会有关规定责令回购或者买回证券；

（二）有关责任人员被责令依法处理非法持有的证券；

（三）有关责任人员持有的证券被依法强制扣划、卖出或转让；

（四）根据相关法律、行政法规、中国证监会规定或者依法制定的证券交易场所相关业务规则，为防范和化解信用类业务风险需要继续交易证券；

（五）为履行在被禁入前已经报送或者已经公开披露的材料中约定的义务需要继续交易证券；

（六）卖出被禁入前已经持有的证券；

（七）法律、行政法规、中国证监会或者依法制定的证券交易场所业务规则规定，或者中国证监会认定的其他情形。

被采取本规定第四条第一款第二项证券市场禁入措施的人员，应当在收到证券市场禁入决定后立即停止证券交易活动。

证券交易场所应当做好相配套的限制证券账户交易权限工作，证券登记结算机构和证券公司应当予以配合。

第七条 违反法律、行政法规或者中国证监会有关规定,情节严重的,可以对有关责任人员采取3年以上5年以下本规定第四条第一款第一项规定的证券市场禁入措施;行为恶劣、严重扰乱证券市场秩序、严重损害投资者利益或者在重大违法活动中起主要作用等情节较为严重的,可以对有关责任人员采取6年以上10年以下本规定第四条第一款第一项规定的证券市场禁入措施;有下列情形之一的,可以对有关责任人员终身采取本规定第四条第一款第一项规定的证券市场禁入措施:

(一)严重违反法律、行政法规或者中国证监会有关规定,被人民法院生效司法裁判认定构成犯罪的;

(二)从业人员等负有法定职责的人员,故意不履行法律、行政法规或者中国证监会规定的义务,并造成特别恶劣社会影响,或者致使投资者利益受到特别严重损害,或者导致其他特别严重后果的;

(三)在报送或者公开披露的材料中,隐瞒、编造或者篡改重要事实、重要财务数据或者其他重要信息,或者组织、指使从事前述行为或者隐瞒相关事项导致发生上述情形,严重扰乱证券市场秩序,或者造成特别恶劣社会影响,或者致使投资者利益受到特别严重损害的;

(四)违反法律、行政法规或者中国证监会有关规定,从事欺诈发行、内幕交易、操纵证券市场等违法行为,严重扰乱证券市场秩序并造成特别恶劣社会影响,或者获取违法所得等不当利益数额特别巨大,或者致使投资者利益受到特别严重损害的;

(五)违反法律、行政法规或者中国证监会有关规定,情节严重,应当采取证券市场禁入措施,且存在故意出具虚假重要证据,隐瞒、毁损重要证据等阻碍、抗拒执法单位及其工作人员依法行使监督检查、调查职权行为的;

(六)因违反法律、行政法规或者中国证监会有关规定,5年内曾经被执法单位给予行政处罚2次以上,或者5年内曾经被采取本规定第四条第一款第一项规定的证券市场禁入措施的;

(七)组织、策划、领导或者实施重大违反法律、行政法规或者中国证监会有关规定的活动的;

(八)其他违反法律、行政法规或者中国证监会有关规定,情节特别严重的。

违反法律、行政法规或者中国证监会有关规定,影响证券交易秩序或者交易公平,情节严重的,可以对有关责任人员采取本规定第四条第一款第二项规定的证券市场禁入措施,禁止交易的持续时间不超过5年。

第八条 违反法律、行政法规或者中国证监会有关规定,情节严重的,可以单独对有关责任人员采取证券市场禁入措施，或者一并依法进行行政处罚；涉嫌犯罪的，依法移送有关部门，并可同时采取证券市场禁入措施。

第九条　有下列情形之一的，应当对有关责任人员从轻、减轻采取证券市场禁入措施：

（一）主动消除或者减轻违法行为危害后果的；

（二）配合查处违法行为有立功表现的；

（三）受他人胁迫或者诱骗实施违法行为的；

（四）在执法单位依法作出行政处罚决定或者证券市场禁入决定前主动交代违法行为的；

（五）其他依法应当从轻、减轻采取证券市场禁入措施的。

违法情节轻微并及时纠正，没有造成危害后果的，免予采取证券市场禁入措施。初次违法并且危害后果轻微并及时纠正的，可以免予采取证券市场禁入措施。

第十条　共同违反法律、行政法规或者中国证监会有关规定，需要采取证券市场禁入措施的，对负次要责任的人员，可以比照应负主要责任的人员，适当从轻、减轻或者免予采取证券市场禁入措施。

第十一条　执法单位采取证券市场禁入措施前，应当告知当事人采取证券市场禁入措施的事实、理由及依据，并告知当事人有陈述、申辩和要求举行听证的权利。具体程序按照《中国证券监督管理委员会行政处罚听证规则》等规定执行。

第十二条　被采取证券市场禁入措施的人员因同一违法行为同时被人民法院生效司法裁判认定构成犯罪或者进行行政处罚的，如果对其所作人民法院生效刑事司法裁判或行政处罚决定被依法撤销或者变更，并因此影响证券市场禁入措施的事实基础或者合法性、适当性的，依法撤销或者变更证券市场禁入措施。

第十三条　被执法单位采取证券市场禁入措施的人员，执法单位将通过中国证监会或者相关派出机构网站，或者指定媒体向社会公布，并记入证券市场诚信档案。

第十四条　有关责任人员违反执法单位依法作出的证券市场禁入决定或者所在机构及相关工作人员不配合履行证券市场禁入决定的，执法单位可依据相关法律法规进行处罚，相关法律法规没有规定的，给予警告并处国务院规定限额以下的罚款；涉嫌犯罪的，依法移送有关部门追究刑事责任。

第十五条　执法单位依法宣布个人或者单位的直接责任人员为期货市场禁止进入者的，可以参照本规定执行。

第十六条　本规定下列用语具有如下含义：

（一）证券发行人：包括上市公司、非上市公众公司、公司债券发行人和法律、行政法规以及中国证监会规定的其他证券发行人；

（二）信用类业务：包括融资融券、股票质押、债券质押式回购以及其他由法律、行政法规、中国证监会或者证券交易场所业务规则规定的，由投资者提供担保品进行资金或证券融通的交易活动；

（三）从业人员：包括本规定第三条第二项、第三项、第四项、第五项和第八项规定的人员，或者执法单位认定的其他人员；

（四）立即：本规定第五条第二款所称"立即"是指证券市场禁入决定送达之日的次一工作日，本规定第六条第二款所称"立即"是指证券市场禁入决定送达之日的次一交易日，法律、行政法规或者中国证监会另有规定的除外；

（五）本规定所称以上、以下、不超过，均包括本数。

第十七条 本规定自2021年7月19日起施行。2006年7月10日中国证监会发布施行的《证券市场禁入规定》（2006年3月7日中国证券监督管理委员会第173次主席办公会议审议通过，根据2015年5月18日中国证券监督管理委员会《关于修改〈证券市场禁入规定〉的决定》修订，以下简称原规定）同时废止。

对于本规定实施前发生的应予证券市场禁入的违法行为，依照原规定办理，但适用本规定对有关责任人员有利的，适用本规定。

对发生于本规定实施以前，继续或者连续到本规定实施以后的行为，依照本规定办理。

典型案例

贾某亭等欺诈发行、信披违法案（中国证监会市场禁入决定书〔2021〕7号）

经查明，乐视网、贾某亭等存在信息披露违法、欺诈发行行为（略，见"《证券法》第一百八十一条 【欺诈发行证券】部分"）。

时任董事长贾某亭、财务总监杨某杰在推动乐视网发行事项及涉及的财务造假事项中发挥了组织、策划、领导、实施作用，在财务造假中，采取隐瞒、编造重要事实等特别恶劣的手段，造假金额巨大，未勤勉尽责，在报送、披露的发行申请文件上签字并保证所披露的信息真实、准确、完整，违法情节特别严重，是乐视网欺诈发行行为直接负责的主管人员。时任监事吴某、副总经理贾某民直接参与相关财务造假行为，未勤勉尽责，在发行申请文件上签字并保证所披露的信息真实、准确、完整，在欺诈发行中发挥较大作用，违法情节较为严重。时任董事的刘某，未勤勉尽责，在发行申请文件上签字并保证所披露的信息真实、准确、完整，是乐视网欺诈发行行为的其他直接责任人员。根据前述关于乐视网财务造假的事实,贾某亭作为乐视网实际控制人,指使相关人员从事上述财务造假事项,导致公司申请非公开发行申报披露的2012年至2014年及2015年1-6月三年一期财务数据存在严重虚假记载,构成《证券法》第一百八十九条第二款所述的违法行为。

贾某亭、杨某杰违法情节特别严重,依据《证券法》第二百三十三条和《证券市场禁入规定》(证监会令第115号,以下简称《禁入规定》)第三条第一项、第四条、第五条第三项和第七项的规定,我会决定:对贾某亭、杨某杰采取终身证券市场禁入措施。

刘某、吴某、贾某民违法情节较为严重,依据《证券法》第二百三十三条和《禁入规定》第三条第一项、第四条、第五条的规定对刘某、吴某采取10年证券市场禁入措施,对贾某民采取8年证券市场禁入措施。

自中国证监会宣布决定之日起,在禁入期间内,除不得继续在原机构从事证券业务或者担任原上市公司、非上市公众公司董事、监事、高级管理人员职务外,也不得在其他任何机构中从事证券业务或者担任其他上市公司、非上市公众公司董事、监事、高级管理人员职务。

权威解读

2016年至2020年,共对298人次的自然人采取市场禁入,分年限看,其中3年至5年和5年至10年两档次市场禁入共计216人次,占比约72%;终身市场禁入82人次,占比约28%,采取市场禁入人次数比前5年(2011年至2015年,共计禁入123人次)增长142%。其中,内幕交易类违法市场禁入17人次,市场操纵类违法市场禁入26人次,信息披露类违法市场禁入191人次,从业人员违法类市场禁入21人次,其他违法类案件市场禁入43人次。市场禁入已覆盖资本市场各主要违法行为类型,特别是对信息披露违法相关责任人员进行了“逐出市场”的有力打击,提高了财务造假者的违法成本和执法震慑作用,取得了较好的效果。[①]

① 参见《〈证券市场禁入规定〉修订说明》,载证券市场禁入规定-法信-懂法,更懂法律人。

第三篇　民事侵权篇

《证券法》第二十四条　【违法发行返还认购本金和利息的责任】

第二十四条　国务院证券监督管理机构或者国务院授权的部门对已作出的证券发行注册的决定，发现不符合法定条件或者法定程序，尚未发行证券的，应当予以撤销，停止发行。已经发行尚未上市的，撤销发行注册决定，发行人应当按照发行价并加算银行同期存款利息返还证券持有人；发行人的控股股东、实际控制人以及保荐人，应当与发行人承担连带责任，但是能够证明自己没有过错的除外。

股票的发行人在招股说明书等证券发行文件中隐瞒重要事实或者编造重大虚假内容，已经发行并上市的，国务院证券监督管理机构可以责令发行人回购证券，或者责令负有责任的控股股东、实际控制人买回证券。

权威解读[①]

2005年《证券法》对于发行人的控股股东、实际控制人规定的是过错责任，受害投资者只有先搜集证据证明其存在过错，才能要求其承担连带责任。[②] 但是，发行人的控股股东、实际控制人在发行人发行证券融资行为中通常具有较大的利益、发挥较大的作用，实践中许多欺诈发行案件都是由发行人的控股股东、实际控制人主导或者指使的。针对这种情况，2019年修法加重了发行人的控股股东、实际控制人的责任，以加强打击违法行为的力度，起到更好的震慑效果。

---

① 参见程合红主编：《〈证券法〉修订要义》，人民出版社2020年版，第55页。

② 2005年《证券法》第二十六条规定："国务院证券监督管理机构或者国务院授权的部门对已作出的核准证券发行的决定，发现不符合法定条件或者法定程序，尚未发行证券的，应当予以撤销，停止发行。已经发行尚未上市的，撤销发行核准决定，发行人应当按照发行价并加算银行同期存款利息返还证券持有人；保荐人应当与发行人承担连带责任，但是能够证明自己没有过错的除外；发行人的控股股东、实际控制人有过错的，应当与发行人承担连带责任。"——本书注

《证券法》第二十九条　【违法承销的赔偿责任】

第二十九条　证券公司承销证券，应当对公开发行募集文件的真实性、准确性、完整性进行核查。发现有虚假记载、误导性陈述或者重大遗漏的，不得进行销售活动；已经销售的，必须立即停止销售活动，并采取纠正措施。

证券公司承销证券，不得有下列行为：

（一）进行虚假的或者误导投资者的广告宣传或者其他宣传推介活动；

（二）以不正当竞争手段招揽承销业务；

（三）其他违反证券承销业务规定的行为。

证券公司有前款所列行为，给其他证券承销机构或者投资者造成损失的，应当依法承担赔偿责任。[①]

相关规定

《证券发行与承销管理办法》（略，见“《证券法》第一百八十四条　【证券公司违法承销证券】”部分）

《证券法》第四十四条　【短线交易的收益归入责任】

第四十四条　上市公司、股票在国务院批准的其他全国性证券交易场所交易的公司持有百分之五以上股份的股东、董事、监事、高级管理人员，将其持有的该公司的股票或者其他具有股权性质的证券在买入后六个月内卖出，或者在卖出后六个月内又买入，由此所得收益归该公司所有，公司董事会应当收回其所得收益。但是，证券公司因购入包销售后剩余股票而持有百分之五以上股份，以及有国务院证券监督管理机构规定的其他情形的除外。

前款所称董事、监事、高级管理人员、自然人股东持有的股票或者其他具有股权性质的证券，包括其配偶、父母、子女持有的及利用他人账户持有的股票或者其他具有股权性质的证券。

---

① 本条第三款与《证券法》第八十五条均规定了承销机构的赔偿责任，区别在于，《证券法》第八十五条仅限于在信披违法中的承销机构赔偿责任（也即针对本条第一款行为的赔偿责任），而本条第三款则是针对本条第二款行为的赔偿责任。——本书注

公司董事会不按照第一款规定执行的，股东有权要求董事会在三十日内执行。公司董事会未在上述期限内执行的，股东有权为了公司的利益以自己的名义直接向人民法院提起诉讼。

公司董事会不按照第一款的规定执行的，负有责任的董事依法承担连带责任。

典型案例

京泉华诉某东明损害公司利益责任纠纷案（广东省深圳市龙华区人民法院（2020）粤0309民初6125号民事判决书）

【案情】一、原告深圳市京泉华科技股份有限公司（下称原告）系一家A股上市公司，股票在深圳证券交易所挂牌交易，股票简称京泉华，股票代码：002885。截至2020年2月20日，被告初某明（下称被告）通过其在中泰证券上海赤峰路营业部开立的证券账户（证券账户号码：02×××09，一码通账户号码：18×××85）累计买入原告股票4,464,916股，卖出192,000股，收市时持有11,721,991股，持股比例为原告总股本的6.512%。次日又累计买入1,353,850股，卖出7,055,500股，收市时持有6,020,341股，持股比例为原告总股本的3.344%。2月24日、25日，被告分别卖出原告股票2,084,150股、3,936,191股，将所持有的京泉华股票全部卖出。被告买入京泉华股票平均成交价格为18.057元，成交金额为239,648,082.44元，卖出平均成交价格为19.095元，成交数量为13,267,841股，成交金额为253,018,260.68元，扣除相关费用后被告纯获利13,370,178.24元。原告于2020年2月26日向被告致函，要求被告披露相关信息及收益，被告未予回复。

二、因被告以集中竞价交易方式增持原告股份首次达到5%后，没有及时向中国证监会和深圳证券交易所提交书面报告并披露权益变动报告书，且没有停止买入原告股份。2020年2月27日，深圳证券交易所对被告下发《限制交易决定书》，决定从2020年2月28日起至2020年3月28日止对被告的相关证券账户采取限制交易措施，即限制相关账户在上述期间买入原告股份。

【认定】法院认为，本案属损害公司利益责任纠纷。被告累计持有原告公司股票达到5%以上，未及时向中国证监会和深交所提交书面报告，违反了证券法的规定。《证券法》第四十四条第一款规定："上市公司、股票在国务院批准的其他全国性证券交易场所交易的公司持有百分之五以上股份的股东、董事、监事、高级管理人员，将其持有的该公司的股票或者其他具有股权性质的证券在买入后六个月内卖出，或者在卖出后六个月内又买入，由此所得收益归该公司所有，公司董事会应当收回其所得收益。但是，证券公司因购入包销售后剩余股票而持有百分之五以上股份，以及有国务院证券监督管理机构规定的其他情形的除外。”根据庭审查明的事实，原告要求被告退还股票收益13,370,178.24元的诉请于法有据，本院予以支持。被告未及时退还收益，视为对原告资金的占用，依法应支付相应的利息，经核算，原告的利息诉请未超出法定范畴，本院亦予以支持。

综上，依据《中华人民共和国证券法》第三十六条、第四十四条第一款及《中华人民共和国民事诉讼法》第六十四条之规定，判决如下：

被告初某明应于本判决生效之日起十日内支付原告深圳市京泉华科技股份有限公司股票收益13,370,178.24元，并支付自2020年2月26日起至前述款项付清时止的利息(以13,370,178.24元为基数，按年利率4.05%计算)。

《证券法》第五十三条 【内幕交易的赔偿责任】

第五十三条 证券交易内幕信息的知情人和非法获取内幕信息的人，在内幕信息公开前，不得买卖该公司的证券，或者泄露该信息，或者建议他人买卖该证券。

持有或者通过协议、其他安排与他人共同持有公司百分之五以上股份的自然人、法人、非法人组织收购上市公司的股份，本法另有规定的，适用其规定。

内幕交易行为给投资者造成损失的，应当依法承担赔偿责任。

相关规定

（略，见“《证券法》第一百九十一条 【内幕交易】【利用未公开信息交易】”部分。）

典型案例

林某与光大证券公司证券内幕交易责任纠纷案(上海市第二中级人民法院(2014)沪二中民六(商)初字第126号民事判决书、上海市高级人民法院(2016)沪民终334号民事判决书)

【案情】1. 中国证监会〔2013〕59号行政处罚决定书认定，2013年8月16日11时05分，光大证券公司在进行交易型开放式指数基金申赎套利交易时，因程序错误，其所使用的策略交易系统以234亿元的巨量资金申购180ETF成分股，实际成交72.7亿元。经测算,180ETF与沪深300指数在2013年1月4日至8月21日期间的相关系数达99.82%,即巨量申购和成交180ETF成分股对沪深300指数,180ETF、50ETF和股指期货合约价格均产生重大影响。同时,巨量申购和成交可能对投资者判断产生重大影响,从而对沪深300指数,180ETF、50ETF和股指期货合约价格产生重大影响。根据《证券法》第七十五条第二款第八项和《期货交易管理条例》第八十二条第十一项的规定,"光大证券公司在进行ETF套利交易时,因程序错误,其所使用的策略交易系统以234亿元的巨量资金申购180ETF成分股,实际成交72.7亿元"为内幕信息。光大证券公司是2005年《证券法》第二百零二条和《期货交易管理条例》第七十条所规定的内幕信息知情人。上述内幕信息自当日11时05分交易时产生,至当日14时22分光大证券公司发布公告时公开。同日不晚于11时40分,徐某明召集杨某忠、沈某光和杨某波开会,达成通过做空股指期货、卖出ETF对冲风险的意见,并让杨某波负责实施。因此,光大证券公司知悉内幕信息的时间不晚于当日11时40分。当日13时,光大证券公司称因重大事项停牌。当日14时22分,光大证券公司发布公告,称"公司策略投资部自营业务在使用其独立套利系统时出现问题。"但在当日13时开市后,光大证券公司即通过卖空股指期货、卖出ETF对冲风险,至14时22分,卖出股指期货空头合约IF1309、IF1312共计6240张,合约价值43.8亿元,获利74,143,471.45元;卖出180ETF共计2.63亿份,价值1.35亿元,卖出50ETF共计6.89亿份,价值12.8亿元,合计规避损失13,070,806.63元。光大证券公司在内幕信息公开前将所持股票转换为ETF卖出和卖出股指期货空头合约的交易,构成2005年《证券法》第二百零二条和《期货交易管理条例》第七十条所述内幕交易行为。中国证监会决定没收光大证券公司ETF内幕交易违法所得13,070,806.63元,并处以违法所得5倍的罚款;没收光大证券公司股指期货内幕交易违法所得74,143,471.45元,并处以违法所得5倍的罚款。上述两项罚没款共计523,285,668.48元。此外,中国证监会对于徐某明、杨某波等相关责任人员还给予警告并处以罚款。

2. 作为被行政处罚对象,杨某波不服上述行政处罚决定,向北京市第一中级人民法院起诉中国证监会,请求该院撤销上述处罚决定中对其作出的处罚。北京市第一中级人民法院于2014年12月作出(2014)一中行初字第2438号行政判决,驳回杨某波的诉讼请求。杨某波不服上诉至北京市高级人民法院,北京市高级人民法院于2015年5月判决驳回上诉,维持原判。

3. 中国证监会在〔2013〕59号行政处罚决定书中认定,2013年8月16日11时59分左右光大证券公司董事会秘书梅某在与大智慧记者高某通话时否认了市场上"光大证券自营盘70亿元乌龙指"的传闻,而此时梅某对相关情况并不知悉。

随后,高某发布《光大证券就自营盘70亿乌龙传闻回应:子虚乌有》一文。12时13分,梅某向高某表示需进一步核查情况,要求删除文章。但此时该文已无法撤回,于12时47分发布并被其他各大互联网门户网站转载。梅某的相关行为违反了2005年《证券法》第七十八条第二款关于禁止信息误导的规定。中国证监会认为,梅某作为光大证券公司董事会秘书,在对具体事实不知情的情况下,明知对方为新闻记者,轻率地对未经核实的信息予以否认,构成信息误导。大智慧当日13时04分发布的报道与光大证券公司13时公告的"重要事项未公开,8月16日下午停牌"内容基本一致,未披露当天上午交易的真实原因,不能视为对大智慧于当日12时47分发布信息的更正。据此,中国证监会决定责令梅某改正,并处以20万元罚款。

4. 光大证券公司2013年7月修订的《策略投资部业务管理制度》第3章第3.1条第15项关于市场中性策略型交易管理制度指引规定:"如果因市场出现流动性急剧下降、市场压力、系统故障、以及其他原因而导致交易异常,应考虑采用合适的对冲工具(包括但不限于股指期货、ETF等)及时控制风险,进行对冲交易,以保证部门整体风险敞口处于可控范围,保持市场中性"。

5. 当日11时32分,21世纪网刊发了标题为《A股暴涨:光大证券自营盘70亿乌龙指》的报道称,据21世纪网独家获悉,今天上午的A股暴涨,源于光大证券公司自营盘70亿的乌龙指。对上述消息,光大证券公司董秘梅某对大智慧通讯社表示自营盘70亿乌龙纯属子虚乌有。光大证券公司权威人士对大智慧通讯社表示,有上述相关传闻说明他们不了解光大证券公司严格的风控,不可能存在70亿元乌龙情况,称传闻纯属子虚乌有。21世纪网已从多个渠道获悉,上午巨额买盘的资金的确是走的光大证券公司自营席位的通道。该报道随后由多家网站转载。

6. 当日13时,光大证券公司因重要事项未公告,向上海证券交易所申请临时停牌,该消息随后由多家网站转载。

7. 2013年8月16日全天,50ETF的交易量为17.64亿份,180ETF的交易量为16.49亿份。当日内幕交易时间段内,光大证券公司交易的IF1309合约6077张,与该时间段市场总成交量437,499张相比所占比例为1.39%,交易的IF1312合约163张,与该时间段市场总成交量9065张相比所占比例为1.80%。

8. 林某在平安证券开立账户进行交易。2013年8月16日11时23分买入海通证券股票4300股,当日13时15分再次买入该股票4300股。当日13时11分还买入宏源证券股票4300股。上诉人主张买入与卖出之间的差价损失10,286.75元,并主张手续费损失223.69元。

9. 宏源证券在当日系沪深300指数成分股。海通证券在当日系180ETF成分股,在当日之后连续正常交易十个交易日。

【认定】一审法院认为:1. 根据中国证监会在〔2013〕59号行政处罚决定书及其相关法院行政判决书,确认光大证券公司存在内幕交易行为。

2. 光大证券公司并未遵守监管部门的信息披露要求,而是实施对冲交易以规避自己的损失,主观上具有过错。

3. 光大证券公司在当日内幕交易时间段的交易行为是卖出50ETF以及180ETF。ETF品种是一种跟踪标的指数变化、且在证券交易所上市交易的基金。ETF价格与一揽子成分股价格按比例相关,成分股的价格变动会直接影响ETF的价格变动。ETF的申购赎回,可以用一揽子成分股互换,这个过程中会发生成分股的直接买卖,而不仅仅是心理影响。在ETF套利方面,也存在价格互动性,大量卖出ETF会导致ETF市场价格下降,与ETF的份额净值产生偏离,偏离到一定程度便会产生套利机会,市场套利者通常会低价买入ETF,再赎回换成一揽子股票,然后在股票市场抛售,赚取差价。光大证券公司在内幕交易时间段交易的50ETF为6.89亿份,与当日50ETF全天市场总交易量17.64亿份相比所占比例为39.06%,180ETF为2.63亿份,与当日180ETF全天市场总交易量16.49亿份相比所占比例为15.95%。上述数据说明,光大证券公司内幕时间段的交易量即便与全天市场总交易量相比,已经是占相当大的比例,更何况单独对内幕交易时间段内的成交量进行比较。在如此大的交易量的情况下,足以引起成分股的价格变动。基于以上原因,林某交易的50ETF、180ETF的成分股,与光大证券公司内幕交易所涉及的50ETF、180ETF具有直接关联性,因此交易股票受到损失与光大证券公司的内幕交易行为之间具备法律上可以认定的因果关系。

4. 针对沪深300指数成分股,光大证券公司所交易的IF1309、IF1312股指期货合约是由中国金融期货交易所设计的,其标的为沪深300指数。该指数样本股票选自沪深两个证券市场,市值覆盖率高,代表性强,反映了沪深两个市场整体走势。在股指期货与沪深300指数及其成分股价格互动关系方面,考虑期货原理,考虑到股指期货市场与股票市场是相对独立的市场,认定股指期货与沪深300指数成分股之间不存在直接转换关系,即无法像ETF一样,可以日内在同一个市场通过一揽子成分股互换的方式进行ETF的申购赎回。在ETF申赎过程中,股票的所有权是发生实际变化的,而在股指期货合约的交易过程中,现货股票没有发生所有权变动。故光大证券公司交易的IF1309、IF1312股指期货合约,与沪深300指数的成分股价格关联性极为微弱,无法认定存在法律上认可的因果关系。

5. 中国证监会并未认定光大证券公司当日上午的行为属于内幕交易(即便可能存在极少量的股指期货交易行为),也未认定光大证券公司当日存在虚假陈述、操纵市场等相关法律所禁止的行为,林某在非内幕交易时间段进行交易,属于跟风买入受损,应自担投资风险,光大证券公司对上诉人的损失并无过错,无法认定存在法律上的因果关系,故此部分诉请不予支持。

6. 投资人在基准日及以前卖出证券的,其损失为买入证券总成交额与实际卖出证券总成交额之差。投资人在基准日之后卖出或者仍持有证券的,其损失为买入证券总成交额与以基准价格计算的卖出证券总成交额之差。总成交额以股数×交易价格计算,多次买入的累计计算。至于交易的税费损失等各项成本费用,内幕交易与虚假陈述行为有所不同,虚假陈述行为会直接影响投资者是否进行投资的判断,故应赔偿投资者的交易成本费用,而内幕交易则具有秘密性,投资者无法对他人的内幕交易行为产生信赖,因此内幕交易行为对交易品种的价格存在影响,但并不完全和必然影响投资者做出是否交易的决定,故对上诉人的交易的税费损失不予支持。林某的海通证券股票部分在内幕时间段内买入,在基准日之前卖出,损失计算方式为 4300×11.51－4300×10.73＝3354 元。

综上所述,光大证券公司的行为构成内幕交易,具有主观过错,与林某的投资损失具有因果关系,故应依法赔偿因此所造成的损失 3354 元。依照 2005 年《证券法》第五条、第六十七条、第七十条、第七十五条、第七十六条,《期货交易管理条例》第三条、第八十二条之规定,判决光大证券公司赔偿 3354 元,对其余诉讼请求不予支持。

林某上诉后,二审法院对一审判决查明的事实予以确认,并认为,本案的争议焦点为:(一)被上诉人光大证券公司对上诉人林某于上午买入的证券是否应承担赔偿责任;(二)被上诉人对上诉人于内幕交易时间段买入的宏源证券是否承担赔偿责任;(三)被上诉人是否应当承担惩罚性赔偿责任。

1. 关于被上诉人对上诉人于上午买入的证券是否应承担赔偿责任问题

首先,根据中国证监会在〔2013〕59 号行政处罚决定书的记载,中国证监会对光大证券公司 2013 年 8 月 16 日全天交易进行了全面调查,在此基础上认定光大证券公司当日 13 时至 14 时 22 分的交易行为构成内幕交易行为。换言之,中国证监会并不认为光大证券公司在当日的其他时间段(包括上午)存在违法违规行为(包括交易行为)。

其次,在证券、期货市场中,任何交易都会对市场产生影响,只是因交易量、价不同导致的影响也就不同。只要该交易行为不违反法律法规和交易所交易规则,就应作为民事主体合法、有效的行为,不应对其交易导致市场价格变化进而引发其他投资者判断、交易而产生的损失承担赔偿责任。光大证券公司上午所谓“错单”交易乃指其意图实施的交易因故与实际实施的交易指令不同。光大证券公司意图实施的交易由于并未实际作出,也就不可能损害其他投资者的合法权益。而光大证券公司该日上午实际实施的交易,除交易数量巨大外,现未发现存在违法、违规的情形,也就不具有侵权法上的可责难性,故不应对其他投资人的交易损失承担赔偿责任。

2. 被上诉人对上诉人于内幕交易时间段买入的宏源证券是否应承担赔偿责任问题

通常而言,行为人如不持有内幕信息,其交易行为不论数量多寡,不论与股票或期货市场价格关联性的大小,因其不具违法性和过错,故不应对其他投资者的损失承担赔偿责任。但交易人或交易行为存在其他违法或违规情节的除外。当行为人持有内幕信息并实施交易时,交易行为本身并不会发生变化,变化的只是行为人知晓了内幕信息,市场其他参与人并不知晓该信息。所以,内幕交易只会影响侵权行为人的投资决策,其内幕信息的隐秘性决定了它不会对其他市场参与人的决策或交易产生影响。换言之,市场其他参与人的交易决策不是依赖于其不知晓的内幕所作出,而是依赖于市场价格和公开信息自我决策所作之结果。

内幕交易行为人之所以需要对投资者进行赔偿,乃因其利用内幕信息,作出了最大利益可能的证券、期货交易。如该笔交易的成交对手当时同样知晓该内幕信息,通常就不会再作出相同交易,进而损失就不会发生。是故,2005 年《证券法》第七十六条所指的“内幕交易行为给投资者造成损失的”应当限于与内幕交易行为有直接因果关系、相反方向交易的投资者。

至于如何判断相反交易方向的投资者,应充分考虑证券交易品种、期货交易品种虽然彼此独立但又有相互影响,期货、证券、汇市、债市各市场独立但又相互影响,各国股市也有一定关联性等因素。如将因果关系过于遥远的投资者纳入赔偿范围,且赔偿计算方式亦与直接交易对手完全一致,即可能导致侵权人的责任过重,也会导致直接受损的投资者无法获得足额赔付。被上诉人在内幕交易时间段交易的品种是 IF1309、IF1312 以及 50ETF、180ETF。上诉人买入的宏源证券股票与上述交易品种不同,宏源证券也不是 50ETF、180ETF 的成分股,故可以认定只存在间接关联。一审法院依全案证据,认定上述交易与内幕交易之间不存在因果关系的结论,尚属合理。

3. 关于被上诉人是否应当承担惩罚性赔偿责任问题

法院审理民事案件应当根据法律和司法解释的规定适用法律。在《侵权责任法》[1]及其相关司法解释对未作规定的情况下，上诉人要求被上诉人承担惩罚性赔偿责任，放宽侵权责任构成要件的要求，显然违背了现有法律，不予采纳。

综上所述，二审法院驳回上诉，维持原判。

《证券法》第五十四条　【利用未公开信息交易的赔偿责任】

第五十四条　禁止证券交易场所、证券公司、证券登记结算机构、证券服务机构和其他金融机构的从业人员、有关监管部门或者行业协会的工作人员，利用因职务便利获取的内幕信息以外的其他未公开的信息，违反规定，从事与该信息相关的证券交易活动，或者明示、暗示他人从事相关交易活动。

利用未公开信息进行交易给投资者造成损失的，应当依法承担赔偿责任。

相关规定

（略，见“《证券法》第一百九十一条　【内幕交易】【利用未公开信息交易】”部分。）

《证券法》第五十五条　【操纵证券市场的赔偿责任】

第五十五条　禁止任何人以下列手段操纵证券市场，影响或者意图影响证券交易价格或者证券交易量：

（一）单独或者通过合谋，集中资金优势、持股优势或者利用信息优势联合或者连续买卖；

（二）与他人串通，以事先约定的时间、价格和方式相互进行证券交易；

（三）在自己实际控制的账户之间进行证券交易；

（四）不以成交为目的，频繁或者大量申报并撤销申报；

（五）利用虚假或者不确定的重大信息，诱导投资者进行证券交易；

（六）对证券、发行人公开作出评价、预测或者投资建议，并进行反向证券

---

[1] 已被2021年1月1日生效的《民法典》取代。——本书注

交易；

（七）利用在其他相关市场的活动操纵证券市场；

（八）操纵证券市场的其他手段。

操纵证券市场行为给投资者造成损失的，应当依法承担赔偿责任。

相关规定

（略，见“《证券法》第一百九十二条 【操纵证券市场】”部分。）

典型案例

杨某辉与阙某彬、蝶彩资产管理公司、谢某荣操纵证券市场责任纠纷案（四川省成都市中级人民法院（2018）川01民初2728号民事判决书、四川省高级人民法院（2020）川民终1532号民事判决书）

【案情】1. 恒康医疗公司原名甘肃独一味生物制药股份有限公司，为深圳证券交易所上市公司，阙某彬为恒康医疗第一大股东。

2. 2013年3月，阙某彬与谢某荣在上海见面，阙某彬向谢某荣表达了希望高价减持恒康医疗股票的意愿，谢某荣表示可以通过“市值管理”的方式提高恒康医疗公司“价值”，进而拉升股价，实现阙某彬高价减持恒康医疗公司股票的目的。

2013年5月7日，阙某彬、蝶彩资产管理公司和德邦证券有限责任公司（以下简称德邦证券）三方签署《研究顾问协议》，协议约定蝶彩资产管理公司作为研究顾问机构提供顾问服务，顾问服务期限和定向计划的委托管理期限相同。蝶彩资产管理公司根据阙某彬在恒康医疗公司股价不低于20元/股的情况下对持有的2000万股恒康医疗公司股票进行减持的需求，提供减持策略报告和操作方案，蝶彩资产管理公司收取研究顾问费，研究顾问费按减持成交金额的12.5%计提，收取金额为计提金额扣除管理费、托管费和交易费用后的余额。

同日，阙某彬和德邦证券、兴业银行股份有限公司（以下简称兴业银行）三方签署《德邦证券－兴业银行定向资产管理业务资产管理合同》（以下简称《资产管理合同》），阙某彬为委托人，德邦证券为管理人，兴业银行为托管人。根据合同约定，自管理人确认委托资产全部到账后，向委托人和托管人发送《委托资产起始运作通知书》，委托人和托管人双方确认签收的当日（若非同日签收，以最后一方签收日的当日）合同开始生效。2013年5月8日，阙某彬将2000万股恒康医疗公司股票托管转至资产管理账户。根据合同约定的生效条件，《资产管理合同》于

2013 年 5 月 9 日生效。

3. 从 2013 年 5 月 9 日起，蝶彩资产管理公司的工作人员及谢某荣通过邮件发送给阙某彬的《市值管理备忘录》，向阙某彬提出一系列“市值管理”建议，主要内容为：建议恒康医疗公司加快战略转型；建议采取收购医院、安排行业研究员调研、安排财经公关和证券媒体采访等方式改善恒康医疗公司资本市场形象；建议恒康医疗公司加强信息披露，将恒康医疗公司正在做的对股价有提升的项目向市场披露来进行“市值管理”。

在此期间，恒康医疗公司进行了一系列的主动信息披露。2013 年 6 月 7 日，恒康医疗公司发布收购蓬溪医院、资阳医院和德阳医院三家医院的公告；2013 年 6 月 14 日，恒康医疗公司发布公告称其全资子公司上海独一味生物科技有限公司（以下简称上海独一味公司）和美国 Apexigen 公司等协作研发完成了人源兔单克隆抗体“DYW101”项目第一阶段研究；2013 年 6 月 24 日，恒康医疗公司发布公告称独一味牙膏于日前研制完毕。

2013 年 7 月 3 日、4 日，阙某彬通过大宗交易系统减持恒康医疗公司股票 2200 万股，共获利 51621068 元。其中包括“德邦证券－兴业银行定向资产管理业务资产管理合同”约定的 2000 万股，7 月 3 日、4 日各减持 1000 万股，减持均价 20 元/股；7 月 4 日阙某彬主动减持 200 万股，减持均价 19.91 元/股。2013 年 7 月 5 日，阙某彬按照约定支付了蝶彩资产管理公司研究顾问费 4858 万元。

4. 2013 年 7 月 4 日晚，恒康医疗公司发布公告称阙某彬于 2013 年 7 月 3、4 日共计减持恒康医疗股份 2200 万股。

5. 2016 年 2 月 3 日，恒康医疗公司发布《关于收到中国证监会调查通知书的公告》，称恒康医疗公司、阙某彬分别收到中国证监会《调查通知书》，因恒康医疗公司信息披露涉嫌违反证券法律法规，阙某彬涉嫌违反证券法律法规，中国证监会决定对公司及阙某彬进行立案稽查。

6. 2017 年 5 月 12 日，中国证监会作出〔2017〕20 号结案通知书，认为恒康医疗公司信息披露违法行为轻微，决定对恒康医疗公司不予处罚。

7. 2017 年 8 月 10 日，中国证监会作出〔2017〕80 号行政处罚决定书，认为阙某彬与蝶彩资产管理公司、谢某荣合谋，利用阙某彬作为恒康医疗公司控股股东及实际控制人具有的信息优势，控制恒康医疗公司密集发布利好信息，人为操作信息披露的内容和时点，未及时、真实、准确、完整披露对恒康医疗公司不利的信息，夸大恒康医疗公司研发能力，选择时点披露恒康医疗公司已有的重大利好信息，借“市值管理”名义，行操纵股价之实。通过上述一系列信息披露的综合起效，客观上误导了投资者，影响了恒康医疗公司股价，实现了阙某彬高价减持恒康医疗公司股份的目的，违反了2005年《证券法》第七十七条第一款的规定，构成第二百零三条所述操纵证券市场行为。蝶彩资产管理公司、谢某荣负责策划恒康医疗公司“市值管理”方案，蝶彩资产管理公司起主导作用，非法获取4858万元，应承担主要责任，谢某荣是直接负责的主管人员；阙某彬起配合作用，非法获取3,041,068元，应承担次要责任。依据《证券法》第二百零三条的规定，中国证监会决定：一、没收蝶彩资产管理公司违法所得4858万元，并处以9716万元罚款；二、对谢某荣给予警告，并处以60万元罚款；三、没收阙某彬违法所得3,041,068元，并处以3,041,068元罚款。

蝶彩资产管理公司、谢某荣不服，向中国证监会申请行政复议，中国证监会作出〔2017〕167号行政复议决定书、〔2017〕168号行政复议决定书，维持〔2017〕80号行政处罚决定书对蝶彩资产管理公司、谢某荣的处罚。

8. 蝶彩资产管理公司、谢某荣对中国证监会〔2017〕80号行政处罚决定书和〔2017〕167号行政复议决定书、〔2017〕168号行政复议决定书不服，向北京市第一中级人民法院提起行政诉讼。北京市第一中级人民法院审理后作出(2018)京01行初77号行政判决书、(2018)京01行初119号行政判决书，判决驳回蝶彩资产管理公司、谢某荣的诉讼请求。

蝶彩资产管理公司、谢某荣不服北京市第一中级人民法院的一审判决，向北京市高级人民法院提起上诉。北京市高级人民法院作出(2019)京行终2311号行政判决书、(2019)京行终2328行政判决书，判决驳回上诉、维持原判。

9. 2013年5月7日，恒康医疗公司股票收盘价为16.40元。2013年5月8日，恒康医疗公司股价上涨7.13%，收盘价17.66元。至2013年7月3日期间，恒康医疗公司股票震荡上涨。2013年7月4日、5日，恒康医疗公司股价分别下跌7.48%、6.86%。

10. 杨某辉于2013年5月24日至7月4日期间多次买卖恒康医疗公司股票，截至7月4日，杨某辉的股票账户持有恒康医疗股票51,200股，按先进先出原则处理后加权平均计算出的买入均价为19.84元。杨某辉于2013年7月5日将持有恒康医疗公司股票51,200股全部卖出，成交均价19.73元。

【认定】一审法院认为：一、2005年《中华人民共和国证券法》第七十七条第二款规定：“操纵证券市场行为给投资者造成损失的，行为人应当依法承担赔偿责任。”根据该规定，原告杨某辉请求被告阙某彬、蝶彩资产管理公司、谢某荣承担操纵证券市场民事赔偿责任的，需要同时满足以下三个要件：一是被告阙某彬、蝶彩资产管理公司、谢某荣存在操纵证券市场的行为；二是原告杨某辉投资了被操纵的证券并遭受了投资损失；三是被告操纵市场的行为和原告投资者的损失之间存

在因果关系。对操纵证券市场民事赔偿责任的三个构成要件,本院分别评判如下:

1. 阙某彬、蝶彩资产管理公司、谢某荣是否存在操纵恒康医疗公司股价的行为

中国证监会〔2017〕80号行政处罚决定书、〔2017〕167号行政复议决定书、〔2017〕168号行政复议决定书均认定阙某彬、蝶彩资产管理公司、谢某荣合谋,利用阙某彬作为恒康医疗公司的控股股东及实际控制人具有的信息优势,控制恒康医疗公司密集发布利好信息,人为操作信息披露的内容和时点,未及时、真实、准确、完整披露对恒康医疗公司不利的信息,夸大恒康医疗公司的研发能力,选择时点披露恒康医疗公司已有的重大利好信息,操纵恒康医疗公司股价的事实。已经生效的北京市第一中级人民法院(2018)京01行初77号行政判决书、(2018)京01行初119号行政判决书对阙某彬、蝶彩资产管理公司、谢某荣操纵恒康医疗公司股价的主观意图和客观行为已经进行充分论述,不再赘述。综上,认定阙某彬、蝶彩资产管理公司、谢某荣在2013年5月9日至2013年7月4日期间实施了操纵恒康医疗公司股价的违法行为。

2. 杨某辉买卖恒康医疗公司股票是否存在损失

本案中,杨某辉主张按照买入恒康医疗公司股票的价格与恒康医疗公司股票的"真实价格"之差计算交易损失,即以阙某彬、蝶彩资产管理公司、谢某荣实施操纵恒康医疗公司股票行为开始日前20个交易日恒康医疗股票收盘价的均价作为基准价,以申万中药三级指数涨跌幅调整操纵市场期间恒康医疗公司股票的基准价,得出恒康医疗公司股票在每个交易日的"真实价格"。杨某辉买入恒康医疗公司股票价格与"真实价格"之间的差额,即为杨某辉的投资损失。同理,杨某辉在操纵期间卖出恒康医疗公司股票的,其卖出恒康医疗公司股票的价格与恒康医疗公司股票的"真实价格"之间的差额,即为杨某辉获得的利益,因获得利益与买入股票产生的损失基于同一原因,应适用损益相抵原则,在杨某辉的投资损失中扣除卖出股票所获得的收益。杨某辉在操纵期间结束后出售恒康医疗公司股票的,因操纵行为既已结束,无论卖出恒康医疗公司股票价格如何,均与阙某彬、蝶彩资产管理公司、谢某荣操纵恒康医疗公司股价的行为无关,不适用损益相抵原则。根据此种计算方法,杨某辉主张其买卖恒康医疗公司股票的损失为214,197.79元。

阙某彬、蝶彩资产管理公司、谢某荣抗辩称杨某辉主张的损失计算方法无法律依据,也无合理性,其计算出的损失214,197.79元并非杨某辉交易恒康医疗公司股票的实际损失,从杨某辉提交的交易明细可以看出杨某辉无实际损失。

杨某辉主张的损失计算方法既无法律依据,又缺乏实质合理性。首先,《中华

人民共和国民法总则》[1]《侵权责任法》[2]确定了侵权损害赔偿补偿性质，即“填平”原则。本案中，杨某辉在操纵期间结束后的次日卖出恒康医疗公司股票51,200股，其卖出价格远高于杨某辉计算出的“真实价格”。在杨某辉买入卖出股票期间，中小板综指、深圳医药行业指数并未上涨，如果不考虑杨某辉卖出该51,200股的获益情况，有违侵权损害赔偿的“填补原则”。其次，价值决定价格是经济学基本原理之一，在证券交易所挂牌交易的股票是一种特殊的金融商品，其价格也随其价值上下波动。行为人操纵证券市场行为的目的通常为获取证券交易收益，操纵行为人通过一系列行为使被操纵的股票价格脱离基本面和真实价值，从而在高点卖出股票或者在低点买入股票。本案中，阙某彬的主观意图为高价减持恒康医疗公司股份，阙某彬、蝶彩资产管理公司、谢某荣的操纵行为表现为抬高股价，投资者的损失为追高买入存在泡沫的恒康医疗公司股票。在操纵行为结束后，恒康医疗公司股价随着减持公告应声下跌，直至泡沫被挤净，价格趋于平稳，股票价格逐渐向其真实价值回归。操纵行为结束后，市场需要多长时间才能将其欺诈效应消化掉，涉及的因素比较多，是一个十分复杂的问题。但是，本案中，杨某辉在操作期间结束的次日即将全部恒康医疗公司股票全部卖出，如果说杨某辉卖出恒康医疗公司股票的价格与阙某彬、蝶彩资产管理公司、谢某荣的操纵行为完全无关，不符合本案的实际情况。

证券交易欺诈行为可以分为操纵市场、虚假陈述、内幕交易三大类型，三者之间往往是相互联系的。虚假陈述只是表象，而内幕交易和操纵市场却是问题的核心和根本。本案中，阙某彬、蝶彩资产管理公司、谢某荣利用阙某彬作为恒康医疗公司的控股股东及实际控制人具有的信息优势，控制恒康医疗公司密集发布利好信息，人为操作信息披露的内容和时点，阙某彬、蝶彩资产管理公司、谢某荣的操纵行为可以归类于信息型操纵。阙某彬、蝶彩资产管理公司、谢某荣的操纵行为与虚假陈述行为具有类似性。由此，本院认为，杨某辉的损失以及其损失与阙某彬、蝶彩资产管理公司、谢某荣的操纵行为之间的因果关系均可以参照《最高人民法院关于审理证券市场因虚假陈述引发的民事赔偿案件的若干规定》予以认定，即杨某辉的损失包括投资差额损失及佣金、资金利息。杨某辉的投资差额损失以买入证券平均价格与实际卖出证券平均价格之差，乘以杨某辉所持证券数量计算。杨某辉在操纵期间多次买卖恒康医疗股票，按先进先出原则处理后，杨某辉于2013年7月4日持有的51,200股恒康医疗股票买入均价为19.84元。杨某辉

---

① 已被2021年1月1日生效的《民法典》取代。——本书注

② 已被2021年1月1日生效的《民法典》取代。——本书注

于2013年7月5日将持有的51,200股恒康医疗股票全部卖出,卖出均价19.73元。杨某辉的投资差额损失5632元[(19.84元-19.73元)×51,200],因印花税仅对卖出方单边收取,故投资差额损失部分无佣金损失,杨某辉未主张资金利息损失,属于对自身权利的处分。

3. 杨某辉的损失与阙某彬、蝶彩资产管理公司、谢某荣的操纵行为之间是否具有因果关系

杨某辉主张其在阙某彬、蝶彩资产管理公司、谢某荣恒康医疗公司股价期间买入恒康医疗公司股票,其损失与阙某彬、蝶彩资产管理公司、谢某荣的操纵行为之间存在因果关系。蝶彩资产管理公司、谢某荣答辩称杨某辉的交易行为非因阙某彬、蝶彩资产管理公司、谢某荣操纵行为误导所致,与中国证监会认定的操纵证券市场行为不存在因果关系。根据双方的诉辩主张可以看出,蝶彩资产管理公司、谢某荣认为杨某辉应举证证明其交易系因阙某彬、蝶彩资产管理公司、谢某荣操纵行为误导所致。而杨某辉认为阙某彬、蝶彩资产管理公司、谢某荣操纵行为已经导致恒康医疗公司股价偏离真实价值,应当采纳欺诈市场理论,只要杨某辉在操纵期间购买了恒康医疗公司股票,就足以认定其损失与阙某彬、蝶彩资产管理公司、谢某荣的操纵行为之间存在因果关系。

杨某辉的主张符合证券市场交易实际,有利于保护投资者合法权益,予以采纳。首先,股票交易实行集中竞价交易机制,买卖双方难以一一对应,杨某辉不能也无须证明买卖之间的对应关系。其次,操纵证券市场行为通常具有隐蔽性,要求投资者证明其受操纵行为误导买入或卖出证券不具有合理性。最后,在一个公开有效的证券交易市场中,公司股票的价格是由公司基本面和供求关系所决定的,操纵证券市场行为扭曲了公司基本面或供求关系,前者主要表现为信息型操纵,后者主要表现为价量型操纵。不管是哪种类型的操纵证券市场行为,最终都会导致公司股票价格偏离真实价值,此时的股票价格对投资者而言是不公平的,因信赖该股票价格为公正价格而交易的无辜投资者将因此遭受损失。

因操纵证券市场引发的民事赔偿案件中,可以参照《最高人民法院关于审理证券市场因虚假陈述引发的民事赔偿案件的若干规定》第十九条"投资人具有以下情形的,人民法院应当认定虚假陈述与损害结果之间存在因果关系:(一)投资人所投资的是与虚假陈述直接关联的证券;(二)投资人在虚假陈述实施日及以后,至揭露日或者更正日之前买入该证券;(三)投资人在虚假陈述揭露日或者更正日及以后,因卖出该证券发生亏损,或者因持续持有该证券而产生亏损"的规定,认定投资者的损失与操纵行为之间是否具有因果关系。即投资人具有以下情形的,应当认定操纵证券市场行为与投资者的损害结果之间存在因果关系:(1)投资

人所投资的是与操纵行为直接关联的证券;(2)投资人在操纵行为实施期间买入该证券;(3)投资人在操纵行为结束以后,因卖出该证券发生亏损,或者因持续持有该证券而产生亏损。本案中,杨某辉在阙某彬、蝶彩资产管理公司、谢某荣操纵恒康医疗公司股价期间买入恒康医疗公司股票,并在操纵期间结束后卖出恒康医疗公司股票而产生亏损,杨某辉的损失与阙某彬、蝶彩资产管理公司、谢某荣的操纵行为显然具有因果关系。

二、谢某荣是否应承担赔偿责任

谢某荣抗辩称其系履行蝶彩资产管理公司职务的行为,不应承担操纵证券市场的民事赔偿责任。杨某辉主张,谢某荣虽系蝶彩资产管理公司的员工,但操纵恒康医疗公司股价的行为系违法行为,不属于正常履职范围,谢某荣应当直接向杨某辉承担赔偿责任。

《中华人民共和国侵权责任法》[①]第三十一条第一款规定:“用人单位的工作人员因执行工作任务造成他人损害的,由用人单位承担侵权责任。”首先,谢某荣在本案中提交了《劳动合同》《入职通知书》《人事任命书》、个人所得税纳税清单,足以证明谢某荣系蝶彩资产管理公司员工。其次,《研究顾问协议》是蝶彩资产管理公司与阙某彬之间签订,研究顾问费4858万元由蝶彩资产管理公司收取,蝶彩资产管理公司的其他工作人员也向阙某彬发送过《市值管理备忘录》,足以证明谢某荣的行为系执行蝶彩资产管理公司的工作任务。其三,中国证监会对谢某荣进行行政处罚是基于谢某荣系蝶彩资产管理公司直接负责的主管人员,中国证监会行政处罚书、生效行政判决书均认定谢某荣的行为系执行蝶彩资产管理公司的工作任务。综上所述,谢某荣的行为是执行蝶彩资产管理公司工作任务的行为,相应的民事赔偿责任应由蝶彩资产管理公司承担。

综上,认定阙某彬、蝶彩资产管理公司在2013年5月9日至7月4日期间实施了操纵恒康医疗公司股价的行为,杨某辉在该期间买入恒康医疗公司股票,并在操纵行为结束后卖出恒康医疗公司而产生损失,杨某辉的损失与阙某彬、蝶彩资产管理公司的操纵行为之间存在因果关系。阙某彬与蝶彩资产管理公司之间既有意思联络,行为上又相互配合。根据《中华人民共和国侵权责任法》第八条“二人以上共同实施侵权行为,造成他人损害的,应当承担连带责任”的规定,阙某彬、蝶彩资产管理公司的行为属于共同侵权行为,应当对杨某辉的损失承担连带赔偿责任。蝶彩资产管理公司在操纵恒康医疗公司股价过程中起主导作用,阙某彬起配合作用。根据双方的作用和获益情况,本院酌定阙某彬承担40%的责任,

---

① 已被2021年1月1日生效的《民法典》取代。——本书注

蝶彩资产管理公司承担60%的责任。原告杨某辉的诉讼请求部分成立,予以支持。被告阙某彬、蝶彩资产管理公司、谢某荣关于其未实施操纵恒康医疗公司股价的行为、杨某辉不存在损失以及二者之间没有因果关系的答辩意见,不予采纳。谢某荣关于其系履行蝶彩资产管理公司职务的行为以及不应承担操纵证券市场的民事赔偿责任的答辩意见,予以采纳。依照2005年《证券法》第七十七条,《侵权责任法》第二条、第三条、第四条、第六条、第八条、第十四条、第十九条,《民事诉讼法》第一百五十二条之规定,判决如下:

一、被告阙某彬于本判决生效之日起十日内赔偿因操纵证券市场行为给原告杨某辉造成的经济损失2252.80元;被告蝶彩资产管理(上海)有限公司于本判决生效之日起十日内赔偿因操纵证券市场行为给原告杨某辉造成的经济损失3379.20元。被告阙某彬、蝶彩资产管理(上海)有限公司对前述赔偿责任相互承担连带清偿责任,被告阙某彬、蝶彩资产管理(上海)有限公司实际承担的赔偿数额超出自己应赔偿数额的,有权向对方追偿。

二、驳回原告杨某辉的其他诉讼请求。

阙某彬与蝶彩资产管理公司、谢某荣分别提起上诉后,二审法院经审理,驳回上诉,维持原判。

《证券法》第五十六条 【编造、传播虚假信息或者误导性信息的赔偿责任】

第五十六条 禁止任何单位和个人编造、传播虚假信息或者误导性信息,扰乱证券市场。

禁止证券交易场所、证券公司、证券登记结算机构、证券服务机构及其从业人员,证券业协会、证券监督管理机构及其工作人员,在证券交易活动中作出虚假陈述或者信息误导。

各种传播媒介传播证券市场信息必须真实、客观,禁止误导。传播媒介及其从事证券市场信息报道的工作人员不得从事与其工作职责发生利益冲突的证券买卖。

编造、传播虚假信息或者误导性信息,扰乱证券市场,给投资者造成损失的,应当依法承担赔偿责任。①

---

① 2005年《证券法》仅在第七十九条和第一百七十一条分别规定了证券公司及其从业人员、投资咨询机构及其从业人员利用传播媒介或者通过其他方式提供、传播虚假或者误导投资者的信息,给客户造成损失的,依法承担赔偿责任。2019年《证券法》把上述两个规定整合到第五十六条之中,并且扩大了适用范围,不再限于特定机构或其从业人员。——本书注

典型案例

刘某与上海证券通服务合同纠纷案(北京市朝阳区人民法院(2019)京0105民初54890号)①

【案情】2017年8月6日,原告刘某(乙方)与被告上海证券通投资资讯科技有限公司(甲方)签订《投资顾问协议书》,双方约定:服务内容:根据证券市场的品种、市场行情向乙方提供证券投资建议服务,包括但不限于账户诊断、资产配置建议、全程投资咨询,以辅助乙方做出投资决策,乙方可根据甲方提供的投资建议自主做出投资决策,由乙方自行承担相应的投资风险和损失。服务期限:2017年8月4日至2017年11月4日。赠送期限:2017年11月5日至2017年12月4日。甲方向乙方收取的投资顾问服务费用,乙方应向甲方一次性支付68,000元,优惠后一次性支付金额52,200元。协议期间,甲方需承担以下义务:1. 指定一名证券投资顾问向乙方提供服务;2. 根据证券市场的品种、市场行情及乙方账户资产实际情况,甲方投资顾问向乙方提供证券投资顾问服务;3. 通过网络平台、手机短信、电话沟通或书面建议等方式向乙方提供投资顾问服务;4. 应乙方要求,为乙方更换投资顾问服务人员;5. 及时处理乙方对指定证券投资顾问的投诉,并将调查及处理结果及时通知乙方。乙方依据甲方所提供的投资建议所做出的投资决策后果完全由乙方承担。甲方本着谨慎、客观、专业的原则向乙方提供投资建议信息,但甲方不对乙方因使用甲方提供的建议和各类资讯等而引致的后果承担责任。甲方指定的证券投资顾问禁止从事以下行为:1. 以夸大、虚报荐股业绩等方式对服务能力和过往业绩进行不实、诱导性的广告宣传及营销活动,或传播其他虚假、片面和误导性的信息;2. 直接代客操作或与乙方约定分享投资收益或者分担投资损失;3. 利用投资顾问服务与他人合谋操纵市场或者进行内幕交易;4. 自行委托他人代理其为乙方提供服务,为乙方提供非法的服务场所或者交易设施,代乙方在相关合同、协议、文件等资料上签字;5. 通过未报备的银行账户或以个人名义向乙方收取、存放证券投资顾问服务费用;6. 不得通过广播、电视、网络、报刊等公众媒体,做出买入、卖出或者持有具体证券的投资建议;7. 为乙方与他人之间的融资提供中介、担保或者其他便利;8. 替乙方办理账户开立、注销、转移,证券交易或者资金存取、划转、查询等事宜;9. 泄露乙方的账户信息或投资决策计划;10. 为甲方及关联方的相关利益损害乙方的利益,为证券投资顾问人员及利益相关方的利益损害乙方的利益,为特定客户利益损害乙方利益;11. 其他违反相关法

---

① 该案并未根据《证券法》认定投资咨询机构的侵权责任,而是根据《合同法》认定投资咨询机构的违约责任。此处列为“典型案例”,供读者参考比较。——本书注

律法规要求、有损乙方合法利益的行为。

上述合同签订后,原告向被告支付了服务费52,200元。

2019年7月3日,中国证券监督管理委员会上海监管局向原告出具《答复函》,主要内容为:关于您举报上海证券通投资资讯科技有限公司涉嫌提供虚假信息、承诺收益的情况,我局已予以关注。此外,我局关注到,对您销售相关投资顾问产品的上海证券通投资资讯科技有限公司北京分公司因存在虚假宣传、承诺收益等行为,已于2017年11月15日被北京证监局采取责令暂停新增客户的监管措施。关于挽回投资损失的经济诉求,建议您与公司通过协商、调解、仲裁或司法途径解决。

庭审中,原告提交客户对账单,证明其经济损失213,884.57元。

【认定】法院认为:当事人一方不履行合同义务或者履行合同义务不符合约定的,应当承担继续履行、采取补救措施或者赔偿损失等违约责任。根据原告、被告双方签订《投资顾问服务协议书》,被告不得进行虚假、诱导性的广告宣传及营销,但根据原告提供的证据,可以证明被告确实存在虚假宣传、承诺收益等违约行为,鉴于此,本院对原告要求被告退还服务费的请求,予以支持。原告要求被告赔偿经济损失,缺乏法律依据,本院难以支持。综上,依照《合同法》[①]第六十条、第一百零七条之规定,判决上海证券通投资资讯科技有限公司退还原告刘某服务费52,200元。

《证券法》第五十七条　【证券公司及其从业人员违法从业的赔偿责任】

第五十七条　禁止证券公司及其从业人员从事下列损害客户利益的行为:

(一)违背客户的委托为其买卖证券;

(二)不在规定时间内向客户提供交易的确认文件;

(三)未经客户的委托,擅自为客户买卖证券,或者假借客户的名义买卖证券;

(四)为牟取佣金收入,诱使客户进行不必要的证券买卖;

(五)其他违背客户真实意思表示,损害客户利益的行为。

违反前款规定给客户造成损失的,应当依法承担赔偿责任。

---

① 已被2021年1月1日生效的《民法典》取代。——本书注

相关规定

1.《证券法》

第一百三十六条 证券公司的从业人员在证券交易活动中，执行所属的证券公司的指令或者利用职务违反交易规则的，由所属的证券公司承担全部责任。

证券公司的从业人员不得私下接受客户委托买卖证券。

2.《民法典》

第一千一百九十一条 用人单位的工作人员因执行工作任务造成他人损害的，由用人单位承担侵权责任。用人单位承担侵权责任后，可以向有故意或者重大过失的工作人员追偿。

劳务派遣期间，被派遣的工作人员因执行工作任务造成他人损害的，由接受劳务派遣的用工单位承担侵权责任；劳务派遣单位有过错的，承担相应的责任。

典型案例

宋某英、信达证券股份有限公司蚌埠淮河路证券营业部等欺诈客户责任纠纷案（安徽省蚌埠市龙子湖区人民法院（2021）皖 0302 民初 853 号民事判决书、安徽省蚌埠市中级人民法院（2021）皖 03 民终 3081 号民事判决书）①

【案情】2018 年 7 月 30 日，宋某英与其丈夫丁某言共同前往信达证券蚌埠营业部办理业务，时任信达证券蚌埠营业部前台理财顾问、营销部经理周某涛接待宋某英并协助开立股票账户，宋某英于 2018 年 8 月 21 日向该账户转款 7 万元。此后，周某涛将账户密码修改，反复通过该账户进行股票交易。2021 年 2 月 2 日，宋某英将其股票账户持有的股票全部卖出，卖出后账户可用资金余额为 43,416.74 元。

【认定】一审法院认为，根据《证券法》第五条和第五十七条的规定，周某涛作为证券业从业人员，在修改客户密码后未经客户的委托，擅自为客户买卖证券，其行为给宋某英造成一定经济损失，其行为与损害后果之间存在因果关系，周某涛应当承担赔偿责任。周某涛辩称宋某英委托其代为操作股票账户，未提供相关证据予以证实，且宋某英不予认可，故对该辩解意见，不予采纳。

关于周某涛的行为是否系职务行为、信达证券蚌埠营业部应否对宋某英的损失承担责任，一审法院认为，用人单位的工作人员因执行工作任务造成他人损害的，由用人单位承担侵权责任。本案中，周某涛擅自登陆客户账户并买卖股票，并

---

① 该案结论与《证券法》第一百三十六条如何协调，有待实践中进一步探索。——本书注

非执行信达证券蚌埠营业部的工作任务，宋某英也未能举证证明周某涛的行为系信达证券蚌埠营业部授意而为。此外，信达证券蚌埠营业部已通过开户协议、电话回访等方式履行了告知客户相关注意事项的义务，故周某涛的行为并非职务行为，对宋某英主张信达证券蚌埠营业部承担连带赔偿责任的诉讼请求，不予支持。据此，依照《中华人民共和国证券法》第五条、第五十七条和《中华人民共和国民事诉讼法》第六十四条第一款规定，判决：一、周某涛于本判决生效之日起十日内赔偿宋某英经济损失26,583.26元；二、驳回宋某英的其他诉讼请求。

周某涛上诉后，二审法院对一审查明的事实予以确认，并认为，欺诈客户责任纠纷是指证券公司及其从业人员因欺诈客户、损害客户利益的行为所应承担相应侵权责任的纠纷。本案系行为人利用其从业人员的身份，实施损害客户利益的行为。周某涛在未经宋某英明确授权委托的情形下，更改其账户密码并擅自进行实际操作，且亦未及时告知，造成宋某英利益受损，依据《中华人民共和国证券法》第五十七条的相关规定，其依法应承担相应的赔偿责任。周某涛个人违反规定违规操作，而非信达证券蚌埠营业部自行所为，同时本案并无证据证实信达证券蚌埠营业部存在监管缺失情形，故周某涛关于该营业部亦应按过错比例承担相应责任的理由，缺乏充分依据，不予采纳。二审法院驳回上诉，维持原判。

权威解读①

本条第一款所规定的侵权行为有两种类型：一是证券公司应当对因执行其指令而违反交易规则的所属从业人员的行为承担责任。二是证券公司应当对利用职务违反交易规则的所属从业人员的行为承担责任。利用职务违反交易规则，是指证券公司从业人员利用其所担任的职务进行违反交易规则的行为，如证券公司从业人员在代理客户买卖证券时，擅自挪用客户的资金、证券炒股等。证券公司从业人员在进行其职务行为时，代表了证券公司，其行为就是证券公司的行为，因此，即使他们是在证券公司未知悉的情况下利用职务擅自违反交易规则，他们的行为也是证券公司的行为，应当由所属的证券公司承担全部责任。

---

① 参见王瑞贺、程合红：《中华人民共和国证券法释义》，中国民主法制出版社2020年版，第262页。

《证券法》第八十四条　【违反承诺的赔偿责任】

第八十四条　除依法需要披露的信息之外，信息披露义务人可以自愿披露与投资者作出价值判断和投资决策有关的信息，但不得与依法披露的信息相冲突，不得误导投资者。

发行人及其控股股东、实际控制人、董事、监事、高级管理人员等作出公开承诺的，应当披露。不履行承诺给投资者造成损失的，应当依法承担赔偿责任。

《证券法》第八十五条　【信息披露违法的赔偿责任】①

第八十五条　信息披露义务人未按照规定披露信息，或者公告的证券发行文件、定期报告、临时报告及其他信息披露资料存在虚假记载、误导性陈述或者重大遗漏，致使投资者在证券交易中遭受损失的，信息披露义务人应当承担赔偿责任；发行人的控股股东、实际控制人、董事、监事、高级管理人员和其他直接责任人员以及保荐人、承销的证券公司及其直接责任人员，应当与发行人承担连带赔偿责任，但是能够证明自己没有过错的除外。②

相关规定

1.《最高人民法院关于审理证券市场虚假陈述侵权民事赔偿案件的若干规定》（法释〔2022〕2号）

为正确审理证券市场虚假陈述侵权民事赔偿案件，规范证券发行和交易行为，保护投资者合法权益，维护公开、公平、公正的证券市场秩序，根据《中华人民共和国民法典》《中华人民共和国证券法》《中华人民共和国公司法》《中华人民共和国民事诉讼法》等法律规定，结合审判实践，制定本规定。

一、一般规定

第一条　信息披露义务人在证券交易场所发行、交易证券过程中实施虚假陈述引发的侵权民事赔偿案件，适用本规定。

按照国务院规定设立的区域性股权市场中发生的虚假陈述侵权民事赔偿案

---

①　信息披露违法时证券服务机构因未勤勉尽责而应当承担的赔偿责任，见《证券法》第一百六十三条。——本书注

②　对于控股股东、实际控制人，2005年《证券法》第六十九条的规定是“发行人、上市公司的控股股东、实际控制人有过错的，应当与发行人、上市公司承担连带赔偿责任”。2019年修改《证券法》时，把控股股东、实际控制人的责任承担方式从过错责任修改为过错推定责任。——本书注

件，可以参照适用本规定。

第二条　原告提起证券虚假陈述侵权民事赔偿诉讼，符合民事诉讼法第一百二十二条规定，并提交以下证据或者证明材料的，人民法院应当受理：

（一）证明原告身份的相关文件；

（二）信息披露义务人实施虚假陈述的相关证据；

（三）原告因虚假陈述进行交易的凭证及投资损失等相关证据。

人民法院不得仅以虚假陈述未经监管部门行政处罚或者人民法院生效刑事判决的认定为由裁定不予受理。

第三条　证券虚假陈述侵权民事赔偿案件，由发行人住所地的省、自治区、直辖市人民政府所在的市、计划单列市和经济特区中级人民法院或者专门人民法院管辖。《最高人民法院关于证券纠纷代表人诉讼若干问题的规定》等对管辖另有规定的，从其规定。

省、自治区、直辖市高级人民法院可以根据本辖区的实际情况，确定管辖第一审证券虚假陈述侵权民事赔偿案件的其他中级人民法院，报最高人民法院备案。

二、虚假陈述的认定

第四条　信息披露义务人违反法律、行政法规、监管部门制定的规章和规范性文件关于信息披露的规定，在披露的信息中存在虚假记载、误导性陈述或者重大遗漏的，人民法院应当认定为虚假陈述。

虚假记载，是指信息披露义务人披露的信息中对相关财务数据进行重大不实记载，或者对其他重要信息作出与真实情况不符的描述。

误导性陈述，是指信息披露义务人披露的信息隐瞒了与之相关的部分重要事实，或者未及时披露相关更正、确认信息，致使已经披露的信息因不完整、不准确而具有误导性。

重大遗漏，是指信息披露义务人违反关于信息披露的规定，对重大事件或者重要事项等应当披露的信息未予披露。

第五条　证券法第八十五条规定的“未按照规定披露信息”，是指信息披露义务人未按照规定的期限、方式等要求及时、公平披露信息。

信息披露义务人“未按照规定披露信息”构成虚假陈述的，依照本规定承担民事责任；构成内幕交易的，依照证券法第五十三条的规定承担民事责任；构成公司法第一百五十二条规定的损害股东利益行为的，依照该法承担民事责任。

第六条　原告以信息披露文件中的盈利预测、发展规划等预测性信息与实际经营情况存在重大差异为由主张发行人实施虚假陈述的，人民法院不予支持，但有下列情形之一的除外：

（一）信息披露文件未对影响该预测实现的重要因素进行充分风险提示的；

（二）预测性信息所依据的基本假设、选用的会计政策等编制基础明显不合理的；

（三）预测性信息所依据的前提发生重大变化时，未及时履行更正义务的。

前款所称的重大差异，可以参照监管部门和证券交易场所的有关规定认定。

第七条 虚假陈述实施日，是指信息披露义务人作出虚假陈述或者发生虚假陈述之日。

信息披露义务人在证券交易场所的网站或者符合监管部门规定条件的媒体上公告发布具有虚假陈述内容的信息披露文件，以披露日为实施日；通过召开业绩说明会、接受新闻媒体采访等方式实施虚假陈述的，以该虚假陈述的内容在具有全国性影响的媒体上首次公布之日为实施日。信息披露文件或者相关报导内容在交易日收市后发布的，以其后的第一个交易日为实施日。

因未及时披露相关更正、确认信息构成误导性陈述，或者未及时披露重大事件或者重要事项等构成重大遗漏的，以应当披露相关信息期限届满后的第一个交易日为实施日。

第八条 虚假陈述揭露日，是指虚假陈述在具有全国性影响的报刊、电台、电视台或监管部门网站、交易场所网站、主要门户网站、行业知名的自媒体等媒体上，首次被公开揭露并为证券市场知悉之日。

人民法院应当根据公开交易市场对相关信息的反应等证据，判断投资者是否知悉了虚假陈述。

除当事人有相反证据足以反驳外，下列日期应当认定为揭露日：

（一）监管部门以涉嫌信息披露违法为由对信息披露义务人立案调查的信息公开之日；

（二）证券交易场所等自律管理组织因虚假陈述对信息披露义务人等责任主体采取自律管理措施的信息公布之日。

信息披露义务人实施的虚假陈述呈连续状态的，以首次被公开揭露并为证券市场知悉之日为揭露日。信息披露义务人实施多个相互独立的虚假陈述的，人民法院应当分别认定其揭露日。

第九条 虚假陈述更正日，是指信息披露义务人在证券交易场所网站或者符合监管部门规定条件的媒体上，自行更正虚假陈述之日。

三、重大性及交易因果关系

第十条 有下列情形之一的，人民法院应当认定虚假陈述的内容具有重大性：

（一）虚假陈述的内容属于证券法第八十条第二款、第八十一条第二款规定的重大事件；

（二）虚假陈述的内容属于监管部门制定的规章和规范性文件中要求披露的重大事件或者重要事项；

（三）虚假陈述的实施、揭露或者更正导致相关证券的交易价格或者交易量产生明显的变化。

前款第一项、第二项所列情形，被告提交证据足以证明虚假陈述并未导致相关证券交易价格或者交易量明显变化的，人民法院应当认定虚假陈述的内容不具有重大性。

被告能够证明虚假陈述不具有重大性，并以此抗辩不应当承担民事责任的，人民法院应当予以支持。

第十一条　原告能够证明下列情形的，人民法院应当认定原告的投资决定与虚假陈述之间的交易因果关系成立：

（一）信息披露义务人实施了虚假陈述；

（二）原告交易的是与虚假陈述直接关联的证券；

（三）原告在虚假陈述实施日之后、揭露日或更正日之前实施了相应的交易行为，即在诱多型虚假陈述中买入了相关证券，或者在诱空型虚假陈述中卖出了相关证券。

第十二条　被告能够证明下列情形之一的，人民法院应当认定交易因果关系不成立：

（一）原告的交易行为发生在虚假陈述实施前，或者是在揭露或更正之后；

（二）原告在交易时知道或者应当知道存在虚假陈述，或者虚假陈述已经被证券市场广泛知悉；

（三）原告的交易行为是受到虚假陈述实施后发生的上市公司的收购、重大资产重组等其他重大事件的影响；

（四）原告的交易行为构成内幕交易、操纵证券市场等证券违法行为的；

（五）原告的交易行为与虚假陈述不具有交易因果关系的其他情形。

四、过错认定

第十三条　证券法第八十五条、第一百六十三条所称的过错，包括以下两种情形：

（一）行为人故意制作、出具存在虚假陈述的信息披露文件，或者明知信息披露文件存在虚假陈述而不予指明、予以发布；

（二）行为人严重违反注意义务，对信息披露文件中虚假陈述的形成或者发布存在过失。

第十四条 发行人的董事、监事、高级管理人员和其他直接责任人员主张对虚假陈述没有过错的，人民法院应当根据其工作岗位和职责、在信息披露资料的形成和发布等活动中所起的作用、取得和了解相关信息的渠道、为核验相关信息所采取的措施等实际情况进行审查认定。

前款所列人员不能提供勤勉尽责的相应证据，仅以其不从事日常经营管理、无相关职业背景和专业知识、相信发行人或者管理层提供的资料、相信证券服务机构出具的专业意见等理由主张其没有过错的，人民法院不予支持。

第十五条 发行人的董事、监事、高级管理人员依照证券法第八十二条第四款的规定，以书面方式发表附具体理由的意见并依法披露的，人民法院可以认定其主观上没有过错，但在审议、审核信息披露文件时投赞成票的除外。

第十六条 独立董事能够证明下列情形之一的，人民法院应当认定其没有过错：

（一）在签署相关信息披露文件之前，对不属于自身专业领域的相关具体问题，借助会计、法律等专门职业的帮助仍然未能发现问题的；

（二）在揭露日或更正日之前，发现虚假陈述后及时向发行人提出异议并监督整改或者向证券交易场所、监管部门书面报告的；

（三）在独立意见中对虚假陈述事项发表保留意见、反对意见或者无法表示意见并说明具体理由的，但在审议、审核相关文件时投赞成票的除外；

（四）因发行人拒绝、阻碍其履行职责，导致无法对相关信息披露文件是否存在虚假陈述作出判断，并及时向证券交易场所、监管部门书面报告的；

（五）能够证明勤勉尽责的其他情形。

独立董事提交证据证明其在履职期间能够按照法律、监管部门制定的规章和规范性文件以及公司章程的要求履行职责的，或者在虚假陈述被揭露后及时督促发行人整改且效果较为明显的，人民法院可以结合案件事实综合判断其过错情况。

外部监事和职工监事，参照适用前两款规定。

第十七条 保荐机构、承销机构等机构及其直接责任人员提交的尽职调查工作底稿、尽职调查报告、内部审核意见等证据能够证明下列情形的，人民法院应当认定其没有过错：

（一）已经按照法律、行政法规、监管部门制定的规章和规范性文件、相关行业执业规范的要求，对信息披露文件中的相关内容进行了审慎尽职调查；

（二）对信息披露文件中没有证券服务机构专业意见支持的重要内容，经过审慎尽职调查和独立判断，有合理理由相信该部分内容与真实情况相符；

（三）对信息披露文件中证券服务机构出具专业意见的重要内容，经过审慎核查和必要的调查、复核，有合理理由排除了职业怀疑并形成合理信赖。

在全国中小企业股份转让系统从事挂牌和定向发行推荐业务的证券公司，适用前款规定。

第十八条 会计师事务所、律师事务所、资信评级机构、资产评估机构、财务顾问等证券服务机构制作、出具的文件存在虚假陈述的，人民法院应当按照法律、行政法规、监管部门制定的规章和规范性文件，参考行业执业规范规定的工作范围和程序要求等内容，结合其核查、验证工作底稿等相关证据，认定其是否存在过错。

证券服务机构的责任限于其工作范围和专业领域。证券服务机构依赖保荐机构或者其他证券服务机构的基础工作或者专业意见致使其出具的专业意见存在虚假陈述，能够证明其对所依赖的基础工作或者专业意见经过审慎核查和必要的调查、复核，排除了职业怀疑并形成合理信赖的，人民法院应当认定其没有过错。

第十九条 会计师事务所能够证明下列情形之一的，人民法院应当认定其没有过错：

（一）按照执业准则、规则确定的工作程序和核查手段并保持必要的职业谨慎，仍未发现被审计的会计资料存在错误的；

（二）审计业务必须依赖的金融机构、发行人的供应商、客户等相关单位提供不实证明文件，会计师事务所保持了必要的职业谨慎仍未发现的；

（三）已对发行人的舞弊迹象提出警告并在审计业务报告中发表了审慎审计意见的；

（四）能够证明没有过错的其他情形。

五、责任主体

第二十条 发行人的控股股东、实际控制人组织、指使发行人实施虚假陈述，致使原告在证券交易中遭受损失的，原告起诉请求直接判令该控股股东、实际控制人依照本规定赔偿损失的，人民法院应当予以支持。

控股股东、实际控制人组织、指使发行人实施虚假陈述，发行人在承担赔偿责任后要求该控股股东、实际控制人赔偿实际支付的赔偿款、合理的律师费、诉讼费用等损失的，人民法院应当予以支持。

第二十一条 公司重大资产重组的交易对方所提供的信息不符合真实、准确、完整的要求，导致公司披露的相关信息存在虚假陈述，原告起诉请求判令该交易对方与发行人等责任主体赔偿由此导致的损失的，人民法院应当予以支持。

第二十二条 有证据证明发行人的供应商、客户，以及为发行人提供服务的金融机构等明知发行人实施财务造假活动，仍然为其提供相关交易合同、发票、存款证明等予以配合，或者故意隐瞒重要事实致使发行人的信息披露文件存在虚假陈述，原告起诉请求判令其与发行人等责任主体赔偿由此导致的损失的，人民法院应当予以支持。

第二十三条 承担连带责任的当事人之间的责任分担与追偿，按照民法典第一百七十八条的规定处理，但本规定第二十条第二款规定的情形除外。

保荐机构、承销机构等责任主体以存在约定为由，请求发行人或者其控股股东、实际控制人补偿其因虚假陈述所承担的赔偿责任的，人民法院不予支持。

六、损失认定

第二十四条 发行人在证券发行市场虚假陈述，导致原告损失的，原告有权请求按照本规定第二十五条的规定赔偿损失。

第二十五条 信息披露义务人在证券交易市场承担民事赔偿责任的范围，以原告因虚假陈述而实际发生的损失为限。原告实际损失包括投资差额损失、投资差额损失部分的佣金和印花税。

第二十六条 投资差额损失计算的基准日，是指在虚假陈述揭露或更正后，为将原告应获赔偿限定在虚假陈述所造成的损失范围内，确定损失计算的合理期间而规定的截止日期。

在采用集中竞价的交易市场中，自揭露日或更正日起，被虚假陈述影响的证券集中交易累计成交量达到可流通部分100%之日为基准日。

自揭露日或更正日起，集中交易累计换手率在10个交易日内达到可流通部分100%的，以第10个交易日为基准日；在30个交易日内未达到可流通部分100%的，以第30个交易日为基准日。

虚假陈述揭露日或更正日起至基准日期间每个交易日收盘价的平均价格，为损失计算的基准价格。

无法依前款规定确定基准价格的，人民法院可以根据有专门知识的人的专业意见，参考对相关行业进行投资时的通常估值方法，确定基准价格。

第二十七条 在采用集中竞价的交易市场中，原告因虚假陈述买入相关股票所造成的投资差额损失，按照下列方法计算：

（一）原告在实施日之后、揭露日或更正日之前买入，在揭露日或更正日之后、基准日之前卖出的股票，按买入股票的平均价格与卖出股票的平均价格之间的差

额,乘以已卖出的股票数量;

(二)原告在实施日之后、揭露日或更正日之前买入,基准日之前未卖出的股票,按买入股票的平均价格与基准价格之间的差额,乘以未卖出的股票数量。

第二十八条　在采用集中竞价的交易市场中,原告因虚假陈述卖出相关股票所造成的投资差额损失,按照下列方法计算:

(一)原告在实施日之后、揭露日或更正日之前卖出,在揭露日或更正日之后、基准日之前买回的股票,按买回股票的平均价格与卖出股票的平均价格之间的差额,乘以买回的股票数量;

(二)原告在实施日之后、揭露日或更正日之前卖出,基准日之前未买回的股票,按基准价格与卖出股票的平均价格之间的差额,乘以未买回的股票数量。

第二十九条　计算投资差额损失时,已经除权的证券,证券价格和证券数量应当复权计算。

第三十条　证券公司、基金管理公司、保险公司、信托公司、商业银行等市场参与主体依法设立的证券投资产品,在确定因虚假陈述导致的损失时,每个产品应当单独计算。

投资者及依法设立的证券投资产品开立多个证券账户进行投资的,应当将各证券账户合并,所有交易按照成交时间排序,以确定其实际交易及损失情况。

第三十一条　人民法院应当查明虚假陈述与原告损失之间的因果关系,以及导致原告损失的其他原因等案件基本事实,确定赔偿责任范围。

被告能够举证证明原告的损失部分或者全部是由他人操纵市场、证券市场的风险、证券市场对特定事件的过度反应、上市公司内外部经营环境等其他因素所导致的,对其关于相应减轻或者免除责任的抗辩,人民法院应当予以支持。

七、诉讼时效

第三十二条　当事人主张以揭露日或更正日起算诉讼时效的,人民法院应当予以支持。揭露日与更正日不一致的,以在先的为准。

对于虚假陈述责任人中的一人发生诉讼时效中断效力的事由,应当认定对其他连带责任人也发生诉讼时效中断的效力。

第三十三条　在诉讼时效期间内,部分投资者向人民法院提起人数不确定的普通代表人诉讼的,人民法院应当认定该起诉行为对所有具有同类诉讼请求的权利人发生时效中断的效果。

在普通代表人诉讼中,未向人民法院登记权利的投资者,其诉讼时效自权利登记期间届满后重新开始计算。向人民法院登记权利后申请撤回权利登记的投资者,其诉讼时效自撤回权利登记之次日重新开始计算。

投资者保护机构依照证券法第九十五条第三款的规定作为代表人参加诉讼后，投资者声明退出诉讼的，其诉讼时效自声明退出之次日起重新开始计算。

八、附则

第三十四条 本规定所称证券交易场所，是指证券交易所、国务院批准的其他全国性证券交易场所。

本规定所称监管部门，是指国务院证券监督管理机构、国务院授权的部门及有关主管部门。

本规定所称发行人，包括证券的发行人、上市公司或者挂牌公司。

本规定所称实施日之后、揭露日或更正日之后、基准日之前，包括该日；所称揭露日或更正日之前，不包括该日。

第三十五条 本规定自2022年1月22日起施行。《最高人民法院关于受理证券市场因虚假陈述引发的民事侵权纠纷案件有关问题的通知》《最高人民法院关于审理证券市场因虚假陈述引发的民事赔偿案件的若干规定》同时废止。《最高人民法院关于审理涉及会计师事务所在审计业务活动中民事侵权赔偿案件的若干规定》与本规定不一致的，以本规定为准。

本规定施行后尚未终审的案件，适用本规定。本规定施行前已经终审，当事人申请再审或者按照审判监督程序决定再审的案件，不适用本规定。

2.《最高人民法院关于证券市场虚假陈述侵权民事赔偿案件诉讼时效衔接适用相关问题的通知》(法〔2022〕36号)

《最高人民法院关于审理证券市场因虚假陈述引发的民事赔偿案件的若干规定》(法释〔2003〕2号，以下简称原司法解释)在规定前置程序的同时，将行政处罚决定或生效刑事判决作出之日作为诉讼时效的起算点。但是，根据《中华人民共和国民法典》第一百八十八条规定，诉讼时效期间自权利人知道或者应当知道权利受到损害以及义务人之日起计算。具体到证券市场上，投资者知道或者应当知道虚假陈述之日，是其知道或者应当知道权利受到损害以及义务人之日。在废除前置程序的情况下，以行政处罚决定或生效刑事判决作出之日起算诉讼时效不符合民法典等法律的规定。据此，《最高人民法院关于审理证券市场虚假陈述侵权民事赔偿案件的若干规定》(法释〔2022〕2号，以下简称《规定》)第三十二条规定，当事人主张以揭露日或更正日起算诉讼时效的，人民法院应当予以支持。由于新旧司法解释在诉讼时效方面的规定发生了明显变化，为避免出现投资者因未及时主张权利而无法得到救济的情况发生，充分保护投资者的诉讼权利和合法民事权利，现就《规定》施行后诉讼时效的衔接适用问题，通知如下：

一、在《规定》施行前国务院证券监督管理机构、国务院授权的部门及有关主管部门已经做出行政处罚决定的证券市场虚假陈述侵权民事赔偿案件，诉讼时效仍按照原司法解释第五条的规定计算。

二、在《规定》施行前国务院证券监督管理机构、国务院授权的部门及有关主管部门已经对虚假陈述进行立案调查，但尚未作出处罚决定的证券市场虚假陈述侵权民事赔偿案件，自立案调查日至《规定》施行之日已经超过三年，或者按照揭露日或更正日起算至《规定》施行之日诉讼时效期间已经届满或不足六个月的，从《规定》施行之日起诉讼时效继续计算六个月。

3.《全国法院审理债券纠纷案件座谈会纪要》（法〔2020〕185号）

五、关于发行人的民事责任

会议认为，民事责任追究是强化债券发行人信用约束的重要手段，各级人民法院要充分发挥审判职能作用，严格落实债券发行人及其相关人员的债券兑付和信息披露责任，依法打击公司控股股东、实际控制人随意支配发行人资产，甚至恶意转移资产等“逃废债”的行为。对于债券违约案件，要根据法律规定和合同约定，依法确定发行人的违约责任；对于债券欺诈发行和虚假陈述侵权民事案件，应当根据债券持有人和债券投资者的实际损失确定发行人的赔偿责任，依法提高债券市场违法违规成本。

21.发行人的违约责任范围。债券发行人未能如约偿付债券当期利息或者到期本息的，债券持有人请求发行人支付当期利息或者到期本息，并支付逾期利息、违约金、实现债权的合理费用的，人民法院应当予以支持。

债券持有人以发行人出现债券募集文件约定的违约情形为由，要求发行人提前还本付息的，人民法院应当综合考量债券募集文件关于预期违约、交叉违约等的具体约定以及发生事件的具体情形予以判断。

债券持有人以发行人存在其他证券的欺诈发行、虚假陈述为由，请求提前解除合同并要求发行人承担还本付息等责任的，人民法院应当综合考量其他证券的欺诈发行、虚假陈述等行为是否足以导致合同目的不能实现等因素，判断是否符合提前解除合同的条件。

22.债券欺诈发行和虚假陈述的损失计算。债券信息披露文件中就发行人财务业务信息等与其偿付能力相关的重要内容存在虚假记载、误导性陈述或者重大遗漏的，欺诈发行的债券认购人或者欺诈发行、虚假陈述行为实施日及之后、揭露日之前在交易市场上买入该债券的投资者，其损失按照如下方式计算：

（1）在起诉日之前已经卖出债券，或者在起诉时虽然持有债券，但在一审判决作出前已经卖出的，本金损失按投资人购买该债券所支付的加权平均价格扣减持有该债券期间收取的本金偿付（如有），与卖出该债券的加权平均价格的差额计算,并可加计实际损失确定之日至实际清偿之日止的利息。利息分段计算,在2019年8月19日之前,按照中国人民银行确定的同期同类贷款基准利率计算;在2019年8月20日之后,按照中国人民银行授权全国银行间同业拆借中心公布的贷款市场报价利率(LPR)标准计算。

(2)在一审判决作出前仍然持有该债券的,债券持有人请求按照本纪要第21条第一款的规定计算损失赔偿数额的,人民法院应当予以支持;债券持有人请求赔偿虚假陈述行为所导致的利息损失的,人民法院应当在综合考量欺诈发行、虚假陈述等因素的基础上,根据相关虚假陈述内容被揭露后的发行人真实信用状况所对应的债券发行利率或者债券估值,确定合理的利率赔偿标准。

23. 损失赔偿后债券的交还与注销。依照本纪要第21条、第22条第二项的规定请求发行人承担还本付息责任的,人民法院应当在一审判决作出前向债券登记结算机构调取本案当事人的债券交易情况,并通知债券登记结算机构冻结本案债券持有人所持有的相关债券。

人民法院判令发行人依照本纪要第21条、第22条第二项的规定承担还本付息责任的,无论债券持有人是否提出了由发行人赎回债券的诉讼请求,均应当在判项中明确债券持有人交回债券的义务,以及发行人依据生效法律文书申请债券登记结算机构注销该债券的权利。

24. 因果关系抗辩。债券持有人在债券信息披露文件中的虚假陈述内容被揭露后在交易市场买入债券的,对其依据本纪要第22条规定要求发行人承担责任的诉讼请求,人民法院不予支持。

债券投资人在债券信息披露文件中的虚假陈述内容被揭露后在交易市场买入该债券,其后又因发行人的其他信息披露文件中存在虚假记载、误导性陈述或者重大遗漏导致其信用风险进一步恶化所造成的损失,按照本纪要第22条的规定计算。

人民法院在认定债券信息披露文件中的虚假陈述内容对债券投资人交易损失的影响时,发行人及其他责任主体能够证明投资者通过内幕交易、操纵市场等方式卖出债券,导致交易价格明显低于卖出时的债券市场公允价值的,人民法院可以参考欺诈发行、虚假陈述行为揭露日之后的十个交易日的加权平均交易价格或前三十个交易日的市场估值确定该债券的市场公允价格,并以此计算债券投资者的交易损失。

发行人及其他责任主体能够证明债券持有人、债券投资者的损失部分或者全部是由于市场无风险利率水平变化(以同期限国债利率为参考)、政策风险等与欺诈发行、虚假陈述行为无关的其他因素造成的,人民法院在确定损失赔偿范围时,应当根据原因力的大小相应减轻或者免除赔偿责任。

人民法院在案件审理中,可以委托市场投资者认可的专业机构确定欺诈发行、虚假陈述行为对债券持有人和债券投资者损失的影响。

六、关于其他责任主体的责任

会议认为,对于债券欺诈发行、虚假陈述案件的审理,要按照证券法的规定,严格落实债券承销机构和债券服务机构保护投资者利益的核查把关责任,将责任承担与过错程度相结合。债券承销机构和债券服务机构对各自专业相关的业务事项未履行特别注意义务,对其他业务事项未履行普通注意义务的,应当判令其承担相应法律责任。

25. 受托管理人的赔偿责任。受托管理人未能勤勉尽责公正履行受托管理职责,损害债券持有人合法利益,债券持有人请求其承担相应赔偿责任的,人民法院应当予以支持。

26. 债券发行增信机构与发行人的共同责任。债券发行人不能如约偿付债券本息或者出现债券募集文件约定的违约情形时,人民法院应当根据相关增信文件约定的内容,判令增信机构向债券持有人承担相应的责任。监管文件中规定或者增信文件中约定增信机构的增信范围包括损失赔偿内容的,对债券持有人、债券投资者要求增信机构对发行人因欺诈发行、虚假陈述而应负的赔偿责任承担相应担保责任的诉讼请求,人民法院应当予以支持。增信机构承担责任后,有权向发行人等侵权责任主体进行追偿。

27. 发行人与其他责任主体的连带责任。发行人的控股股东、实际控制人、发行人的董事、监事、高级管理人员或者履行同等职责的人员,对其制作、出具的信息披露文件中存在虚假记载、误导性陈述或者重大遗漏,足以影响投资人对发行人偿债能力判断的,应当与发行人共同对债券持有人、债券投资者的损失承担连带赔偿责任,但是能够证明自己没有过错的除外。

28. 发行人内部人的过错认定。对发行人的执行董事、非执行董事、独立董事、监事、职工监事、高级管理人员或者履行同等职责的人员,以及参与信息披露文件制作的责任人员所提出的其主观上没有过错的抗辩理由,人民法院应当根据前述人员在公司中所处的实际地位、在信息披露文件的制作中所起的作用、取得和了解相关信息的渠道及其为核验相关信息所做的努力等实际情况,审查、认定其是否存在过错。

29. 债券承销机构的过错认定。债券承销机构存在下列行为之一,导致信息披露文件中的关于发行人偿付能力相关的重要内容存在虚假记载、误导性陈述或者重大遗漏,足以影响投资人对发行人偿债能力判断的,人民法院应当认定其存在过错：

（1）协助发行人制作虚假、误导性信息，或者明知发行人存在上述行为而故意隐瞒的；

（2）未按照合理性、必要性和重要性原则开展尽职调查，随意改变尽职调查工作计划或者不适当地省略工作计划中规定的步骤；

（3）故意隐瞒所知悉的有关发行人经营活动、财务状况、偿债能力和意愿等重大信息；

（4）对信息披露文件中相关债券服务机构出具专业意见的重要内容已经产生了合理怀疑，但未进行审慎核查和必要的调查、复核工作；

（5）其他严重违反规范性文件、执业规范和自律监管规则中关于尽职调查要求的行为。

30. 债券承销机构的免责抗辩。债券承销机构对发行人信息披露文件中关于发行人偿付能力的相关内容，能够提交尽职调查工作底稿、尽职调查报告等证据证明符合下列情形之一的，人民法院应当认定其没有过错：

（1）已经按照法律、行政法规和债券监管部门的规范性文件、执业规范和自律监管规则要求，通过查阅、访谈、列席会议、实地调查、印证和讨论等方法，对债券发行相关情况进行了合理尽职调查；

（2）对信息披露文件中没有债券服务机构专业意见支持的重要内容，经过尽职调查和独立判断，有合理的理由相信该部分信息披露内容与真实情况相符；

（3）对信息披露文件中相关债券服务机构出具专业意见的重要内容，在履行了审慎核查和必要的调查、复核工作的基础上，排除了原先的合理怀疑；

（4）尽职调查工作虽然存在瑕疵，但即使完整履行了相关程序也难以发现信息披露文件存在虚假记载、误导性陈述或者重大遗漏。

31. 债券服务机构的过错认定。信息披露文件中关于发行人偿付能力的相关内容存在虚假记载、误导性陈述或者重大遗漏，足以影响投资人对发行人偿付能力的判断的，会计师事务所、律师事务所、信用评级机构、资产评估机构等债券服务机构不能证明其已经按照法律、行政法规、部门规章、行业执业规范和职业道德等规定的勤勉义务谨慎执业的，人民法院应当认定其存在过错。

会计师事务所、律师事务所、信用评级机构、资产评估机构等债券服务机构的注意义务和应负责任范围，限于各自的工作范围和专业领域，其制作、出具的文件有虚假记载、误导性陈述或者重大遗漏，应当按照证券法及相关司法解释的规定，考量其是否尽到勤勉尽责义务，区分故意、过失等不同情况，分别确定其应当承担的法律责任。

32. 责任追偿。发行人的控股股东、实际控制人、发行人的董事、监事、高级管理人员或者履行同等职责的人员、债券承销机构以及债券服务机构根据生效法律文书或者按照先行赔付约定承担赔偿责任后，对超出其责任范围的部分，向发行人及其他相关责任主体追偿的，人民法院应当支持。

七、关于发行人破产管理人的责任

会议认为，对于债券发行人破产案件的审理，要坚持企业拯救、市场出清、债权人利益保护和维护社会稳定并重，在发行人破产重整、和解、清算程序中，应当进一步明确破产管理人及时确认债权、持续信息披露等义务，确保诉讼程序能够及时进行，保护债券持有人的合法权益，切实做到化解风险，理顺关系，安定人心，维护秩序。

33. 发行人破产管理人的债券信息披露责任。债券发行人进入破产程序后，发行人的债券信息披露义务由破产管理人承担，但发行人自行管理财产和营业事务的除外。破产管理人应当按照证券法及相关监管规定的要求，及时、公平地履行披露义务，所披露的信息必须真实、准确、完整。破产管理人就接管破产企业后的相关事项所披露的内容存在虚假记载、误导性陈述或者重大遗漏，足以影响投资人对发行人偿付能力的判断的，对债券持有人、债券投资者主张依法判令其承担虚假陈述民事责任的诉讼请求，人民法院应当予以支持。

34. 破产管理人无正当理由不予确认债权的赔偿责任。债券发行人进入破产程序后，受托管理人根据债券募集文件或者债券持有人会议决议的授权，依照债券登记机关出具的债券持仓登记文件代表全体债券持有人所申报的破产债权，破产管理人应当依法及时予以确认。因破产管理人无正当理由不予确认而导致的诉讼费用、律师费用、差旅费用等合理支出以及由此导致债权迟延清偿期间的利息损失，受托管理人另行向破产管理人主张赔偿责任的，人民法院应当予以支持。

4.《证券发行上市保荐业务管理办法》（略，见"《证券法》第一百八十二条【保荐人未履行法定职责】"部分）

5.《保荐人尽职调查工作准则》（略，见"《证券法》第一百八十二条　【保荐人未履行法定职责】"部分）

6.《关于注册制下督促证券公司从事投行业务归位尽责的指导意见》（略，见"《证券法》第一百八十四条　【证券公司违法承销证券】"部分）

7.《证券发行与承销管理办法》（略，见"《证券法》第一百八十四条　【证券公司违法承销证券】"部分）

8.《公司债券发行与交易管理办法》（略，见"《证券法》第一百八十四条　【证券公司违法承销证券】"部分）

典型案例

顾某骏、刘某君等11名投资者与康美药业等证券虚假陈述责任纠纷案（广东省广州市中级人民法院（2020）粤01民初2171号民事判决书）

【案情】一、案涉信息披露行为的相关事实

2001年3月19日，康美药业在上海证券交易所主板上市，证券代码600518，证券简称曾为“康美药业”“ST康美”，现简称“＊ST康美”。

2017年4月20日、2018年4月26日、2018年8月29日，康美药业在上海证券交易所网站和巨潮资讯网及中国证监会指定报纸上先后披露了《2016年年度报告》《2017年年度报告》《2018年半年度报告》。

2018年10月15日晚开始，网上陆续出现文章，质疑康美药业货币资金真实性，指出可能存在财务造假等问题。主要包括：2018年10月15日晚，微信公众号“初善投资”发布标题为《康美药业究竟有没有谎言》的文章，该文认为康美药业货币资金真实性可疑、造假特征明显，建议各位投资者小心。2018年10月16日，微信公众号“市值相对论”发布标题为《千亿康美药业闪崩！大存大贷大现金大质押哪个是坑?》的文章，该文指出康美药业存在存贷双高、大股东股票质押比例高和中药材贸易毛利率高等问题质疑康美药业存在财务造假。前述文章被多家影响范围较大的媒体广泛转载，引起强烈反响。康美药业股票10月16日盘中一度触及跌停，收盘跌幅5.97%，此后连续三日以跌停价收盘，而同期（2018年10月16日－19日）上证指数跌幅为0.69%，医药生物（申万）指数（801150）跌幅为4.01%。同时，以“康美药业”为关键词的百度搜索指数、百度资讯指数、各类媒体转载指数在2018年10月16日之后均呈现爆炸性增长。例如，百度资讯指数，2018年10月16日之前几日康美药业百度资讯指数为1000多，但至2018年10月16日猛增至4620，在10月17、18日分别达到了8014和10792。

二、各被告受到行政处罚的相关事实

2020年5月15日，康美药业公告称公司收到中国证监会《行政处罚决定书》（〔2020〕24号）。（略，见“《证券法》第一百九十七条　【信息披露违法】”部分）

2021年2月18日，中国证监会作出《行政处罚决定书》（〔2021〕11号），主要内容为：（一）正中珠江出具的康美药业2016年、2017年、2018年年度审计报告存在虚假记载。康美药业2016年、2017年、2018年年度报告存在虚增收入、虚增货币资金等虚假记载行为，正中珠江对康美药业2016年、2017年财务报表出具了标准无保留的审计意见，对康美药业2018年财务报表出具了保留意见，审计报告均存在虚假记载。其中，2016年、2017年审计项目的签字注册会计师为杨某蔚、张

某璃,2018年审计项目的签字注册会计师为杨某蔚、刘某。(二)2016年和2017年年报审计期间,正中珠江未对康美药业的业务管理系统实施相应审计程序,未获取充分适当的审计证据。捷科SCM3.0新架构供应链系统(以下简称捷科系统)是康美药业的业务管理信息系统,金蝶EAS系统是康美药业进行账务处理的信息系统,正中珠江相关审计人员明知康美药业捷科系统的存在,未关注捷科系统与金蝶EAS系统是否存在差异,未分析差异形成的原因及造成的影响,未实施必要的审计程序。具体包括:在财务报表层面了解信息技术的运用时,未涵盖业务管理系统;正中珠江了解金蝶EAS系统时,未执行审计程序了解金蝶EAS系统与科捷系统之间数据的勾稽关系;正中珠江实施风险应对措施时,未从业务管理系统获取审计证据。(三)正中珠江对康美药业2016年财务报表的审计存在缺陷。1.风险识别与评估阶段,部分审计底稿存在缺陷,主要为汇总的重大风险领域不包括货币资金和营业收入、认定货币资金和营业收入不存在重大错报风险和不属于特别风险、特别风险领域仅包括货币资金未包括营业收入等。2.货币资金以及营业收入科目的风险应对措施存在重大缺陷。(1)内部控制测试程序存在重大缺陷,如未识别捷科系统与金蝶EAS系统存在的差异及其产生的原因并判断对财务报表的影响。作出的相关内部控制评价结论没有充分、适当的审计证据支持,评价结论不恰当,不符合相应准则规定。(2)实质性程序存在重大缺陷,主要有:审计期间项目经理苏某升从康美药业处取得银行对账单,而不是向银行调取;苏某升伪造发函路径,未对应收账款函证过程保持有效控制;对于获取的银行询证函、银行对账单等存在明显异常或相互矛盾的情况,未执行进一步审计程序消除疑虑;2016年应收账款回函比例仅为30.89%,正中珠江未对可靠性存疑的回函执行进一步审计程序;对客户进行走访时,并未向对方函证交易数据,走访记录的附件二系“加塞”到审计底稿中,不符合相应会计准则。(四)正中珠江对康美药业2017年财务报表的审计,存在与2016年财务报表审计类似缺陷;对2018年财务报表的审计,在风险识别与评估阶段、实质性程序存在重大缺陷不符合相关会计准则的规定。中国证监会作出以下处罚决定:1.对正中珠江责令改正,没收业务收入1425万元,并处以4275万元罚款;2.对杨某蔚、张某璃、苏某升给予警告,并分别处以10万元罚款;3.对刘某给予警告,并处以3万元罚款。

三、本案诉讼情况

2020年12月31日,原告顾某骏、刘某君等11名投资者,向本院提起本案诉讼,请求本院判令被告马某田、许某瑾赔偿其投资差额损失共计410,522元及投资差额损失的佣金123.17元、印花税410.52元、利息损失1172.51元(合计412,228.20元);并请求判令被告康美药业、邱某伟、庄某清、温某生、马某洲、马某耀、林某浩、李某、江某平、李某安、罗某谦、林某雄、李某华、韩某伟、王某、张某、郭某慧、张某1、唐某、陈某对原告的上述损失承担连带责任。前述11名投资者共同推选顾某骏、刘某君为拟任代表人，同时请求诉讼请求相同并申请加入本案诉讼的其他投资者，一并提起普通代表人诉讼。

2021年2月10日，本院作出(2020)粤01民初2171号民事裁定，裁定本案权利人范围为自2017年4月20日(含)起至2018年10月15日(含)期间以公开竞价方式买入、并于2018年10月15日闭市后仍持有康美药业股票(证券代码:600518)，且与本案具有相同种类诉讼请求的投资者，但具有《最高人民法院关于审理证券市场因虚假陈述引发的民事赔偿案件的若干规定》第十九条规定的虚假陈述与损害结果之间不存在因果关系情形的除外。裁定作出后，各方当事人均未申请复议，该裁定已发生法律效力。

2021年3月26日，本院发布《普通代表人诉讼权利登记公告》，明确自2017年4月20日(含)至2018年10月15日(含)期间以公开竞价方式买入、并于2018年10月15日闭市后仍持有康美药业股票(证券代码:600518)，且与本案具有相同诉讼请求的投资者，可以于2021年4月25日之前登记加入本案诉讼。

2021年3月30日，原告顾某骏、刘某君等11名投资者根据中国证监会对正中珠江及杨某蔚、张某璃、刘某、苏某升的行政处罚决定，向本院申请追加正中珠江、杨某蔚、张某璃、刘某、苏某升为本案被告，请求判令前述五被告与马某田、许某瑾等被告承担连带赔偿责任。本院依法对原告追加被告的申请予以准许。

2021年4月8日，投服中心接受了黄某香等56名权利人的特别授权，向本院申请作为代表人参加诉讼。根据《中华人民共和国证券法》第九十五条第三款和《最高人民法院关于证券纠纷代表人诉讼若干问题的规定》第三十二条第一款的规定，经最高人民法院指定管辖，本院适用特别代表人诉讼程序审理本案。

2021年4月16日，本院发布《特别代表人诉讼权利登记公告》，明确本案权利人范围为自2017年4月20日(含)起至2018年10月15日(含)期间以公开竞价方式买入、并于2018年10月15日闭市后仍持有康美药业股票(证券代码:600518)，且与本案具有相同种类诉讼请求的投资者，但具有《最高人民法院关于审理证券市场因虚假陈述引发的民事赔偿案件的若干规定》第十九条规定的虚假陈述与损害结果之间不存在因果关系情形的除外。符合前述权利人范围的投资者如未在公告期间届满(即2021年5月16日)后十五日内向本院书面声明退出本特别代表人诉讼的，即视为同意参加本特别代表人诉讼。

在公告期间，梅某勇等9名投资者向本院提交书面声明，表示退出本特别代表人诉讼。

在本案审理过程中,康美药业等部分被告向本院提出申请,申请本院委托专业机构测算损失金额和系统风险,并主张由上海交通大学中国金融研究院测算;投服中心主张由深圳价值在线信息科技股份有限公司测算。因各方对测算机构的选择未能形成一致意见,本院委托投保基金对权利人范围内的投资者(声明退出本案特别代表人诉讼投资者除外)的损失进行测算。

2021 年 7 月 16 日,投保基金出具《证券投资者损失测算报告》。该报告主要内容为:一、投保基金测算时选定的实施日为 2017 年 4 月 20 日,揭露日为 2018 年 10 月 16 日,基准日为 2018 年 12 月 4 日,并通过计算揭露日起至基准日期间每个交易日收盘价的平均价格确定了基准价为 12.70 元。二、测算投资者实际损失的方法为,先采用移动加权平均法计算投资者买入均价,即投资者每次买入股票后,以新买入的股票成本加上前次的持仓成本,除以本次买入的股票数量加上前次的持仓数。以该方法投资者每次买入股票时测算一次买入成本(持仓成本价),卖出股票的成本以前一次计算所得买入均价为计价依据。该算法公式为:买入均价 =(本次购入股票金额 + 本次购入前持股总成本)/(本次购入股票数量 + 本次购入前持股数量);卖出均价 = 揭露日(含)至基准日(含)期间有效卖出总金额/有效卖出总数量。以此方法得到的投资差额损失计算方法为:投资差额损失 = 卖出损失 + 持有损失;卖出损失 =(买入均价 - 卖出均价)× 有效卖出总股数;持有损失 =(买入均价基准价)× 基准日剩余有效股数。此外,佣金费率按万分之三计算,印花税税率按千分之一计算,资金利率为银行同期活期存款利率 0.35%(资金利息天数自第一笔有效买入日计算至揭露后最后一笔有效卖出日或基准日)。三、扣除系统风险的方法是,选取医药生物(申万)指数(801150)为系统风险扣除的参考指数,采用"个体相对比例法"测算投资者证券市场系统风险扣除比例。该方法的原理是,从投资者第一笔有效买入开始,假设投资者买卖案涉股票时,同时买入卖出相同数量的指数,每一笔交易均同步对应指数的买入卖出,指数的价格取交易当日的指数数值。揭露后卖出的或持有股票的,假设也同步卖出或持有对应的指数.被测算人可能不同程度受到证券市场系统风险影响。市场系统风险具体计算方法是:将每个投资者持股期间的指数加权平均跌幅与个股加权平均跌幅进行对比,用"相对比例法"扣除证券市场系统风险的影响。指数买入均价、卖出均价、持有损失、卖出损失计算方法同个股的计算方法。具体计算公式为:市场系统风险扣除比例 = 证券买入与卖出期间指数加权平均跌幅/证券买入与卖出期间个股加权平均跌幅;指数加权平均跌幅 =(指数卖出损失 + 指数持有损失)/(有效索赔股数 × 指数买入均价);个股加权平均跌幅 =(个股卖出损失 + 个股持有损失)/(有效索赔股数 × 个股买入均价)。四、最终的损失金额计算方法如下:损失金额＝投资差额损失＋佣金＋印花税＋资金利息；投资差额损失＝A×(1－市场系统风险扣除比例)。A为不扣除市场系统风险的投资差额损失；风险系数大于1，则按1计算；风险小于0，则按0计算；佣金＝投资差额损失×佣金费率；印花税＝投资差额损失×印花税税率；资金利息＝(投资差额损失＋佣金＋印花税)×银行同期活期存款利率×实际天数/365。五、经测算，共计55,326名投资者发生约48.66亿元损失，其中损失金额扣除系统风险后为0或者负数投资者的人数为3289名投资者，扣除系统风险后损失金额为正数的投资者人数为52,037名，该52,037名投资者扣除系统风险后损失金额总数为2,458,928,544元。

投服中心认为，康美药业在申万一级行业指数中所占据的权重比例较高，仅选取该指数可能导致系统风险扣除比例过高，不利于最大限度地保护投资者的合法权益。康美药业等被告认为，测算报告系统风险扣除比例过低；买入均价应当依据先进先出加权平均法进行测算；应当剔除通过大宗交易买入的投资者；利息计算方式存在错误。

另查明，被告唐某、陈某未作为康美药业董事、监事、高级管理人员参与康美药业《2016年年度报告》《2017年年度报告》《2018年半年度报告》审议和保证前述定期报告真实、准确、完整，仅作为高级管理人员保证康美药业《2018年年度报告》真实、准确、完整；刘某并非康美药业2016年、2017年审计项目的签字注册会计师，仅为康美药业2018年审计项目的签字注册会计师。

2021年9月1日，法院接受投服中心提出的财产保全申请，作出(2020)粤01民初2171号之一民事裁定，裁定冻结马某田、许某瑾、邱某伟、庄某清、温某生、马某洲、马某耀、林某浩、李某、江某平、李某安、罗某谦、林某雄、李某华、韩某伟、王某、张某、郭某慧、张某1、正中珠江、杨某蔚、张某璃、刘某、苏某升名下价值24.59亿元的银行存款或查封、扣押其他等值财产。

【认定】一审法院认为，本案为证券虚假陈述责任纠纷。投资者保护机构投服中心在权利登记公告期间受五十名以上权利人的特别授权，作为代表人参加诉讼。根据《中华人民共和国证券法》第九十五条第三款和《最高人民法院关于证券纠纷代表人诉讼若干问题的规定》第三十二条第一款的规定，本案为特别代表人诉讼案件。

综合原告、被告的诉辩意见，本案的争议焦点在于：一、案涉虚假陈述行为的认定；二、原告投资损失与案涉虚假陈述行为之间有无因果关系；三、各被告赔偿责任的认定。

一、案涉虚假陈述行为的认定

《最高人民法院关于审理证券市场因虚假陈述引发的民事赔偿案件的若干规

定》第十七条第一款规定:“证券市场虚假陈述,是指信息披露义务人违反证券法律规定,在证券发行或者交易过程中,对重大事件作出违背事实真相的虚假记载、误导性陈述,或者在披露信息时发生重大遗漏、不正当披露信息的行为。”

中国证监会作出的《行政处罚决定书》(〔2020〕24号)查明,康美药业披露的《2016年年度报告》《2017年年度报告》《2018年半年度报告》中,存在虚增营业收入、利息收入及营业利润,虚增货币资金和未按规定披露控股股东及其关联方非经营性占用资金的关联交易情况,属于对重大事件作出违背事实真相的虚假记载和披露信息时发生重大遗漏的行为;《行政处罚决定书》(〔2021〕11号)查明,正中珠江出具的康美药业2016年、2017年财务报表审计报告存在虚假记载。康美药业、正中珠江等被告对上述《行政处罚决定书》查明的事实未予否认,且未提交相反证据,故本院对康美药业披露的《2016年年度报告》《2017年年度报告》《2018年半年度报告》以及正中珠江出具的康美药业2016年、2017年财务报表审计报告存在虚假记载和重大遗漏的事实予以确认,并认定本案存在证券虚假陈述行为。

关于案涉虚假陈述行为的实施日问题。2017年4月20日,康美药业披露存在虚假记载和重大遗漏的《2016年年度报告》,此日期应当被认定为虚假陈述行为的实施日。

关于案涉虚假陈述行为的揭露日问题。虚假陈述的揭露和更正,是指虚假陈述被市场知悉、了解,不要求达到全面、完整、准确的程度,只要交易市场对揭露文章存在明显的反应,即可认定市场知悉虚假陈述行为。本院认为,应以自媒体质疑康美药业财务造假的2018年10月16日为案涉虚假陈述行为的揭露日。理由为:一是自媒体质疑报道的主要内容,与中国证监会行政处罚认定的财务造假性质、类型基本相同。特别是质疑报道中关于康美药业在货币资金等科目存在较大造假的猜测,在之后中国证监会作出的行政处罚决定中得到了证实,满足揭露行为的一致性要件;二是自媒体揭露内容引发了巨大的市场反应。康美药业股价在被自媒体质疑后短期内急速下挫,走势与上证指数、行业指数的走势存在较大背离,可以认定市场对于自媒体的揭露行为作出了强烈反应,说明自媒体揭露行为对市场显现出很强的警示作用,满足揭露行为的警示性要件;三是虽然揭露文章仅是首发在自媒体而非官方媒体,但在移动互联网蓬勃兴起的当今,发表在自媒体的文章亦有可能会迅速引起较多媒体关注和转载。从本案来看,相关文章确实被多家媒体转载,并直接导致康美药业的百度搜索指数和资讯指数暴增,成为舆论关注重心,满足揭露行为的广泛性要求,达到了揭露效果。

关于基准日和基准价问题。根据《最高人民法院关于审理证券市场因虚假陈述引发的民事赔偿案件的若干规定》第三十三条关于“投资差额损失计算的基准日,是指虚假陈述揭露或者更正后,为将投资人应获赔偿限定在虚假陈述所造成的损失范围内,确定损失计算的合理期间而规定的截止日期。基准日分别按下列情况确定:(一)揭露日或者更正日起,至被虚假陈述影响的证券累计成交量达到其可流通部分100%之日。但通过大宗交易协议转让的证券成交量不予计算"的规定,本案投资差额损失计算的基准日为康美药业上市可流通股票换手率达到100%的2018年12月4日,基准价为12.7元。

二、原告投资损失与案涉虚假陈述行为之间有无因果关系

本争议焦点涉及的因果关系包括原告的交易行为与案涉虚假陈述行为之间是否存在因果关系及原告的投资损失与案涉虚假陈述行为之间是否存在因果关系,即交易因果关系与损失因果关系。

(一)交易因果关系

《最高人民法院关于审理证券市场因虚假陈述引发的民事赔偿案件的若干规定》第十八条规定:"投资人具有以下情形的,人民法院应当认定虚假陈述与损害结果之间存在因果关系:(一)投资人所投资的是与虚假陈述直接关联的证券;(二)投资人在虚假陈述实施日及以后,至揭露日或者更正日之前买入该证券;(三)投资人在虚假陈述揭露日或者更正日及以后,因卖出该证券发生亏损,或者因持续持有该证券而产生亏损。"按照该司法解释之规定,符合条件的投资者的交易行为与被告虚假陈述行为之间应被推定认为存在交易因果关系。

基于此,根据前述关于实施日、揭露日的分析以及本院2021年2月10日作出的(2020)粤01民初2171号民事裁定,本案权利人范围为自2017年4月20日(含)起至2018年10月15日(含)期间以公开竞价方式买入、并于2018年10月15日闭市后仍持有康美药业股票(证券代码:600518),且与本案具有相同种类诉讼请求的投资者,但具有《最高人民法院关于审理证券市场因虚假陈述引发的民事赔偿案件的若干规定》第十九条规定的虚假陈述与损害结果之间不存在因果关系情形的除外。本院按照前述范围确定投资者名单,调取了相关投资者交易数据,并委托投保基金对投资者的损失情况进行了核算。

本院调取相关投资者数据时已限定为以公开竞价方式买入的投资者的数据,实质上已将通过大宗交易等非竞价交易方式买入的投资者排除。虽然部分被告对此提出异议,但均未能举证证明仍有此类投资者作为原告,故本院对该异议不予支持。因此,本院认为,本案原告的交易行为均与被告虚假陈述行为之间存在交易因果关系。

(二)损失因果关系

关于原告的损失与被告虚假陈述行为是否具有损失因果关系。首先,原告投

资损失金额的认定问题。投保基金计算投资者损失时使用的是移动加权平均法的计算方法，康美药业等部分被告提出异议，认为应当使用先进先出加权平均法。但本院认为，使用移动加权平均法计算时，针对投资者每次买入股票测算一次买入成本，卖出股票的成本以前一次的买入均价为计价依据，即买入均价等于本次购入的股票金额加上本次购入前的持股成本的和，除以本次购入股票的数量加上本次购入前股票的数量的和。这个方法实际上考虑了从实施日到揭露日整个期间，投资者每次买入股票的价格和数量，同时也剔除了因为卖出证券导致的盈亏。

因此，该方法更为符合实际情况，对从实施日到揭露日期间多次进行交易的投资者的成本认定更合理，故本院对投保基金采用的移动加权平均法表示认可。

其次，关于本案系统风险扣除的问题。《最高人民法院关于审理证券市场因虚假陈述引发的民事赔偿案件的若干规定》第十九条规定："被告举证证明原告具有以下情形的，人民法院应当认定虚假陈述与损害结果之间不存在因果关系：(一)在虚假陈述揭露日或者更正日之前已经卖出证券；(二)在虚假陈述揭露日或者更正日及以后进行的投资；(三)明知虚假陈述存在而进行的投资；(四)损失或者部分损失是由证券市场系统风险等其他因素所导致；(五)属于恶意投资、操纵证券价格的。"本案中，案涉虚假陈述行为从实施日到揭露日时间较长，在此期间，证券市场走势波动亦较大。投资者的损失中，部分损失系证券市场系统因素造成，该部分损失应予剔除。至于扣除方式，投保基金选取医药生物(申万)指数作为比对指数，并采用"个体相对比例法"测算投资者证券市场系统风险扣除比例。本院认为申万行业指数编制较早，且在证券市场具有较大影响力，可以被选取作为比对指数。而在测算时，投保基金采用"个体相对比例法"测算投资者证券市场系统风险扣除比例，即从投资者第一笔有效买入开始，假设投资者买卖案涉股票时，同时买入卖出相同数量的医药生物(申万)指数，每一笔交易均同步对应指数的买入卖出，并将每个投资者持股期间的指数加权平均跌幅与个股加权平均跌幅进行对比，扣除证券市场系统风险的影响。投保基金具体所采用的计算公式为：市场系统风险扣除比例 = 证券买入与卖出期间指数加权平均跌幅/证券买入与卖出期间个股加权平均跌幅；指数加权平均跌幅 = (指数卖出损失 + 指数持有损失)/(有效索赔股数 × 指数买入均价)；个股加权平均跌幅 = (个股卖出损失 + 个股持有损失)/(有效索赔股数 × 个股买入均价)。本院认为该测算方法可以更合理计算不同时期买入康美药业股票的各投资者因市场系统风险受到的损失，投保基金以此方法测算系统风险扣除比例，并无不妥。根据测算情况，除去损失金额在扣除系统风险后为0或者负数的3289名投资者后，共计52,037名投资者有损失。

最后，关于本案是否还应当扣除非系统风险所导致的投资者损失问题。本院认为，一方面，按照《最高人民法院关于审理证券市场因虚假陈述引发的民事赔偿案件的若干规定》第十九条之规定，缺乏扣除非系统风险导致的损失的法律依据；另一方面，部分被告提出了诸如经营不善、实际控制人曾行贿等应当扣除非系统风险的理由，但未举证证明何种事件应当作为非系统风险，也未证明该等事件独立于虚假陈述行为对康美药业股价产生消极影响。故本案缺乏扣除非系统风险的依据，本院对于部分被告扣除非系统风险的主张不予支持。

此外，经本院核实，投保基金测算的投资者佣金、印花税及利息损失结果均无误，故应予采信。

综上，经投保基金测算，案涉虚假陈述行为所导致的52,037名投资者损失为2,458,928,544元，本院对投资者的该部分赔偿主张予以支持。52,037名投资者所主张的超出上述金额之外的损失，以及损失金额在扣除系统风险后为0或者负数的3289名投资者所主张的损失，与案涉虚假陈述行为之间不具有因果关系，本院对该赔偿请求不予支持。

三、各被告赔偿责任的认定

（一）康美药业及其实际控制人、董事、监事、高级管理人员的赔偿责任

《中华人民共和国证券法》（2014年修正）第六十九条规定："发行人、上市公司公告的招股说明书、公司债券募集办法、财务会计报告、上市报告文件、年度报告、中期报告、临时报告以及其他信息披露资料，有虚假记载、误导性陈述或者重大遗漏，致使投资者在证券交易中遭受损失的，发行人、上市公司应当承担赔偿责任；发行人、上市公司的董事、监事、高级管理人员和其他直接责任人员以及保荐人、承销的证券公司，应当与发行人、上市公司承担连带赔偿责任，但是能够证明自己没有过错的除外；发行人、上市公司的控股股东、实际控制人有过错的，应当与发行人、上市公司承担连带赔偿责任。"

康美药业作为上市公司，披露的《2016年年度报告》《2017年年度报告》《2018年半年度报告》中存在虚假记载，虚增营业收入、利息收入及营业利润，虚增货币资金；披露的《2016年年度报告》《2017年年度报告》中存在重大遗漏，未按规定披露控股股东及其关联方非经营性占用资金的关联交易情况，依据《中华人民共和国证券法》（2014年修正）第六十九条之规定，康美药业对案涉投资者损失承担赔偿责任。

马某田作为康美药业董事长、总经理和实际控制人，组织安排相关人员将上市公司资金转移到其控制的关联方，且未在定期报告里披露相关情况；为掩盖上市公司资金被关联方长期占用、虚构公司经营业绩等违法事实，组织策划康美药业相关人员通过虚增营业收入、虚增货币资金等方式实施财务造假。许某瑾作为

康美药业副董事长、副总经理和实际控制人，是主管会计工作的负责人，与马某田共同组织安排相关人员将上市公司资金转移到其控制的关联方，且知悉马某田组织相关人员实施财务造假。此外，马某田、许某瑾明知康美药业《2016年年度报告》《2017年年度报告》《2018年半年度报告》披露数据存在虚假，仍然作为董事签字并承诺保证相关文件真实、准确、完整。马某田、许某瑾的行为直接导致康美药业披露的定期报告存在虚假陈述，是应当对康美药业信息披露违法行为直接负责的人员。依据《中华人民共和国证券法》（2014年修正）第六十九条之规定，马某田、许某瑾应当承担连带赔偿责任。

邱某伟作为康美药业董事、副总经理、董事会秘书，主管公司信息披露事务，对公司定期报告的真实性、完整性、准确性承担主要责任；但却根据马某田的授意安排，组织相关人员将上市公司资金转移至控股股东及其关联方，组织策划公司相关人员实施、并亲自参与实施财务造假行为。庄某清为康美药业财务负责人，参与实施财务造假行为。温某生协助董事会秘书和财务负责人分管财务工作，根据马某田、邱某伟的授意安排，组织相关人员将上市公司资金转移至控股股东及其关联方，组织协调公司相关人员实施财务造假及信息披露违法行为。马某洲担任财务部总监助理，分管出纳工作，根据马某田等人安排，参与财务造假工作。此外，邱某伟、庄某清、温某生、马某洲明知康美药业《2016年年度报告》《2017年年度报告》《2018年半年度报告》披露数据存在虚假，仍然作为董事、监事或高级管理人员签字并承诺保证相关文件真实、准确、完整。邱某伟、庄某清、温某生、马某洲的行为直接导致康美药业披露的定期报告存在虚假陈述，也是应当对康美药业信息披露违法行为直接负责的人员。依据《中华人民共和国证券法》（2014年修正）第六十九条之规定，邱某伟、庄某清、温某生、马某洲应当承担连带赔偿责任。

马某耀、林某浩、李某、江某平、李某安、罗某谦、林某雄、李某华、韩某伟、王某、张某、郭某慧、张某1等被告，虽然并非具体分管康美药业财务工作，但康美药业公司财务造假持续时间长，涉及会计科目众多，金额十分巨大，前述被告作为董事、监事或高级管理人员如尽勤勉义务，即使仅分管部分业务，也不可能完全不发现端倪。因此，虽然前述被告作为董事、监事或高级管理人员并未直接参与财务造假，却未勤勉尽责，存在较大过失，且均在案涉定期财务报告中签字，保证财务报告真实、准确、完整，所以前述被告是康美药业信息披露违法行为的其他直接责任人员。故依据《中华人民共和国证券法》（2014年修正）第六十九条之规定，马某耀、林某浩等被告应当承担与其过错程度相适应的赔偿责任。其中，马某耀、林某浩、李某、罗某谦、林某雄、李某华、韩某伟、王某均非财务工作负责人，过失相对较小，本院酌情判令其在投资者损失的20%范围内承担连带赔偿责任；江某平、李某安、张某为兼职的独立董事，不参与康美药业日常经营管理，过失相对较小，本院酌情判令其在投资者损失的10%范围内承担连带赔偿责任；郭某慧、张某1为兼职的独立董事，过失相对较小，且仅在《2018年半年度报告》中签字，本院酌情判令其在投资者损失的5%范围内承担连带赔偿责任。

唐某、陈某未以董事、监事、高级管理人员的身份签名确认《2016年年度报告》《2017年年度报告》《2018年半年度报告》内容的真实、准确、完整，不存在虚假记载、误导性陈述或重大遗漏，不属于案涉虚假陈述行为人，不应当对投资者损失承担赔偿责任。

（二）正中珠江及其工作人员的赔偿责任

《证券法》（2014年修正）第一百七十三条规定："证券服务机构为证券的发行、上市、交易等证券业务活动制作、出具审计报告、资产评估报告、财务顾问报告、资信评级报告或者法律意见书等文件，应当勤勉尽责，对所依据的文件资料内容的真实性、准确性、完整性进行核查和验证。其制作、出具的文件有虚假记载、误导性陈述或者重大遗漏，给他人造成损失的，应当与发行人、上市公司承担连带赔偿责任，但是能够证明自己没有过错的除外。"

根据中国证监会的《行政处罚决定书》（〔2021〕11号）认定的事实，康美药业2016年、2017年、2018年年度报告存在虚增收入、虚增货币资金等虚假记载行为。正中珠江为上述年度报告提供审计服务，其中2016年、2017年财务报表出具了标准无保留意见的审计意见，2018年财务报表出具了保留意见。在2016年和2017年年报审计期间，正中珠江相关审计人员了解捷科系统为康美药业的业务管理信息系统，金蝶EAS系统为康美药业的财务处理信息系统，但未关注两套系统是否存在差异，未实施必要的审计程序. 正中珠江对于货币资金科目和营业收入科目的风险应对措施方面存在重大缺陷，包括未对现金对账执行内部控制测试程序、未关注明显异常或相互矛盾的审计证据、函证回函率较低时未实施替代性程序、审计底稿"加塞"函证交易数据以及项目经理苏某升严重违反独立性要求等。正中珠江上述未实施基本的审计程序行为，严重违反《中国注册会计师审计准则》和《中国注册会计师职业道德守则》等规定，导致康美药业严重财务造假未被审计发现，影响极其恶劣，故本院认为正中珠江应当承担连带赔偿责任。

杨某蔚作为正中珠江合伙人和2016年、2017年康美药业审计项目的签字注册会计师，在执业活动中因重大过失造成正中珠江需承担赔偿责任。根据《中华人民共和国合伙企业法》第五十七条第一款关于"一个合伙人或者数个合伙人在执业活动中因故意或者重大过失造成合伙企业债务的，应当承担无限责任或者无限连带责任，其他合伙人以其在合伙企业中的财产份额为限承担责任"的规定，杨某蔚应当在正中珠江承责范围内承担连带赔偿责任。

刘某并非康美药业2016年、2017年审计项目的签字注册会计师，不是案涉虚假陈述行为人，故不应对投资者损失承担赔偿责任。

虽然张某璃作为案涉审计报告签字注册会计师，苏某升作为审计项目经理，均存在过错，但规定中介机构直接责任人承担赔偿责任的《最高人民法院关于审理证券市场因虚假陈述引发的民事赔偿案件的若干规定》第二十四条所依据的《中华人民共和国证券法》(1999年施行)第一百六十一条已经被修正，而行为发生时施行的《中华人民共和国证券法》(2014年修正)第一百七十三条已无中介机构直接责任人承担赔偿责任的规定。根据新法优于旧法的法律适用原则，张某璃、苏某升作为正中珠江的员工，不应因其职务行为直接对投资者承担赔偿责任。

综上，一审法院认为，康美药业应对投资者损失共计2,458,928,544元承担赔偿责任；马某田、许某瑾、邱某伟、庄某清、温某生、马某洲与康美药业承担连带赔偿责任；马某耀、林某浩、李某、罗某谦、林某雄、李某华、韩某伟、王某在康美药业赔偿责任20%范围内承担连带赔偿责任；江某平、李某安、张某在10%范围内承担连带赔偿责任；郭某慧、张某1在5%范围内承担连带赔偿责任；正中珠江与康美药业承担连带赔偿责任；杨某蔚在正中珠江承责范围内承担连带赔偿责任；唐某、陈某、张某璃、刘某、苏某升在本案中不承担民事赔偿责任。

本案诉讼裁判的范围为各被告应当向原告承担的责任问题，至于各承担连带责任的被告之间的责任分担与追偿，不在本案裁判范围之内，各方如承担实际赔付责任后可另行解决。

综上所述，依据《中华人民共和国证券法》(2014年修正)第六十三条、第六十九条、第一百七十三条，《中华人民共和国合伙企业法》第五十七条第一款，《最高人民法院关于审理证券市场因虚假陈述引发的民事赔偿案件的若干规定》第七条、第十七条、第十八条、第十九条、第二十条、第二十一条、第三十三条，《中华人民共和国民事诉讼法》第五十三条、第五十四条、第六十四条，《最高人民法院关于证券纠纷代表人诉讼若干问题的规定》第二十四条、第二十六条、第三十二条、第三十四条、第三十九条、第四十一条之规定，判决如下：

一、被告康美药业股份有限公司于本判决生效之日起十五日内，向原告顾某骏、黄某香等52,037名投资者赔偿投资损失2,458,928,544元。原告所获赔偿金额的计算方法为投资差额损失与相应的佣金、印花税、利息损失之和。其中投资差额损失＝(买入均价－卖出均价或基准价)×持股数量×(1－证券市场风险因素的影响比例)，买入均价采用第一笔有效买入后的移动加权平均法计算，多个账户应合并计算，证券市场风险因素采用个股涨跌幅与生物医药(申万)指数涨跌幅进行同步对比的方法扣除。佣金损失 = 投资差额损失 ×0.03%。印花税损失 = 投资差额损失 ×0.1%。利息损失 =(投资差额损失 + 佣金损失 + 印花税损失)× 0.35% × 第一笔有效买入日至最后一笔卖出日或者基准日的实际天数/365天；

二、被告马某田、许某瑾、邱某伟、庄某清、温某生、马某洲对本判决第一项确定的被告康美药业股份有限公司债务承担连带清偿责任；

三、被告马某耀、林某浩、李某、罗某谦、林某雄、李某华、韩某伟、王某在本判决第一项确定的被告康美药业股份有限公司债务的20%范围内承担连带清偿责任；

四、被告江某平、李某安、张某在本判决第一项确定的被告康美药业股份有限公司债务的10%范围内承担连带清偿责任；

五、被告郭某慧、张某1在本判决第一项确定的被告康美药业股份有限公司债务的5%范围内承担连带清偿责任；

六、被告广东正中珠江会计师事务所(特殊普通合伙)、杨某蔚对本判决第一项确定的被告康美药业股份有限公司债务承担连带清偿责任；

七、驳回原告顾某骏、黄某香等55,326名投资者的其他诉讼请求。

权威解读

最高人民法院民二庭负责人就《最高人民法院关于审理证券市场虚假陈述侵权民事赔偿案件的若干规定》答记者问①

问:请问修改《最高人民法院关于审理证券市场虚假陈述侵权民事赔偿案件的若干规定》(以下简称《规定》)的背景是什么?

答:习近平总书记指出,发展资本市场是中国的改革方向,要建设一个规范、透明、开放、有活力、有韧性的资本市场,完善资本市场基础性制度。在资本市场中,证券行政监管与证券司法审判是保障证券市场健康发展、维护投资者合法权益的两大主要力量。在我国三十多年的资本市场法治化进程中,人民法院切实履行证券商事审判工作职责,积极发挥审判职能,在保护投资者合法权益、防控金融风险,打击欺诈发行、财务造假等资本市场的"痼疾",促进资本市场改革发展方面做了一系列工作。2003年2月1日,最高人民法院发布《最高人民法院关于审理证券市场因虚假陈述引发的民事赔偿案件的若干规定》之后,人民法院开始受理、审理大庆联谊、银广夏等证券虚假陈述侵权民事赔偿案件,为投资者维护自身权

---

① 载最高人民法院民二庭负责人就《最高人民法院关于审理证券市场虚假陈述侵权民事赔偿案件的若干规定》答记者问。

利提供了法律武器，取得了较好的实施效果。随着我国证券市场的飞速发展，证券种类、市场层次、交易方式都发生了翻天覆地的变化，资本市场的法治建设也日益完善。相比之下，原司法解释中有些内容已落后于相关法律和司法实践，有必要修改完善，以应对新形势新挑战。2021 年 7 月 6 日，中共中央办公厅、国务院办公厅印发《关于依法从严打击证券违法活动的意见》，要求修改因虚假陈述引发民事赔偿有关司法解释。

为此，我们会同中国证监会等有关监管部门，详细梳理了原司法解释实施以来的市场发展、立法演变和审判工作中面临的疑难问题，形成了司法解释的修订稿。修订稿完成后，通过走访发行人、中介机构进行实地调查研究、召开座谈会、书面征求意见等方式，广泛征求并充分吸收了全国人大常委会法工委、中国人民银行、中国证监会、中国银保监会、司法部、发改委、财政部等国家部委、相关行业协会、专家学者以及地方法院的意见建议，对《规定》中的相关制度根据形势变化进行了增删，经我院审委会讨论通过后正式出台。

证券虚假陈述是资本市场违法行为的典型形式，也是严重损害投资者合法权益的易发多发行为，依法追究证券虚假陈述相关责任主体的民事责任，是投资者权利救济的主要途径。司法解释的修改和发布，是最高人民法院贯彻落实中央对资本市场财务造假"零容忍"要求，依法提高违法违规成本、震慑违法违规行为的重要举措。民事责任制度的充实和完善，进一步强化了资本市场制度供给，畅通了投资者的权利救济渠道，夯实了市场参与各方归位尽责的规则基础，健全了中国特色证券司法体制，为资本市场的规范发展提供了更加有力的司法保障。

问：能否请您简要介绍一下修改的主要内容？

答：《规定》在整合原司法解释相关内容的基础上，新增了 15 条重要内容，全文共计 35 条，分为一般规定、虚假陈述的认定、重大性及交易因果关系、过错认定、责任主体、损失认定、诉讼时效、附则等八个部分。新增主要内容包括：一是扩大了司法解释的适用范围，除了证券交易所、国务院批准的其他全国性证券交易场所之外，在依法设立的区域性股权市场中发生的虚假陈述行为，也可参照适用本规定，实现打击证券发行、交易中虚假陈述行为的市场全覆盖。二是废除前置程序，即人民法院受理虚假陈述民事赔偿案件不再以行政或刑事处理为前提条件，方便了人民群众提起诉讼。三是进一步界定虚假陈述行为的类型，在对虚假记载、误导性陈述和重大遗漏这三种典型虚假陈述行为进行界定的基础上，将未按规定披露信息进一步区分为虚假陈述、内幕交易和单纯损害股东利益的侵权行为三种类型，以便审判实践中准确把握，并基于实践需要，建立了"预测性信息安全港"制度，鼓励并规范发行人自愿披露前瞻性信息等软信息。在此基础上，对虚假陈述实施日、揭露日和更正日的认定标准做了更具操作性的规定。四是对证券虚假陈述侵权民事责任中的重大性和交易因果关系要件进行了规定，明确了司法认定标准。五是在区分职责的基础上，分别规定了发行人的董监高、独立董事、履行承销保荐职责的机构、证券服务机构的过错认定及免责抗辩事由，体现各负其责的法律精神，避免“动辄得咎”，稳定市场预期。六是在责任主体方面，增加了“追首恶”、重大资产重组交易对方和帮助造假者的民事赔偿责任，在追究“首恶”责任的同时，也打击财务造假行为的各种“帮凶”。七是在损失认定部分，根据市场发展，增加规定了诱空型虚假陈述的处理，完善了损失认定和处理的规则。

问：您刚才提到，此次修订废除了长期存在的前置程序，是基于怎样的考虑？

答：证券市场的侵权民事赔偿案件具有当事人众多、证据取得困难、专业知识复杂等特点，在我国证券市场发展的早期阶段，为减轻投资者的举证负担，根据当时的立法和司法实践情况，原司法解释第六条规定了前置程序，即人民法院受理虚假陈述纠纷案件，以该虚假陈述行为已经行政处罚或刑事裁判文书认定为前提。从实践效果看，前置程序在减轻原告举证责任、防范滥诉、统一行政处罚与司法裁判标准等方面发挥了重要作用。但与此同时，前置程序也存在投资者诉权保障不足、权利实现周期过长等问题，需要在制度层面进行改进。在充分研究各方意见的基础上，《规定》第二条从正反两个方面予以明确：首先，原告提起证券虚假陈述侵权民事赔偿诉讼，只要符合民事诉讼法第一百二十二条规定并提交相应证据，人民法院就应当予以受理；其次，人民法院在案件受理后，不得仅以虚假陈述未经监管部门行政处罚或者人民法院生效刑事判决认定为由裁定不予受理。不过，为了防范没有事实根据的滥诉行为，《规定》第二条要求原告提起诉讼时，必须提交信息披露义务人实施虚假陈述的相关证据，以及原告因虚假陈述进行交易的凭证及投资损失等相关证据。

问：在前置程序取消后，中小投资者的起诉将面临虚假陈述证明的难题，在帮助投资者维权方面有没有相应的考虑？

答：为切实降低投资者举证难度、畅通投资者诉讼救济途径，在司法解释制定过程中，最高人民法院和中国证监会就人民法院案件审理和证监会的专业支持工作机制进行了认真研究，与司法解释同步发布《最高人民法院　中国证监会关于适用〈最高人民法院关于审理证券市场虚假陈述侵权民事赔偿案件的若干规定〉有关问题的通知》，建立案件通报机制，为了查明事实，人民法院可以依法向中国证监会有关部门或者派出机构调查收集有关证据，中国证监会有关部门或者派出机构依法依规予以协助配合。在案件审理过程中，人民法院可以就相关专业问题征求中国证监会及其相关派出机构、相关会管单位的意见。同时，为更好地提升案件审理的专业化水平，鼓励各地法院积极开展专家咨询和专业人士担任人民陪审员的探索，中国证监会派出机构和有关部门做好相关专家、专业人士担任人民陪审员的推荐等配合工作。我们相信，通过上述衔接性的安排，证券案件审理体制机制将会不断完善，在司法审判和行政监管的合力之下，我国投资者保护水平将持续和稳步的提高。

问：我们注意到，这几年来，社会各界对追究财务造假中的“首恶”责任呼声较高，《规定》在这方面有没有相应的制度安排？

答：“追首恶”，就是追究违法违规犯罪活动中的主谋和首要分子。实践中，不少影响恶劣的上市公司财务造假案件是由控股股东、实际控制人组织、指使上市公司所为，只有上市公司背后的实质违法者得到惩罚，才能真正打击财务造假，净化市场环境，实现零容忍的政策目标。《规定》第二十条明确了“追首恶”原则，该条第一款规定，在原告起诉请求直接判令相关控股股东、实际控制人依照本规定赔偿损失的，人民法院应当予以支持，免却嗣后追偿诉讼的诉累。同时，为进一步明确“首恶”的责任，第二款明确上市公司承担责任后，有权向负有责任的控股股东、实际控制人追偿上市公司实际承担的赔偿责任和诉讼成本，以进一步压实组织、指使造假的控股股东和实际控制人责任。

问：实践中，上市公司财务造假活动除了“首恶”的组织之外，还存在一些帮助造假的“帮凶”，请问司法解释在这方面有没有针对性的考虑？

答：上市公司的财务造假行为，除了前面提到的“首恶”在幕后的操纵、组织、指使之外，往往还需要其他相关主体的支持、配合。实践中，有的金融机构和上市公司串通，出具虚假的银行询证函回函、虚假银行回单、虚假银行对账单，欺骗注册会计师；一些上市公司的供应商和销售客户为上市公司财务造假提供虚假的交易合同、货物流转及应收应付款凭证，成为财务造假的帮手。为明确上述帮助造假者的法律责任，《规定》第二十二条规定，有证据证明发行人的供应商、客户，以及为发行人提供服务的金融机构等明知发行人实施财务造假活动，仍然为其提供相关交易合同、发票、存款证明等予以配合，或者故意隐瞒重要事实致使发行人的信息披露文件存在虚假陈述，原告起诉请求判令其与发行人等责任主体赔偿由此导致的损失的，人民法院应当予以支持。由此，本条内容和第二十条相互呼应，共同织牢了“首恶”和“帮凶”的法律责任之网，有效震慑财务造假活动。

问：《规定》第二十一条专门规定了重大资产重组交易对方提供虚假信息的赔偿责任，对此，您能介绍一下相关情况吗？

答：成功的上市公司并购重组，意味着资源配置的进一步优化和上市公司运营质量的进一步提升，资本市场也会给予更高的估值。正因为如此，市场上也出现了利用虚假信息进行“忽悠式”并购重组，意图抬高股价从中获利的现象。这些行为，不仅损害了投资者的利益，也严重扰乱了资本市场秩序。由于重大资产重组中的信息披露由上市公司负责，交易对方并非证券法所规定的“信息披露义务人”，如果仅追究上市公司的责任，显然不符合普遍的公平认知。交易对方作为上市公司重大资产重组活动的参与者，掌握与标的公司有关的真实信息，交易对方违反提供真实信息的注意义务时，追究其责任符合侵权法一般原理。因此，《规定》第二十一条规定，公司重大资产重组的交易对方所提供的信息不符合真实、准确、完整的要求，导致公司披露的相关信息存在虚假陈述，原告起诉请求判令该交易对方与发行人等责任主体赔偿由此导致的损失的，人民法院应当予以支持。

问：独立董事的责任问题历来为大家所关注，《规定》也就此问题予以专条规定，能否对此做一具体介绍？

答：在上市公司设立独立董事，可以借助独立董事的专业性与独立性，发挥独立董事的监督作用，制衡一股独大和内部人控制，维护中小股东利益，完善公司治理。从近年来爆出的财务造假案件来看，部分独立董事并未发挥制度预设的监督制约作用。我们认为，根据独立董事制度的目的与市场实践现状，压实独立董事责任的重点在于严肃追究迎合造假、严重违反注意义务等重大不履职行为的民事责任，同时打消勤勉尽责者的后顾之忧，避免“寒蝉效应”。为此，《规定》第十六条专门规定了独立董事的具体免责事由。独立董事能够证明下列情形之一的，人民法院应当认定其没有过错：（一）在签署相关信息披露文件之前，对不属于自身专业领域的相关具体问题，借助会计、法律等专门职业的帮助仍然未能发现问题的；（二）在揭露日或更正日之前，发现虚假陈述后及时向发行人提出异议并监督整改或者向证券交易场所、监管部门书面报告的；（三）在独立意见中对虚假陈述事项发表保留意见、反对意见或者无法表示意见并说明具体理由的，但在审议、审核相关文件时投赞成票的除外；（四）因发行人拒绝、阻碍其履行职责，导致无法对相关信息披露文件是否存在虚假陈述作出判断，并及时向证券交易场所、监管部门书面报告的；（五）能够证明勤勉尽责的其他情形。

《证券法》第八十八条　【证券公司违反投资者适当性管理义务的赔偿责任】

第八十八条　证券公司向投资者销售证券、提供服务时，应当按照规定充分了解投资者的基本情况、财产状况、金融资产状况、投资知识和经验、专业能力等相关信息；如实说明证券、服务的重要内容，充分揭示投资风险；销售、提供与投资

者上述状况相匹配的证券、服务。

投资者在购买证券或者接受服务时，应当按照证券公司明示的要求提供前款所列真实信息。拒绝提供或者未按照要求提供信息的，证券公司应当告知其后果，并按照规定拒绝向其销售证券、提供服务。

证券公司违反第一款规定导致投资者损失的，应当承担相应的赔偿责任。

相关规定

1.《证券期货投资者适当性管理办法》（略，见“《证券法》第一百九十八条【证券公司违反投资者适当性管理义务】”部分）

2.《全国法院民商事审判工作会议纪要》（法〔2019〕254号）

五、关于金融消费者权益保护纠纷案件的审理

会议认为，在审理金融产品发行人、销售者以及金融服务提供者（以下简称卖方机构）与金融消费者之间因销售各类高风险等级金融产品和为金融消费者参与高风险等级投资活动提供服务而引发的民商事案件中，必须坚持“卖者尽责、买者自负”原则，将金融消费者是否充分了解相关金融产品、投资活动的性质及风险并在此基础上作出自主决定作为应当查明的案件基本事实，依法保护金融消费者的合法权益，规范卖方机构的经营行为，推动形成公开、公平、公正的市场环境和市场秩序。

72.【适当性义务】适当性义务是指卖方机构在向金融消费者推介、销售银行理财产品、保险投资产品、信托理财产品、券商集合理财计划、杠杆基金份额、期权及其他场外衍生品等高风险等级金融产品，以及为金融消费者参与融资融券、新三板、创业板、科创板、期货等高风险等级投资活动提供服务的过程中，必须履行的了解客户、了解产品、将适当的产品（或者服务）销售（或者提供）给适合的金融消费者等义务。卖方机构承担适当性义务的目的是为了确保金融消费者能够在充分了解相关金融产品、投资活动的性质及风险的基础上作出自主决定，并承受由此产生的收益和风险。在推介、销售高风险等级金融产品和提供高风险等级金融服务领域，适当性义务的履行是“卖者尽责”的主要内容，也是“买者自负”的前提和基础。

73.【法律适用规则】在确定卖方机构适当性义务的内容时，应当以合同法、证券法、证券投资基金法、信托法等法律规定的基本原则和国务院发布的规范性文件作为主要依据。相关部门在部门规章、规范性文件中对高风险等级金融产品的推介、销售,以及为金融消费者参与高风险等级投资活动提供服务作出的监管规定,与法律和国务院发布的规范性文件的规定不相抵触的,可以参照适用。

74.【责任主体】金融产品发行人、销售者未尽适当性义务,导致金融消费者在购买金融产品过程中遭受损失的,金融消费者既可以请求金融产品的发行人承担赔偿责任,也可以请求金融产品的销售者承担赔偿责任,还可以根据《民法总则》第167条的规定,请求金融产品的发行人、销售者共同承担连带赔偿责任。发行人、销售者请求人民法院明确各自的责任份额的,人民法院可以在判决发行人、销售者对金融消费者承担连带赔偿责任的同时,明确发行人、销售者在实际承担了赔偿责任后,有权向责任方追偿其应当承担的赔偿份额。

金融服务提供者未尽适当性义务,导致金融消费者在接受金融服务后参与高风险等级投资活动遭受损失的,金融消费者可以请求金融服务提供者承担赔偿责任。

75.【举证责任分配】在案件审理过程中,金融消费者应当对购买产品(或者接受服务)、遭受的损失等事实承担举证责任。卖方机构对其是否履行了适当性义务承担举证责任。卖方机构不能提供其已经建立了金融产品(或者服务)的风险评估及相应管理制度、对金融消费者的风险认知、风险偏好和风险承受能力进行了测试、向金融消费者告知产品(或者服务)的收益和主要风险因素等相关证据的,应当承担举证不能的法律后果。

76.【告知说明义务】告知说明义务的履行是金融消费者能够真正了解各类高风险等级金融产品或者高风险等级投资活动的投资风险和收益的关键,人民法院应当根据产品、投资活动的风险和金融消费者的实际情况,综合理性人能够理解的客观标准和金融消费者能够理解的主观标准来确定卖方机构是否已经履行了告知说明义务。卖方机构简单地以金融消费者手写了诸如"本人明确知悉可能存在本金损失风险"等内容主张其已经履行了告知说明义务,不能提供其他相关证据的,人民法院对其抗辩理由不予支持。

77.【损失赔偿数额】卖方机构未尽适当性义务导致金融消费者损失的,应当赔偿金融消费者所受的实际损失。实际损失为损失的本金和利息,利息按照中国人民银行发布的同期同类存款基准利率计算。

金融消费者因购买高风险等级金融产品或者为参与高风险投资活动接受服务,以卖方机构存在欺诈行为为由,主张卖方机构应当根据《消费者权益保护法》第55条的规定承担惩罚性赔偿责任的,人民法院不予支持。卖方机构的行为构成欺诈的,对金融消费者提出赔偿其支付金钱总额的利息损失请求,应当注意区分不同情况进行处理:

(1)金融产品的合同文本中载明了预期收益率、业绩比较基准或者类似约定的,可以将其作为计算利息损失的标准;

(2)合同文本以浮动区间的方式对预期收益率或者业绩比较基准等进行约定,金融消费者请求按照约定的上限作为利息损失计算标准的,人民法院依法予以支持;

(3)合同文本虽然没有关于预期收益率、业绩比较基准或者类似约定,但金融消费者能够提供证据证明产品发行的广告宣传资料中载明了预期收益率、业绩比较基准或者类似表述的,应当将宣传资料作为合同文本的组成部分;

(4)合同文本及广告宣传资料中未载明预期收益率、业绩比较基准或者类似表述的,按照全国银行间同业拆借中心公布的贷款市场报价利率计算。

78.【免责事由】因金融消费者故意提供虚假信息、拒绝听取卖方机构的建议等自身原因导致其购买产品或者接受服务不适当,卖方机构请求免除相应责任的,人民法院依法予以支持,但金融消费者能够证明该虚假信息的出具系卖方机构误导的除外。卖方机构能够举证证明根据金融消费者的既往投资经验、受教育程度等事实,适当性义务的违反并未影响金融消费者作出自主决定的,对其关于应当由金融消费者自负投资风险的抗辩理由,人民法院依法予以支持。

《证券法》第八十九条　【普通投资者与证券公司纠纷的举证责任分配】

第八十九条　根据财产状况、金融资产状况、投资知识和经验、专业能力等因素,投资者可以分为普通投资者和专业投资者。专业投资者的标准由国务院证券监督管理机构规定。

普通投资者与证券公司发生纠纷的,证券公司应当证明其行为符合法律、行政法规以及国务院证券监督管理机构的规定,不存在误导、欺诈等情形。证券公司不能证明的,应当承担相应的赔偿责任。

相关规定

1.《证券期货投资者适当性管理办法》(略,见“《证券法》第一百九十八条【证券公司违反投资者适当性管理义务】”部分)

2.《全国法院民商事审判工作会议纪要》(略,见“《证券法》第八十八条　【证券公司违反投资者适当性管理义务的赔偿责任】”部分)

《证券法》第九十条 【违法征集上市公司股东权利的赔偿责任】

第九十条 上市公司董事会、独立董事、持有百分之一以上有表决权股份的股东或者依照法律、行政法规或者国务院证券监督管理机构的规定设立的投资者保护机构(以下简称投资者保护机构),可以作为征集人,自行或者委托证券公司、证券服务机构,公开请求上市公司股东委托其代为出席股东大会,并代为行使提案权、表决权等股东权利。

依照前款规定征集股东权利的,征集人应当披露征集文件,上市公司应当予以配合。

禁止以有偿或者变相有偿的方式公开征集股东权利。

公开征集股东权利违反法律、行政法规或者国务院证券监督管理机构有关规定,导致上市公司或者其股东遭受损失的,应当依法承担赔偿责任。

权威解读①

本条第四款规定了公开征集过程中的民事赔偿责任。一是无损害结果则无赔偿责任,违法征集主体进行赔偿的前提是上市公司或者股东遭受损失;二是上市公司或者其股东遭受损失这一损害结果同征集主体违反有关规定之间须存在因果关系,但主观上是否存在过错不影响赔偿责任的成立;三是依法承担赔偿责任的“法”包括“法律、行政法规或者国务院证券监督管理机构有关规定”。该表述为日后公开征集股东权利制度的完善提供了空间。

《证券法》第九十三条 【对受害投资者损失的先行赔付】

第九十三条 发行人因欺诈发行、虚假陈述或者其他重大违法行为给投资者造成损失的,发行人的控股股东、实际控制人、相关的证券公司可以委托投资者保护机构,就赔偿事宜与受到损失的投资者达成协议,予以先行赔付。先行赔付后,可以依法向发行人以及其他连带责任人追偿。

---

① 参见程合红主编:《〈证券法〉修订要义》,人民出版社 2020 年版,第 192 页。

典型案例

1. 平安证券先行赔付案①

2013年5月10日，证监会正式公布对万福生科虚假陈述案件相关责任人的行政处罚决定。与此同时，在万福生科及其大股东欠缺财力的情况下，作为保荐机构的平安证券主动宣布拿出3亿元，成立"万福生科虚假陈述事件投资者利益补偿专项基金"，弥补因该虚假陈述事件给股民带来的损失。

2. 海联讯大股东先行赔付案②

2014年，深圳海联讯科技股份有限公司（以下简称海联讯）财务造假案被曝光后，海联讯四名控股股东章某、孔某、邢某飚、杨某广出资两亿元设立"海联讯虚假陈述事件投资者利益补偿专项基金"，用于赔偿公众投资者因海联讯虚假陈述所遭受的损失。与海联讯四名控股股东达成和解的投资者约一万人，投资者获赔近九千万元。

3. 兴业证券先行赔付案③

2016年7月7日，欣泰电气因欺诈发行收到中国证监会《行政处罚决定书》。当年7月9日，作为保荐机构的兴业证券公告出资人民币5.5亿元设立先行赔付专项基金，主动承担先行赔付责任。2017年6月9日，兴业证券发布《关于设立欣泰电气欺诈发行先行赔付专项基金的公告》。

《证券法》第九十四条　【投资者保护机构纠纷调解、支持诉讼和股东代表诉讼】

第九十四条　投资者与发行人、证券公司等发生纠纷的，双方可以向投资者保护机构申请调解。普通投资者与证券公司发生证券业务纠纷，普通投资者提出调解请求的，证券公司不得拒绝。

投资者保护机构对损害投资者利益的行为，可以依法支持投资者向人民法院提起诉讼。

发行人的董事、监事、高级管理人员执行公司职务时违反法律、行政法规或者公司章程的规定给公司造成损失，发行人的控股股东、实际控制人等侵犯公司合法权益给公司造成损失，投资者保护机构持有该公司股份的，可以为公司的利益

① 载平安证券3亿元赔偿万福生科股民。

② 载海联讯投资者补偿案例之启示。

③ 载兴业证券推出5.5亿元欣泰电气欺诈发行先行赔付方案。

以自己的名义向人民法院提起诉讼，持股比例和持股期限不受《中华人民共和国公司法》规定的限制。

相关规定

1.《公司法》

第一百四十九条 董事、监事、高级管理人员执行公司职务时违反法律、行政法规或者公司章程的规定，给公司造成损失的，应当承担赔偿责任。

第一百五十一条 董事、高级管理人员有本法第一百四十九条规定的情形的，有限责任公司的股东、股份有限公司连续一百八十日以上单独或者合计持有公司百分之一以上股份的股东，可以书面请求监事会或者不设监事会的有限责任公司的监事向人民法院提起诉讼；监事有本法第一百四十九条规定的情形的，前述股东可以书面请求董事会或者不设董事会的有限责任公司的执行董事向人民法院提起诉讼。

监事会、不设监事会的有限责任公司的监事，或者董事会、执行董事收到前款规定的股东书面请求后拒绝提起诉讼，或者自收到请求之日起三十日内未提起诉讼，或者情况紧急、不立即提起诉讼将会使公司利益受到难以弥补的损害的，前款规定的股东有权为了公司的利益以自己的名义直接向人民法院提起诉讼。

他人侵犯公司合法权益，给公司造成损失的，本条第一款规定的股东可以依照前两款的规定向人民法院提起诉讼。

2.《最高人民法院关于适用〈中华人民共和国公司法〉若干问题的规定（四）》（法释〔2020〕18号）

第二十三条 监事会或者不设监事会的有限责任公司的监事依据公司法第一百五十一条第一款规定对董事、高级管理人员提起诉讼的，应当列公司为原告，依法由监事会主席或者不设监事会的有限责任公司的监事代表公司进行诉讼。

董事会或者不设董事会的有限责任公司的执行董事依据公司法第一百五十一条第一款规定对监事提起诉讼的，或者依据公司法第一百五十一条第三款规定对他人提起诉讼的，应当列公司为原告，依法由董事长或者执行董事代表公司进行诉讼。

第二十四条 符合公司法第一百五十一条第一款规定条件的股东，依据公司法第一百五十一条第二款、第三款规定，直接对董事、监事、高级管理人员或者他人提起诉讼的，应当列公司为第三人参加诉讼。

一审法庭辩论终结前,符合公司法第一百五十一条第一款规定条件的其他股东,以相同的诉讼请求申请参加诉讼的,应当列为共同原告。

第二十五条　股东依据公司法第一百五十一条第二款、第三款规定直接提起诉讼的案件,胜诉利益归属于公司。股东请求被告直接向其承担民事责任的,人民法院不予支持。

第二十六条　股东依据公司法第一百五十一条第二款、第三款规定直接提起诉讼的案件,其诉讼请求部分或者全部得到人民法院支持的,公司应当承担股东因参加诉讼支付的合理费用。

3. 最高人民法院、中国证券监督管理委员会《关于全面推进证券期货纠纷多元化解机制建设的意见》(法〔2018〕305 号)

建设证券期货纠纷多元化解机制,是畅通投资者诉求表达和权利救济渠道、夯实资本市场基础制度和保护投资者合法权益的重要举措。自 2016 年最高人民法院和中国证券监督管理委员会联合下发《关于在全国部分地区开展证券期货纠纷多元化解机制试点工作的通知》(法〔2016〕149 号)以来,试点地区人民法院与证券期货监管机构、试点调解组织加强协调联动,充分发挥纠纷多元化解机制作用,依法、公正、高效化解证券期货纠纷,有效保护投资者的合法权益,试点工作取得积极成效。为贯彻《中共中央办公厅　国务院办公厅关于完善矛盾纠纷多元化解机制的意见》《国务院办公厅关于进一步加强资本市场中小投资者合法权益保护工作的意见》和《最高人民法院关于人民法院进一步深化多元化纠纷解决机制改革的意见》,最高人民法院和中国证券监督管理委员会在总结试点工作经验的基础上,决定在全国联合开展证券期货纠纷多元化解机制建设工作。现就有关事项提出如下意见:

一、工作目标

1. 建立、健全有机衔接、协调联动、高效便民的证券期货纠纷多元化解机制,依法保护投资者的合法权益,维护公开、公平、公正的资本市场秩序,促进资本市场的和谐健康发展。

二、工作原则

2. 依法公正原则。充分尊重投资者的程序选择权,严格遵守法定程序。调解工作的开展不得违反法律的基本原则,不得损害国家利益、社会公共利益和第三人合法权益。

3. 灵活便民原则。着眼于纠纷的实际情况,灵活确定纠纷化解的方式、时间和地点,尽可能方便投资者,降低当事人解决纠纷的成本。调解工作应当明确办理时限,提高工作效率,不得久调不决。

4. 注重预防原则。发挥调解的矛盾预防和源头治理功能，推动健康投资文化、投资理念、投资知识的传播。人民法院、证券期货监管机构及调解组织要加强信息共享，防止矛盾纠纷积累、激化。

三、工作内容

（一）加强调解组织管理

5. 加强证券期货调解组织建设。证券期货调解组织是指由证券期货监管机构、行业组织等设立或实际管理的调解机构，应当具有规范的组织形式、固定的办公场所及调解场地、专业的调解人员和健全的调解工作制度。中国证券监督管理委员会负责证券期货调解组织的认定和管理工作，定期商最高人民法院后公布。

6. 规范调解组织内部管理。调解组织应当制定工作制度和流程管理，建立科学的考核评估体系和责任追究制度。

7. 加强调解员队伍建设。调解组织应当加强调解员政治思想、职业道德建设和专业技能培训，完善调解员从业基本要求，制定调解员工作指南，建立、完善专职或专家调解员制度。

8. 调解组织受理中小投资者的纠纷调解申请，不收取费用。

9. 建立证券期货纠纷特邀调解组织和特邀调解员名册制度。各级人民法院应当将调解组织及其调解员纳入名册，做好动态更新和维护，并向证券期货纠纷当事人提供完整、准确的调解组织和调解员信息，供当事人自愿选择。

（二）健全诉调对接工作机制

10. 证券期货纠纷多元化解机制范围。自然人、法人和非法人组织之间因证券、期货、基金等资本市场投资业务产生的合同和侵权责任纠纷，均属调解范围。证券期货监管机构、调解组织的非诉讼调解、先行赔付等，均可与司法诉讼对接。

11. 调解协议的司法确认制度。经调解组织主持调解达成的调解协议，具有民事合同性质。经调解员和调解组织签字盖章后，当事人可以申请有管辖权的人民法院确认其效力。当事人申请确认调解协议的案件，按照《中华人民共和国民事诉讼法》第十五章第六节和相关司法解释的规定执行。

经人民法院确认有效的具有明确给付主体和给付内容的调解协议，一方拒绝履行的，对方当事人可以申请人民法院强制执行。

12. 落实委派调解或者委托调解机制。人民法院在受理和审理证券期货纠纷的过程中，应当依法充分行使释明权，经双方当事人同意，采取立案前委派、立案后委托、诉中邀请等方式，引导当事人通过调解组织解决纠纷。

经人民法院委派调解并达成调解协议、当事人申请司法确认的，由委派调解的人民法院依法受理。

13. 建立示范判决机制。证券期货监管机构在清理处置大规模群体性纠纷的过程中，可以将涉及投资者权利保护的相关事宜委托调解组织进行集中调解。对虚假陈述、内幕交易、操纵市场等违法行为引发的民事赔偿群体性纠纷，需要人民法院通过司法判决宣示法律规则、统一法律适用的，受诉人民法院可选取在事实认定、法律适用上具有代表性的若干个案作为示范案件，先行审理并及时作出判决；通过示范判决所确立的事实认定和法律适用标准，引导其他当事人通过证券期货纠纷多元化解机制解决纠纷，降低投资者维权成本，提高矛盾化解效率。

14. 建立小额速调机制。为更好化解资本市场纠纷，鼓励证券期货市场经营主体基于自愿原则与调解组织事先签订协议，承诺在一定金额内无条件接受该调解组织提出的调解建议方案。纠纷发生后，经投资者申请，调解组织提出调解建议方案在该金额内的，如投资者同意，视为双方已自愿达成调解协议，证券期货市场经营主体应当接受。当事人就此申请司法确认该调解协议的，人民法院应当依法办理。

15. 探索建立无争议事实记载机制。调解程序终结时，当事人未达成调解协议的，调解员在征得各方当事人同意后，可以用书面形式记载调解过程中双方没有争议的事实，并由当事人签字确认。在诉讼程序中，除涉及国家利益、社会公共利益和他人合法权益的外，当事人无需对调解过程中确认的无争议事实举证。

16. 探索建立调解前置程序。有条件的人民法院对证券、期货、基金等适宜调解的纠纷，在征求当事人意愿的基础上，引导当事人在诉讼登记立案前由特邀调解组织或者特邀调解员先行调解。

17. 充分运用在线纠纷解决方式开展工作。依托“中国投资者网”（www. investor. gov. cn）建设证券期货纠纷在线解决平台，并与人民法院办案信息平台连通，方便诉讼与调解在线对接。调解组织应当充分运用“中国投资者网”等现代传媒手段，把“面对面”与网络对话、即时化解等方式有机结合，研究制定在线纠纷解决规则，并总结推广远程调解等做法。各级人民法院要借助互联网等现代科技手段，探索开展在线委托或委派调解、调解协议在线司法确认，通过接受相关申请、远程审查和确认、快捷专业服务渠道、电子督促、电子送达等方法方便当事人参与多元化解工作，提高工作质量和效率。

（三）强化纠纷多元化解机制保障落实

18. 充分发挥督促程序功能。符合法定条件的调解协议，可以作为当事人向有管辖权的基层人民法院申请支付令的依据。

19. 调解协议所涉纠纷的司法审理范围。当事人就调解协议的履行或者调解协议的内容发生争议的，可以就调解协议问题向人民法院提起诉讼，人民法院按照合同纠纷进行审理。当事人一方以原纠纷向人民法院提起诉讼,对方当事人以调解协议抗辩并提供调解协议书的,人民法院应当就调解协议的内容进行审理。

20.加大对多元化解机制的监管支持力度。投资者申请采用调解方式解决纠纷的,证券期货市场经营主体应当积极参与调解,配合人民法院、调解组织查明事实。对于证券期货市场经营主体无正当理由拒不履行已达成的调解协议的,证券期货监管机构应当依法记入证券期货市场诚信档案数据库。

21.加强执法联动,严厉打击损害投资者合法权益的行为。人民法院和证券期货监管机构应当充分发挥各自职能优势,对损毁证据、转移财产等可能损害投资者合法权益的行为,依法及时采取保全措施。对工作中发现的违法、违规行为,及时予以查处;涉嫌犯罪的,依法移送有关司法机关处理。

22.加强经费保障和人员培训。证券期货监管机构、行业自律组织等应当为建立健全证券期货纠纷多元化解机制提供必要的人员、经费和物质保障,加大对调解员的培训力度;有条件的人民法院应当提供专门处理证券期货纠纷的调解室,供特邀调解组织、调解员开展工作。建立人民法院与证券期货监管机构多层次联合培训机制,不断加强业务交流的广度和深度。

四、工作要求

23.建立证券期货纠纷多元化解协调机制。各高级人民法院和证券期货监管机构应当各自指定联系部门和联系人,对工作中遇到的问题加强协调;强化沟通联系和信息共享,构建完善的证券期货纠纷排查预警机制,防止矛盾纠纷积累激化。

24.加强宣传和投资者教育工作。人民法院和证券期货监管机构、行业自律组织、投资者保护专门机构、调解组织应当通过多种途径,及时总结和宣传典型案例,发挥示范教育作用;加大对证券期货纠纷多元化解机制的宣传力度,增进各方对多元化解机制的认识,引导中小投资者转变观念、理性维权。

25.加强监督、指导、协调和管理。最高人民法院民事审判第二庭与中国证券监督管理委员会投资者保护局成立证券期货纠纷多元化解机制工作小组,具体负责证券期货纠纷多元化解机制建设的指导和协调工作。各高级人民法院要指导、督促、检查辖区内人民法院落实好证券期货多元化解机制各项工作要求。中国证券监督管理委员会负责监督指导各调解组织工作;各派出机构负责督促辖区内相关调解组织加强内部管理和规范运作,指导并支持各调解组织在本辖区开展工作。地方各级人民法院和证券期货监管机构应当将工作情况和遇到的问题,及时层报最高人民法院和中国证券监督管理委员会。

权威解读[①]

《证券法》第九十四条在《公司法》第一百五十一条的基础上，对投资者保护机构提起股东代表诉讼作了两项特殊规定：一是提起股东代表人诉讼的事由不限于《公司法》第一百四十九条规定的情形，而是对《公司法》第一百五十一条第三款规定的“他人侵犯公司合法权益，给公司造成损失”予以明确表述为“发行人的董事、监事、高级管理人员执行公司职务时违反法律、行政法规或者公司章程的规定给公司造成损失，发行人的控股股东、实际控制人等侵犯公司合法权益给公司造成损失”；二是提起股东代表诉讼的股东资格不同于《公司法》第一百五十一条第一款规定的“有限责任公司的股东、股份有限公司连续一百八十日以上单独或者合计持有公司百分之一以上股份的股东”，而是持股比例和持股期限不受限制。故而，投服中心尽管只持有上市公司一手股票，但《证券法》赋予其具有提起股东代表诉讼的法定权利，便于投资者保护机构行使职能，代表投资者行权维权。

《证券法》第九十五条　【证券纠纷代表人诉讼】

第九十五条　投资者提起虚假陈述等证券民事赔偿诉讼时，诉讼标的是同一种类，且当事人一方人数众多的，可以依法推选代表人进行诉讼。

对按照前款规定提起的诉讼，可能存在有相同诉讼请求的其他众多投资者的，人民法院可以发出公告，说明该诉讼请求的案件情况，通知投资者在一定期间向人民法院登记。人民法院作出的判决、裁定，对参加登记的投资者发生效力。

投资者保护机构受五十名以上投资者委托，可以作为代表人参加诉讼，并为经证券登记结算机构确认的权利人依照前款规定向人民法院登记，但投资者明确表示不愿意参加该诉讼的除外。

相关规定

1.《最高人民法院关于证券纠纷代表人诉讼若干问题的规定》（法释〔2020〕5号）

为进一步完善证券集体诉讼制度，便利投资者提起和参加诉讼，降低投资者维权成本，保护投资者合法权益，有效惩治资本市场违法违规行为，维护资本市场

---

① 参见程合红主编：《〈证券法〉修订要义》，人民出版社2020年版，第200页。

健康稳定发展,根据《中华人民共和国民事诉讼法》《中华人民共和国证券法》等法律的规定,结合证券市场实际和审判实践,制定本规定。

一、一般规定

第一条 本规定所指证券纠纷代表人诉讼包括因证券市场虚假陈述、内幕交易、操纵市场等行为引发的普通代表人诉讼和特别代表人诉讼。

普通代表人诉讼是依据民事诉讼法第五十三条、第五十四条、证券法第九十五条第一款、第二款规定提起的诉讼;特别代表人诉讼是依据证券法第九十五条第三款规定提起的诉讼。

第二条 证券纠纷代表人诉讼案件,由省、自治区、直辖市人民政府所在的市、计划单列市和经济特区中级人民法院或者专门人民法院管辖。

对多个被告提起的诉讼,由发行人住所地有管辖权的中级人民法院或者专门人民法院管辖;对发行人以外的主体提起的诉讼,由被告住所地有管辖权的中级人民法院或者专门人民法院管辖。

特别代表人诉讼案件,由涉诉证券集中交易的证券交易所、国务院批准的其他全国性证券交易场所所在地的中级人民法院或者专门人民法院管辖。

第三条 人民法院应当充分发挥多元解纷机制的功能,按照自愿、合法原则,引导和鼓励当事人通过行政调解、行业调解、专业调解等非诉讼方式解决证券纠纷。

当事人选择通过诉讼方式解决纠纷的,人民法院应当及时立案。案件审理过程中应当着重调解。

第四条 人民法院审理证券纠纷代表人诉讼案件,应当依托信息化技术手段开展立案登记、诉讼文书送达、公告和通知、权利登记、执行款项发放等工作,便利当事人行使诉讼权利、履行诉讼义务,提高审判执行的公正性、高效性和透明度。

二、普通代表人诉讼

第五条 符合以下条件的,人民法院应当适用普通代表人诉讼程序进行审理:

(一)原告一方人数十人以上,起诉符合民事诉讼法第一百一十九条规定和共同诉讼条件;

(二)起诉书中确定二至五名拟任代表人且符合本规定第十二条规定的代表人条件;

(三)原告提交有关行政处罚决定、刑事裁判文书、被告自认材料、证券交易所和国务院批准的其他全国性证券交易场所等给予的纪律处分或者采取的自律管理措施等证明证券侵权事实的初步证据。

不符合前款规定的，人民法院应当适用非代表人诉讼程序进行审理。

第六条 对起诉时当事人人数尚未确定的代表人诉讼，在发出权利登记公告前，人民法院可以通过阅卷、调查、询问和听证等方式对被诉证券侵权行为的性质、侵权事实等进行审查，并在受理后三十日内以裁定的方式确定具有相同诉讼请求的权利人范围。

当事人对权利人范围有异议的，可以自裁定送达之日起十日内向上一级人民法院申请复议，上一级人民法院应当在十五日内作出复议裁定。

第七条 人民法院应当在权利人范围确定后五日内发出权利登记公告，通知相关权利人在指定期间登记。权利登记公告应当包括以下内容：

（一）案件情况和诉讼请求；

（二）被告的基本情况；

（三）权利人范围及登记期间；

（四）起诉书中确定的拟任代表人人选姓名或者名称、联系方式等基本信息；

（五）自愿担任代表人的权利人，向人民法院提交书面申请和相关材料的期限；

（六）人民法院认为必要的其他事项。

公告应当以醒目的方式提示，代表人的诉讼权限包括代表原告参加开庭审理，变更、放弃诉讼请求或者承认对方当事人的诉讼请求，与被告达成调解协议，提起或者放弃上诉，申请执行，委托诉讼代理人等，参加登记视为对代表人进行特别授权。

公告期间为三十日。

第八条 权利人应在公告确定的登记期间向人民法院登记。未按期登记的，可在一审开庭前向人民法院申请补充登记，补充登记前已经完成的诉讼程序对其发生效力。

权利登记可以依托电子信息平台进行。权利人进行登记时，应当按照权利登记公告要求填写诉讼请求金额、收款方式、电子送达地址等事项，并提供身份证明文件、交易记录及投资损失等证据材料。

第九条 人民法院在登记期间届满后十日内对登记的权利人进行审核。不符合权利人范围的投资者，人民法院不确认其原告资格。

第十条 权利登记公告前已就同一证券违法事实提起诉讼且符合权利人范围的投资者，申请撤诉并加入代表人诉讼的，人民法院应当予以准许。

投资者申请撤诉并加入代表人诉讼的，列为代表人诉讼的原告，已经收取的诉讼费予以退还；不申请撤诉的，人民法院不准许其加入代表人诉讼，原诉讼继续进行。

第十一条 人民法院应当将审核通过的权利人列入代表人诉讼原告名单,并通知全体原告。

第十二条 代表人应当符合以下条件:

(一)自愿担任代表人;

(二)拥有相当比例的利益诉求份额;

(三)本人或者其委托诉讼代理人具备一定的诉讼能力和专业经验;

(四)能忠实、勤勉地履行维护全体原告利益的职责。

依照法律、行政法规或者国务院证券监督管理机构的规定设立的投资者保护机构作为原告参与诉讼,或者接受投资者的委托指派工作人员或委派诉讼代理人参与案件审理活动的,人民法院可以指定该机构为代表人,或者在被代理的当事人中指定代表人。

申请担任代表人的原告存在与被告有关联关系等可能影响其履行职责情形的,人民法院对其申请不予准许。

第十三条 在起诉时当事人人数确定的代表人诉讼,应当在起诉前确定获得特别授权的代表人,并在起诉书中就代表人的推选情况作出专项说明。

在起诉时当事人人数尚未确定的代表人诉讼,应当在起诉书中就拟任代表人人选及条件作出说明。在登记期间向人民法院登记的权利人对拟任代表人人选均没有提出异议,并且登记的权利人无人申请担任代表人的,人民法院可以认定由该二至五名人选作为代表人。

第十四条 在登记期间向人民法院登记的权利人对拟任代表人的人选提出异议,或者申请担任代表人的,人民法院应当自原告范围审核完毕后十日内在自愿担任代表人的原告中组织推选。

代表人的推选实行一人一票,每位代表人的得票数应当不少于参与投票人数的50%。代表人人数为二至五名,按得票数排名确定,通过投票产生二名以上代表人的,为推选成功。首次推选不出的,人民法院应当即时组织原告在得票数前五名的候选人中进行二次推选。

第十五条 依据前条规定推选不出代表人的,由人民法院指定。

人民法院指定代表人的,应当将投票情况、诉讼能力、利益诉求份额等作为考量因素,并征得被指定代表人的同意。

第十六条 代表人确定后,人民法院应当进行公告。

原告可以自公告之日起十日内向人民法院申请撤回权利登记,并可以另行起诉。

第十七条　代表人因丧失诉讼行为能力或者其他事由影响案件审理或者可能损害原告利益的，人民法院依原告申请，可以决定撤销代表人资格。代表人不足二人时，人民法院应当补充指定代表人。

第十八条　代表人与被告达成调解协议草案的，应当向人民法院提交制作调解书的申请书及调解协议草案。申请书应当包括以下内容：

（一）原告的诉讼请求、案件事实以及审理进展等基本情况；

（二）代表人和委托诉讼代理人参加诉讼活动的情况；

（三）调解协议草案对原告的有利因素和不利影响；

（四）对诉讼费以及合理的公告费、通知费、律师费等费用的分摊及理由；

（五）需要特别说明的其他事项。

第十九条　人民法院经初步审查，认为调解协议草案不存在违反法律、行政法规的强制性规定、违背公序良俗以及损害他人合法权益等情形的，应当自收到申请书后十日内向全体原告发出通知。通知应当包括以下内容：

（一）调解协议草案；

（二）代表人请求人民法院制作调解书的申请书；

（三）对调解协议草案发表意见的权利以及方式、程序和期限；

（四）原告有异议时，召开听证会的时间、地点及报名方式；

（五）人民法院认为需要通知的其他事项。

第二十条　对调解协议草案有异议的原告，有权出席听证会或者以书面方式向人民法院提交异议的具体内容及理由。异议人未出席听证会的，人民法院应当在听证会上公开其异议的内容及理由，代表人及其委托诉讼代理人、被告应当进行解释。

代表人和被告可以根据听证会的情况，对调解协议草案进行修改。人民法院应当将修改后的调解协议草案通知所有原告，并对修改的内容作出重点提示。人民法院可以根据案件的具体情况，决定是否再次召开听证会。

第二十一条　人民法院应当综合考虑当事人赞成和反对意见、本案所涉法律和事实情况、调解协议草案的合法性、适当性和可行性等因素，决定是否制作调解书。

人民法院准备制作调解书的，应当通知提出异议的原告，告知其可以在收到通知后十日内向人民法院提交退出调解的申请。未在上述期间内提交退出申请的原告，视为接受。

申请退出的期间届满后，人民法院应当在十日内制作调解书。调解书经代表人和被告签收后，对被代表的原告发生效力。人民法院对申请退出原告的诉讼继续审理,并依法作出相应判决。

第二十二条 代表人变更或者放弃诉讼请求、承认对方当事人诉讼请求、决定撤诉的,应当向人民法院提交书面申请,并通知全体原告。人民法院收到申请后,应当根据原告所提异议情况,依法裁定是否准许。

对于代表人依据前款规定提交的书面申请,原告自收到通知之日起十日内未提出异议的,人民法院可以裁定准许。

第二十三条 除代表人诉讼案件外,人民法院还受理其他基于同一证券违法事实发生的非代表人诉讼案件的,原则上代表人诉讼案件先行审理,非代表人诉讼案件中止审理。但非代表人诉讼案件具有典型性且先行审理有利于及时解决纠纷的除外。

第二十四条 人民法院可以依当事人的申请,委托双方认可或者随机抽取的专业机构对投资损失数额、证券侵权行为以外其他风险因素导致的损失扣除比例等进行核定。当事人虽未申请但案件审理确有需要的,人民法院可以通过随机抽取的方式委托专业机构对有关事项进行核定。

对专业机构的核定意见,人民法院应当组织双方当事人质证。

第二十五条 代表人请求败诉的被告赔偿合理的公告费、通知费、律师费等费用的,人民法院应当予以支持。

第二十六条 判决被告承担民事赔偿责任的,可以在判决主文中确定赔偿总额和损害赔偿计算方法,并将每个原告的姓名、应获赔偿金额等以列表方式作为民事判决书的附件。

当事人对计算方法、赔偿金额等有异议的,可以向人民法院申请复核。确有错误的,人民法院裁定补正。

第二十七条 一审判决送达后,代表人决定放弃上诉的,应当在上诉期间届满前通知全体原告。

原告自收到通知之日起十五日内未上诉,被告在上诉期间内亦未上诉的,一审判决在全体原告与被告之间生效。

原告自收到通知之日起十五日内上诉的,应当同时提交上诉状,人民法院收到上诉状后,对上诉的原告按上诉处理。被告在上诉期间内未上诉的,一审判决在未上诉的原告与被告之间生效,二审裁判的效力不及于未上诉的原告。

第二十八条 一审判决送达后,代表人决定上诉的,应当在上诉期间届满前通知全体原告。

原告自收到通知之日起十五日内决定放弃上诉的,应当通知一审法院。被告在上诉期间内未上诉的,一审判决在放弃上诉的原告与被告之间生效,二审裁判的效力不及于放弃上诉的原告。

第二十九条　符合权利人范围但未参加登记的投资者提起诉讼，且主张的事实和理由与代表人诉讼生效判决、裁定所认定的案件基本事实和法律适用相同的，人民法院审查具体诉讼请求后，裁定适用已经生效的判决、裁定。适用已经生效裁判的裁定中应当明确被告赔偿的金额，裁定一经作出立即生效。

代表人诉讼调解结案的，人民法院对后续涉及同一证券违法事实的案件可以引导当事人先行调解。

第三十条　履行或者执行生效法律文书所得财产，人民法院在进行分配时，可以通知证券登记结算机构等协助执行义务人依法协助执行。

人民法院应当编制分配方案并通知全体原告，分配方案应当包括原告范围、债权总额、扣除项目及金额、分配的基准及方法、分配金额的受领期间等内容。

第三十一条　原告对分配方案有异议的，可以依据民事诉讼法第二百二十五条的规定提出执行异议。

三、特别代表人诉讼

第三十二条　人民法院已经根据民事诉讼法第五十四条第一款、证券法第九十五条第二款的规定发布权利登记公告的，投资者保护机构在公告期间受五十名以上权利人的特别授权，可以作为代表人参加诉讼。先受理的人民法院不具有特别代表人诉讼管辖权的，应当将案件及时移送有管辖权的人民法院。

不同意加入特别代表人诉讼的权利人可以提交退出声明，原诉讼继续进行。

第三十三条　权利人范围确定后，人民法院应当发出权利登记公告。权利登记公告除本规定第七条的内容外，还应当包括投资者保护机构基本情况、对投资者保护机构的特别授权、投资者声明退出的权利及期间、未声明退出的法律后果等。

第三十四条　投资者明确表示不愿意参加诉讼的，应当在公告期间届满后十五日内向人民法院声明退出。未声明退出的，视为同意参加该代表人诉讼。

对于声明退出的投资者，人民法院不再将其登记为特别代表人诉讼的原告，该投资者可以另行起诉。

第三十五条　投资者保护机构依据公告确定的权利人范围向证券登记结算机构调取的权利人名单，人民法院应当予以登记，列入代表人诉讼原告名单，并通知全体原告。

第三十六条　诉讼过程中由于声明退出等原因导致明示授权投资者的数量不足五十名的，不影响投资者保护机构的代表人资格。

第三十七条　针对同一代表人诉讼，原则上应当由一个投资者保护机构作为代表人参加诉讼。两个以上的投资者保护机构分别受五十名以上投资者委托，且均决定作为代表人参加诉讼的，应当协商处理；协商不成的，由人民法院指定其中一个作为代表人参加诉讼。

第三十八条 投资者保护机构应当采取必要措施，保障被代表的投资者持续了解案件审理的进展情况，回应投资者的诉求。对投资者提出的意见和建议不予采纳的，应当对投资者做好解释工作。

第三十九条 特别代表人诉讼案件不预交案件受理费。败诉或者部分败诉的原告申请减交或者免交诉讼费的，人民法院应当依照《诉讼费用交纳办法》的规定，视原告的经济状况和案件的审理情况决定是否准许。

第四十条 投资者保护机构作为代表人在诉讼中申请财产保全的，人民法院可以不要求提供担保。

第四十一条 人民法院审理特别代表人诉讼案件，本部分没有规定的，适用普通代表人诉讼中关于起诉时当事人人数尚未确定的代表人诉讼的相关规定。

四、附则

第四十二条 本规定自2020年7月31日起施行。

2.《中证中小投资者服务中心特别代表人诉讼业务规则（试行）》

第一章 总 则

第一条 为规范中证中小投资者服务中心有限责任公司（以下简称投服中心）参加特别代表人诉讼活动，保护投资者合法权益，依据《中华人民共和国证券法》（以下简称《证券法》）、《中华人民共和国民事诉讼法》（以下简称《民事诉讼法》）、《最高人民法院关于证券纠纷代表人诉讼若干问题的规定》（法释〔2020〕5号，以下简称《若干规定》）、《关于做好投资者保护机构参加证券纠纷特别代表人诉讼相关工作的通知》（证监发〔2020〕67号）等有关规定，制定本规则。

第二条 本规则所称投服中心特别代表人诉讼，是指依据《证券法》第九十五条第三款和《若干规定》第三十七条规定，投服中心受五十名以上投资者委托，作为代表人参加的证券民事诉讼。

第三条 特别代表人诉讼的案件选定、投资者特别授权获取、代为登记、参与诉讼活动等，适用本规则。

第四条 投服中心参加特别代表人诉讼，应遵循必要、透明、公正、效率的原则，切实保护投资者合法权益。

第五条 投服中心参加特别代表人诉讼，应当及时将决定参加诉讼、调解、决定是否上诉等重要情况向中国证监会报告，案件结案后进行专项报告。

投服中心及时将决定参加诉讼、接受调解、决定是否上诉等重要情况告知涉诉公司，由公司依法披露信息。

第六条　投服中心建立重大案件评估专家委员会和公益律师团，相关职责、人员组成和工作程序等事项，由投服中心另行规定。

第七条　投服中心参与案件的工作人员、评估专家及公益律师有下列情形之一的，应自行回避；未自行回避的，投服中心有权决定其回避：

（一）本人或其近亲属系案件对方当事人或其控股股东、实际控制人、董事、监事、高级管理人员；

（二）本人或其近亲属、本人所在工作单位近两年内为案件对方当事人提供财务、法律、咨询等服务；

（三）投服中心认定的其他可能存在利害关系或者本人认为可能影响其忠实勤勉履职的其他情形。

前款所称近亲属的范围，依据相关民事法律规定确定。

第八条　知悉特别代表人诉讼未公开信息的单位和个人，负有保密义务，不得泄露或利用该信息，执行内幕信息知情人登记管理及保密制度。

第九条　对于特别代表人诉讼的接受委托、变更或者放弃诉讼请求、承认对方当事人诉讼请求、调解、审理裁判、上诉及必要的其他事项，投服中心依托信息化技术手段或者公开平台通知、公告投资者，保障被代表的投资者持续了解案件审理的进展情况。

本规则所涉公告的指定发布平台为：（一）中国投资者网（http://www.investor.org.cn）；（二）投服中心官方网站（http://www.isc.com.cn/）；（三）投服中心认为适当的其他媒体平台。

第二章　诉讼代表人

第十条　投服中心作为诉讼代表人，在特别代表人诉讼中，行使下列权利：

（一）决定参加诉讼和确定诉讼请求；

（二）公开征集或以其他方式获得适格投资者授权；

（三）委托诉讼代理人；

（四）代表原告参加开庭审理，代为变更、放弃诉讼请求或者承认对方当事人的诉讼请求，与被告达成调解协议，提起或者放弃上诉，申请执行，委托诉讼代理人等特别代表人诉讼权利；

（五）为履行职责应享有的其他权利。

第十一条　投服中心作为诉讼代表人，在特别代表人诉讼中，履行下列义务：

（一）依据本规则发布通知、公告；

（二）聘用、监督评估专家；

（三）聘用、监督公益律师；

（四）建立并执行信息知情人的保密管理制度；

（五）为履行职责应承担的其他义务。

第十二条 诉讼代表人可委派投服中心工作人员、委托公益律师担任诉讼代理人。

第三章 投 资 者

第十三条 法院发布特别代表人诉讼权利登记公告后，未声明退出的投资者，视为同意遵守本规则。

投服中心参加特别代表人诉讼，应事先取得五十名以上投资者的特别授权，相关投资者权利义务另行约定。

第十四条 投资者依据法律、行政法规、司法解释及本规则规定享有下列权利：

（一）依据通知、公告了解诉讼案件情况和进度；

（二）退出诉讼；

（三）应享有的其他权利。

第十五条 投资者依据法律、行政法规、司法解释及本规则规定履行下列义务：

（一）自愿承担诉讼风险；

（二）依据公告要求的时限和方式申请退出诉讼；

（三）依法依规承担案件诉讼费用以及诉讼代表人为履行职责支出的必要、合理费用；

（四）应履行的其他义务。

第四章 案 件 选 定

第十六条 对法院根据《民事诉讼法》第五十四条第一款、《证券法》第九十五条第二款的规定发布登记公告，且符合下列情形的案件，投服中心可以参加特别代表人诉讼：

（一）有关机关作出行政处罚或刑事裁判等；

（二）案件典型重大、社会影响恶劣、具有示范意义；

（三）被告具有一定偿付能力；

（四）投服中心认为必要的其他情形。

第十七条 投服中心对符合第十六条情形的案件进行预研。预研报告包括以下内容：

（一）公司基本信息及经营情况；

（二）违法事实及被处罚内容；

（三）适格原告投资者范围等法律争点；

（四）需考虑的其他因素。

第十八条　预研认为有必要参加的，可启动重大案件评估机制。

评估专家应充分讨论预研报告内容，结合国家经济金融形势、资本市场改革发展、具体案件情况、社会舆情等，独立发表意见。

第十九条　投服中心结合重大案件评估会意见，决定是否参加特别代表人诉讼。

第五章　诉 讼 活 动

第二十条　投服中心拟启动特别代表人诉讼，可以公开征集或其他方式接受五十名以上适格投资者特别授权，参加特别代表人诉讼。

公开征集时不足五十名投资者申请并委托的，投服中心公告终止特别代表人诉讼。

第二十一条　法院发出权利登记公告后，诉讼代表人依据公告确定的权利人范围向证券登记结算机构调取的权利人名单，向法院代为登记。

不同意参加诉讼的投资者，应依法向法院声明退出。

第二十二条　诉讼代表人按照民事诉讼相关规则，代为收发诉讼文书、提供证据、参加开庭审理等。

诉讼代表人可视情况向法院申请财产保全。

代表人的诉讼行为对其所代表的当事人发生效力。

第二十三条　诉讼代表人变更或者放弃诉讼请求、承认对方当事人诉讼请求、决定撤诉的，应当向法院提交书面申请，并以公告等形式通知全体原告，由法院裁定是否准许。

第二十四条　诉讼代表人收到裁判文书后，应予以公告。

第二十五条　诉讼代表人收到一审裁判文书后，应将是否上诉的决定，在上诉期限届满前以公告等形式通知全体原告。

代表人放弃上诉，原告自收到诉讼代表人放弃上诉通知之日起十五日内决定上诉的，应自行向法院提交上诉状。代表人决定上诉，原告自收到诉讼代表人决定上诉通知之日起十五日内，决定放弃上诉的，应自行通知一审法院。

第二十六条　对方当事人拒不履行生效裁判的，诉讼代表人可向法院申请强制执行，并发布公告。

第二十七条　投服中心作为诉讼代表人与被告达成调解协议草案的，向法院提交制作调解书的申请书及调解协议草案。

经法院通知全体原告后,诉讼代表人及其委托诉讼代理人依据法院要求参加听证会,解释回应异议原告提出的内容和理由。

不同意调解方案的投资者,应依法向法院提交退出调解的申请。

第六章　附　　则

第二十八条　投服中心建立特别代表人诉讼案件档案管理制度,规范保管、保密和查阅等事项。

第二十九条　投资者应向法院交纳的诉讼费用,投服中心作为诉讼代表人将依法向法院提出减交或免交等申请。投服中心除为开展特别代表人诉讼的必要支出外,不收取其他费用。

费用收取相关规则由投服中心另行制定。

第三十条　本规则由投服中心负责解释。

第三十一条　本规则自发布之日起实施。

典型案例

丁某春等315名投资者与上海飞乐音响股份有限公司证券虚假陈述责任纠纷案(上海金融法院民事判决书(2020)沪74民初2402号)①

【案情】上海飞乐音响股份有限公司(以下简称飞乐音响公司)系上市公司,其公开发行的A股股票简称为飞乐音响,代码为600651。证监会上海监管局《行政处罚决定书》[编号:沪(2019)11号]认定,被告飞乐音响公司因"智慧沿河""智慧台江"项目确认收入不符合条件,导致2017年半年度报告合并财务报表虚增营业收入18,018万元、虚增利润总额3784万元;导致2017年第三季度报告合并财务报表虚增营业收入72,072万元,虚增利润总额15,135万元;导致2017年半年度、第三季度业绩预增公告不准确。上述行为违反了《中华人民共和国证券法》(2014年修正,以下简称2014年《证券法》)第六十三条"发行人、上市公司依法披露的信息,必须真实、准确、完整,不得有虚假记载、误导性陈述或者重大遗漏"的规定,构成了2014年《证券法》第一百九十三条第一款"发行人、上市公司或者其他信息披露义务人未按照规定披露信息,或者所披露的信息有虚假记载、误导性陈述或者重大遗漏"所述情形,因此,依据2014年《证券法》第一百九十三条第一款的规定,决定对被告责令改正,给予警告,并处以60万元罚款。被告于2019年11月2日发布收到该《行政处罚决定书》的公告。

---

① 该案被称为"证券普通代表人诉讼第一案",入选最高人民法院、中央广播电视总台发布的"新时代推动法治进程2021年度十大提名案件"。——本书注

原告朱某茹、陈某玲、廉某文、魏某经34名原告共同推选为拟任代表人，申请提起普通代表人诉讼。上海金融法院于2020年8月18日立案受理后，依据《最高人民法院关于证券纠纷代表人诉讼若干问题的规定》第五条、第十二条的规定，组成合议庭适用普通代表人诉讼程序进行审理。经审查，于2020年8月27日作出(2020)沪74民初2402号民事裁定，确定本案具有相同种类诉讼请求的权利人范围。裁定书送达后，双方当事人均未在法定期限内申请复议。据此，法院发出权利登记公告，通知符合权利人范围的投资者申请登记，加入本案诉讼。截至登记期间届满，共计365名投资者参加权利登记。经审核，共有340名投资者符合权利人范围，成为本案原告。其中，除拟任代表人外，尚有17名原告自愿申请担任代表人。经法院组织代表人推选，原告朱某茹、肖某高、陈某玲、廉某文、魏某等5名候选人得票数超过参与投票人数的50%，成为本案代表人。代表人推选结果公告发布后，58名原告在法定期限内撤回权利登记。一审开庭前，另有33名投资者进行补充登记。法院于2021年3月30日公开开庭审理本案。

【认定】法院认定：被告飞乐音响公司在发布的财务报表中虚增营业收入、虚增利润总额的行为，构成证券虚假陈述侵权，应当承担民事赔偿责任。涉案虚假陈述行为的实施日为2017年8月26日，揭露日为2018年4月13日，基准日为2018年7月30日。各原告均在实施日(含)到揭露日(不含)期间买入飞乐音响股票并持有至揭露日(含)以后，因此遭受损失，应推定与涉案虚假陈述行为存在因果关系，可以获得赔偿。但其中受证券市场风险因素所致的部分损失，与涉案虚假陈述行为之间没有因果关系，被告不应对此承担赔偿责任。本院采纳中证资本市场法律服务中心《损失核定意见书》中以第一笔有效买入后的移动加权平均法计算买入均价和投资差额损失，以及将个股跌幅与同期指数平均跌幅进行同步对比的方法扣除证券市场风险因素的意见，认定各原告(除原告方某外)最终应获得的赔偿金额为《损失核定意见书》中核定的各原告(除原告方某外)在扣除证券市场风险因素后的投资差额损失与相应佣金、印花税、利息损失之和，因原告方某3在本案中仅主张投资差额损失，故其获赔的损失金额为18,016.45元，315名原告获赔金额共计123,547,952.4元。此外，被告还应当支付原告通知费15,500元和律师费945,000元。

据此，依照2014年《中华人民共和国证券法》第六十九条，2019年《中华人民共和国证券法》第九十五条第一款、第二款，《最高人民法院关于审理证券市场因虚假陈述引发的民事赔偿案件的若干规定》第十八条、第十九条、第二十一条第一款、第三十条，《最高人民法院关于证券纠纷代表人诉讼若干问题的规定》第五条、第二十五条、第二十六条之规定，判决如下：

一、被告上海飞乐音响股份有限公司应于本判决生效之日起十日内向原告丁某春等315名投资者支付投资差额损失、佣金损失、印花税损失和利息损失等赔偿款共计123,547,952.4元(各原告获赔具体金额详见附表所示);原告所应某1的损失金额计算方法为扣除证券市场风险因素后的投资差额损失与相应的佣金、印花税、利息损失之和,其中应赔投资差额损失=(买入均价-卖出均价或基准价)×持股数量×(1-证券市场风险因素的影响比例),买入均价采用第一笔有效买入后的移动加权平均法计算,多个账户应合并计算,证券市场风险因素采用个股跌幅与同期组合指数平均跌幅进行同步对比的方法扣除,应赔佣金损失=应赔投资差额损失×0.03%,应赔印花税损失=应赔投资差额损失×0.1%,应赔利息损失=(应赔投资差额损失+应赔佣金损失+应赔印花税损失)×0.35%×第一笔有效买入日至最后一笔卖出日或基准日的实际天数/365天。

二、被告上海飞乐音响股份有限公司应于本判决生效之日起十日内向原告代表人朱某茹、肖某高、陈某玲、廉某文、魏某支付通知费15,500元。

三、被告上海飞乐音响股份有限公司应于本判决生效之日起十日内向原告代表人朱某茹、肖某高、陈某玲、廉某文、魏某支付以人均3000元为标准、按本案315名原告计算的律师费945,000元。

权威解读①

1.代表人诉讼的启动条件。《关于证券纠纷代表人诉讼若干问题的规定》(以下简称《规定》)第五条确定了代表人诉讼的启动条件。需要说明以下几点:

一是设置启动条件的目的在于防止程序被滥用,同时防止程序被搁置。代表人诉讼一旦启动,涉及的原告人数将显著增加,如案件起诉时证据不足事实不清,法院的审理难度将显著加大,可能影响审判效率,甚至影响社会稳定。因此有必要在司法解释中设置启动条件,只有符合法定条件的诉讼才能适用代表人诉讼的程序进行审理。同时,只要当事人的起诉符合《规定》第五条的3项条件,人民法院必须适用普通代表人诉讼程序进行审理,避免出现以往代表人诉讼空置的情形,以激活代表人诉讼程序。

二是代表人诉讼的启动条件包括四个方面:起诉符合民事诉讼法第一百一十九条规定和共同诉讼条件;原告一方人数10人以上;起诉书中确定2至5名符合条件的拟任代表人;原告提交证明证券侵权事实的初步证据。

---

① 林文学、付金联、李伟、张凌云:《〈关于证券纠纷代表人诉讼若干问题的规定〉的理解与适用》,载法信-懂法,更懂法律人。

三是取消了前置程序。即便没有相关行政处罚决定或者刑事裁判文书,原告提交有关被告自认材料、证券交易所等给予的纪律处分或者采取的自律管理措施等初步证据证明存在证券侵权事实的亦可。其中,被告自认材料主要是指作为被告的发行人对虚假陈述等行为的相关更正公告、迫于监管压力、舆论压力等原因承认实施了虚假陈述等行为的声明等。

四是明确了不符合代表人诉讼启动条件的诉讼分流方式。不符合代表人诉讼启动条件的,人民法院应当适用非代表人诉讼程序进行审理,包括个别诉讼或者共同诉讼形式。立案部门在登记立案后,应当及时将相关材料移送审判部门,由审判部门根据案件情况选择适当的审理程序,切实加快案件审理进程,提高审判效率。

2. 先行审查的程序。《规定》第六条确定了权利人范围的先行审查以及异议复议程序。此处的权利人范围,是指在某一时间段买入或者卖出证券可以向法院进行登记并进入诉讼的投资者,解决的是代表人诉讼中如何确定适格原告范围的问题。证券违法事实具有特殊性,以虚假陈述为例,其权利人范围的划定有赖于虚假陈述行为实施日、揭露日、更正日、基准日等关键时点的确定。为防止不适格的投资者进入权利登记程序并导致权利人范围"翻烧饼"的现象,在发出权利登记公告前,人民法院应当对被诉证券侵权行为的基本事实进行先行审查,并在受理后 30 日内以裁定的方式确定具有相同诉讼请求的权利人范围。当事人对权利人范围有异议的,可以自裁定送达之日起 10 日内向上一级人民法院申请复议,上一级人民法院应当在 15 日内作出复议裁定。

在此程序中,法院要审查确定的就是前述关键时点。通过赋予原被告双方异议复议的权利以及二审法院的进一步审查,尽量确保权利人范围认定的准确性。这里确定的权利人范围,原则上就是将来可依法获赔的原告范围。人民法院在登记期间届满后 10 日内对登记的权利人进行审核:不符合权利人范围的投资者,人民法院不确认其原告资格;符合权利人范围的投资者列入代表人诉讼原告名单,并通知全体原告。

需要指出的问题是,进入实体审理之后再发现权利人范围有误怎么处理?应当说,经过先行审查和异议复议程序之后,虚假陈述实施日、揭露日、基准日等时点的确定是比较准确的,有误的可能性不大。但先行审查程序毕竟是在开庭审理之前,在进入实体审理后,如果确有证据证明应当重新划定权利人范围的,人民法院可以根据新查明的事实裁定变更权利登记范围并进行公告。因人民法院裁定导致其不再属于原告的投资者,可以另行提起诉讼。在变更公告期内登记的投资者,视为接受已经进行的诉讼程序。

3. 代表人的确定。代表人选任机制关系到整个代表人诉讼制度的设计，《规定》第十三条至第十五条设计了一套详细的代表人选任程序，旨在保证代表人的产生方式高效、快捷，避免无人愿意出任代表人的困境。

第十三条区分了起诉时当事人人数确定和当事人人数尚未确定两种情形。对起诉时人数确定的代表人诉讼，原告之间方便沟通和协调，应当在起诉前确定诉讼代表人，并在起诉书中就代表人的推选情况作出专项说明。这样，代表人的产生能够体现全体原告的意愿，在诉前推选产生有利于立案后程序的快速顺利推进。对起诉时人数尚未确定的代表人诉讼，应当在起诉书中就拟任代表人人选及条件作出说明，体现起诉的原告对代表人的推选意愿。如果后来登记的权利人对拟任代表人的人选均没有提出异议，并且登记的权利人无人申请担任代表人的，表明在先起诉的原告和在后登记的原告在代表人的人选上取得一致意见，人民法院可以直接认定该2至5名人选作为代表人。这样省却了后续选举和指定代表人的程序操作，既体现当事人的意志，又利于程序的高效开展。

第十四条解决的是在先起诉的原告和在后登记的原告在代表人的人选上不能形成一致意见时如何处理。《最高人民法院关于适用〈中华人民共和国民事诉讼法〉的解释》（以下简称民诉法解释）第七十七条[①]规定，人数不确定的代表人诉讼的代表人选任采取“推选+协商+指定”的方式。本条规定沿袭了该思路，在契合现有司法解释的基础上最大程度尊重当事人意思自治。登记权利人对拟任代表人的人选提出异议，或者申请担任代表人的，表明起诉时原告推选的拟任代表人不能得到后续登记原告的认同。为取得最大共识，基于公平和自愿原则，人民法院应当自原告范围审核完毕后10日内在自愿担任代表人的原告中组织推选，包括起诉书中列明的拟任代表人的原告和权利登记阶段申请担任代表人的原告。代表人的推选实行一人一票，每位代表人的得票数应当不少于参与投票人数的50%。代表人人数为2至5名，按得票数排名确定。通过投票产生2名以上代表人的，为推选成功。首次推选不出的，人民法院应当即时组织原告在得票数前5名的候选人中进行二次推选，以此提高诉讼效率，快速推进诉讼程序。

同时，为避免代表人选任程序过于拖延冗长或者陷入僵局，《规定》第十五条规定，依据前条规定推选不出代表人的，由人民法院指定。人民法院指定代表人的，应当将投票情况、诉讼能力、利益诉求份额等作为考量因素，并征得被指定代表人的同意。法院指定是代表人产生的一种必要形式，也是人民法院发挥审判指

---

① 对应2022年4月10日修正的《最高人民法院关于适用〈中华人民共和国民事诉讼法〉的解释》第七十七条规定。——本书注

挥权和诉讼监督权的具体表现。

4. 对代表人的特别授权。《民事诉讼法》[①]第五十三条及第五十四条均规定，代表人变更、放弃诉讼请求或者承认对方当事人的诉讼请求，进行和解，必须经被代表的当事人同意。此系基于充分保障原告诉权之考虑，采纳了明示特别授权规则，即代表人处分实体权利须逐一征得被代表原告的明确同意。但这会导致集体诉讼程序变得烦琐冗长、久拖不决，也是民事诉讼法规定的代表人诉讼在实践中无法落地的原因之一。

针对这个问题，《规定》改为采纳默示特别授权规则。根据《规定》第七条，无论是普通代表人诉讼还是特别代表人诉讼，权利登记公告均应当以醒目的方式提示，参加登记视为对代表人进行特别授权，代表人可代表原告参加开庭审理，变更、放弃诉讼请求或者承认对方当事人的诉讼请求，决定撤诉，与被告达成调解协议，提起或者放弃上诉，申请执行，委托诉讼代理人等。《规定》第十三条规定，在起诉时当事人人数确定的代表人诉讼，应当在起诉前确定获得特别授权的代表人，并在起诉书中就代表人的推选情况作出专项说明。默示特别授权模式系对诉讼效率与权利保障两种价值进行重新权衡的结果，其是整个代表人诉讼制度的核心，也是集体诉讼程序得以推进的关键。但特别授权本身隐含被滥用的风险，因此《规定》注重通过多种机制来制衡代表人权利，包括赋予投资者知情权、异议权、上诉权和退出权等诉讼权利以及人民法院行使审判监督职能，形成了"代表人特别授权——投资者诉讼权利——法院监督权"相互制衡的三方权利架构。

以投资者的知情权和异议权为例，代表人对于决定撤诉、达成调解协议、变更或放弃诉讼请求、放弃或决定上诉等重要诉讼事项，应当及时通知全体原告。对代表人撤诉、变更或者放弃诉讼请求等决定以及调解协议草案内容，投资者有权提出异议。投资者还有两次机会"用脚投票"退出诉讼。第一次是投资者对推选出的代表人不满意或者不愿意加入特别代表人诉讼的，有权撤回权利登记或者声明退出并另行起诉；第二次是调解协议草案经听证程序后，投资者仍不认同的，可向法院提交退出申请。此外，代表人放弃上诉的，个别投资者有权提起上诉；代表人决定上诉的，个别投资者有权放弃上诉。

为缓解代表人特别授权与投资者诉讼权利之间的张力和冲突，司法权应积极发挥对诉讼活动的监督管理职能。申请担任代表人的原告与被告存在关联关系等可能影响履职的情形时，人民法院不予准许其担任代表人；代表人因丧失诉讼行为能力或者其他事由影响案件审理或者可能损害原告利益的，人民法院可以决

① 对应 2021 年 12 月 24 日修正的《民事诉讼法》第五十六条和第五十七条规定。——本书注

定撤销其代表人资格。原告对调解协议草案内容有异议时，人民法院应当召开听证会，对调解协议草案的合法性、适当性和可行性进行审查，并决定是否制作调解书。代表人变更或者放弃诉讼请求、承认对方当事人诉讼请求、决定撤诉的，应当向人民法院提交书面申请，人民法院依法裁定是否准许。

需要指出的是，《规定》第七条的代表人特别授权中包括与被告达成调解协议，未列明与被告进行和解，表明《规定》鼓励代表人在法院主持调解或委托调解的前提下与被告达成调解协议，不倡导代表人自行与被告进行和解，以发挥法院的监督管理作用。

5. 代表人放弃上诉和决定上诉的处理。上诉权是当事人的基本诉权，应当尊重当事人的正当程序利益，在程序设计上还是应当保护个别投资者的上诉权，不应以代表人不上诉为由剥夺当事人的上诉权，也不应以代表人决定上诉为由剥夺当事人放弃上诉的权利。《关于证券纠纷代表人诉讼若干问题的规定》第二十七条、第二十八条在适用中应当注意以下问题：

第一，生效判决的效力冲突问题。一审判决在未上诉的原告与被告之间生效，二审裁判的效力不及于未上诉的原告。一审和二审判决不一致时，二审判决发生既判力扩张。未上诉的投资者不得以生效二审裁判为依据申请再审。

第二，执行依据的确定。执行部门应当依据《规定》第二十六条至第二十八条审查执行依据是否存在对部分当事人生效、对部分当事人不生效的情形，并向审判部门核实执行依据的生效范围，防止出现差错。

第三，二审程序中代表人的确定。在代表人决定放弃上诉，个别投资者提起上诉的情况下，再要求原代表人继续担任二审代表人有违处分权原则；此外，在被告上诉的情形下，如果原代表人同时作为二审阶段上诉投资者和不上诉投资者的代表人，则其诉讼主张必然是分裂和矛盾的。因此，在部分投资者自行提起上诉的情况下，如果符合代表人诉讼的条件，应当依据相关规定重新确定代表人。

第四，上诉费用的交纳。根据民诉法解释第一百九十四条，在起诉时人数尚未确定的代表人诉讼案件不预交案件受理费，结案后按照诉讼标的额由败诉方交纳。该规定不适用于上诉程序，投资者提起上诉应当按照标的额交纳上诉费。

6. 代表人诉讼裁判的既判力扩张。代表人诉讼制度的核心之一就是裁判在生效后发生既判力扩张，这是代表人诉讼制度预设的法律框架。民事诉讼法第五十四条第四款规定："人民法院作出的判决、裁定，对参加登记的全体权利人发生效力。未参加登记的权利人在诉讼时效期间提起诉讼的，适用该判决、裁定。"民诉法解释第八十条规定："未参加登记的权利人提起诉讼，人民法院认定其请求成立的，裁定适用人民法院已作出的判决、裁定。"

根据《规定》第二十九条，符合权利人范围但未参加登记的投资者提起诉讼，且主张的事实和理由与代表人诉讼生效判决、裁定所认定的案件基本事实和法律适用相同的，人民法院审查具体诉讼请求后，裁定适用已经生效的判决、裁定。本条是关于代表人诉讼生效裁判既判力扩张的规定。本条规定一方面与第二十三条规定的审理顺序相互衔接，除代表人诉讼案件外，人民法院还受理其他基于同一证券违法事实发生的非代表人诉讼案件的，原则上代表人诉讼案件先行审理，非代表人诉讼案件中止审理，但非代表人诉讼案件具有典型性且先行审理有利于及时解决纠纷的除外。另一方面，本条也与第三条关于多元解纷与着重调解的规定形成呼应关系，代表人诉讼调解结案的，人民法院对后续同类案件应当引导当事人先行调解。

应当注意的是，代表人诉讼裁判的既判力扩张存在例外，不适用于明示退出或者明示不加入代表人诉讼的投资者。具体包括：《规定》第十条中经释明不申请撤诉的投资者；《规定》第十六条中自代表人公告之日起 10 日内向人民法院申请撤回权利登记并另行起诉的投资者；《规定》第三十二条中不同意加入特别代表人诉讼并提交退出声明，继续进行原诉讼的在先登记权利人；《规定》第三十四条中自公告期间届满后 15 日内向人民法院声明退出并另行起诉的投资者。

7. 特别代表人诉讼的启动方式。从《证券法》第九十五条的文义看，3 款内容在逻辑上存在递进关系。第三款使用的是“参加”而非“提起”，即投资者保护机构是在已有投资者提起普通代表人诉讼的情形下参加诉讼。据此，投资者保护机构作为代表人参加诉讼有两个前提：一是人民法院决定采用起诉时人数尚未确定的代表人诉讼程序审理案件，发出权利登记公告，通知投资者在一定期间内向法院登记；二是投资者保护机构受 50 名以上投资者委托作为代表人参加诉讼。此外，从实际工作的角度看，投资者保护机构依法选择参与法院已经发布权利登记公告的案件，在案件选择、权利人范围划定、权利人征集等方面更容易开展工作，同时也更有利于加强司法与行政监管部门的沟通，并降低可能带来的负面影响。

《规定》第三十二条的适用应当注意以下问题：一是管辖权的移转。根据《规定》第二条，特别代表人诉讼案件实行专属管辖，先受理的人民法院不具有特别代表人诉讼管辖权的，应当将案件及时移送有管辖权的人民法院。二是投资者的退出权。在先登记的权利人不同意加入特别代表人诉讼的可以提交退出声明，原诉讼作为普通代表人诉讼、个别诉讼或者共同诉讼继续进行；人民法院依据《规定》第三十三条发布权利登记公告后，投资者明确表示不愿意参加诉讼的，应当在公告期间届满后 15 日内向人民法院声明退出，声明退出的投资者可以另行起诉。

《证券法》第一百一十一条 【证券交易所善意处置突发性事件的民事责任豁免】

第一百一十一条 因不可抗力、意外事件、重大技术故障、重大人为差错等突发性事件而影响证券交易正常进行时,为维护证券交易正常秩序和市场公平,证券交易所可以按照业务规则采取技术性停牌、临时停市等处置措施,并应当及时向国务院证券监督管理机构报告。

因前款规定的突发性事件导致证券交易结果出现重大异常,按交易结果进行交收将对证券交易正常秩序和市场公平造成重大影响的,证券交易所按照业务规则可以采取取消交易、通知证券登记结算机构暂缓交收等措施,并应当及时向国务院证券监督管理机构报告并公告。

证券交易所对其依照本条规定采取措施造成的损失,不承担民事赔偿责任,但存在重大过错的除外。

相关规定

《证券法》

第一百一十七条 按照依法制定的交易规则进行的交易,不得改变其交易结果,但本法第一百一十一条第二款规定的除外。对交易中违规交易者应负的民事责任不得免除;在违规交易中所获利益,依照有关规定处理。

权威解读[①]

由于证券市场的复杂性和不可预见性,证券交易所作为风险输入性组织,应当豁免其故意或者重大过失外造成的损害的民事赔偿责任。否则,会导致证券交易所在履职时瞻前顾后,丧失灵活性与及时性的优势。据此,本条第三款规定了证券交易所对突发事件的善意监管民事责任豁免,以便证券交易所能够有效履行突发性事件处理的职责。

① 参见程合红主编:《〈证券法〉修订要义》,人民出版社 2020 年版,第 229 页。

《证券法》第一百一十三条　【证券交易所善意处置重大异常波动的民事责任豁免】

第一百一十三条　证券交易所应当加强对证券交易的风险监测，出现重大异常波动的，证券交易所可以按照业务规则采取限制交易、强制停牌等处置措施，并向国务院证券监督管理机构报告；严重影响证券市场稳定的，证券交易所可以按照业务规则采取临时停市等处置措施并公告。

证券交易所对其依照本条规定采取措施造成的损失，不承担民事赔偿责任，但存在重大过错的除外。

《证券法》第一百五十五条　【证券登记结算机构追偿权】

第一百五十五条　证券结算风险基金应当存入指定银行的专门账户，实行专项管理。

证券登记结算机构以证券结算风险基金赔偿后，应当向有关责任人追偿。

相关规定

1.《证券法》

第一百五十四条　证券登记结算机构应当设立证券结算风险基金，用于垫付或者弥补因违约交收、技术故障、操作失误、不可抗力造成的证券登记结算机构的损失。

证券结算风险基金从证券登记结算机构的业务收入和收益中提取，并可以由结算参与人按照证券交易业务量的一定比例缴纳。

证券结算风险基金的筹集、管理办法，由国务院证券监督管理机构会同国务院财政部门规定。

2. 中国证券监督管理委员会、财政部《证券结算风险基金管理办法》(证监发〔2006〕65号)

第十三条　动用本基金后，证券登记结算机构应当向有关责任方追偿，追偿款转入本基金；同时，应及时修订和完善业务规则、内部管理制度及结算参与人监管制度。

权威解读[①]

证券结算风险基金是作为一项经济补偿制度来设立的，有利于充分保护投资者合法权益，但是用这项基金赔偿损失后，如果就此结束，对控制风险和合理承担风险责任是不利的。所以在法律上确立了证券登记结算机构的追偿权。一旦出现因违约交收、技术故障、操作失误等造成的损失，即由证券结算风险基金先行赔偿，然后由证券登记结算机构向有关责任人提出承担赔偿责任的要求，依法追回应由相关责任人承担的部分。

《证券法》第一百六十一条 【证券投资咨询机构及其从业人员违法从业的赔偿责任】

第一百六十一条　证券投资咨询机构及其从业人员从事证券服务业务不得有下列行为：

（一）代理委托人从事证券投资；

（二）与委托人约定分享证券投资收益或者分担证券投资损失；

（三）买卖本证券投资咨询机构提供服务的证券；

（四）法律、行政法规禁止的其他行为。

有前款所列行为之一，给投资者造成损失的，应当依法承担赔偿责任。

相关规定

（略，见“《证券法》第二百一十三条第一款、第二款【证券投资咨询机构从业未经核准或者违法从业】【其他证券服务机构从业未报备案】”部分。）

《证券法》第一百六十三条 【证券服务机构未勤勉尽责的赔偿责任】

第一百六十三条　证券服务机构为证券的发行、上市、交易等证券业务活动制作、出具审计报告及其他鉴证报告、资产评估报告、财务顾问报告、资信评级报告或者法律意见书等文件，应当勤勉尽责，对所依据的文件资料内容的真实性、准

---

① 参见程合红主编：《〈证券法〉修订要义》，人民出版社2020年版，第301－302页。

确性、完整性进行核查和验证。其制作、出具的文件有虚假记载、误导性陈述或者重大遗漏，给他人造成损失的，应当与委托人承担连带赔偿责任，①但是能够证明自己没有过错的除外。

相关规定

1.《最高人民法院关于审理证券市场虚假陈述侵权民事赔偿案件的若干规定》（略，见“《证券法》第八十五条　【信息披露违法的赔偿责任】”部分）

2.《全国法院审理债券纠纷案件座谈会纪要》（略，见“《证券法》第八十五条　【信息披露违法的赔偿责任】”部分）

3.《注册会计师法》（略，见“《证券法》第二百一十三条第三款　【证券服务机构未勤勉尽责】”部分）

4.《中国注册会计师审计准则第1101号——注册会计师的总体目标和审计工作的基本要求》（略，见“《证券法》第二百一十三条第三款　【证券服务机构未勤勉尽责】”部分）

5.《律师事务所从事证券法律业务管理办法》（略，见“《证券法》第二百一十三条第三款　【证券服务机构未勤勉尽责】”部分）

6.《律师事务所证券法律业务执业规则（试行）》（略，见“《证券法》第二百一十三条第三款　【证券服务机构未勤勉尽责】”部分）

7.《公开发行证券公司信息披露的编报规则（第12号）——公开发行证券的法律意见书和律师工作报告》（略，见“《证券法》第二百一十三条第三款　【证券服务机构未勤勉尽责】”部分）

8.《监管规则适用指引——法律类第2号：律师事务所从事首次公开发行股票并上市法律业务执业细则》（略，见“《证券法》第二百一十三条第三款　【证券服务机构未勤勉尽责】”部分）

9.《资产评估基本准则》（略，见“《证券法》第二百一十三条第三款　【证券服务机构未勤勉尽责】”部分）

10.《上市公司并购重组财务顾问业务管理办法》（略，见“《证券法》第二百一十三条第三款　【证券服务机构未勤勉尽责】”部分）

---

①　委托人应当承担的赔偿责任，见《证券法》第八十五条。——本书注

典型案例

顾某骏、刘某君等11名投资者与康美药业等证券虚假陈述责任纠纷案(广东省广州市中级人民法院(2020)粤01民初2171号民事判决书)(略,见“《证券法》第八十五条 【信息披露违法的赔偿责任】”部分)

《证券法》第一百八十三条 【证券公司承销或者销售擅自或者变相公开发行的证券的赔偿责任】

第一百八十三条 证券公司承销或者销售擅自公开发行或者变相公开发行的证券的,责令停止承销或者销售,没收违法所得,并处以违法所得一倍以上十倍以下的罚款;没有违法所得或者违法所得不足一百万元的,处以一百万元以上一千万元以下的罚款;情节严重的,并处暂停或者撤销相关业务许可。给投资者造成损失的,应当与发行人承担连带赔偿责任。对直接负责的主管人员和其他直接责任人员给予警告,并处以五十万元以上五百万元以下的罚款。

《证券法》第一百九十六条 【违法收购的赔偿责任】

第一百九十六条 收购人未按照本法规定履行上市公司收购的公告、发出收购要约义务的,责令改正,给予警告,并处以五十万元以上五百万元以下的罚款。对直接负责的主管人员和其他直接责任人员给予警告,并处以二十万元以上二百万元以下的罚款。

收购人及其控股股东、实际控制人利用上市公司收购,给被收购公司及其股东造成损失的,应当依法承担赔偿责任。

权威解读[①]

本条第二款对2005年《证券法》第二百一十四条[②]进行了改造,规定了收购人及其控股股东、实际控制人利用上市公司收购来损害被收购公司及其股东合法权

---

① 参见程合红主编:《〈证券法〉修订要义》,人民出版社2020年版,第372页。

② 2005年《证券法》第二百一十四条规定:“收购人或者收购人的控股股东,利用上市公司收购,损害被收购公司及其股东的合法权益的,责令改正,给予警告;情节严重的,并处以十万元以上六十万元以下的罚款。给被收购公司及其股东造成损失的,依法承担赔偿责任。对直接负责的主管人员和其他直接责任人员给予警告,并处以三万元以上三十万元以下的罚款。”根据该条规定,收购人或者控股股东、实际控制人利用上市公司收购来损害被收购公司及其股东合法权益的,既要承担行政责任,还可能承担民事责任。——本书注

益的民事法律责任，主要考虑上市公司收购是一个市场行为，如果用上市公司收购来损害被收购公司及其股东的合法权益，构成民法上的侵权行为，应承担相应的民事责任。

《证券法》第二百二十条 【民事赔偿责任优先】

第二百二十条 违反本法规定，应当承担民事赔偿责任和缴纳罚款、罚金、违法所得，违法行为人的财产不足以支付的，优先用于承担民事赔偿责任。

相关规定

1.《刑法》

第三十六条 由于犯罪行为而使被害人遭受经济损失的，对犯罪分子除依法给予刑事处罚外，并应根据情况判处赔偿经济损失。

承担民事赔偿责任的犯罪分子，同时被判处罚金，其财产不足以全部支付的，或者被判处没收财产的，应当先承担对被害人的民事赔偿责任。

2.《行政处罚法》

第二十八条第二款 当事人有违法所得，除依法应当退赔的外，应当予以没收。违法所得是指实施违法行为所取得的款项。法律、行政法规、部门规章对违法所得的计算另有规定的，从其规定。

3.《公司法》

第二百一十四条 公司违反本法规定，应当承担民事赔偿责任和缴纳罚款、罚金的，其财产不足以支付时，先承担民事赔偿责任。

附　　篇

刑行民衔接指引

指引一:及时移送(行——刑)

在法律层面,《行政处罚法》第二十七条规定:"违法行为涉嫌犯罪的,行政机关应当及时将案件移送司法机关,依法追究刑事责任。对依法不需要追究刑事责任或者免予刑事处罚,但应当给予行政处罚的,司法机关应当及时将案件移送有关行政机关。""行政处罚实施机关与司法机关之间应当加强协调配合,建立健全案件移送制度,加强证据材料移交、接收衔接,完善案件处理信息通报机制。"该条确立了"及时移送"原则。

在行政法规层面,《行政执法机关移送涉嫌犯罪案件的规定》(2001 年 7 月 9 日中华人民共和国国务院令第 310 号公布,根据 2020 年 8 月 7 日《国务院关于修改〈行政执法机关移送涉嫌犯罪案件的规定〉的决定》修订)具体规定了移送的程序流转规范和证据材料要求。此外,中共中央办公厅、国务院办公厅(以下简称两办)转发相关部门《关于加强行政执法与刑事司法衔接工作的意见》(中办发〔2011〕8 号)、《最高人民检察院关于推进行政执法与刑事司法衔接工作的规定》(高检发释字〔2021〕4 号)、《公安机关受理行政执法机关移送涉嫌犯罪案件规定》(公通字〔2016〕16 号)、《证券期货违法行为行政处罚办法》(中国证券监督管理委员会令第 186 号)等文件对相关职能部门做好行刑衔接提出了具体要求。

从《行政处罚法》的规定和相关文件规定来看,有以下两个要点值得注意:

一是行政机关发现违法行为涉嫌犯罪的,应当及时移送。首先,行政处罚显然不是刑事处罚的前置程序;其次,基于对"发现"和"及时"理解的差异,以及案件具体情况的不同,实践中,部分案件系先作出行政处罚,然后移送司法机关作刑事判决(如丹东欣泰电气股份有限公司、温某乙等欺诈发行股票、违规披露重要信息案）；部分案件系未经行政处罚，直接作刑事判决（如徐某操纵证券市场案）。①

二是正确理解“一事不二罚”原则在行刑衔接问题上的运用。首先，行政处罚后，发现涉嫌犯罪的，可以进一步刑事处罚；但是刑事处罚后一般不再就同一事实作行政处罚。② 其次，在处罚种类的选择上，根据《行政处罚法》第三十五条、《行政执法机关移送涉嫌犯罪案件的规定》第十一条等规定，行政执法机关向公安机关移送涉嫌犯罪案件前已经作出的警告，责令停产停业，暂扣或者吊销许可证、暂扣或者吊销执照的行政处罚决定，不停止执行；行政执法机关向公安机关移送涉嫌犯罪案件前，已经依法给予当事人罚款的，人民法院判处罚金时，依法折抵相应罚金。③

指引二：刑事回转（刑——行）

根据《行政处罚法》第二十七条的规定，案件移送司法机关后，对依法不需要追究刑事责任或者免予刑事处罚，但应当给予行政处罚的，司法机关应当及时将案件移送有关行政机关。《行政执法机关移送涉嫌犯罪案件的规定》第十条规定：“行政执法机关对公安机关决定不予立案的案件，应当依法作出处理；其中，依照

---

① 还有极少数案件，行政处罚系在刑事移送后、尚未刑事处罚前作出。例如，马某威内幕交易“宝鼎科技”案，中国证监会在已将案件移送公安机关后作出行政处罚（中国证监会行政处罚决定书〔2018〕88 号）。马某威提起行政诉讼后，北京市第一中级人民法院（2019）京 01 行初 370 号行政判决书指出：“关于原告有关其交易‘宝鼎科技’的行为已经被提起刑事起诉，被告不应再作出行政处罚的相关主张，本院认为，刑事制裁与行政处罚是对违法行为的两个不同的规制路径。证券监管机关有权依据证券法和行政处罚法的规定，独立开展调查并作出行政处罚决定。根据行政处罚法第二十二条、第三十八条的规定，行政机关在调查终结后，应当将构成犯罪的违法行为移送司法机关。该法第二十八条第二款又规定，违法行为构成犯罪，人民法院判处罚金时，行政机关已经给予当事人罚款的，应当折抵相应罚金。由此，被告对原告作出处罚，并不违反前述规定。对原告此项诉讼主张，本院不予支持。”——本书注

② 2021 年修改《行政处罚法》时，在第三十五条第二款原规定的“违法行为构成犯罪，人民法院判处罚金时，行政机关已经给予当事人罚款的，应当折抵相应罚金”之后，增加规定“行政机关尚未给予当事人罚款的，不再给予罚款。”从该款可见，刑事处罚之后并非一律不能行政处罚，但是已经判处罚金的，不能给予罚款。因为《证券法》上对违法行为的处罚种类主要是罚款，故在没有需要给予警告、撤销业务许可等处罚种类的情形下，不再启动行政处罚。例如，绿大地欺诈发行股票案，经刑事审判，认定云南绿大地公司构成欺诈发行股票罪、伪造金融票证罪、故意销毁会计凭证罪，责任人员何某某、蒋某某等构成欺诈发行股票罪、伪造金融票证罪、违规披露重要信息罪、故意销毁会计凭证罪等罪。此后，中国证监会行政处罚决定书〔2013〕23 号对绿大地在年度报告中的信息披露违法行为作出罚款，并对已经收到刑事处罚的责任人员以外人员的信息披露违法行为作出罚款；另外，中国证监会市场禁入决定书〔2013〕4 号对何某某、蒋某某采取终身市场禁入措施。——本书注

③ 《行政处罚法》第二十九条规定：“对当事人的同一个违法行为，不得给予两次以上罚款的行政处罚。同一个违法行为违反多个法律规范应当给予罚款处罚的，按照罚款数额高的规定处罚。”可见，同属于行政处罚措施的罚款，不能多次适用于同一违法行为；但是属于不同性质的罚款和罚金，对同一违法行为可以先判处罚款后判处罚金，只不过需要将罚款依法折抵罚金。——本书注

有关法律、法规或者规章的规定应当给予行政处罚的,应当依法实施行政处罚。”第十三条规定:“公安机关对发现的违法行为,经审查,没有犯罪事实,或者立案侦查后认为犯罪事实显著轻微,不需要追究刑事责任,但依法应当追究行政责任的,应当及时将案件移送同级行政执法机关,有关行政执法机关应当依法作出处理。”“两办”转发国务院法制办等部门《关于加强行政执法与刑事司法衔接工作的意见》第五条规定:“人民检察院对作出不起诉决定的案件、人民法院对作出无罪判决或者免予刑事处罚的案件,认为依法应当给予行政处罚的,应当提出检察建议或者司法建议,移送有关行政执法机关处理。”

之所以发生刑事回转,从法律层面上讲,主要有以下四种可能:一是因为刑事处罚和行政处罚在处罚范围上存在差异。如前文所述,对于信息披露违法行为,《刑法》第一百六十一条规定为单罚制。司法机关对单位不予起诉后,中国证监会可对单位作行政处罚。① 二是因为刑事处罚的“入罪门槛”高于行政处罚的门槛。对于虽然没有达到刑事处罚门槛,但是达到行政处罚门槛的,应予以行政处罚。三是因为刑事处罚的证明标准高于行政处罚的证明标准。对于在案证据虽然没有达到排除合理怀疑的证明标准,但是达到优势证明标准或者高度盖然性证明标准,从而认定构成行政违法的,应予以行政处罚。四是因为《刑法》和《行政处罚法》规定的追诉(责)时效不同。案件虽然被有权机关发现较早,但是被刑事侦查机关立案侦查较晚的,移送司法机关后可能出现已经过刑事追诉期限但尚未过行政追责期限的情况,因而需要移送行政机关进行行政处罚。②

---

① 例如,博元投资股份有限公司、余某妮等人信披违法案,中国证监会在调查过程中,因发现博元投资公司涉嫌构成违规披露、不披露重要信息罪,于 2015 年 3 月 26 日依法将本案移送公安机关追究刑事责任,公安机关于 2015 年 12 月 9 日移送审查起诉。2016 年 9 月 30 日,珠海市香洲区人民检察院作出《检察意见书》(珠香检公诉意〔2016〕1 号)明确认定:博元投资涉嫌违规披露、不披露重要信息罪的事实清楚、证据确实、充分,博元投资是违规披露、不披露重要信息罪的犯罪主体,但根据《刑法》第一百六十一条的规定,该罪实行单罚制,仅处罚直接负责的主管人员和其他直接负责人。依照《刑事诉讼法》第一百七十三条第一款的规定,珠海市香洲区人民检察院决定对博元投资不起诉。并依据《刑事诉讼法》第一百七十三条第三款的规定,建议中国证监会依法给予博元投资公司相应的行政处罚。此后,中国证监会〔2017〕73 号行政处罚决定书对博元投资公司以及未被刑事移送的责任人员作出罚款。——本书注

② 当然,因为行政追责期限较短,而刑事追诉期限较长,实践中更多出现的是因为过追责期限而不能作行政处罚,但是可以移送司法机关作刑事处罚的情形。例如,上市公司的欺诈发行行为,如果被发现时已经上市发行超过两年(根据 2021 年修改后的《行政处罚法》第三十六条,也可能是五年),则不能依据《证券法》第一百八十一条追究欺诈发行证券的责任(但对其中的信息披露违法行为,如与上市后的信息披露违法具有连续或者继续性的,认可依据《证券法》第一百九十七条追究信息披露违法的责任),但是未过刑事追诉期限的,可以依据《刑法》第一百六十条认定欺诈发行证券罪。——本书注

指引三:取消前置(行刑——民)

两办发布的《关于依法从严打击证券违法活动的意见》第七条规定:“健全民事赔偿制度。抓紧推进证券纠纷代表人诉讼制度实施。修改因虚假陈述引发民事赔偿有关司法解释,取消民事赔偿诉讼前置程序。开展证券行业仲裁制度试点。”该条明确提出了“取消前置”的制度要求。

从相关文件规定来看,有以下两个要点值得注意:

一是行政处罚或者刑事处罚不再是民事受理的前提条件。最高人民法院2003年出台的《关于审理证券市场因虚假陈述引发的民事赔偿案件的若干规定》(法释〔2003〕2号)第六条第一款规定:“投资人以自己受到虚假陈述侵害为由,依据有关机关的行政处罚决定或者人民法院的刑事裁判文书,对虚假陈述行为人提起的民事赔偿诉讼,符合民事诉讼法第一百零八条规定的,人民法院应当受理。”据此,未经行政处罚或者刑事处罚的,投资人难以提起民事诉讼。为切实降低投资者举证难度、畅通投资者诉讼救济途径,最高人民法院近年来在《关于证券纠纷代表人诉讼若干问题的规定》《全国法院审理债券纠纷案件座谈会纪要》等文件中已经淡化前置程序的必要性。最高人民法院2022年出台的《关于审理证券市场虚假陈述侵权民事赔偿案件的若干规定》进一步明确取消前置程序。[①]

二是《全国法院民商事审判工作会议纪要》第八十五条规定:“审判实践中,部分人民法院对重大性要件和信赖要件存在着混淆认识,以行政处罚认定的信息披露违法行为对投资者的交易决定没有影响为由否定违法行为的重大性,应当引起注意。重大性是指可能对投资者进行投资决策具有重要影响的信息,虚假陈述已经被监管部门行政处罚的,应当认为是具有重大性的违法行为。在案件审理过程中,对于一方提出的监管部门作出处罚决定的行为不具有重大性的抗辩,人民法院不予支持,同时应当向其释明,该抗辩并非民商事案件的审理范围,应当通过行政复议、行政诉讼加以解决。”由此可见,虽然取消前置程序,但是如果行政处罚或者刑事处罚在前、民事审判在后的话,行政处罚或者刑事处罚中对于相关专业性问题的认定意见,仍然对民事审判具有重大影响。

---

① 关于取消前置程序的相关背景和主要考虑、取消后继之而起的问题及其解决,见“《证券法》第八十五条 【信息披露违法的赔偿责任】”部分。——本书注

刑行民责任条款比对表

刑事责任条款	行政责任条款	民事责任条款
《刑法》第一百七十九条 【擅自发行股票、公司、企业债券罪】未经国家有关主管部门批准，擅自发行股票或者公司、企业债券，数额巨大、后果严重或者有其他严重情节的，处五年以下有期徒刑或者拘役，并处或者单处非法募集资金金额百分之一以上百分之五以下罚金。 单位犯前款罪的，对单位判处罚金，并对其直接负责的主管人员和其他直接责任人员，处五年以下有期徒刑或者拘役。	**《证券法》第一百八十条【擅自或者变相公开发行证券】**违反本法第九条的规定，擅自公开或者变相公开发行证券的，责令停止发行，退还所募资金并加算银行同期存款利息，处以非法所募资金金额百分之五以上百分之五十以下的罚款；对擅自公开或者变相公开发行证券设立的公司，由依法履行监督管理职责的机构或者部门会同县级以上地方人民政府予以取缔。对直接负责的主管人员和其他直接责任人员给予警告，并处以五十万元以上五百万元以下的罚款。	
《刑法》第一百六十条【欺诈发行证券罪】在招股说明书、认股书、公司、企业债券募集办法等发行文件中隐瞒重要事实或者编造重大虚假内容，发行股票或者公司、企业债券、存托凭证或者国务院依法认定的其他证券，数额巨大、后果严重或者有其他严重情节的，处五年以下有期徒刑或者拘役，并处或者单处罚金；数额特别巨大、后果特别严重或者有其他特别严重情节的，处五年以上有期徒刑，并处罚金。 控股股东、实际控制人组织、指使实施前款行为的，处五年以下有期徒刑或者拘	**《证券法》第一百八十一条 【欺诈发行证券】**发行人在其公告的证券发行文件中隐瞒重要事实或者编造重大虚假内容，尚未发行证券的，处以二百万元以上二千万元以下的罚款；已经发行证券的，处以非法所募资金金额百分之十以上一倍以下的罚款。对直接负责的主管人员和其他直接责任人员，处以一百万元以上一千万元以下的罚款。 发行人的控股股东、实际控制人组织、指使从事前款违法行为的，没收违法所得，并处以违法所得百分之十以上一倍以下的罚款；没有违法所得或者违法所得不足二千万元的，	**《证券法》第二十四条【违法发行返还认购本金和利息的责任】**国务院证券监督管理机构或者国务院授权的部门对已作出的证券发行注册的决定，发现不符合法定条件或者法定程序，尚未发行证券的，应当予以撤销，停止发行。已经发行尚未上市的，撤销发行注册决定，发行人应当按照发行价并加算银行同期存款利息返还证券持有人；发行人的控股股东、实际控制人以及保荐人，应当与发行人承担连带责任，但是能够证明自己没有过错的除外。

续表

刑事责任条款	行政责任条款	民事责任条款
役，并处或者单处非法募集资金金额百分之二十以上一倍以下罚金；数额特别巨大、后果特别严重或者有其他特别严重情节的，处五年以上有期徒刑，并处非法募集资金金额百分之二十以上一倍以下罚金。 单位犯前两款罪的，对单位判处非法募集资金金额百分之二十以上一倍以下罚金，并对其直接负责的主管人员和其他直接责任人员，依照第一款的规定处罚。	处以二百万元以上二千万元以下的罚款。对直接负责的主管人员和其他直接责任人员，处以一百万元以上一千万元以下的罚款。	股票的发行人在招股说明书等证券发行文件中隐瞒重要事实或者编造重大虚假内容，已经发行并上市的，国务院证券监督管理机构可以责令发行人回购证券，或者责令负有责任的控股股东、实际控制人买回证券。
《刑法》第二百二十九条　【提供虚假证明文件罪】【出具证明文件重大失实罪】承担资产评估、验资、验证、会计、审计、法律服务、保荐、安全评价、环境影响评价、环境监测等职责的中介组织的人员故意提供虚假证明文件，情节严重的，处五年以下有期徒刑或者拘役，并处罚金；有下列情形之一的，处五年以上十年以下有期徒刑，并处罚金： （一）提供与证券发行相关的虚假的资产评估、会计、审计、法律服务、保荐等证明文件，情节特别严重的； （二）提供与重大资产交易相关的虚假的资产评估、会计、审计等证明文件，情节特别严重的； （三）在涉及公共安全的重大工程、项目中提供虚假的安全评价、环境影响评价等证明文件，致使公共财产、国家和人民利益遭受特别重大损失的。	**《证券法》第一百八十二条　【保荐人未履行法定职责】**保荐人出具有虚假记载、误导性陈述或者重大遗漏的保荐书，或者不履行其他法定职责的，责令改正，给予警告，没收业务收入，并处以业务收入一倍以上十倍以下的罚款；没有业务收入或者业务收入不足一百万元的，处以一百万元以上一千万元以下的罚款；情节严重的，并处暂停或者撤销保荐业务许可。对直接负责的主管人员和其他直接责任人员给予警告，并处以五十万元以上五百万元以下的罚款。	

续表

刑事责任条款	行政责任条款	民事责任条款
有前款行为,同时索取他人财物或者非法收受他人财物构成犯罪的,依照处罚较重的规定定罪处罚。 第一款规定的人员,严重不负责任,出具的证明文件有重大失实,造成严重后果的,处三年以下有期徒刑或者拘役,并处或者单处罚金。		
	《证券法》第一百八十三条 【证券公司承销或者销售擅自或者变相公开发行的证券】证券公司承销或者销售擅自公开发行或者变相公开发行的证券的,责令停止承销或者销售,没收违法所得,并处以违法所得一倍以上十倍以下的罚款;没有违法所得或者违法所得不足一百万元的,处以一百万元以上一千万元以下的罚款;情节严重的,并处暂停或者撤销相关业务许可。给投资者造成损失的,应当与发行人承担连带赔偿责任。对直接负责的主管人员和其他直接责任人员给予警告,并处以五十万元以上五百万元以下的罚款。	**《证券法》第一百八十三条 【证券公司承销或者销售擅自或者变相公开发行的证券的赔偿责任】**证券公司承销或者销售擅自公开发行或者变相公开发行的证券的,责令停止承销或者销售,没收违法所得,并处以违法所得一倍以上十倍以下的罚款;没有违法所得或者违法所得不足一百万元的,处以一百万元以上一千万元以下的罚款;情节严重的,并处暂停或者撤销相关业务许可。给投资者造成损失的,应当与发行人承担连带赔偿责任。对直接负责的主管人员和其他直接责任人员给予警告,并处以五十万元以上五百万元以下的罚款。

续表

刑事责任条款	行政责任条款	民事责任条款
	《证券法》第一百八十四条 【证券公司违法承销证券】证券公司承销证券违反本法第二十九条规定的，责令改正，给予警告，没收违法所得，可以并处五十万元以上五百万元以下的罚款；情节严重的，暂停或者撤销相关业务许可。对直接负责的主管人员和其他直接责任人员给予警告，可以并处二十万元以上二百万元以下的罚款；情节严重的，并处以五十万元以上五百万元以下的罚款。	**《证券法》第二十九条 【违法承销的赔偿责任】**证券公司承销证券，应当对公开发行募集文件的真实性、准确性、完整性进行核查。发现有虚假记载、误导性陈述或者重大遗漏的，不得进行销售活动；已经销售的，必须立即停止销售活动，并采取纠正措施。 证券公司承销证券，不得有下列行为： （一）进行虚假的或者误导投资者的广告宣传或者其他宣传推介活动； （二）以不正当竞争手段招揽承销业务； （三）其他违反证券承销业务规定的行为。 证券公司有前款所列行为，给其他证券承销机构或者投资者造成损失的，应当依法承担赔偿责任。
	《证券法》第一百八十五条 【发行人擅自改变募集资金用途】发行人违反本法第十四条、第十五条的规定擅自改变公开发行证券所募集资金的用途的，责令改正，处以五十万元以上五百万元以下的罚款；对直接负责的主管人员和其他直接责任人员给予警告，并处以十万元以上一百万元以下的罚款。 发行人的控股股东、实际控制人从事或者组织、指使从事前款违法行为的，给予警告，并处以五十万元以上五百万元以下的罚款；对直接负责的主管人员和其他直接责任人员，处以十万元以上一百万元以下的罚款。	

续表

刑事责任条款	行政责任条款	民事责任条款
	《证券法》第一百八十六条　【违法转让证券】违反本法第三十六条的规定，在限制转让期内转让证券，或者转让股票不符合法律、行政法规和国务院证券监督管理机构规定的，责令改正，给予警告，没收违法所得，并处以买卖证券等值以下的罚款。	
	《证券法》第一百八十七条　【非法持有、买卖股票或者其他具有股权性质的证券】法律、行政法规规定禁止参与股票交易的人员，违反本法第四十条的规定，直接或者以化名、借他人名义持有、买卖股票或者其他具有股权性质的证券的，责令依法处理非法持有的股票、其他具有股权性质的证券，没收违法所得，并处以买卖证券等值以下的罚款；属于国家工作人员的，还应当依法给予处分。	
	《证券法》第一百八十八条　【证券服务机构及其从业人员违法买卖证券】证券服务机构及其从业人员，违反本法第四十二条的规定买卖证券的，责令依法处理非法持有的证券，没收违法所得，并处以买卖证券等值以下的罚款。	
	《证券法》第一百八十九条　【短线交易】上市公司、股票在国务院批准的其他全国性证券交易场所交易的公司的董事、监事、高级管理人员、持有该公司百分之五以上股份的股东，违反本法第四十四条的规定，买卖该公司股票或者其他具有股权性质的证券的，给予警告，并处以十万元以上一百	**《证券法》第四十四条【短线交易的收益归入责任】**上市公司、股票在国务院批准的其他全国性证券交易场所交易的公司持有百分之五以上股份的股东、董事、监事、高级管理人员，将其持有的该公司的股票或者其他具有股权性质的证券在买入后六个

续表

刑事责任条款	行政责任条款	民事责任条款
	万元以下的罚款。	月内卖出，或者在卖出后六个月内又买入，由此所得收益归该公司所有，公司董事会应当收回其所得收益。但是，证券公司因购入包销售后剩余股票而持有百分之五以上股份，以及有国务院证券监督管理机构规定的其他情形的除外。 前款所称董事、监事、高级管理人员、自然人股东持有的股票或者其他具有股权性质的证券，包括其配偶、父母、子女持有的及利用他人账户持有的股票或者其他具有股权性质的证券。 公司董事会不按照第一款规定执行的，股东有权要求董事会在三十日内执行。公司董事会未在上述期限内执行的，股东有权为了公司的利益以自己的名义直接向人民法院提起诉讼。 公司董事会不按照第一款的规定执行的，负有责任的董事依法承担连带责任。
	《证券法》第一百九十条【违法采取程序化交易】违反本法第四十五条的规定，采取程序化交易影响证券交易所系统安全或者正常交易秩序的，责令改正，并处以五十万元以上五百万元以下的罚款。对直接负责的主管人员和其他直接责任人员给予警告，并处以十万元以上一百万元以下的罚款。	

续表

刑事责任条款	行政责任条款	民事责任条款
《刑法》第一百八十条【内幕交易、泄露内幕信息罪】【利用未公开信息交易罪】证券、期货交易内幕信息的知情人员或者非法获取证券、期货交易内幕信息的人员，在涉及证券的发行，证券、期货交易或者其他对证券、期货交易价格有重大影响的信息尚未公开前，买入或者卖出该证券，或者从事与该内幕信息有关的期货交易，或者泄露该信息，或者明示、暗示他人从事上述交易活动，情节严重的，处五年以下有期徒刑或者拘役，并处或者单处违法所得一倍以上五倍以下罚金；情节特别严重的，处五年以上十年以下有期徒刑，并处违法所得一倍以上五倍以下罚金。 单位犯前款罪的，对单位判处罚金，并对其直接负责的主管人员和其他直接责任人员，处五年以下有期徒刑或者拘役。 内幕信息、知情人员的范围，依照法律、行政法规的规定确定。 证券交易所、期货交易所、证券公司、期货经纪公司、基金管理公司、商业银行、保险公司等金融机构的从业人员以及有关监管部门或者行业协会的工作人员，利用因职务便利获取的内幕信息以外的其他未公开的信息，违反规定，从事与该信息相关的证券、期货交易活动，或者明示、暗示他人从事相关交易活动，情节严重的，依照第一款的规定处罚。	**《证券法》第一百九十一条 【内幕交易】【利用未公开信息交易】**证券交易内幕信息的知情人或者非法获取内幕信息的人违反本法第五十三条的规定从事内幕交易的，责令依法处理非法持有的证券，没收违法所得，并处以违法所得一倍以上十倍以下的罚款；没有违法所得或者违法所得不足五十万元的，处以五十万元以上五百万元以下的罚款。单位从事内幕交易的，还应当对直接负责的主管人员和其他直接责任人员给予警告，并处以二十万元以上二百万元以下的罚款。国务院证券监督管理机构工作人员从事内幕交易的，从重处罚。 违反本法第五十四条的规定，利用未公开信息进行交易的，依照前款的规定处罚。	**《证券法》第五十三条【内幕交易的赔偿责任】**证券交易内幕信息的知情人和非法获取内幕信息的人，在内幕信息公开前，不得买卖该公司的证券，或者泄露该信息，或者建议他人买卖该证券。 持有或者通过协议、其他安排与他人共同持有公司百分之五以上股份的自然人、法人、非法人组织收购上市公司的股份，本法另有规定的，适用其规定。 内幕交易行为给投资者造成损失的，应当依法承担赔偿责任。 **《证券法》第五十四条【利用未公开信息交易的赔偿责任】**禁止证券交易场所、证券公司、证券登记结算机构、证券服务机构和其他金融机构的从业人员、有关监管部门或者行业协会的工作人员，利用因职务便利获取的内幕信息以外的其他未公开的信息，违反规定，从事与该信息相关的证券交易活动，或者明示、暗示他人从事相关交易活动。 利用未公开信息进行交易给投资者造成损失的，应当依法承担赔偿责任。

续表

刑事责任条款	行政责任条款	民事责任条款
《刑法》第一百八十二条 【操纵证券、期货市场罪】有下列情形之一，操纵证券、期货市场，影响证券、期货交易价格或者证券、期货交易量，情节严重的，处五年以下有期徒刑或者拘役，并处或者单处罚金；情节特别严重的，处五年以上十年以下有期徒刑，并处罚金： （一）单独或者合谋，集中资金优势、持股或者持仓优势或者利用信息优势联合或者连续买卖的； （二）与他人串通，以事先约定的时间、价格和方式相互进行证券、期货交易的； （三）在自己实际控制的帐户之间进行证券交易，或者以自己为交易对象，自买自卖期货合约的； （四）不以成交为目的，频繁或者大量申报买入、卖出证券、期货合约并撤销申报的； （五）利用虚假或者不确定的重大信息，诱导投资者进行证券、期货交易的； （六）对证券、证券发行人、期货交易标的公开作出评价、预测或者投资建议，同时进行反向证券交易或者相关期货交易的； （七）以其他方法操纵证券、期货市场的。 单位犯前款罪的，对单位判处罚金，并对其直接负责的主管人员和其他直接责任人员，依照前款的规定处罚。	**《证券法》第一百九十二条 【操纵证券市场】**违反本法第五十五条的规定，操纵证券市场的，责令依法处理其非法持有的证券，没收违法所得，并处以违法所得一倍以上十倍以下的罚款；没有违法所得或者违法所得不足一百万元的，处以一百万元以上一千万元以下的罚款。单位操纵证券市场的，还应当对直接负责的主管人员和其他直接责任人员给予警告，并处以五十万元以上五百万元以下的罚款。	**《证券法》第五十五条 【操纵证券市场的赔偿责任】**禁止任何人以下列手段操纵证券市场，影响或者意图影响证券交易价格或者证券交易量： （一）单独或者通过合谋，集中资金优势、持股优势或者利用信息优势联合或者连续买卖； （二）与他人串通，以事先约定的时间、价格和方式相互进行证券交易； （三）在自己实际控制的账户之间进行证券交易； （四）不以成交为目的，频繁或者大量申报并撤销申报； （五）利用虚假或者不确定的重大信息，诱导投资者进行证券交易； （六）对证券、发行人公开作出评价、预测或者投资建议，并进行反向证券交易； （七）利用在其他相关市场的活动操纵证券市场； （八）操纵证券市场的其他手段。 操纵证券市场行为给投资者造成损失的，应当依法承担赔偿责任。

续表

刑事责任条款	行政责任条款	民事责任条款
《刑法》第一百八十一条 **【编造并传播证券、期货交易虚假信息罪】【诱骗投资者买卖证券、期货合约罪】**编造并且传播影响证券、期货交易的虚假信息,扰乱证券、期货交易市场,造成严重后果的,处五年以下有期徒刑或者拘役,并处或者单处一万元以上十万元以下罚金。 证券交易所、期货交易所、证券公司、期货经纪公司的从业人员,证券业协会、期货业协会或者证券期货监督管理部门的工作人员,故意提供虚假信息或者伪造、变造、销毁交易记录,诱骗投资者买卖证券、期货合约,造成严重后果的,处五年以下有期徒刑或者拘役,并处或者单处一万元以上十万元以下罚金;情节特别恶劣的,处五年以上十年以下有期徒刑,并处二万元以上二十万元以下罚金。 单位犯前两款罪的,对单位判处罚金,并对其直接负责的主管人员和其他直接责任人员,处五年以下有期徒刑或者拘役。	《证券法》第一百九十三条 **【编造、传播虚假信息或者误导性信息】【虚假陈述或者信息误导】【传播媒介及其工作人员违法买卖证券】**违反本法第五十六条第一款、第三款的规定,编造、传播虚假信息或者误导性信息,扰乱证券市场的,没收违法所得,并处以违法所得一倍以上十倍以下的罚款;没有违法所得或者违法所得不足二十万元的,处以二十万元以上二百万元以下的罚款。 违反本法第五十六条第二款的规定,在证券交易活动中作出虚假陈述或者信息误导的,责令改正,处以二十万元以上二百万元以下的罚款;属于国家工作人员的,还应当依法给予处分。 传播媒介及其从事证券市场信息报道的工作人员违反本法第五十六条第三款的规定,从事与其工作职责发生利益冲突的证券买卖的,没收违法所得,并处以买卖证券等值以下的罚款。	《证券法》第五十六条 **【编造、传播虚假信息或者误导性信息的赔偿责任】**禁止任何单位和个人编造、传播虚假信息或者误导性信息,扰乱证券市场。 禁止证券交易场所、证券公司、证券登记结算机构、证券服务机构及其从业人员,证券业协会、证券监督管理机构及其工作人员,在证券交易活动中作出虚假陈述或者信息误导。 各种传播媒介传播证券市场信息必须真实、客观,禁止误导。传播媒介及其从事证券市场信息报道的工作人员不得从事与其工作职责发生利益冲突的证券买卖。 编造、传播虚假信息或者误导性信息,扰乱证券市场,给投资者造成损失的,应当依法承担赔偿责任。
《刑法》第一百八十五条之一 **【背信运用受托财产罪】【违法运用资金罪】**商业银行、证券交易所、期货交易所、证券公司、期货经纪公司、保险公司或者其他金融机构,违背受托义务,擅自运用客户资金或者其他委托、信托的财产,情节严重的,对单位判处罚金,并对其直接负责的主管人员和其他直接	《证券法》第一百九十四条 **【证券公司及其从业人员损害客户利益】**证券公司及其从业人员违反本法第五十七条的规定,有损害客户利益的行为的,给予警告,没收违法所得,并处以违法所得一倍以上十倍以下的罚款;没有违法所得或者违法所得不足十万元的,处以十万元以上一百万元以下的罚款;情节严重的,暂停	《证券法》第五十七条 **【证券公司及其从业人员违法从业的赔偿责任】**禁止证券公司及其从业人员从事下列损害客户利益的行为: (一)违背客户的委托为其买卖证券; (二)不在规定时间内向客户提供交易的确认文件;

续表

刑事责任条款	行政责任条款	民事责任条款
责任人员，处三年以下有期徒刑或者拘役，并处三万元以上三十万元以下罚金；情节特别严重的，处三年以上十年以下有期徒刑，并处五万元以上五十万元以下罚金。 社会保障基金管理机构、住房公积金管理机构等公众资金管理机构，以及保险公司、保险资产管理公司、证券投资基金管理公司，违反国家规定运用资金的，对其直接负责的主管人员和其他直接责任人员，依照前款的规定处罚。	或者撤销相关业务许可。	（三）未经客户的委托，擅自为客户买卖证券，或者假借客户的名义买卖证券； （四）为牟取佣金收入，诱使客户进行不必要的证券买卖； （五）其他违背客户真实意思表示，损害客户利益的行为。 违反前款规定给客户造成损失的，应当依法承担赔偿责任。
	《证券法》第一百九十五条　【违法出借、借用证券账户】违反本法第五十八条的规定，出借自己的证券账户或者借用他人的证券账户从事证券交易的，责令改正，给予警告，可以处五十万元以下的罚款。	
	《证券法》第一百九十六条　【违法收购】收购人未按照本法规定履行上市公司收购的公告、发出收购要约义务的，责令改正，给予警告，并处以五十万元以上五百万元以下的罚款。对直接负责的主管人员和其他直接责任人员给予警告，并处以二十万元以上二百万元以下的罚款。 收购人及其控股股东、实际控制人利用上市公司收购，给被收购公司及其股东造成损失的，应当依法承担赔偿责任。	**《证券法》第一百九十六条　【违法收购的赔偿责任】**收购人未按照本法规定履行上市公司收购的公告、发出收购要约义务的，责令改正，给予警告，并处以五十万元以上五百万元以下的罚款。对直接负责的主管人员和其他直接责任人员给予警告，并处以二十万元以上二百万元以下的罚款。 收购人及其控股股东、实际控制人利用上市公司收购，给被收购公司及其股东造成损失的，应当依法承担赔偿责任。

续表

刑事责任条款	行政责任条款	民事责任条款
《刑法》第一百六十一条 【违规披露、不披露重要信息罪】依法负有信息披露义务的公司、企业向股东和社会公众提供虚假的或者隐瞒重要事实的财务会计报告，或者对依法应当披露的其他重要信息不按照规定披露，严重损害股东或者其他人利益，或者有其他严重情节的，对其直接负责的主管人员和其他直接责任人员，处五年以下有期徒刑或者拘役，并处或者单处罚金；情节特别严重的，处五年以上十年以下有期徒刑，并处罚金。 前款规定的公司、企业的控股股东、实际控制人实施或者组织、指使实施前款行为的，或者隐瞒相关事项导致前款规定的情形发生的，依照前款的规定处罚。 犯前款罪的控股股东、实际控制人是单位的，对单位判处罚金，并对其直接负责的主管人员和其他直接责任人员，依照第一款的规定处罚。	**《证券法》第一百九十七条 【信息披露违法】**信息披露义务人未按照本法规定报送有关报告或者履行信息披露义务的，责令改正，给予警告，并处以五十万元以上五百万元以下的罚款；对直接负责的主管人员和其他直接责任人员给予警告，并处以二十万元以上二百万元以下的罚款。发行人的控股股东、实际控制人组织、指使从事上述违法行为，或者隐瞒相关事项导致发生上述情形的，处以五十万元以上五百万元以下的罚款；对直接负责的主管人员和其他直接责任人员，处以二十万元以上二百万元以下的罚款。 信息披露义务人报送的报告或者披露的信息有虚假记载、误导性陈述或者重大遗漏的，责令改正，给予警告，并处以一百万元以上一千万元以下的罚款；对直接负责的主管人员和其他直接责任人员给予警告，并处以五十万元以上五百万元以下的罚款。发行人的控股股东、实际控制人组织、指使从事上述违法行为，或者隐瞒相关事项导致发生上述情形的，处以一百万元以上一千万元以下的罚款；对直接负责的主管人员和其他直接责任人员，处以五十万元以上五百万元以下的罚款。	**《证券法》第八十四条 【违反承诺的赔偿责任】**除依法需要披露的信息之外，信息披露义务人可以自愿披露与投资者作出价值判断和投资决策有关的信息，但不得与依法披露的信息相冲突，不得误导投资者。 发行人及其控股股东、实际控制人、董事、监事、高级管理人员等作出公开承诺的，应当披露。不履行承诺给投资者造成损失的，应当依法承担赔偿责任。 **《证券法》第八十五条 【信息披露违法的赔偿责任】**信息披露义务人未按照规定披露信息，或者公告的证券发行文件、定期报告、临时报告及其他信息披露资料存在虚假记载、误导性陈述或者重大遗漏，致使投资者在证券交易中遭受损失的，信息披露义务人应当承担赔偿责任；发行人的控股股东、实际控制人、董事、监事、高级管理人员和其他直接责任人员以及保荐人、承销的证券公司及其直接责任人员，应当与发行人承担连带赔偿责任，但是能够证明自己没有过错的除外。

续表

刑事责任条款	行政责任条款	民事责任条款
	《证券法》第一百九十八条 **【证券公司违反投资者适当性管理义务】**证券公司违反本法第八十八条的规定未履行或者未按照规定履行投资者适当性管理义务的，责令改正，给予警告，并处以十万元以上一百万元以下的罚款。对直接负责的主管人员和其他直接责任人员给予警告，并处以二十万元以下的罚款。	《证券法》第八十八条**【证券公司违反投资者适当性管理义务的赔偿责任】**证券公司向投资者销售证券、提供服务时，应当按照规定充分了解投资者的基本情况、财产状况、金融资产状况、投资知识和经验、专业能力等相关信息；如实说明证券、服务的重要内容，充分揭示投资风险；销售、提供与投资者上述状况相匹配的证券、服务。 投资者在购买证券或者接受服务时，应当按照证券公司明示的要求提供前款所列真实信息。拒绝提供或者未按照要求提供信息的，证券公司应当告知其后果，并按照规定拒绝向其销售证券、提供服务。 证券公司违反第一款规定导致投资者损失的，应当承担相应的赔偿责任。
	《证券法》第一百九十九条 **【违法征集股东权利】**违反本法第九十条的规定征集股东权利的，责令改正，给予警告，可以处五十万元以下的罚款。	《证券法》第九十条**【违法征集上市公司股东权利的赔偿责任】**上市公司董事会、独立董事、持有百分之一以上有表决权股份的股东或者依照法律、行政法规或者国务院证券监督管理机构的规定设立的投资者保护机构（以下简称投资者保护机构），可以作为征集人，自行或者委托证券公司、证券服务机构，公开请求上市公司股东委托其代为出席股东大会，并代为行使提案权、

续表

刑事责任条款	行政责任条款	民事责任条款
		表决权等股东权利。 依照前款规定征集股东权利的，征集人应当披露征集文件，上市公司应当予以配合。 禁止以有偿或者变相有偿的方式公开征集股东权利。 公开征集股东权利违反法律、行政法规或者国务院证券监督管理机构有关规定，导致上市公司或者其股东遭受损失的，应当依法承担赔偿责任。
《刑法》第一百七十四条　【擅自设立金融机构罪】【伪造、变造、转让金融机构经营许可证、批准文件罪】未经国家有关主管部门批准，擅自设立商业银行、证券交易所、期货交易所、证券公司、期货经纪公司、保险公司或者其他金融机构的，处三年以下有期徒刑或者拘役，并处或者单处二万元以上二十万元以下罚金；情节严重的，处三年以上十年以下有期徒刑，并处五万元以上五十万元以下罚金。 伪造、变造、转让商业银行、证券交易所、期货交易所、证券公司、期货经纪公司、保险公司或者其他金融机构的经营许可证或者批准文件的，依照前款的规定处罚。 单位犯前两款罪的，对单位判处罚金，并对其直接负责的主管人员和其他直接责任人员，依照第一款的规定处罚。	**《证券法》第二百条　【违法开设证券交易场所】【违法允许非会员入场交易】**非法开设证券交易场所的，由县级以上人民政府予以取缔，没收违法所得，并处以违法所得一倍以上十倍以下的罚款；没有违法所得或者违法所得不足一百万元的，处以一百万元以上一千万元以下的罚款。对直接负责的主管人员和其他直接责任人员给予警告，并处以二十万元以上二百万元以下的罚款。 证券交易所违反本法第一百零五条的规定，允许非会员直接参与股票的集中交易的，责令改正，可以并处五十万元以下的罚款。	

续表

刑事责任条款	行政责任条款	民事责任条款
	《证券法》第二百零一条【证券公司未核对投资者开立账户提供的身份信息】【证券公司违法提供投资者账户】证券公司违反本法第一百零七条第一款的规定，未对投资者开立账户提供的身份信息进行核对的，责令改正，给予警告，并处以五万元以上五十万元以下的罚款。对直接负责的主管人员和其他直接责任人员给予警告，并处以十万元以下的罚款。 证券公司违反本法第一百零七条第二款的规定，将投资者的账户提供给他人使用的，责令改正，给予警告，并处以十万元以上一百万元以下的罚款。对直接负责的主管人员和其他直接责任人员给予警告，并处以二十万元以下的罚款。	
《刑法》第一百七十四条　【擅自设立金融机构罪】【伪造、变造、转让金融机构经营许可证、批准文件罪】未经国家有关主管部门批准，擅自设立商业银行、证券交易所、期货交易所、证券公司、期货经纪公司、保险公司或者其他金融机构的，处三年以下有期徒刑或者拘役，并处或者单处二万元以上二十万元以下罚金；情节严重的，处三年以上十年以下有期徒刑，并处五万元以上五十万元以下罚金。 伪造、变造、转让商业银行、证券交易所、期货交易所、证券公司、期货经纪公司、保险公司或者其他金融机构的经营许可证或者批准文件的，依照前款的规定处罚。	**《证券法》第二百零二条【擅自设立证券公司、非法经营证券业务或者未经批准以证券公司名义开展证券业务活动】【证券公司违法提供证券融资融券服务】**违反本法第一百一十八条、第一百二十条第一款、第四款的规定，擅自设立证券公司、非法经营证券业务或者未经批准以证券公司名义开展证券业务活动的，责令改正，没收违法所得，并处以违法所得一倍以上十倍以下的罚款；没有违法所得或者违法所得不足一百万元的，处以一百万元以上一千万元以下的罚款。对直接负责的主管人员和其他直接责任人员给予警告，并处以二十万元以上二百万元以下的罚款。对擅自设立的证券公司，由国务院证券监督管理机构予以取缔。	

续表

刑事责任条款	行政责任条款	民事责任条款
单位犯前两款罪的，对单位判处罚金，并对其直接负责的主管人员和其他直接责任人员，依照第一款的规定处罚。 **《刑法》第二百二十五条 【非法经营罪】**违反国家规定，有下列非法经营行为之一，扰乱市场秩序，情节严重的，处五年以下有期徒刑或者拘役，并处或者单处违法所得一倍以上五倍以下罚金；情节特别严重的，处五年以上有期徒刑，并处违法所得一倍以上五倍以下罚金或者没收财产： （一）未经许可经营法律、行政法规规定的专营、专卖物品或者其他限制买卖的物品的； （二）买卖进出口许可证、进出口原产地证明以及其他法律、行政法规规定的经营许可证或者批准文件的； （三）未经国家有关主管部门批准非法经营证券、期货、保险业务的，或者非法从事资金支付结算业务的； （四）其他严重扰乱市场秩序的非法经营行为。	证券公司违反本法第一百二十条第五款规定提供证券融资融券服务的，没收违法所得，并处以融资融券等值以下的罚款；情节严重的，禁止其在一定期限内从事证券融资融券业务。对直接负责的主管人员和其他直接责任人员给予警告，并处以二十万元以上二百万元以下的罚款。	
《刑法》第一百七十四条 【擅自设立金融机构罪】【伪造、变造、转让金融机构经营许可证、批准文件罪】未经国家有关主管部门批准，擅自设立商业银行、证券交易所、期货交易所、证券公司、期货经纪公司、保险公司或者其他金融机构的，处三年以下有期徒刑或者拘役，并处或者单处二万元以	**《证券法》第二百零三条 【骗取证券公司设立许可、业务许可或者重大事项变更核准】**提交虚假证明文件或者采取其他欺诈手段骗取证券公司设立许可、业务许可或者重大事项变更核准的，撤销相关许可，并处以一百万元以上一千万元以下的罚款。对直接负责的主管人员和其他直接责任人员给予警告，并处以二十万元	

续表

刑事责任条款	行政责任条款	民事责任条款
上二十万元以下罚金；情节严重的，处三年以上十年以下有期徒刑，并处五万元以上五十万元以下罚金。 伪造、变造、转让商业银行、证券交易所、期货交易所、证券公司、期货经纪公司、保险公司或者其他金融机构的经营许可证或者批准文件的，依照前款的规定处罚。 单位犯前两款罪的，对单位判处罚金，并对其直接负责的主管人员和其他直接责任人员，依照第一款的规定处罚。	以上二百万元以下的罚款。	
	《证券法》第二百零四条【证券公司未经核准变更证券业务范围，变更主要股东或者公司的实际控制人，合并、分立、停业、解散、破产】证券公司违反本法第一百二十二条的规定，未经核准变更证券业务范围，变更主要股东或者公司的实际控制人，合并、分立、停业、解散、破产的，责令改正，给予警告，没收违法所得，并处以违法所得一倍以上十倍以下的罚款；没有违法所得或者违法所得不足五十万元的，处以五十万元以上五百万元以下的罚款；情节严重的，并处撤销相关业务许可。对直接负责的主管人员和其他直接责任人员给予警告，并处以二十万元以上二百万元以下的罚款。	

续表

刑事责任条款	行政责任条款	民事责任条款
	《证券法》第二百零五条【证券公司违法提供融资或者担保】证券公司违反本法第一百二十三条第二款的规定，为其股东或者股东的关联人提供融资或者担保的，责令改正，给予警告，并处以五十万元以上五百万元以下的罚款。对直接负责的主管人员和其他直接责任人员给予警告，并处以十万元以上一百万元以下的罚款。股东有过错的，在按照要求改正前，国务院证券监督管理机构可以限制其股东权利；拒不改正的，可以责令其转让所持证券公司股权。	
	《证券法》第二百零六条【证券公司未采取有效隔离措施防范利益冲突或者未分开办理相关业务、混合操作】证券公司违反本法第一百二十八条的规定，未采取有效隔离措施防范利益冲突，或者未分开办理相关业务、混合操作的，责令改正，给予警告，没收违法所得，并处以违法所得一倍以上十倍以下的罚款；没有违法所得或者违法所得不足五十万元的，处以五十万元以上五百万元以下的罚款；情节严重的，并处撤销相关业务许可。对直接负责的主管人员和其他直接责任人员给予警告，并处以二十万元以上二百万元以下的罚款。	

续表

刑事责任条款	行政责任条款	民事责任条款
	《证券法》第二百零七条【证券公司违法从事证券自营业务】证券公司违反本法第一百二十九条的规定从事证券自营业务的，责令改正，给予警告，没收违法所得，并处以违法所得一倍以上十倍以下的罚款；没有违法所得或者违法所得不足五十万元的，处以五十万元以上五百万元以下的罚款；情节严重的，并处撤销相关业务许可或者责令关闭。对直接负责的主管人员和其他直接责任人员给予警告，并处以二十万元以上二百万元以下的罚款。	
	《证券法》第二百零八条【证券公司将客户的资金和证券归入自有财产或者挪用客户的资金和证券】违反本法第一百三十一条的规定，将客户的资金和证券归入自有财产，或者挪用客户的资金和证券的，责令改正，给予警告，没收违法所得，并处以违法所得一倍以上十倍以下的罚款；没有违法所得或者违法所得不足一百万元的，处以一百万元以上一千万元以下的罚款；情节严重的，并处撤销相关业务许可或者责令关闭。对直接负责的主管人员和其他直接责任人员给予警告，并处以五十万元以上五百万元以下的罚款。	

续表

刑事责任条款	行政责任条款	民事责任条款
	《证券法》第二百零九条【证券公司违法接受客户全权委托或者承诺保底收益】【证券公司允许他人以证券公司的名义直接参与证券的集中交易】证券公司违反本法第一百三十四条第一款的规定接受客户的全权委托买卖证券的，或者违反本法第一百三十五条的规定对客户的收益或者赔偿客户的损失作出承诺的，责令改正，给予警告，没收违法所得，并处以违法所得一倍以上十倍以下的罚款；没有违法所得或者违法所得不足五十万元的，处以五十万元以上五百万元以下的罚款；情节严重的，并处撤销相关业务许可。对直接负责的主管人员和其他直接责任人员给予警告，并处以二十万元以上二百万元以下的罚款。 证券公司违反本法第一百三十四条第二款的规定，允许他人以证券公司的名义直接参与证券的集中交易的，责令改正，可以并处五十万元以下的罚款。	
	《证券法》第二百一十条【证券公司从业人员私下接受客户委托买卖证券】证券公司的从业人员违反本法第一百三十六条的规定，私下接受客户委托买卖证券的，责令改正，给予警告，没收违法所得，并处以违法所得一倍以上十倍以下的罚款；没有违法所得的，处以五十万元以下的罚款。	

续表

刑事责任条款	行政责任条款	民事责任条款
	《证券法》第二百一十一条　**【证券公司及其主要股东、实际控制人报送、提供信息和资料违法】**证券公司及其主要股东、实际控制人违反本法第一百三十八条的规定，未报送、提供信息和资料，或者报送、提供的信息和资料有虚假记载、误导性陈述或者重大遗漏的，责令改正，给予警告，并处以一百万元以下的罚款；情节严重的，并处撤销相关业务许可。对直接负责的主管人员和其他直接责任人员，给予警告，并处以五十万元以下的罚款。	
	《证券法》第二百一十二条　**【擅自设立证券登记结算机构】**违反本法第一百四十五条的规定，擅自设立证券登记结算机构的，由国务院证券监督管理机构予以取缔，没收违法所得，并处以违法所得一倍以上十倍以下的罚款；没有违法所得或者违法所得不足五十万元的，处以五十万元以上五百万元以下的罚款。对直接负责的主管人员和其他直接责任人员给予警告，并处以二十万元以上二百万元以下的罚款。	
《刑法》第二百二十九条　**【提供虚假证明文件罪】【出具证明文件重大失实罪】**承担资产评估、验资、验证、会计、审计、法律服务、保荐、安全评价、环境影响评价、环境监测等职责的中介组织的人员故意提供虚假证明文件，情节严重的，处五年以下有期徒刑或者拘役，并处罚金；有下列情形之一的，处五年以上十年以下有期徒刑，并处罚金：	《证券法》第二百一十三条　**【证券投资咨询机构从业未经核准或者违法从业】【其他证券服务机构从业未报备案】【证券服务机构未勤勉尽责】**证券投资咨询机构违反本法第一百六十条第二款的规定擅自从事证券服务业务，或者从事证券服务业务有本法第一百六十一条规定行为的，责令改正，没收违法所得，并处以违法所得一倍以上十倍以下的罚款；没有违法所得或者违法所	《证券法》第一百六十一条　**【证券投资咨询机构及其从业人员违法从业的赔偿责任】**证券投资咨询机构及其从业人员从事证券服务业务不得有下列行为： （一）代理委托人从事证券投资； （二）与委托人约定分享证券投资收益或者分担证券投资损失； （三）买卖本证券投资

续表

刑事责任条款	行政责任条款	民事责任条款
（一）提供与证券发行相关的虚假的资产评估、会计、审计、法律服务、保荐等证明文件，情节特别严重的； （二）提供与重大资产交易相关的虚假的资产评估、会计、审计等证明文件，情节特别严重的； （三）在涉及公共安全的重大工程、项目中提供虚假的安全评价、环境影响评价等证明文件，致使公共财产、国家和人民利益遭受特别重大损失的。 有前款行为，同时索取他人财物或者非法收受他人财物构成犯罪的，依照处罚较重的规定定罪处罚。 第一款规定的人员，严重不负责任，出具的证明文件有重大失实，造成严重后果的，处三年以下有期徒刑或者拘役，并处或者单处罚金。	得不足五十万元的，处以五十万元以上五百万元以下的罚款。对直接负责的主管人员和其他直接责任人员，给予警告，并处以二十万元以上二百万元以下的罚款。 会计师事务所、律师事务所以及从事资产评估、资信评级、财务顾问、信息技术系统服务的机构违反本法第一百六十条第二款的规定，从事证券服务业务未报备案的，责令改正，可以处二十万元以下的罚款。 证券服务机构违反本法第一百六十三条的规定，未勤勉尽责，所制作、出具的文件有虚假记载、误导性陈述或者重大遗漏的，责令改正，没收业务收入，并处以业务收入一倍以上十倍以下的罚款，没有业务收入或者业务收入不足五十万元的，处以五十万元以上五百万元以下的罚款；情节严重的，并处暂停或者禁止从事证券服务业务。对直接负责的主管人员和其他直接责任人员给予警告，并处以二十万元以上二百万元以下的罚款。	咨询机构提供服务的证券； （四）法律、行政法规禁止的其他行为。 有前款所列行为之一，给投资者造成损失的，应当依法承担赔偿责任。 **《证券法》第一百六十三条 【证券服务机构未勤勉尽责的赔偿责任】**证券服务机构为证券的发行、上市、交易等证券业务活动制作、出具审计报告及其他鉴证报告、资产评估报告、财务顾问报告、资信评级报告或者法律意见书等文件，应当勤勉尽责，对所依据的文件资料内容的真实性、准确性、完整性进行核查和验证。其制作、出具的文件有虚假记载、误导性陈述或者重大遗漏，给他人造成损失的，应当与委托人承担连带赔偿责任，但是能够证明自己没有过错的除外。
	《证券法》第二百一十四条 【未按照规定保存有关文件和资料，泄露、隐匿、伪造、篡改或者毁损有关文件和资料】发行人、证券登记结算机构、证券公司、证券服务机构未按照规定保存有关文件和资料的，责令改正，给予警告，并处以十万元以上一百万元以下的罚款；泄露、隐匿、伪造、篡改或者毁损有关文件和资料的，给予警告，并处以二十万元以上二百万元以下的罚款；情节严重的，处以五十万元以上五百万	